제2판

다문화심리학

Gordon C. Nagayama Hall 지음 | 임세라, 최은미 옮김

Multicultural Psychology

Σ 시그마프레스

다문화심리학, 제2판

발행일 | 2012년 6월 29일 1쇄 발행

저자 | Gordon C. Nagayama Hall
역자 | 임세라, 최은미
발행인 | 강학경
발행처 | (주)시그마프레스
편집 | 김경임
교정 · 교열 | 안진숙

등록번호 | 제10-2642호
주소 | 서울특별시 영등포구 양평로22길 21 선유도코오롱디지털타워 A401~403호
전자우편 | sigma@spress.co.kr
홈페이지 | http://www.sigmapress.co.kr
전화 | (02)323-4845, (02)2065-5184~8
팩스 | (02)323-4197

ISBN | 978-89-5832-999-2

Multicultural Psychology, second edition

* 책값은 뒤표지에 있습니다.

역자 서문

빠르게 확산되고 있는 다문화 시대에 넘쳐나는 다문화 정책들, 그리고 준비 없이 맞닥뜨리게 된 문화 충격과 그 충격을 소화하기에 아직 시대착오적인 우리의 다문화 사회에 대한 인식, 바로 이 점이 앞으로의 멀고 먼 길을 예고하는 한국의 다문화 사회의 현실이다. 세계적으로 볼 때 가장 다양한 인종이 모여 산다 해도 과언이 아닌 미국 사회는 그동안 끊임없이 다문화 사회에서 파생되는 어려움을 극복하면서 오늘에 이르렀다. 미국 사회의 다문화 정책과 경험은 이제 막 다문화 사회로 진입하는 한국 다문화 사회에 많은 도움을 줄 수 있을 것이다. 이 책의 내용은 현재 난항을 겪고 있는 한국의 다문화 사회에서 어려움을 안고 살아가고 있는 다문화 가족들과 다문화 사회에 관심을 가지고 동참하려는 사람들, 다문화 가족을 위한 심리치료를 담당하는 치료사들, 그리고 다문화심리학을 전공하는 분들에게 도움이 될 것이다.

이 책은 크게 두 부분으로 나누어진다. 전반부에서는 심리학적 관점에서 다문화 문제를 다루었고 후반부에서는 다문화 문제의 맥락에서 본 심리학을 다루었다. 전반부의 내용을 살펴보면 1장에서는 심리학의 정의를 시작으로 다문화심리학 연구를 위한 논리적 근거와 소수 민족의 정체성 그리고 문화 적응에 관한 모델을 제시한다. 2장에서는 다문화 연구방법 중 양적 연구의 문제에 대해 논의한 후 연구결과의 전달과 전파에 관한 것을 다룬다. 3장에서는 다문화심리학과 관련된 유전, 진화, 보건연구에 초점을 두었으며 4장에서는 발달심리학 중 유색인종의 경험에 대한 발달심리학적 연구를 다룬다. 그리고 후반부에서는 아프리카계 미국인, 아시아 태평양계 미국인, 라틴계 미국인, 미국 원주민과 알래스카 원주민, 다인종 미국인 등 다양한 인종의 미국인에 대한 연구가 제시되며, 장마다 각 인종의 역사와 함께 문화적 가치와 정체성, 가족 문제, 정신 건강, 학업성취와 경력 개발을 다루어 각 인종의 이해에 도움을 주는 내용으로 구성된다.

다문화심리학은 미국에서 시작되어 문화 충돌과 혼란의 어려움을 오랜 시간 해결하면서 현재의 위치를 구축하게 된 분야이다. 국가와 국가뿐 아니라 개인과 개인이 부딪힐 때도 항상 문화의 차이에서 오는 크고 작은 갈등을 경험하게 되는데, 문화는 민족의 정체성에 지대한 영향을 끼칠 수 있을 정도로 문화가 지니고 있는 영향력은 매우 크다. 그동안 심리학에서 소홀히 다루어져왔던 문화이지만 앞으로는 다문화심리학이 한국에서 보다 활발하게 연구되어 이념적인 기초가 확립하는 데 이 책이 작은 도움이 될 수 있기를 희망한다.

끝으로 이 책이 출판될 수 있도록 허락해주신 (주)시그마프레스의 강학경 사장님과 편집부의 노고에 깊은 감사를 드린다.

2012년 6월

역자 일동

저자 서문

2002년에 이 책의 초판이 출간된 이후에 많은 것이 변하였다. 그 당시에는 나의 일생 동안 비 유럽계 미국인, 여성 미국 대통령을 보게 되리라고는 생각지 못하였다. 하지만 이제 대통령은 아프리카계 미국인이며 민주당 대통령 후보 주자는 여성이다. Barack Obama가 하와이에서 태어났을 때는 그의 부모가 법적으로는 결혼할 수 없는 16개의 주가 있었다. 미국은 오랫동안 다문화 사회에 진입해 있었지만 인종 차별주의는 끝나지 않았다. Obama의 당선은 커다란 진보였다.

2002년 이후에 다문화심리학 분야의 문헌도 변화하였다. 훨씬 많은 경험적인 연구들이 있었다. 기교적인 방법론은, 그 방법론에서는 문화가 개념화되고 측정되었는데, 행동에 대한 문화적인 기초를 밝히는 데 도움을 주었다. 소수 민족 혹은 인종 집단이 비교되는 연구에서 문화가 직접적으로 조사되지 않기 때문에 이제는 더 이상 문화적 차이를 언급할 필요가 없다. 유색인종의 사회 밖에서 개발되는 이론의 일반화를 테스트하는 연구에서도 유색인종이 더 이상 재고되지 않고 있다. 그 대신에 유색인종에 대한 독특한 성격의 문화 특성 모델(culture-specific model)이 경험적인 연구와 함께 개발되고 유효하게 인정되고 있다.

다시 책을 출간하면서 검토한 연구와 문헌은 2002년 이후에 출간되었다. 초판에서와 똑같은 틀이 유지되고 있으면서도 이 책의 전반부는 심리학의 관점에서 다문화 문제(muticultural issue)를 고려하였고, 책의 후반부는 다문화 문제의 맥락에서 심리학을 고려하였다. 첫 번째 장은 다문화심리학 연구를 위한 논리적 근거를 제공하며, 소수 민족의 정체성과 문화 적응에 대한 모델을 검토해본다. 이것은 다음 장에서 연구의 맥락을 제공하기 위함이다. 두 번째 장은 다문화에 대한 양적 연구방법론에 초점을 맞추고 있는데, 이론에 기초한 개념화, 표본, 사정, 자료 분석, 그리고 연구결과에 대한 상호 교류와 불일치를 포함하고 있다. 세 번째 장은 유전적, 진화론적, 그리고 건강 문제에 초점을 두고, 생물학적 심리학(biological psychology)에서 출현하는 다문화 문헌을 다룬다. 유색인종에 대한 발달심리학은 네 번째 장의 주제이다. 소수 민족의 정체성, 문화 적응, 그리고 인종 차별의 발달로 인한 영향이 고려된다. 사회심리학에서 다문화 문헌은 다섯 번째 장에서 검토된다. 전통적으로 사회심리학에서는 유럽계 미국인을 인종 차별주의의 가해자로서 바라보는 관점과는 달리 여기서는 유색인종에 대한 인종 차별주의의 영향력, 민족 간의 상호 관계, 편견을 줄이는 것, 유기체로서의 다양성을 증가시키는 것에 초점을 두고 있다.

이 책의 후반부는 아프리카계 미국인, 아시아 태평양계 미국인, 라틴아메리카계 미국인, 미국 원주민과 알래스카 원주민과 같은 다양한 인종의 미국인에 대해 경험적으로 깊이를 더한다. 각각의 장은 역사적인 개괄부터 시작한다. 역사적 개괄은 각 집단의 최근의 역사를 반영하기 위하여 다문화심리학이 마지막으로 출간된 이후부터는 다시 최신 정보로 수록되었다. 이 집단에 대한 각각의 장은 문화적 가치와 정체성, 가족 문제, 정신 건강, 학업성취, 직업 발달에 대한 문헌도 검토한다. 초판과 달리 이 책은 최근에 발달한 다양한 인종의 미국인에 대한 문헌으로 책의 전체 장을 다양한 인종의 미국인을 기저로 하고 있다.

다문화심리학의 초판에 익숙한 사람은 목격하게 될 것이다. 이번 책에서는 동료이자 이전의 학생이었던 Christy Barongan이 공동저자가 아님을. 이것은 이 책의 초판을 함께 출간한 후에 내가 서부로 이동하면서 Dr. Barongan과 연락이 줄었기 때문이다. 나는 아직도 그녀의 공헌을 자랑스럽게 여긴다. 그러나 최근에 우리는 함께 작업할 기회를 갖지 못하였다. 두 번째 출판이 초판만큼 하지 못한 것은 전적으로 나의 책임이다.

이 책을 작업하는 동안 오리건대학교는 나에게 안식년을 주었다. 이 책의 작업은 또한 부분적으로 Asian American Center on Disparities Research에서 지원받았다. 초판 원고에 대한 피드백을 해준 Janet Ng, Jessica Murakami, Jennifer Pfeifer, Melanie Domenech-Rodriguez에게 감사한다. 오리건대학교의 Ethnic Studies(민족주의에 대한 연구) 분야의 나의 동료는 이 책의 후반부에 역사를 기록하는 데 많은 참고자료를 제공해주었다. 또한 이 책을 다시 출간할 수 있도록 지원해준 Jeff Marshall과 Prentice Hall에도 감사한다.

나는 이 책의 초판이 출간된 이후 다문화심리학 분야에서의 사회적 변화와 성장하는 문학에 대해 기대를 걸고 있다. 10장에서 언급했듯이, 이 책에서 검토된 연구가 좀 더 온전한 다문화 공동체로 나아가는 길에 가이드가 되어줄 수 있기를 희망한다.

나는 또한 아래의 분에게도 감사드리고 싶다. Ana Ruiz, Ph. D., Alvernia College; Dorothy Abram, Ph. D., Johnson & Wales University; Ju Hui Park, Ph. D., California State University, Davis; Leslie C. Jackson, Ph. D., Georgia State University; Marcellene Watson-Derbigny, Ph. D., California State University, Sacramento; Jean Mennuti-Washburn, Georgia State University; Page Anderson, Ph. D., Georgia State University.

Gordon C. Nagayama Hall

Eugene, Oregon

차례

제1부 심리학적 관점에서 바라본 다문화 문제들

PART 01

심리학적 관점에서 바라본 다문화 문제들

제1장 다문화심리학이란 무엇인가?

제2장 다문화 연구방법

제3장 생물학적 심리학

제4장 발달심리학

제5장 사회심리학

제 1 장

다문화심리학이란 무엇인가?

다문화심리학이란 미국 심리학이다. 비록 지금까지 무시되어온 미국 심리학의 일부이긴 하지만, 북아메리카에서 살면서 일하기를 원하는 사람, 이 책을 읽는 대부분의 사람인데, 그들에게 북아메리카의 다양한 집단에 대한 이해는 중요한 문제이다. 그러나 대부분의 미국 심리학 분야의 문헌은 문화적 다양성을 언급하지 않는다. 학생과 다음과 같은 농담을 했던 적이 있다. 대부분의 심리학 과정과 교재에 제시된 이론과 연구가 유색인종을 제대로 평가하지는 못하고 있으며, 이 이론과 연구가 유럽계 미국인이 아닌 다른 사람에게 적용되는지는 알려져 있지 않다는 거부나 기권을 표명하는 진술(disclaimer)을 포함해야 한다고. 이 책은 대부분의 심리학 교재나 과정에서 제외되거나 가장자리로 밀려난 문제와 사람에 대한 것이다.

이 장에서는 다문화의 중요성뿐만 아니라 문화의 다양성이 왜 심리학에서 무시되어져 왔는지에 대해 논의할 것이다. 다문화심리학, 인종, 민족성(ethnicity), 문화,

소수 민족으로서의 지위(minority status)에 대한 정의를 다룰 것이다. 유색인종 집단에서의 사회계급의 영향력에 대해서도 논의될 것이다. 인종과 소수 민족의 정체성에 대한 역사적이면서 현존하는 모델을 비교하고 대조 분석할 것이다.

다문화란 다양한 인식방법이나 다양한 세계관을 의미한다. 그것이 가지는 본질 때문에 다문화적 접근 방식은 복잡하고 전후 관계를 잘 살펴야 한다. 하나의 상황에서 적용되는 것이 반드시 다른 상황에 적용되지는 않는다. 다문화심리학은 단일한 사회 상황에서 다양한 문화가 인간의 행동에 미치는 영향에 대한 연구이다(G. Hall & Barongan, 2002). 전통 심리학에서는 이론과 연구가 일반화되는 반면에 다문화심리학에서는 보편적인 것과 문화적인 특수 상황에서의 현상을 반영하고 있는데, 후자가 더 강조된다.

이 책은 북아메리카의 유색인종의 문화적 다양성에 초점을 두고 있다. 다양성에는 문화 다양성과 상호 교차하는 성별, 사회경제적 지위, 성 정체성, 장애(disability), 종교와 같은 다른 유형의 다양성을 내포한다. 그러나 유색인종의 문화 다양성은 중요하다. 왜냐하면 이 집단은 빠르게 성장하면서 북아메리카의 문화를 변화시키고 있기 때문이다. 게다가 문화 다양성은 종종 다른 유형의 다양성보다 훨씬 더 강력하다. 예를 들어, 라틴아메리카계 미국인(Latina American)이라는 사실은 다양한 정체성 안에서 자신의 지위를 변화시키며 다른 정체성만큼이나 중요한 것이다. 비록 라틴아메리카계 미국인과 유럽계 미국인 레즈비언이 공통의 성 정체성을 가지고 있다 하더라도 라틴아메리카계 미국인 여성은 유럽계 미국인 여성과는 다른 문화 정체성을 가지고 있을지도 모른다. 문화 다양성이 이 책의 핵심이긴 하지만, 문화 다양성이 어떻게 다양성의 다른 유형과 상호 교차하는지 또한 논의될 것이다.

문화 다양성과 주류 심리학

다문화심리학의 개념은 모순이 있어 보일 것이다. 심리학 분야에서 많은 이론과 연구가 전통적으로 보편적이라고 가정되어왔다. 하나의 경우가 전체에 적용되는(one size fits all) 경우를 말한다. 예를 들면, 임상심리에서 경험적으로 지지받는 치료 접근법은 모두에게 동등하게 효과가 있을 거라고 가정한다. 그러나 유럽계 미국인이 아닌 다른 사람에게는 이 치료법이 제한돼 왔다(Zane, Hall, Sue, Young & Nunez, 2004). 다른 과학에서처럼 심리학 이론과 연구의 목표 또한 인색하다. 단순하면 단순할수록 더욱 좋다. 그럼에도 불구하고, 왜 단순한 단일문화 대신에 복잡한 다문화 모델을 제안하겠는가? 인간 행동에 대한 동물과 컴퓨터 모델은 문화를 포함하지 않는다. 문화는 인간 존재를 복잡하게 만드는 인간만이 가진 독특한 그 무엇이기 때문이다.

심리학에서의 보편성 가설은 거의 대부분 검증되지 않는다. 대부분의 심리학적인 이론 발달과 연구는 서양에서 이루어졌으며, 특히 미국에서였다. 통계적으로 중요한 심리학의 전형적인 유의미의 기준(cutoff)은 p〈.05인데, 이것은 오차 범위 5% 이하에서 일어나는 것을 의미한다. 그러나 미국 인구가 세계 인구의 5% 이하이다. 그렇다면 심리학은 왜 그 이론과 연구결과들이 세계의 나머지 95%의 사람에게 적용된다고 가정해야 하는가(Arnett, 2008)? 심리학에서 우리가 알고 있는 것들 중 많은 것이 세계의 나머지 부분에는 적용되지 않고, 그것이 변화 혹은 오차 범위의 기능이라는 것이 가능한가? 왜 세계 인구의 5분의 1을 차지하는 중국과 같은 나라에서의 이론이나 연구가 기초가 되면 안 되는가?

주류 심리학은 문화를 간과해왔다(Segall, Lonner & Berry, 1998; D.W. Sue, 2004). 심리학에서 문화가 연구되어 오면서도, 엄밀하게는 연구되지 않고 있다. 흔한 방법은 소수 민족의 사람 중에서 작은 집단을 연구표본에 포함시키고, 소수 민족이 포함되었기 때문에 연구결과를 일반화시킬 수 있다고 가정하는 것이다. 소수 민족 집단 표본은 너무 작거나 연구자가 관심을 가지지 않기 때문에 대개는 소수 민족에 대한 데이터를 분리해서 분석하는 것은 실행되지 않는다. 그러나 표본의 다수가 소수 민족의 사람이 아니라면, 표본의 다수의 영향이 소수의 영향보다 크기 때문에 민족적 차이는 감소되거나 눈에 띄지 않을 것이다.

소수 민족 집단의 구성원은 종종 표본 크기를 증가하기 위하여 결합된다. 아프리카계 미국인, 미국 원주민, 아시아계 미국인, 라틴아메리카계 미국인은 유색인종으로서의 공통 경험을 가지고 있고 동시에 각각의 집단만의 독특한 경험을 가지고 있다. 그래서 이 책의 후반부에서는 각 집단을 개별적으로 다루고 있다. 게다가, 주요한 소수 민족 집단 내에서도 성별, 성 정체성, 사회 경제적 지위의 관점에서 다양성이 존재한다. 소수 민족의 개인을 소수 민족이라는 카테고리로 일괄적으로 묶는 것은 집단 내에서의 다양성을 놓치는 것이다(Trimble & Dickson, 2005).

심리학에서 흔히 있는 문화에 대한 접근법은 문화적으로 명백히 다른 2개의 집단을 비교하는 것이다. 예를 들면, 미국과 일본 사람을 비교하는 많은 연구들이 있다. 두 집단 사이의 차이는 문화적 기초를 가지고 있다고 볼 수 있다. 그러나 문화가 측정되지 않는다면, 차이에는 다른 이유가 있을 것이다. 인구 밀도가 높지 않은 지역에 거주한다거나, 다른 정치 시스템 아래에서 살고 있는 것이 반드시 문화적으로 기초를 두지 않은 다른 경험이 두 집단의 차이를 설명해줄 수도 있다. 문화를 개념화하고 측정 분석하는 연구방법론은 2장에서 자세히 다룰 것이다.

심리학에서 문화는 왜 경시되어왔는가? 아마도 그것은 많은 심리학자가 문화와 관련하여 '마음이론(theory of mind)'이 없기 때문일 것이다. 마음이론은 개인이 다양한 방법으로 상황을 인식할 수 있다. 개인은 각각 다른 마음을 가지고 있다(Carlson & Moses, 2001)는 사실을 이해하는 능력이다. 어린 아동 예를 들면, 미취학 아동은 하나의 상황에서 단 하나의 관점만이 존재한다고 믿고, 그것이 관점이 되는 일이 빈번하다. 대부분의 아동들은 5세가 되어서야 비로소 다른 관점이 존재한다는 것을 이해하게 된다. 심리학자들은 문화에 따른 마음이론을 가질 수 있다. 그러나 심리학자 사이의 '마음'에 대한 문화적 이론의 결핍은 인구통계에 기초를 두고 있다. 최근에 한 연구는 심리학 학부 과정의 88%가 소수 민족이 아니라는 사실을 보여주고 있다(Maton, Kohout, Wicherski, Leary & Vinokurov, 2006). 이 88% 내에는 아마도 문화 다양성이 있긴 하겠지만, 많은 심리학자들은 문화에 접근할 때 '다른 마음(other mind)'과는 접촉하지 않는다.

'문화에 영향을 받지 않는(culture-free)' 심리학자는 곧 사라지게 될 것이다(C. C. I. Hall, 1997; D. W. Sue, Bingham, Porche-Burke & Vasquez, 1999). 미국 인구조사에 따르면, 3,141개 국가에서 10개 중 하나는 50% 이상의 소수 민족인 인구분포를 가지고 있다(August, 2007). 로스앤젤레스는 가장 많은 수인 소수 민족 7백만 명을 가지고 있었는데, 이것은 그 도시 인구의 71%에 해당하는 것이었다. 인구 밀도가 높은 주중에서 플로리다 주에 있는 마이애미 데이드는 82%에 달하는 가장 높은 비율의 소수 민족 집단을 가지고 있었다.

미국에서 현존하는 소수 민족의 다양성을 고려할 때, 심리학적 이론과 연구의 변형은 피할 수 없는 것처럼 보인다. 그럼에도 불구하고, 심리학은 느리게 변화한다. 아프리카계 미국인과 라틴아메리카계 미국인이 미국 인구의 25%를 차지하고 있음에도, 이 두 집단에서 심리학 박사과정에 진학하는 학생은 겨우 10~12%이다(Maton et al., 2006). 미국 인구통계의 변화에도 불구하고, 아프리카계 미국인과 라틴아메리카계 미국인 심리학 전공 학생의 비율은 변하지 않는다. 그래서 많은 심리학과 학생은 '다른 문화 마인드'를 접하지 못한다. 소수 민족 집단의 학부와 학생 중 대다수는 전공 영역을 바꾸지 않는다. 남아프리카에서는 여러 해 동안 흑인이 다수였고, 백인이 소수였는데, 인구통계 변화는 심리학의 힘의 구조에 변화를 가져오지 못할 것이다(G. C. N. Hall, 2006).

물론, 심리학에서 문화에 관심을 갖는 것은 인구통계 변화 없이도 일어날 수 있다. 결코 소수가 아닌 많은 심리학자들이 문화와 소수 민족에 대해 연구를 한다. 그럼에도 불구하고, 다수의 심리학자가 다수의 문제에 관심을 가지는 것처럼 소수 민족 심리학자들이 소수 민족 문제에 관심을 가지는 경향이 있다(G. Hall & Maramba, 2001). 더욱이, 소수 민족의 심리학 변화에 대한 요구는 지난 30년 동안 거의 주목받지 못하였다(G. Hall, Iwamasa & Smith, 2003). 반면에 심리학에서 유럽계 미국인 여성의 비율은 같은 기간 동안 눈에 띄게 증가하였으며, 성 문제에 대한 심리학에서의 관심도 마찬가지로 증가하였다. 심리학 이론과 연구에서 여성을 포함하지 않는 것은 생각할 수 없을 것이다. 아마도 소수 민족에 대한 심리학자의 변화는 심리학 영역에서 문화를 중요한 핵심으로 자리 잡는 데 비슷한 효과가 있을 수도 있다.

심리학에서 인구통계적인 다양성의 결핍은 그 분야의 문헌에도 반영되어 나타난다. 〈그림 1.1〉은 1981년부터 2006년까지 '사이크인포(psycinfo)'[1]에 실린 모든 기사의 수치를 보여준다. 이것은 아프리카계 미국인 또는 흑인, 인디언계 미국인 또는 미국 원주민, 아시아인 또는 아시아계 미국인, 라틴아메리카계 사람 또는 라틴아메리카계 미국인, 인종과 민족적 집단, 민족 정체성, 소수 집단 또는 인종 · 민족적 차이점을 포함하였다. 이 자료는 25년 동안 기사의 수가 5배로 증가했음을 보여준다.

1) 사이크인포 : 대부분의 심리학 학술지의 초록을 담고 있는 컴퓨터화된 데이터베이스

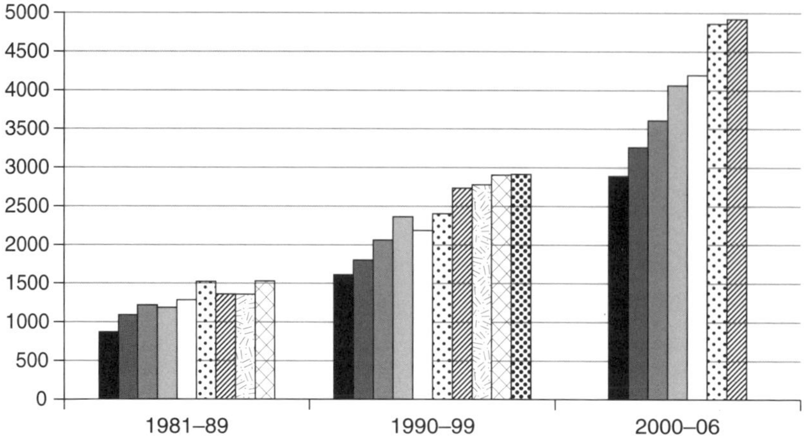

그림 1.1 유색인종에 대한 심리학 출판물의 수

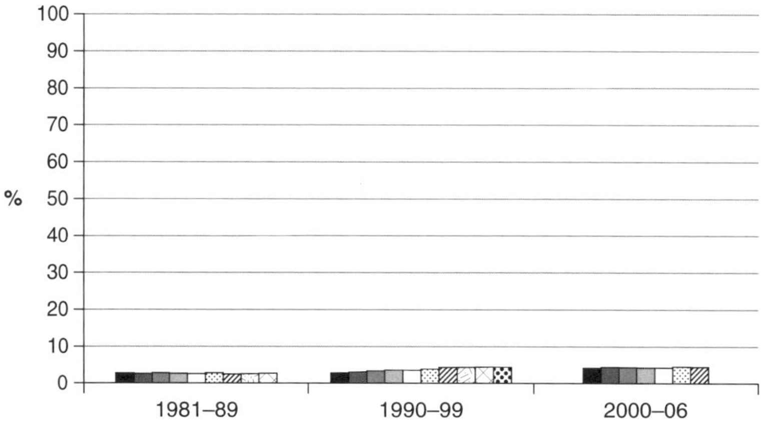

그림 1.2 유색인종에 대한 심리학 출판물의 비율

〈그림 1.2〉는 그다지 고무적이지 않은 다른 이야기를 말해준다. 이 그림은 사이크인포에 실린 모든 기사의 상대적인 수치에 따른 기사의 비율을 나타내는 것이었다. 1980년대 동안 유색인종에 대한 심리학에서의 기사 비율은 3%에 머물렀다. 1990년대에는 1% 증가가 있었다. 그러나 2000년대에 와서는 비율이 4.5%에 머물렀다. 박사 수준의 심리학자가 10% 정도에 그친다는 사실에서와 마찬가지로, 유색인종에 대한 심리학 기사의 낮은 증가 비율이 예견되는 것에 대해 논란의 여지가 있을 수 있다. 그럼에도 불구하고 4.5%는 북아메리카에서 현존하면서 성장하고 있는 소수 민

족의 다양성을 고려할 때, 대단히 작은 수치이다.

요약하면, 주류 심리학 이론과 연구들은 전형적으로 보편적이라는 가정에 따른다. 하지만, 문화는 이 이론과 연구에서 경시되어왔다. 왜냐하면, 심리학자들이 문화적으로 다양하지 않고, 이에 따라 문화적 다양성에 영향을 주고 받기 때문이다. 그러므로, 심리학이 21세기에 실제적으로 타당한 가치를 유지하기 위해서는 다양한 변화를 모색할 필요가 있다.

다문화 문제의 중요성

심리학에서 상대적으로 문화를 경시해왔음에도 불구하고, 다문화 문제에 관한 문헌은 증가하고 있다. 이러한 문헌은 심리학의 주변에서만이 아니다. 이 문헌 중 대부분은 문화 다양성과 소수 민족 심리학을 포함하여 주류 심리학 저널에서 출간되고 있다. 문화 다양성과 소수 민족 심리학은 1999년부터 미국 심리학회에서 출간되어온 것이다. 이 책의 초점은 심리학을 21세기 국가와 세계에서 타당한 가치를 유지하게 하기 위한 수준 높은 경험적인 연구이다. '문화적 다양성' 에 대해 주류 심리학의 전통에서처럼 무시하거나, 경시하거나, 반응하기보다는, 다문화심리학은 혁신적이며, 인종, 소수 민족, 문화에 대한 담론을 형성하는 데 도움이 될 것이다.

이 책에서 거론된 주제 중 많은 것은 논쟁의 여지가 있고, 주제에 대한 다양한 의견이 있다. 이 책의 학문적인 영역은 심리학이며, 경험적 연구에 기반을 두고 있다. 그래서 이 책의 자료들은 단지 의견이라기보다는 심리학의 경험적 연구이다.

심리학이 다문화 문제에 대한 연구에서 다른 영역에서는 제공하지 못하는 무엇을 제공해주는가? 문화 인류학과 사회학은 집단이나 공동체의 문화에 초점을 둔다. 사회 정책과 사회복지 분야는 공공 정책에서 문화적 문제에 대한 초점을 다룬다. 다른 분야에서와는 달리 심리학은 (1) 구조적인 것에서부터 사회적인 것까지 전 범위에 걸쳐 다루고, (2) 심리학의 과학적인 정밀함은 다른 사회 과학과 행동 과학을 구분하며, (3) 직접적 혹은 간접적으로 인간의 복지에 이로움을 주는 등의 세 가지 영역에서 다문화 문제에 공헌한다(G. Hall et al., 2003).

왜 이 책에 아프리카계 미국인, 미국 원주민, 아시아계 미국인, 라틴아메리카계 미국인에 대해 각각의 장을 할애한 것과 다르게 유럽계 미국인에 대해서는 다루지 않았는지에 대한 질문을 많이 받았다. 유색인종 집단과 관련하여 이 책에서 유럽계 미국인에 대한 실질적인 논쟁이 많다. 게다가 이러한 책에서는 문화 다양성이 제외되거나 중요하지 않은 것과는 달리, 유럽계 미국인을 포함하는 심리학적 이론과 연구가 다른 심리학 교재에서는 거의 대부분을 차지하고 있다. 또한 이 책은 문화 다양성에 초점을 두고 있다. 유럽계 미국인은 이 책이 초점을 두고 있는 집단(소수 민족 집단)과 차이점을 설명하는 정도로만 이 책과 연관되어 있다.

유럽인들이 미국으로 이민을 왔을 때, 그들은 종종 1세대 안에서 그 특유의 민족 정체성을 잃고 백인이 되었으며, 미국에서 표준이 되는 유럽계 미국인 문화의 일부가 되었다(Spickard, 2007). 인종, 문화, 민족성과 같은 이 책의 초점들은 북아메리카의 유색인종 집단들에게보다 유럽계 미국인에게는 덜 눈에 띄는 것이다. 유럽계 미국인은 백인이 된다는 것이 무슨 의미인지에 대해 직면할 필요가 없다(D. W. Sue, 2004). 사회에서 지배적인 집단(예 : 유럽계 미국인, 남성, 이성애자)에서 정체성의 문제에 대한 관심은 사회 경제적 생존과 관련하여 반드시 필요한 것은 아니다(Harrell & Bond, 2006).

유럽계 미국인 사이에도 이 책에서 유색인종 집단에서의 문화 다양성을 연구해온 만큼 연구되어져 오지는 않은 문화 다양성이 있다(Trimble, 2007). 이민자에 대한 '용광로'[2] 모델은 이민자가 북아메리카로 오고, 문화가 섞이면서 그들의 기존 문화를 버리게 된다고 가정한다. 유럽계 문화가 상대적으로 북아메리카에서 지배적인 문화와 유사하므로 '용광로'가 되는 것은 유럽계 조상의 많은 사람에게 일어났다. 그러나 유색인종에게 상대적으로 제한된 관심을 보여준 것에 비해서는 북아메리카와 유럽계 조상 사이에 문화적인, 세대에 걸친 가변성은 심리학에서 관심을 덜 받았다.

유럽계 미국인 사이에서 문화에 대해 관심을 덜 받게 된 또 다른 이유는 개인주의이다. 많은 유럽계 미국인은 그 자신을 문화 규범이나 전통 또는 그 집단의 다른 유형의 것에 영향을 받지 않는 독특한 개인으로 인식할지도 모른다. 비록 유럽계 미국인이 공통의 문화적 특징을 가지고 있기는 하지만 많은 유럽계 미국인은 심리학자

2) 용광로 : 인종 문화 등 여러 요소가 하나로 융합 · 동화되는 현상이나 장소

를 포함하여 문화를 집단으로서의 그의 행동에 중요한 영향을 미치는 것으로 인식하지는 않는다.

독자들은 아마 다문화 문제가 모든 심리학 과정과 교과서에 통합되어야 한다고 생각할지도 모르겠다. 어쩌면 이 책이 없어져야 한다고 생각할 수도 있다(Segall et al., 1998). 진심으로 나도 그 점에 동감한다. 그러나 다문화 문제는 대부분의 심리학 과정이나 교재에 통합되는 것은 그리 쉬운 일은 아니다. 이러한 상태는 쉽게 변할 것 같지 않다. 다만, 이러한 책이 인간 존재의 중요한 면을 상기시키는 것으로 기여한다.

이 지점에서 당신은 여전히 다음과 같은 생각을 할 것이다. "나에게는 이것이 무슨 의미이지?" 문화 다양성에 대한 연구는 문화적 인식과 사회 문제에 대한 관심을 강화하는 것뿐만 아니라 유럽계 미국인을 포함하여 소수 민족 배경을 가지고 있는 대학생 사이에서 경청하고, 비판적으로 생각하고, 글을 쓰는 기술을 증가시키고 있음이 발견되었다(Antonio et al., 2004; Gurin, Nagda & Lopez, 2004; Hurtado, 2005). 그러므로 '자기만의 관점을 벗어나 생각하는 것' 은 모든 사람에게 유익하다고 할 수 있다.

요약하면, 이 책에서 다룰 다문화 문제에 대한 경험적인 연구가 증가하고 있다. 다문화 연구에 대한 심리학의 공헌은 구조적인 것에서부터 사회적인 것으로까지의 폭넓은 관점, 과학적인 정밀함, 인간 복지에의 적용을 포함한다. 유럽계 미국인이 대부분의 심리학에서 관심을 받고 있는 것과는 반대로 이 책은 북아메리카의 유색인종 집단에게 초점을 두고 있다. 문화 다양성에 대한 초점은 어떤 성장환경에 있는 사람이든 모두에게 유익하다.

다문화심리학, 인종, 민족성, 문화, 그리고 소수인으로서의 지위에 대한 정의

북아메리카는 다문화심리학의 연구에서 탁월한 실험실이라 할 수 있다. 왜냐하면 다양한 문화를 가지고 있는 다양한 집단이 단일 국가에서 함께 살고 있기 때문이다. 미국으로 이민 온 사람은 그들의 기존 문화의 전통과 관습에 의해 영향을 받는다. 그들은 또한 미국의 문화, 특히 지배적인 유럽계 미국인의 문화에 의해서도 영향을 받는다. 미국에서 이민자들은 한 가지 이상의 문화에 의해 영향을 받는다. 몇 세대에 걸쳐 가족이 미국에서 살아온, 그러나 기존 문화는 유럽계 미국인 문화와는 다른 한 사람은 여전히 그의 기존 문화에 의해 영향을 받는다. 예를 들면, 아프리카계 미국인은 수 세기 동안 북아메리카에서 살고 있지만, 아프리카와 미국 문화에 의해 영향을 받는 정도는 개인적으로 다를 수 있다(Landrine & Klonoff, 1996a).

유색인종인 한 인간에게 있어서, 미국에서 인생을 설계하는 것은 단지 한 가지 이상의 문화에 의해 영향을 받거나, 문화를 선택하는 문제만이 아니다. 미국에서 유색인종은 유럽계 미국인에 비해 그 수와 사회적 힘에 있어서 상대적으로 소수인의 지위를 지니고 있다. 소수인의 지위라는 것은 또한 그들이 다수였던 나라를 떠난 사람에게는 새로운 경험이다. 소수인으로서의 지위의 주요한 영향은 차별이다. **차별**은 특정한 집단에 속한다는 이유로 행해지는 해로운 행동을 포함한다(Fishbein, 1996). 인종 차별이나 민족 차별은 유럽계 미국인 사이에서보다 유색인종 사이에서 흔히 인식되어지는 것이다. 예를 들면, 5학년 아동 사이에서 19%의 아프리카계 미국인 남성 아동과 27%의 여성 아동은 지난 6개월 동안에 차별을 경험하였다. 반면에 유럽계 미국인은 7%의 남성 아동과 11%의 여성 아동이 비슷한 경험을 하였다(DuBois et al., 2002). 차별을 사회적, 교육적, 경제적, 직업적, 정치적 선택의 기회에다 국한할지도 모르겠다. 유럽계 미국인과 구별되는 외형적 부각(예 : 피부색, 얼굴 특징, 다른 신체 특징)과 문화적 전통은 유색인종이 미국 사회에 동화되는 데 더 큰 어려움을 준다(Williams & Berry, 1991).

소수 인종의 지위가 가져오는 또 하나의 영향은 그들이 다른 사람과 서로 다른 경우에조차도 다른 사람에 의해 한 묶음으로 통틀어지는 것이다. 예를 들면, 이민자들은 이전에 아무 연관이 없는 다른 사람과 한 집단으로 묶일 수 있다. 중국에서 온 이민자들이 한국인들과 공통점이 없다고 느낄지도 모른다. 그러나 미국에서 중국과 한국계 미국인은 종종 아시아계 미국인으로 한 집단으로 여겨진다. 이민자 지위는 다른 나라에서 온 이민자(예 : 아시아, 라틴아메리카)와 같은 집단으로 묶이게 할 수 있다. 더 폭넓게는 유색인종의 사람은 하나의 집단, 백인 외 집단 등으로 묶인다. 이 책의 전반부에서 다루게 될 소수 집단 사이의 공통된 이슈가 있음에도 불구하고, 이 책의 후반부에서 다루게 될 각 집단마다의 독특한 문제도 있는 것이다.

요약하면, 다문화심리학은 문화에 대한 연구이고 인간 행동에 영향을 미치는 사회문화적 영향(예 : 소수인으로서의 지위, 차별 대우)에 대한 연구이다. 문화적, 사회문화적 영향 둘 다를 강조하는 것은 다문화심리학을 문화심리학과 비교문화심리학으로 구분해준다. **문화심리학**은 사회문화적 영향을 고려하지 않은 채(Shweder, 2000), 단일문화 상황에서 행동에 대한 문화적 영향에 대한 연구이다. 이와 비슷하게 **비교문화심리학**은 서로 다른 국가 상황에서 문화적 유사성과 차이점에 대해 초점을 둔다(Segall et al., 1998). 그러나 국가들은 전형적으로 같은 지리적 공간을 공유하는 것이 아니므로, 사회문화적 영향은 강조되지 않는 경향이 있다. 게다가 비교문화심리학은 '비구조적인 접근법'을 사용하는 경향이 있다. 비구조적인 접근법에서는 하나의 문화 대개는 유럽계 미국인으로 거기에서 관찰된 행동의 보편성을 연구한다. 대조적으로 다문화심리학은 비구조적 접근법을 포함하지만 인간 행동을 보편화하지 않는 '문화 특이성 혹은 비기능적 접근'을 강조한다.

문화심리학과 비교문화심리학은 북아메리카 밖에서 문화 집단에 초점을 두는 경향이 있다. 이러한 두 가지 접근법에서의 함축적인 가정은 미국 문화는 유럽계 미국문화와 대등하다는 것이다. 대조적으로 다문화심리학은 다양한 미국 문화 집단의 존재와 중요성을 지각한다. 전 지구적인 심리학에 대한 이해가 중요한 반면 북아메리카에서 문화 다양성에 대한 이해 또한 동등하게 중요하다. 북아메리카는 이 책의 대부분의 독자들이 살고 있고, 아마 앞으로도 그러할 것이다.

다문화심리학의 중요한 개념에는 인종, 민족성, 그리고 문화를 포함하고 있다. 인종은 거리상으로 멀리 떨어져 있는 집단의 구성원들보다는 생물학적으로 밀접하게 관련 있는 하나의 지역에 기원을 두고 있는 민족 집단이다(Ota Wang & Sue, 2005). 인종에 대한 개념은 전형적으로 유전적인 특성(예 : 피부색, 얼굴 형태, 머릿결)에 기초를 두며, 심리적 특성에서의 인종적인 차이는 종종 생물학적인 것으로 여겨진다(Ota Wang & Sue, 2005). 그러나 '자기가 인식' 하는 혹은 '타인이 인식' 하는 인종은 반드시 유전적 다양성과 일치하지는 않는다. 예를 들면, 인종 간에서보다 인종 내에서 더 많은 유전적인 다양성이 있다. 사람을 인종의 범주 안에 분류하는 데 하나의 유전자로는 충분하지 않다(Bonham, Warshaeuer-Baker & Collins, 2005). 게다가 세계 인구의 증가로 인해 이제는 하나의 단일 지역에서 온 조상을 가지지 않는다(Bonham et al., 2005). 인종은 종종 다문화심리학에서 그보다 더 많은 관심을 가지고 있는 개념인 문화나 민족성을 대표하는 것으로 여겨지기 때문에 인종의 의미는 사회적으로 형성된다.

문화는 공유된 태도, 신념, 규범, 역할, 자아의 정의를 포함한다(Triandis, 1996). 심리적 특성이 개인 안에 존재한다고 가정하는 심리학에서의 보편적인 접근법과는 달리 문화는 개인 안에도, 사회 속에도 존재하는 것이 아니라, 개인과 사회 간의 상호 작용 속에 존재하는 것이다(Bodas & Ollendick, 2005). 그래서 문화의 발달은 상호 보완적인 과정이다(Lopez & Guarnaccia, 2000). 문화 집단은 개인에게 영향을 주고, 개인은 사회 집단에 영향을 미친다. 예를 들면, Rosa Parks, Martin Luther King Jr, Malcolm X 같은 지도자들은 그들이 자란 아프리카계 미국인 공동체에서 종교와 정치의 영향을 받았으며, 또한 아프리카계 미국인의 종교와 정치를 변화시켰으며, 행동으로 실천하는 활동가가 되었다.

민족성은 유일한 사회문화적 전통뿐만 아니라 인종까지 포함한다(Phinney, 1996; S. Sue, 1991). 민족성이란 말은 원래 20세기 초에 미국에서 사용되었는데, 동양과 남부 유럽 이민자들을 다른 유럽계 미국인과 구분하기 위해 사용되었다가 후에는 다른 지역에서 온 이민자에게 적용되었다(Rees, 2007). 민족성은 상대적으로는 협의의 의미(예 : 중국계 미국인, 독일계 미국인)이거나 좀 더 폭넓게(예 : 아시아계 미국인, 유럽계 미국인) 정의될 수도 있다. 소수 민족 집단은 언어나 음식과 같은 특별한 문화 관습을 가지고 있다. 또한 개인 중심주의, 집단 중심주의, 감정 표현이나 통제의 정도와 같은 심리적 특성을 포함한다. 소수 민족 집단 구성원이 반드시 같은 인종일 필요는 없다. 예를 들면 라틴아메리카계 미국인은 다른 인종 배경에서 온 사람이지만 그것을 소수 민족 집단으로 묶어주는 공통의 사회문화적 배경을 가지고 있을 수도 있다.

요약하면, 다문화심리학은 행동에 대한 문화적인 영향과 사회문화적인 영향 두 가지 전부에 초점을 두고 있다. 인종의 의미는 사회적으로 형성되고 종종 문화나 민족성을 대표하는 것으로 여겨지기도 한다. 즉, 문화는 전통, 소수 민족 집단, 관습 문화 등을 포함한다.

사회 계급

유색인종은 '빈곤선(poverty line)' 이 최저소득 수준에 가깝거나 그 아래에 있는 사람에게 많다. 가난은 유색인종에 대한 차별로 제한된 사회 기회의 결과이다. 유색인종에 대한 심리학 문헌의 대다수는 가난한 사람에게 관심을 두고 있다(G. C. N. Hall, 2004). 이 책에서 소수 민족으로서의 지위는 가난과 동일한 의미이다(Nazroo, 2003). 유색인종 중에, 가난하지 않은 사람에 대한 정보가 상대적으로 부족하다는 것은 유색인종의 가난한 사람이 유색인종의 전부인 것처럼 일반화되어 있다는 것을 암시한다.

유색인종의 대다수가 가난하지 않다는 것을 명시하는 것은 중요하다. U · S · A의 인구조사 결과는 아프리카계 미국인의 4명 중 1명이(2006년 1월), 미국 원주민 4명 중 1명이(2006년 2월), 10명의 아시아 태평양계 미국인 중의 1명이(2007년 3월), 5명의 라틴아메리카계 미국인 중 1명(2007년 7월)이 가난하다고 보여주고 있다. 이러한 데이터를 가난한 유럽계 미국인 10명 중의 1명과 비교하였다(미국 인구조사, 2007). 공식적인 보도는 가난에 의해 영향을 받는 사람의 수를 과소평가할 수도 있다. 그러나 유색인종 중에서 가난한 사람이 유색인종의 대다수를 대표하지는 않는다. 게다가 미국에는 아프리카계 미국인(940만), 아시아 태평양계 미국인(140만), 라틴아메리카계 미국인(900만)을 다 합친 것만큼이나 많은 가난한 유럽계 미국인이 있다(2007년 미국 인구조사).

사회경제적 지위가 모든 소수 민족의 차이들을 설명해줄 수 없다는 것을 밝히는 것도 중요하다. 유색인종 집단의 사회경제적 지위와 문화는 종종 결합된다. 경제 자원이 적은 사람은 그의 생활 환경의 결과로 태도나 행동을 가지게 된다는 점에서 경제적 지위의 문화가 존재한다(Jackson, 2003). 그럼에도 경제적 요인이 문화 요인과 동등한 것은 아니다. 이 책에서는 민족성과 문화가 사회경제적 지위를 넘어 인간의 행동에 영향을 미친다고 바라보는 연구들을 검토할 것이다. 이것은 사회경제적 지위가 유색인종에게 별로 중요하지 않은 고려요인이라고 주장하려는 것이 아니다. 우리는 또한 사회경제적 지위가 민족성이나 문화보다 더 강력한 영향을 미치고 있다고 보는 연구도 살펴볼 것이다.

인종 · 소수 민족의 정체성에 대한 모델

1960년대 이전의 문화적 이슈는 심리학 연구 분야에서 사실상 부재했었다(Ponterotto & Mallinckrodt, 2007). 1960년대와 1970년대 문화에 대한 최초의 연구는 구조 변인으로서 (예 : 아프리카계 미국인) 인종과 민족성에 초점을 두었고, 유럽계 미국인과 소수 민족 집단을 비교하였다. 이러한 구조적 비교 패러다임이 대다수 집단을 마치 그들이 모두 비슷한 것처럼 다루긴 했지만, 이 패러다임을 사용한 연구가 아직도 계속되고 있다. 1980년대에 와서 이론과 연구는 아프리카계 미국인과 유럽계 미국인의 정체성과 라틴아메리카계 미국인과 아시아계 미국인의 문화 적응에 초점이 모아졌다(Ponterotto & Mallinckrodt, 2007). 문화 정체성에 대한 부가적인 모델은 1990년대에 와서 개발되었으며, 소수 민족의 정체성은 인종과 문화를 포함하였는데, 인종 정체성과 구별하여 서술되었다(Phinney, 1992).

인종, 민족성, 문화, 소수인으로서의 지위에 근거한 정체성은 이 책의 기본 틀을 구성한다. **인종 정체성**은 인종의 의미와 중요성에 초점을 두고 인종 차별주의에 반응한다(Helms, 2007). **인종 차별주의**는 집단의 차이는 생물학적인 것에 기초를 두는데, 어느 한 인종이 우월하고, 다른 인종 집단에 대한 그 인종 집단의 지배력을 공식화하는 관습을 정당화한다(J. M. Jones, 1997). **민족 정체성**은 한 소수 민족 집단과의 동일시가 가지는 힘을 포함한다(Phinney, 1996). 민족 정체성의 구성요소는 자기 표시, 소속감, 긍정적인 평가, 집단 선호도와 지식, 집단과 관련된 활동에의 참여 등이 있다. 인종 · 민족 정체성과 인간 행동에 미치는 영향에 대한 연구들은 최근까지 많이 있었다. 이 장에서는 영향력 있는 모델에 주목할 것이다.

인종 · 민족 정체성에 초점을 두는 것은 '정체성 정치학' — 그러한 정체성이 특정 집단의 특별한 권리를 얻기 위해 정치적으로 동기화된 것이라는 생각 — 으로 여겨질 수도 있다(Bernstein, 2005). 다문화주의에 대한 비평가들은 차이에 대한 강조가 민주적이지 않다고 주장한다. 다른 집단은 그러하지 않은 반면에 몇몇 집단들은 특별한 대우를 받을 수 있다. 이 비평가들은 '인종 평등 세계관' 에 동의할지도 모른다. 그러나 이러한 인종 평등 접근법은 백인을 제외한 모든 유색인종에 대해 알려고 하지 않는다(D. Sue, 2004). 세상은 백인, 유럽계 미국인의 기준에 의해서만 평가된다. '인종 평등 사회'를 옹호하는 사람들이 '정체성 정치학'을 멀리한다 하더라도, 그들은 자신의 정치학인 '백인 정체성 정치학'을 따른다(Phinney, 1996). 그래서 그들이 건설한 인종 평등 사회가 지배 집단의 인종과 민족의 관점에서 기준을 부여하고 있을지는 몰라도, 인종과 민족성의 관점에서 인종 평등 사회를 바라보지는 않을 것이다. 그러한 인종 평등 접근은 지배 집단과 피지배 집단 모두의 구성원들에게 가치 있는 다양한 문화 정체성의 특징을 고려하지는 않는다.

다양한 문화를 고려해야 하고 '인종 평등'이 안 되는 이유는 과학적인 것이다. 문화적 차이가 존재한다는 것을 부정하기보다는 문화적 차이를 연구하고 이해하는 것이 더 훌륭한 과학이라고 할 수 있다. 또한, 한 집단에서 개발된 이론과 연구들이 다른 집단으로 일반화될 수 있는지 없는지를 결정하는 것이 중요하다(S. Sue, 1999). 북아메리카에서 문화 다양성을 간과한다면 심리학 영역에서 이제 막 태동하려는 다문화 실험실을 이용하는 데 실패하게 될 것이다.

문화 다양성을 연구함에 있어서 중요한 것이 바로 심리학적인 것이다. 특히 인종·민족 정체성은 심리적 요인과 관련이 있기 때문이다. '문화 다양성'을 무시하는 것은 개인의 잠재력을 최대한 발휘할 수 있는 능력을 제한하게 될 것이다. 이 책의 후반부에 가서는 특이한 소수 민족 집단들의 인종·민족 정체성이 어떤 효과를 가져오는지를 살펴보게 될 것이다.

문화 다양성을 연구해야 하는 세 번째 이유로는 사회 정의를 들 수 있다. 이 점에 관해 어떤 이는 사람은 피부색에 의해서 판단되는 것이 아니라 각각의 개인이 가지고 있는 특성에 의해 판단되어야 한다고 주장한 Martin Luther King Jr의 말을 거론한다. 그러나 그 말에 대해 문맥상 살펴보면 모든 집단의 사람이 동등한 기회를 가지는 사회를 말하는 것이었다(D. W. Sue, 2004). 어떤 사람은 미국에서 이제는 모든 집단의 사람이 동등한 기회를 가지고 있고 인종 차별 대우는 과거의 일이라고 생각할지 모르지만, 유색인종의 사람이 성공에 이르는 데 개인적인, 그리고 제도적인 장벽은 여전히 존재하고 있다(Crosby, Iyer, Clayton & Downing, 2003). 인종·민족 정체성을 무시하면 불공평한 사례들을 감시하는 능력을 감소시키고 차별 대우가 발견되지 않도록 눈감아주게 될 것이다(D. W. Sue, 2004).

인종 정체성에 대한 Cross 모델

인종 · 민족 정체성에 대한 이후의 모델들에 영향을 준 초기 모델 중의 하나는 William Cross(1971)에 의해 개발되었다. Cross 모델은 아프리카계 미국인 상황에서 개발되었으나, 다른 민족 집단에게도 영향을 주었다. Cross는 인종 정체성을 충돌 전(pre-encounter), 충돌(encounter), 투입 · 재현(immersion · emersion), 내면화(internalization)의 4단계로 개념화하였다(Cross & Vandiver, 2001).

첫 번째, '충돌 전 단계' 에서 아프리카계 미국인은 세상을 비흑인 또는 흑인을 적대시하는 것으로 본다. 이 단계에서 아프리카계 미국인은 유럽계 미국인이 자신보다 우월하다고 보기 때문에 목표는 유럽계 미국인 사회에 동화되는 것이다. 아프리카계 미국인의 정체성은 무시된다. 그러한 동화하는 사람의 정체성은 다른 아프리카계 미국인과 분리되어 자라나는 아프리카계 미국인의 경우에 그러할 것 같다. Cross의 개정된 모델은 충돌 전 단계에서 3개의 정체성 군을 포함한다.

인종에 대한 인식이 낮고, 미국인이라는 정체성이 강하게 나타나는 일이 충돌 전 동화 정체성(pre-encounter assimilation)에서 나타나는 현상이다. 충돌 전 잘못된 교육 정체성에서는 아프리카계 미국인의 부정적 고정관념이 내재화되는 현상이 나타난다. 충돌 전 단계에서 자기혐오 정체성으로 인해 아프리카계 미국인 그리고 자신에 대해 부정적으로 생각한다. 특히, 아프리카계 미국의 중에서, 유럽계 미국인 조직에서 일하는 아프리카계 미국인의 경우는 자신의 정체성을 아프리카계 미국인으로 규정하지 않는다. 그리고 다른 사람들과 마찬가지로 자신은 적응할 수 있고, 성공할 수 있다고 믿는다. 그러한 사람은 적응 또는 성공의 장벽을 인종 또는 차별로 인한 결과로서 인식하지 못할 것이다.

두 번째, '충돌 단계' 에서 아프리카계 미국인은 그들 자체가 의미하는 것이 무엇인가에 대해 인식하고, 그리고 인종 정체성을 통해 스스로를 평가하기 시작한다. 인종 차별이 이러한 단계로 이동의 원인이 되는 경우가 자주 나타난다. 예를 들어, 회사에서 성공을 원하는 아프리카계 미국인은 최고 경영층에 아프리카계 미국인이 존재하지 않는다는 사실을 자각한다. 더욱이 그는 똑같은 자격과 연공을 가진 유럽인은 경영층에 오를 수 있지만, 자신은 그렇지 못하다는 사실도 알게 될 것이다. 자기 자신은 아프리카계 미국인이라는 사실을 받아들여야만 한다. 이로 인해 자신의 정체성에 대한 새롭고, 다른 해석을 적극적으로 강구하게 된다.

세 번째, '투입 · 재현 단계'에서 아프리카계 미국인은 스스로 아프리카계 미국인의 문화에 몰입하고, 흑인 문화가 아니라면 어떠한 가치도 받아들이지 않는다. 유럽계 미국인의 가치를 거부하는 일은 자기 자신을 흑인으로 증명할 때 필요한 경우로 간주될 수 있다. 대학교에서 아프리카계 미국인 학생 기구에서 운동가로 활동하는 흑인 대학생, '근본주의자' 또는 '과격분자'가 이러한 경우에 해당한다. 이러한 상황에 있는 경우 흑인으로서 강력한 정체성을 갖는다. Cross의 수정 모델에서는 두 가지 투입 · 재현 정체성에 대해 다루고 있다. 투입 · 재현 단계에서 흑인은 아프리카계 미국인 또는 흑인 중심의 가치라면 모든 것이 좋다고 생각한다. 아프리카계 미국인 반-백인 정체성은 유럽계 미국인 또는 유럽 중심의 가치라면 모든 것이 나쁘다고 간주한다.

마지막으로 '내면화 단계'에서 아프리카계 미국인은 자신에 대해 확신을 가지며 또한 건전한 정체성을 갖는다. 또한 다른 문화를 경험할 때 자신의 관심사와 선호도에 대해 표현하는 것에 불편을 느끼지 않는다. 반-백인 정서 역시 줄어든다. 이러한 내면화 단계에 속한 개인은 모든 사람이 억압에 시달리고 있고, 어떠한 사람들은 사회적 행위에 참여하게 된다고 믿는다. Malcolm X는 이슬람 신자가 된 이후, 다양한 인종적 배경을 가진 사람들과 함께 투쟁하면서 투입 · 재현 단계에서 이러한 내면화 단계로 이동하였다. Cross는 자신의 수정 모델을 통해 두 가지 내면화 정체성에 대해 제안하였다. 흑인 민족주의는 다른 인종에 대해 적대심을 가지지 않은 흑인 중심의 정체성을 나타낸다. 다문화적인 요소를 수용하고, 두 가지 다른 정체성은 물론 아프리카계 미국인으로서의 정체성도 받아들이게 되는 것이다.

인종 정체성은 다른 인종이 가진 정체성과 관계가 있다. 충돌 전 및 충돌 단계는 뉴욕 시에 거주하는 아프리카계 미국 여성에 대한 전통적인 태도와 연관이 있다(Martin & Hall, 1992). 투입 · 재현 단계가 여성에 대한 태도와 관계가 있는 것은 아니다. 하지만 내면화 단계는 여성주의적 태도와 관계가 있다.

Cross의 모델과 유사한 모델이 백인인종 정체성, 아프리카계 미국인이라는 인종 정체성, 민족 정체성, 그리고 이중 인종 정체성을 통해 발전되었다. 이러한 모델은 하단에서 재조명하기로 한다. 〈표 1.1〉은 다른 모델에서 언급된 단계와 Cross 모델

표 1.1 Cross 모델의 단계와 다른 모델의 단계 비교

Cross	충돌 전	충돌	투입 · 재현	내면화
Helms	접촉	분리	재통합, 투입 · 재현	자주성
Sellers	동화 정책주의자 인본주의자	소수 민족	독립주의자, 소수 민족	인본주의자
Phinney	발산	압류	정지	성취
Poston	개인 정체성	집단 분류 선택	얽힘 · 부정, 평가	통합

에서 언급된 단계를 비교하였다.

백인인종 정체성에 대한 Helms의 모델

유럽계 미국인은 인종 정체성을 발달시키는가? 유럽계 미국인은 그 방식이 암시적이든 노골적이든 백인 집단 구성원으로서의 의미를 무시하거나 최소화하도록 교육받는다(Ponterotto, Utsey & Pedersen, 2006; D. W. Sue, 2004). 그럼에도 불구하고 그중 몇몇은 그의 인종과 민족에 대한 정체성을 발달시킨다. Helms(1990)는 Cross(1971)의 모델과 유사한 백인인종 정체성 모델을 발달시켰다. Cross의 모델처럼 그의 모델은 일련의 단계로 구성된다. 또한 백인인종 정체성 태도 척도(Helms & Carter, 1990)는 Helms의 모델의 기반을 이룬다.

Helms(1990)의 모델 중 첫 번째 '접촉(contact) 단계'는 인종의 개념이 심리적 발달에 있어서 특징적 요소가 아닌 단계이다. 이 단계의 인간은 모든 인간이 서로 많은 공통점을 공유한다고 본다. 이 단계는 Cross(1971, 1991)의 모델 중 접촉 전(pre-encounter)단계와 유사하다.

Helms의 모델 중 두 번째 단계는 '분리(disintegration) 단계'이며, 이 단계는 백인임에 대한 당혹감과 혼란을 포함한다. 이 단계의 유럽계 미국인은 사회 속에서 백인이 아닌 사람을 폄하하는 백인임이 무엇을 의미하는지에 대한 도덕적 딜레마를 직면할 수 있다. 이 단계는 Cross(1971, 1991)의 충돌(encounter) 단계와 유사하다. 유럽계 미국인의 충돌 단계는 유럽계 미국인이 차별의 희생자라기보다는 가해자라는 인식을 포함한다.

Helms의 모델 중 세 번째 단계인 '재통합(reintegration) 단계'는 인종적 우월성에 의한 분리의 정서를 다루고자 하는 시도이다. 이 단계의 인간은 아프리카계 미국인과 다른 소수 민족을 열등한 존재로 본다. 재통합 단계는 Cross(1971, 1991)의 투입 · 재현(immersion · emersion) 단계 중 투입(immersion)과 비슷하다.

'허위 독립(pseudo-independence) 단계'는 Helms의 모델 중 네 번째 단계이며, 이 단계의 인간은 인종, 민족, 문화가 심리적 발달에 끼치는 영향에 대해 더 넓은 이해력을 갖추게 된다. 그러나 인종 문제는 단지 유색인종과의 상호 작용에서만 중요하다. 이 단계의 인간은 다양한 민족 집단에 대한 일반적인, 때로는 고정관념적인 가정을 발달시킬 수 있다. 다음 단계인 '투입 · 재현(immerson · emersion)'은 백인에 대한 개인적, 도덕적인 정의를 발달시키고자 하는 시도이다. 또한 이 단계의 백인은 다른 백인에게 백인에 대해 다시 정의내리도록 권장할 수도 있다. 이 단계는 Cross(1971, 1991)의 투입 · 재현 단계 중 재현과 비슷하다. 이 단계에서 백인은 그들이 다른 민족 집단의 문화와는 다른 문화를 가지고 있음을 인식한다.

Helms의 모델 중 마지막 단계인 '자주성(autonomy) 단계'는 반인종주의적 백인 정체성의 발달을 포함한다. 이 단계의 인간은 유럽계 미국 문화의 강점과 약점 모두를 인식한다. 이 단계는 Cross(1971, 1991)의 내면화 단계와 유사하다. 이 단계의 백인은 자신의 정체성뿐만 아니라 백인이 아닌 사람들의 정체성에 대해서도 편안함을 느낀다.

인종 정체성에 대한 Sellers 외의 다차원 모델

인종 정체성에 대한 동시대 모델 중 하나는 '인종 정체성에 대한 다차원 모델'이다(Sellers, Smith, Shelton, Rowley & Chavous, 1998). 개인을 순차적 단계 속에 위치시켰던 Cross(1971, 1991)의 모델과 달리, 'Sellers 외 모델'에서 인종 정체성의 중요성과 의미는 시간과 환경에 걸쳐 다를 수 있다. 인종 정체성에 대한 다차원 모델은 흑인 정체성에 대한 다차원 목록(Sellers, Rowley, Chavous, Shelton & Smith, 1997)으로 평가되었다. 비록 인종 정체성에 대한 다차원 모델이 인종에 초점을 맞추고 아프리카계 미국인을 대상으로 발달되었다 할지라도, 이 모델의 다양한 측면은 다른 민족 집단과도 관련이 있다(Phinney & Ong, 2007).

인종 정체성에 대한 다차원 모델(Sellers et al., 1998)에서 인종 정체성은 (1) 개인의 자기 인식에 있어서 인종의 중요성과 (2) 어떤 인종 집단의 구성원이 된다는 것의 의미를 포함한다. 인종은 성별이나 직업 정체성과 같은 중요한 정체성 중 하나로 고려된다. Sellers와 그의 동료들은 인종 정체성에 대해, 인종적 부각(salience), 정체성에 대한 중심성(centrality), 개인이 정체성과 관련하여 집단에 갖는 인식(regard), 정체성에 대한 관념(ideology) 등의 네 가지 측면을 제시하였다.

'인종적 부각(salience)'은 자기개념의 일부로서 인종이 특정 상황에서 갖는 중요성과 관련이 있다. 예를 들어, 어떤 사람이 자신이 속한 사회적 환경에서 어떤 인종 집단의 유일한 구성원일 경우 인종은 중요해질 수 있다. 또한 어떤 사람이 인종 차별적 발언이나 행동을 목격한다면 인종은 중요해질 수 있다. 물론 같은 상황에서 과거의 경험에 따라 개인차가 있을 가능성이 있다. 한 사회적 환경에서 어떤 인종 집단의 유일한 구성원인 경우, 이전에도 흔하게 어떤 환경에서 집단의 유일한 구성원이었던 경우 그런 경험이 없는 경우보다 인종적 부각은 덜 두드러질 것이다. 유럽계 미국인이 전형적으로 주류이고 그래서 인종이 부각되지 않는 점에 있어서, 북아메리카에서 인종적 부각은 유럽계 미국인보다 유색인종과 더 관련이 있다.

'정체성에 대한 중심성(centrality)'은 개인이 인종으로 자신을 규범적으로 인식하는 것과 관련이 있다. 인종적 부각과는 달리, 인종적 중심성은 상대적으로 상황의 영향을 덜 받는다. 또한 인종적 중심성은 성별과 같은 다른 정체성에 비해 인종을 중요시 여기는 것과 관련이 있다. 인종이 중심적인 사람에게 인종은 가장 중요한 정체성일 것이다. 그러나 인종은 집단의 모든 구성원에게 중심적이지는 않다. 즉, 한 아프리카계 미국인을 만났을 때, 그녀가 그녀의 인종을 강하게 지지한다고 추정할 수 없다. 그녀는 성별, 성 정체성, 직업적 지위와 같은 다른 정체성을 더 중심적으로 여길 수 있기 때문이다.

'인식(regard)'은 개인이 그의 인종에 대해 가지는 긍정적, 부정적인 감정을 포함한다. '개인적 인식(private regard)'은 개인의 인종 집단과 그 집단의 구성원임에 대한 긍정적, 부정적인 감정을 포함한다. '대중적 인식(public regard)'은 아프리카계 미국인에 대한 사람의 긍정적, 부정적인 감정과 관련이 있다. 개인적, 대중적 인식이 항상 정적 상관관계에 있는 것은 아니다. 어떤 사람은 부정적인 대중의 인식을 경험했음에도 불구하고 자신의 인종 집단에 대하여 긍정적으로 인식할 수 있다.

'관념(ideology)' 은 아프리카계 미국인은 어떻게 살아야 하며 사회와 어떻게 상호작용해야 하는지에 대한 개인의 신념과 관련이 있다. '독립주의자 관념(nationalist ideology)' 에 따르면 아프리카계 미국인은 다른 집단으로부터 최소한의 조력을 받아야 하고 자신의 운명을 스스로 통제해야 함을 강조한다. 차별받은 소수 관념(oppressed minority ideology)은 아프리카계 미국인이 직면한 차별과 다른 소수 민족 집단이 직면한 차별 간의 유사성을 강조한다. '동화 정책주의자 관념(assimilationist ideology)' 은 아프리카계 미국인과 미국 사회 내 나머지 구성원, 특히 주류와의 유사성을 강조하며, 미국 사회 내의 비구별적인 부분이 되고자 한다. '인본주의자 관념(humanist ideology)' 은 동화 정책주의자 관념보다 더욱 세계적이며 모든 인간 사이의 유사성을 강조한다. 동시에 이 관념은 인종이나 다른 구별적인 특징(성별)의 중요성을 덜 강조한다.

이러한 관념들은 Cross 단계와 일치한다. 독립주의자 관념은 투입 · 재현 단계와 비슷하다. 소수 민족 관념은 충돌 그리고 투입 · 재현 단계와의 유사성을 가지고 있다. 동화 정책주의자 관념은 충돌 전 단계와 일치한다. 인본주의자 관념은 내면화 단계와 비슷하며 인종을 강조하지 않는 한 충돌 전 단계와도 비슷하다.

민족 정체성에 대한 Phinney의 모델

인종 정체성에 대한 모델은 주로 아프리카계 미국인과 유럽계 미국인에 초점을 맞춰왔다. 민족 정체성에 대한 모델은 다양한 민족 집단에 집중해왔다. 민족 정체성에 대한 Phinney(1989)의 영향력 있는 모델은 개인 정체성에 대한 Marcia(1980)의 모델(민족 정체성에 초점을 두지 않은 모델)에 기반을 두고 있다. Marcia는 정체성 형성을 개념화하였는데, 이는 (1) 정체성 문제에 대한 탐험, (2) 헌신 또는 소속감을 포함한다. 개인 정체성과 달리, 민족 정체성은 민족 집단 내 타인과 공유하는 정체성을 포함하며 개인적 선택을 통해 결정될 가능성이 적다(Phinney & Ong, 2007). 민족 정체성 발달은 민족 정체성 발산(diffusion, 분명한 정체성의 결여)에서 압류(foreclosure, 탐험이 결여된 헌신) 또는 정지(moratorium, 헌신이 결여된 탐험)로, 또 다시 민족 정체성 성취(achievement, 탐험과 헌신을 통한 분명한 정체성 이해)로

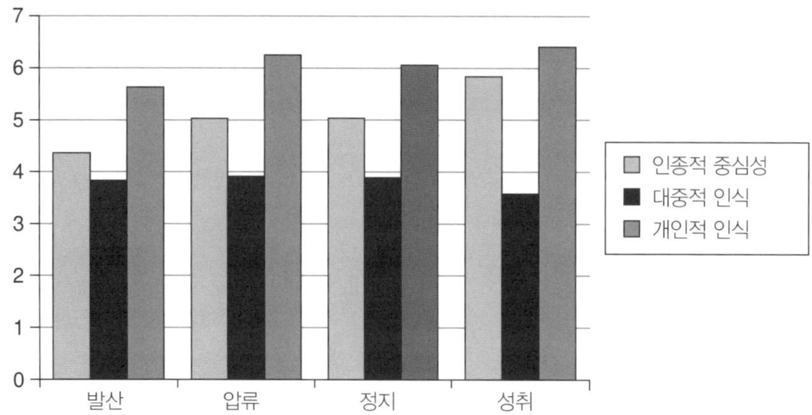

그림 1.3 민족 정체성 발달 단계에 따른 인종적 중심

이동한다(Marcia, 1980; Phinney, 1989). 'Phinney의 모델' 은 다집단 민족 정체성 척도(Phinney, 1992)를 낳았으며, 이 척도는 민족 정체성 측정에서 가장 폭넓게 사용된다.

Marcia(1980)와 Phinney의 모델에서 **발산**, **압류**, **정지**와 같은 용어의 사용은 비직관적이다. '발산' 은 전형적으로 어떤 분산된 또는 흩어진 것을 의미하지만, Marcia와 Phinney의 모델에서 발산은 정체성이 아직 발달되지 않은 상태를 의미한다. '압류와 정지' 는 전형적으로 무(無)활동을 의미하지만, 이의 모델에서 압류와 정지는 정체성과 관련된 활동을 포함한다.

Phinney 모델의 시작과 끝은 Cross 모델의 충돌 전 단계와 내면화 단계와 유사하다. 충돌 단계가 탐험을 특징으로 하고 있지만, 압류는 충돌 단계와 비슷하다. 투입 · 재현 단계가 헌신을 특징으로 하고 있으나, 정지는 투입 · 재현 단계와 비슷하다. 아프리카계 미국 청소년과 성인을 대상으로 한 연구에서, Yip, Seaton, Sellers(2006)는 Marcia와 Sellers 외의 정체성 모델을 사용하여 성취 단계에 속한 사람의 경우 나머지 단계에 속한 사람보다 인종적 중심성(centrality)과 개인적 인식(private regard) 점수가 높다는 것을 밝혀냈다. 그러나 성취 단계에 속한 사람은 대중적 인식(public regard) 점수가 낮았는데, 이는 그들이 아프리카계 미국인에 대한 대중의 인식을 현실적으로 받아들이고 있음을 보여준다. 〈그림 1.3〉은 Phinney의 민족 정체성 발달 단계에 따른 인종적 중심성과 개인적 인식 점수를 보여준다.

Poston의 혼혈 정체성 발달 모델

이전의 모델들은 단일인종 또는 민족에 초점을 맞춰왔다. 그 모델들은 다수의 인종 · 민족 집단과 관련된 문제는 다루지 않았다. 다민족 정체성에 관한 문헌이 알려지고 있으며, 이는 9장에서 상세하게 다뤄질 것이다. 그러나 이전에 기술된 단일인종 정체성에 관한 실증적 연구들이 다민족 정체성에 관한 연구보다 훨씬 많다.

Poston(1990)은 다수 집단과의 관련성을 다루기 위하여 혼혈 정체성 발달에 관한 단계적 모델을 제안하였다. **'개인 정체성**(personal identity) **단계'** 는 인종 · 민족적 배경과는 독립적인 자아의식, 즉 자존감 또는 자부심과 같은 요소를 포함한다. 이 단계의 사람은 주로 매우 연령이 낮다. 개인 정체성 단계는 Cross의 접촉 전 단계와 유사하다.

'집단 분류 선택(choice of group categorization) **단계'** 는 두 번째 단계로, 이 단계에서는 개인이 보통 하나의 민족 집단을 선택한다(Poston, 1990). 이 선택은 개인이 속해 있는 민족 집단의 지위, 한 문화권 내에서 수용과 참여에 대한 사회적 지지, 외모나 문화적 지식과 같은 요소에 의해 압력 또는 영향력을 받는다. 다민족 정체성을 선택하는 것은 이 단계에서 흔치 않은데, 이는 단일의 개인이 다수의 문화에 대한 지식과 다수의 정체성을 수용하도록 요구받기 때문이다. 집단 분류 선택은 Cross의 충돌 단계와 유사하다.

Poston 모델의 세 번째 단계는 **'얽힘 · 부정**(enmeshment · denial) **단계'** 이다. 이 단계는 한 정체성 대신 다른 정체성을 선택하는 것에 대한 혼란과 죄의식을 포함한다. 이 단계에는 배신 의식과 부모 중 한쪽의 정체성을 거부하는 것에 대한 죄의식이 내재되어 있다. 또한 다른 집단들로부터의 수용 결핍을 인식할 수 있다. 얽힘 · 부정 단계는 Cross 모델의 투입 · 재현 단계와 비슷하다.

'평가(appreciation) **단계'** 는 개인이 자신의 정체성을 평가하고 이 정체성을 탐험하기 시작할 때이다(Poston, 1990). 그러나 이 단계의 사람은 여전히 단일 집단과 관련짓는 경향이 있다. 평가 단계는 Cross 모델의 투입 · 재현 단계와 유사하다.

'통합(integration) **단계'** 에서 혼혈인종은 그의 민족 정체성 모두를 인식하고 그에 가치를 부여한다. 그의 정체성은 안정적이며 통합적이다. 이 단계는 Cross 모델의 내면화 단계와 비슷하다.

요약하면, 인종 정체성은 인종의 의미와 중요성에 초점을 맞추며 인종 차별에 대응하는 반면, 민족 정체성은 개인의 민족 집단 인식과 관련이 있다. 충돌 전, 충돌, 투입 · 재현, 내면화 단계를 포함하는 인종 정체성에 관한 Cross의 모델은 선구적이었으며 이후의 인종 · 민족 정체성에 대한 모델에 반영되었다. 정체성 모델은 유럽계 미국인, 아프리카계 미국인, 다민족 집단, 혼혈인을 대상으로 발달되어왔다.

문화 적응에 관한 모델들

이전의 모델은 짐작컨대 다수의 민족, 인종, 문화 집단이 공존하는 단일의 환경에 사는 사람의 문제를 다루었다. '문화 적응에 관한 모델' 은 한 문화권에서 다른 문화권으로의 이동을 다룬다. 출신 문화와 주류 문화와의 균형은 이민자와 그 자녀의 정체성에 있어 중심적 개념이다. 한 문화 집단과 주류 문화 간의 접촉이며 한 쪽 또는 두 쪽 모두를 변화시킬 수 있는 접촉을 **'문화 적응(acculturation)'** 이라 한다(Berry, 2003). 주류 문화는 보통 다른 문화 집단보다 더 강하며 그 집단이 변화하도록 힘을 행사한다. 예를 들면, 미국에서 이민자 집단은 영어를 배우도록 강한 압력을 받으며, 어떤 미국인은 영어가 미국의 공용어가 되길 원한다.

문화 적응은 꼭 개인이 순조롭게 한 문화권에서 다른 문화권으로 이동하는 어떤 직선적 과정이 아니다. 실제로 문화 적응 과정은 많은 스트레스를 줄 수 있다(Berry, 2003; C. L. Williams & Berry, 1991). 개인이 문화 적응의 과정에서 사용하는 다양한 전략이 있다.

문화 적응에 관한 Berry의 모델

Berry(1974)는 **동화**(assimilation), **분리**(separation), **통합**(integration), **고립**(marginalization)을 상호 문화적 접촉에 있어 태도와 행동을 포함하는 문화 적응의 유형으로 제시하였다. 어떤 문화 집단이 그 문화적 정체성을 유지하기를 원하지 않을 때, 이 집단은 동화를 추구할 것이다. 이것이 문화 적응의 '용광로 모델'(melting pot model)이다. 이 '동화 모델' 은 유색인종에 비해 인종과 문화가 유럽계 미국인과 더 유사한 유럽계 이민자와 더욱 관련이 있다. 또한 어떤 유색인종은 유럽계 미국 주류 문화에 동화되고자 하지만 주류 문화로부터 거부당할 수 있다. 13개의 백인 주류 국가(미국, 캐나다, 호주, 뉴질랜드, 유럽 국가, 이스라엘)로 이민을 갔으며 26개의 문화적 배경을 가진 5,000명의 청소년을 대상으로 한 국제적인 연구에서, 표본의 1/5 이하만이 그의 민족 정체성은 약하고 주류 정체성은 강한 동화적 특성을 지녔다(Berry, Phinney, Sam & Vedder, 2006). 동화 모델은 Cross 모델의 접촉 전 단계와 Sellers 외 모델의 동화 정책주의자 관념과 대응한다.

'분리 전략' 은 어떤 집단이 그 문화를 유지하고자 하고 주류 문화의 타인과 교류하지 않을 때 발생한다. 예를 들면, 그의 출신 문화권으로 돌아가고자 하는 일시 체류자들은 현지 나라의 관습을 채택하려 하지 않을 수 있다. 다른 분리주의자는 현지 나라의 가치관이 해롭다고 믿거나 주류 문화로부터의 거부에 대응하고 있을 가능성이 있다. 분리주의자는 보통 주류 문화로부터 격리되는데, 이는 자발적이거나(예 : 특정 지역사회에의 거주를 선택함 등) 비자발적일 수 있다(예 : 특정 지역사회로부터의 배척 등). 분리주의 집단은 정체성을 성공적으로 유지시키기 위하여 상대적으로 규모가 크고 힘이 있어야 한다. 청소년 이민자를 대상으로 한 국제적 연구에서, 응답자의 약 1/4이 강한 민족 정체성과 약한 국가 정체성을 가지고 있었는데, 이는 분리주의자 성향으로 간주될 수 있다(Berry et al., 2006). 분리 전략은 일반적으로 Cross 투입 · 재현 단계와 Sellers 외의 차별된 소수 관념에 대응한다.

'통합 전략' 은 개인의 문화를 유지하는 동시에 주류 문화와 상호 작용하는 것과 관련이 있다. 통합주의자들은 그의 출신 문화 구성원으로서 주류 문화에 참여하고자 한다. 통합은 오직 지배적 집단이 다양한 집단에게 열려 있고 그들을 포용할 때에만 발생한다. 이처럼 힘이 공유되고 통합이 가능한 다문화 사회는 현실적으로 성취되기 어렵다(LaFromboise, Coleman & Gerton, 1993). 미국은 상대적으로 동화주의적 특징을 띠며 캐나다는 상대적으로 통합주의적 특징을 띤다(Berry, 2003). 그러나 두 국가 모두에서 유럽계 혈통의 사람은 힘을 가지며, 사회의 모든 계층과 힘을 공유하려 하지 않는다. 예를 들면, 2008년까지 두 국가의 모든 주요 정치 지도자는 모두 유럽계 혈통이었다. 청소년 이민자들을 대상으로 한 국제적 연구에서, 응답자의 약 1/3의 경우에 민족 정체성과 현지 국가 관련 정체성이 정적 상관관계에 있었다(Berry et al., 2006). 이는 통합 전략으로 간주되지만 어느 정도로 현지 국가 구성원이 이민자를 그의 문화와 국가의 일부로 인식했는지는 분명하지 않다. 통합 전략은 Cross의 내면화 단계와 Sellers 외의 인본주의자 관념에 대응한다.

'고립 전략'은 개인의 출신 문화 유지와 주류 문화와의 교류 모두에 관심을 두지 않는 상태이다. 분리 전략처럼 고립 전략은 자발적이거나 비자발적일 수 있다. 낮은 민족·국가 정체성을 지닌 표본은 국제적 청소년 이민자 연구에서 가장 작은 집단이었다(Berry et al., 2006). 충돌 단계, 투입·재현 단계, 차별된 소수 관념에 해당하는 사람이 고립감을 느낄지라도, 고립 전략은 Cross의 단계와 Sellers 외의 관념 중 어느 것도 정확하게 대응하지 않는다.

문화 적응에 관한 LaFromboise, Coleman, Gerton의 모델

LaFromboise와 그녀의 동료들(1993)은 미국 내 소수 인종 집단에 적용 가능하며 Berry(2003)에 의해 제안된 문화 적응 전략 이외의 대안을 제공하는 문화 적응에 관한 모델을 내놓았다. LaFromboise와 그녀의 동료들은 동화(assimilation), 문화 적응(acculturation), 융합(fusion), 교대(alternation), 다문화(multicultural) 등의 문화 적응의 다섯 가지 모델을 제시하였다.

'동화(assimilation)'는 지배적이거나 더욱 호감이 가는 문화로의 흡수를 가리킨다. 자발적으로 미국에 온 이민자들은 이민을 강요받은 사람(예 : 노예, 망명자 등; Ogbu, 1986)보다 동화될 가능성이 크다. 마찬가지로 당신은 자신의 대학을 선택한 경우, 당신의 부모님이 대신 선택해준 경우보다 당신이 다니고 있는 학교에 대한 정체성을 가질 가능성이 더 크다. 같은 맥락으로, 당신의 대학 선택이 경제적 혹은 지리적인 이유로 제한받는다면 당신은 비자발적인 이민자인 반면, 당신이 선택한 대학에 입학할 수 있다면 당신은 자발적인 이민자이다.

어떤 문화에 동화되고자 하는 사람 모두가 동화될 수 있는 것은 아니다. 출신 문화와 두 번째 문화 사이의 문화적 차이는 동화능력에 영향을 미칠 수 있다(C. L. Williams & Berry, 1991). 예를 들어, 힌두교 아시아계 인도인은 기독교 영국인보다 미국 주류 문화에 동화하는 데 더 어려움을 겪을 것이다. 동화의 위험성은 출신 문화 정체성의 상실과 출신 문화 구성원들로부터의 거부를 포함한다(LaFromboise et al., 1993). 백인처럼 사고하고 행동하는 유색인에 대한 경멸적 용어가 각 민족 집단마다 존재한다. 아프리카계 미국인은 오레오(oreo), 라틴계는 코코넛, 아시아계 미국인은 바나나, 미국 원주민은 사과로 불린다. 이 동화 모델은 Berry(2003)의 동화 전략과 유사하다.

문화 적응의 두 번째 모델은 **'문화 적응(acculturation)'** 으로 알려져 있다(LaFromboise et al., 1993). 이 단계에 속한 사람은 두 번째 문화권 내에서 능력이 있으나 항상 소수 문화권의 구성원으로 인식된다. 이 사람은 두 번째 문화권 내에서 낮은 지위로 내몰릴 수 있으며 완전히 수용되지 않을 수 있다. 미국에서 전속 교육을 받고 의학능력을 갖춘 아시아계 인도인 내과 의사가 그 예이다. 그들이 능력 있다 할지라도 많은 미국인들은 그 내과 의사를 '외국인' 으로 인식한다. 이런 종류의 경험은 두 문화로부터의 고립을 초래할 수 있다. 고립에 대한 한 가지 반응은 분리주의이며, 이는 자신이 스스로 집단을 형성하며 집단 기준을 스스로 설정하는 것을 가리킨다. 미국 주류 문화에 수용되기 위해 힘쓰기보다, 아시아계 인도인 내과 의사는 자신만의 집단을 형성하고 다른 아시아계 인도인들과 교류할 것이다. 분리주의의 난점 중 하나는 만약 개인이 자신과 비슷한 타인들로 구성된 대집단에 속하지 않는다면, 다른 집단과의 교류가 필요하다는 것이다. 또 다른 난점은 주류와 교류하고자 시도하는 집단보다 분리주의자 집단을 더 쉽게 무시할 수 있다는 것이다. 문화 적응 모델은 Berry의 분리 전략과 고립 전략의 측면과 관련이 있다.

'융합(fusion)' 은 또 다른 문화 적응 모델이다(LaFromboise et al., 1993). 융합은 문화들이 단일의 경제, 정치, 지리적 공간을 공유하며, 문화 간 구분이 없이 하나의 새로운 문화를 형성할 때까지 서로 융합하는 것을 가리킨다. 이것은 용광로 이론을 뒷받침한다. 융합 모델은 동화 모델과는 다른데, 그 이유는 다수의 문화들이 가진 여러 측면이 하나의 새로운 문화로 통합되기 때문이다. 또한 융합 모델은 다문화 모델과도 다른데, 그 이유는 출신 문화가 두드러지게 유지되지 않기 때문이다. 초밥의 퓨전 요리 중 하나는 캘리포니아 롤이다. 일본의 초밥은 전형적으로 일본 쌀, 해초(노리), 야채, 해산물을 포함한다. 캘리포니아 롤도 일본 쌀, 노리, 야채(아보카도), 캘리포니아산 해산물(게)을 포함한다. 즉, 일본과 미국의 요리법이 새로운 무언가를 창조하기 위해 서로 융합된 것이다. 그러나 다수의 문화가 동일한 공간을 공유할 때 전형적으로 발생하는 현상은 문화적 소수 집단이 그의 문화 정체성을 희생하고 다수 집단으로 흡수되는 것이다(LaFromboise et al., 1993). 융합 모델은 Berry의 모델에서는 명백히 드러나지 않는다.

문화 적응의 네 번째 모델은 '교대(alternation)'로, 이는 두 문화 내에서의 능력과 관련이 있다(LaFromboise et al., 1993). 두 문화는 동등하게 인식되며 개인은 두 문화권 사이에서 둘 중 하나를 선택할 필요 없이 두 문화 모두와 긍정적인 관계를 유지한다. 이중 문화적 능력이 있는 사람은 자신의 행동을 특정한 사회문화적 맥락에 맞도록 바꾼다. 예를 들어, 만약 어떤 문화가 절제에 가치를 둔다면, 해당 배경에서 이중 문화적 능력을 갖춘 사람은 스스로의 행동을 절제한다. 그러나 다수의 유럽계 미국 환경처럼 자유로운 표현이 가치 있게 여겨지는 배경에서 그 사람은 더욱 표현적인 방식을 취할 수 있을 것이다. LaFromboise와 그녀의 동료들은 교대가 최상의 방식이라고 여겼다. 그러나 미국 사회는 모든 문화에 동등한 가치를 부여하지 않기 때문에 현실적으로 교대가 실현되기는 어렵다. 진정한 이중 문화적 능력이 있는 사람은 유럽계 미국 문화와의 균형을 맞추기 위해 비유럽계 미국 문화를 지나치게 강조해야 할 수도 있다. 다시 말하면, 실제적으로 한 소수 문화를 유럽계 문화와 동등하게 인지하기 위해서, 그리고 두 문화 간의 긍정적인 관계를 얻기 위하여 그 소수 문화를 지나치게 강조해야 할 수도 있다. 교대는 Berry의 통합 전략 측면과 관련이 있다.

문화 적응의 다문화 모델은 문화들이 단일의 다문화 사회 구조 내에서 함께 묶여 있는 동안 문화 정체성이 분명하게 유지되는 것을 가리킨다(LaFromboise et al., 1993). 한 문화 집단의 구성원은 일반적 필요를 충족시키기 위해 다른 문화 집단의 구성원과 협력한다. 다른 집단과 접촉하는 동시에 고유의 문화를 유지하는 민족 공동체가 그 예이다. 한 도시는 작은 도쿄, 작은 사이공, 작은 이탈리아 이웃 공동체를 가지고 있을 수 있으며, 그 공동체는 지리적으로 근접하며 상위 도시 구조의 한 부분으로서 협력한다. 그러나 현실에서는 문화 집단의 분리가 교류나 협력보다 더욱 일반적이다. 교류가 있을 때, 서로 영향을 주고받을 것이며 고유문화들은 뚜렷하게 유지되지 않는 경향이 있다. 즉, '다문화(multicultural) 모델' 은 현실적으로 성취되기에 어렵다(LaFromboise et al., 1993). 다문화 모델은 Berry의 다문화 전략과 유사하다.

요약하면, 문화 적응은 한 문화 집단과 주류 문화와의 접촉과 관련이 있으며, 이 접촉은 한 쪽 또는 두 쪽 모두를 변화시킨다. Berry의 고전적 모델은 동화, 분리, 통합, 고립을 문화 적응의 방식으로 제시하였다. 이 모델은 인종 정체성 모델과 유사하다. LaFromboise와 그녀의 동료들의 문화 적응 이론은 동화, 문화 적응, 융합, 교대, 다문화 다섯 가지의 문화 적응 모델을 제시하였다. 이 모델은 Berry 모델의 대안이다.

결론

다문화심리학은 단일 배경 내의 다수의 문화에 관한 연구이다. 심리학은 전통적으로 문화가 행동에 미치는 영향에 대해 다루지 않았다. 그러나 급격하게 다양성을 띠고 있는 21세기 북아메리카와 관련이 있는 심리학의 경우, 문화에 초점을 맞추는 것이 중요하다.

인종 · 민족 정체성과 문화 적응에 관한 모델에는 공통 요소가 있다. 모든 모델은 인종 · 민족 정체성이나 문화가 중대하게 고려될 사항은 아니라는 요소를 포함한다. 또한 탐험 요소는 보통 갈등을 수반한다. 또 다른 공통 요소는 통합 정체성으로 다수의 인종, 민족, 문화에 대한 수용과 이해를 포함한다. 이 책에서 우리는 어떻게 인종, 민족, 문화 정체성이 행동에 영향을 미치는지에 대해 다룰 것이다.

토론 문제

1. 당신의 부모님은 당신이 인종 차별을 하지 않도록 교육하였는가? 많은 심리학이 인종 평등 가정에 기반을 두고 있다. 어떻게 인종 평등 접근법이 다문화 상황에서 문제를 일으킬 수 있는가?
2. 자기 자신과 타인의 인종 · 민족 정체성에 대한 지식이 인간관계에 있어서 어떻게 도움이 되는가?

3. 이중 문화적 능력은 두 문화 내에서 동등하게 능력이 있고 두 문화에 수용되는 것을 가리키는 말이다. 이것은 가능한가?

제 2 장

다문화 연구방법

이 장은 다문화심리학과 관련이 있는 연구설계 문제들을 살펴보고자 한다. 이 문제에 대한 고려는 당신이 타인의 연구를 비평하고 문화적으로 적합한 당신 자신의 연구를 수행하도록 할 것이다. 불행히도 많은 심리연구들이 이러한 문제를 거의 다루지 않는다. 단일연구는 이 장에 다뤄진 모든 문제를 다룰 수 없다. 그러나 더 많은 문제가 다뤄질수록 문화적으로 더욱 적합한 연구가 가능할 것이다.

이 장은 양적 연구의 문제에 대한 논의로 시작할 것이다. 다문화심리학을 포함하여 대부분의 심리학 연구들은 양적 방법을 사용한다. 이 장의 두 번째 부분은 질적 연구에 관한 것으로, 질적 연구는 특히 현존하는 이론이나 연구가 없는 경우와 관련이 있다. 세 번째 부분은 연구결과의 전달과 전파에 관한 것인데, 이는 연구를 설계하고 수행하는 것만큼 중요한 것이다.

양적 연구방법

이론이 이끄는 연구

과학적 이론은 설명과 예상에 대한 진술의 집합이다. '이론(theory)' 은 어떤 현상이 발생하는 이유를 설명한다. 이 설명적 기능(explanation)은 어떤 현상의 근본이나 메커니즘을 포함한다. 예를 들면, 1장에서 논의된 인종 정체성에 관한 다차원 모델(Sellers et al., 1998)은 어떻게 인종이 자기 인식에 영향을 미치는지에 대해 설명한다. 만약 인종이 특정 상황에서 핵심적이고 개인의 정체성에서 중심적 개념이라면, 그 사람은 자신의 인종 집단을 긍정적으로 인식하고 독립주의자 정체성을 가지며, 그 이후에 자신을 긍정적으로 인식할 가능성이 높다.

이론의 두 번째 기능은 '예상(prediction)' 이다. 이론은 단순히 현재의 현상을 기술하기보다 미래를 예상한다. 예를 들어 인종 정체성에 관한 다차원 모델은 일전에 기술된 특성을 가진 사람이 아프리카계 미국인의 권리를 옹호하고 그의 정체성을 형성하며 그 고유의 결정을 위한 정치적 활동을 왕성히 할 것이라고 예상한다.

좋은 이론은 검사 가능한 가설을 가져오며 척도의 선택, 자료 분석, 자료 해석을 이끌 것이다. 신중히 설계된 연구는 특정 이론을 지지할 수도, 그렇지 않을 수도 있다. 단일연구는 단일이론을 증명 또는 반증할 수 없으나, 지지하거나 지지하지 못할 수는 있다. 그러나 일련의 연구들은 한 이론의 예상 정확도를 위한 증거를 제공할 수 있으며 해당 이론이 수정되어야 할 방향에 대한 실마리를 제공할 수 있다.

이론이 연구를 이끄는 방법에 대한 예를 들면, Small, White, Chavous, Sellers(2007)는 아프리카계 미국 청소년의 학업 참여를 예상하기 위한 이론적 틀로서 인종 정체성에 관한 '다차원 모델' 을 사용하였다. 그 이론적 모델은 동화주의자 관념을 지지하는(그의 독특성을 강조하지 않음) 아프리카계 미국 청소년이 소수 관념을 지지하는(아프리카계 미국인임을 자랑스럽게 여김, 차별을 극복하기 위해 동기를 강조함) 청소년보다 학업에 덜 참여할 것이라고 예상하였다. 다차원 모델에 기반을 둔 흑인 정체성에 관한 다차원 목록이 이 연구의 참여성들을 평가하기 위해 사용되었다. 다차원 모델의 예상은 검증되었다. 동화주의자 정체성은 소수 민족 정체성보다 동료에 의해 높은 성취가로 인식될 것에 대해 두려워하고, 학업을 덜 유지하려 하며, 학업 과제에 흥미와 즐거움을 덜 느끼거나 더 많은 행동 문제를 가지는 것과 관련이 있었다.

이론이 없는 연구는 먼저 있었던 연구결과를 이유로 드는 가정(사후 가정)으로 이끌며, 이론을 뒷받침하거나 뒷받침하지 못하는 수준이므로 학술 증진을 가져오지도 않는다. 불행히도 인종 · 민족적 차이에 관한 심리학 연구의 다수가 비이론적이다. 저자는 잡지사의 편집장으로 일하면서 불충분한 이론적 틀 때문에 1/3 정도의 원고가 거절당하는 것을 보았다. 그러나 이것은 인종, 민족, 문화에 관한 모든 심리연구의 1/3이 비이론적이라는 의미가 아니다. 왜냐하면 저자가 편집하지 않는 잡지에서 비이론적인 인종, 민족, 문화에 관한 연구를 보았기 때문이다. 즉, 1/3은 아마도 비이론적인 연구의 양을 과소평가한 수치일 것이다.

요약하면, 이론의 목적은 설명과 예상이다. 좋은 이론은 검사 가능한 가설을 제공하고 연구설계를 돕는다. 이론이 없는 연구는 단순한 사후 가정을 초래한다.

표본 추출 문제

심리학에서 우리가 알고 있는 많은 점들은 대학생을 대상으로 한 다수의 연구에 기반을 두고 있다. 심리학 연구자들은 그들의 작업 공간인 대학 캠퍼스에서 대학생과 손쉽게 만날 수 있다. 즉, 대학생은 편리한 표본인 것이다. 대부분의 심리학 이론과 연구가 모든 사람의 경우로 일반화될 것이라고 추정되는 점에서, 대학생 집단의 대표성은 연구에서 다뤄지지 않거나 대학생 집단이 대표가 되는 것을 경고하는 방식으로 다뤄졌다. 대표성에 대한 경고는 대부분 말뿐인데, 이는 이후의 연구가 좀처럼 대학 캠퍼스를 벗어나지 않기 때문이다.

미국 인구조사 자료에서도 2005년에 18~24세의 43%의 유럽계 미국인, 33%의 아프리카계 미국인, 61%의 아시아 · 태평양계 미국인, 26%의 스페인계 미국인이 대학에 등록했음이 나타났다(U.S. Bureau of the Census, October 2006). 미국 원주민에 대한 자료는 없었다. 즉, 아시아 · 태평양계 미국인 집단을 제외한 민족 집단에서 대학에 다니지 않는 인구 집단이 대학생 집단보다 더 높은 대표성을 지닌다.

대학생 집단이 단순히 편리한 표본이라 할지라도, 어떤 연구주제에 있어서는 아주 적절하다. 학업성취에 대한 연구는 필연적으로 대학생 집단을 포함할 것이다. 또한 대학이라는 환경은 때로는 공격적일 수 있는 사회적 · 성적 교류의 기회를 제공한다. 저자와 동료들은 약 1/3 가량의 남성 대학생이 어떤 형태로든 성적 폭력을 가했음을 인정했으며, 이 비율에 있어서 특징적인 민족적 차이는 없었다는 것을 밝혀냈다(G. C. N. Hall, Teten, DeGarmo, Sue & Stephens 2005). 대학생 집단은 대학에 다니지 않는 집단보다 성적인 공격 행동을 할 기회를 더 많이 얻게 된다. 그러나 대학생 집단이 어떤 민족 집단의 구성원 전부를 대표하지는 않는다.

또 다른 편리한 표본은 낮은 사회경제적 지위를 가진 유색인종 집단이다. 이 표본에의 접근은 주로 병원이나 지역사회 정신 건강 클리닉과 같은 사회 서비스 기관을 통하여 이루어진다. 그러나 1장에서 논의되었듯이 낮은 사회경제적 지위를 가진 유색인종 집단이 가난하지 않은 대부분의 유색인종을 대표하지는 않는다. 낮은 사회경제적 지위를 가진 유색인종 집단에 대한 연구는 이 인구 집단에 유용한 개입을 위한 지침을 제공할 수 있기 때문에 중요하다. 그러나 이 인구 집단에 대한 불균형적인 강조는 가난하지 않은 유색인에 대한 정보의 결핍과 빈곤한 사람에서 민족 집단의 모든 구성원으로의 일반화를 초래한다(G. C. N. Hall, 2004).

정신 건강 센터 또는 정신 장애를 지닌 병원의 환자가 있는 병원은, 대표성을 띠지 않는 편리한 표본 중 하나이다. 정신 장애를 가진 사람이 공동체 내의 정상인을 대표할 수 없는 것은 당연하다. 또한 정신 장애를 지닌 환자들이, 정신 장애를 가진 유색인들을 대표할 수도 없다. 예를 들면, 국가 공동체 표본에서 정신 장애를 가진 것으로 추정되는 아시아계 미국인과 멕시코계 미국인 중 오직 1/3 정도만이 정신 건강 서비스를 이용하였다(Abe-Kim et al., 2007; Alegria et al., 2007). 심각한 문제를 지닌 구성원 중 일부가 서비스를 받지 않는다고 할지라도, 환자 집단은 상대적으로 심각한 정신 장애를 지닌 사람들을 대표할 가능성이 있기 때문에 관심을 가질 만하다.

요약하면, 편리한 표본은 전형적으로 심리학 연구의 대상이 된다. 이 표본은 대학생 집단, 낮은 사회경제적 지위의 집단, 환자 집단 등을 포함한다. 이 표본 중 어느 것도 유색인종 집단을 대표할 수는 없으나, 각 집단은 연구의 목적에 따라 매우 유용할 수 있다.

참가자 모집

일단 연구에서 표본 집단이 선정되면 어떻게 그 표본 집단을 모집하는가? 심리학 연구에 유색인들을 모집하는 과정은 아마도 저자가 일본 음식점을 선택하는 방법과 유사할 것이다(G. C. N. Hall & Eap, 2007). 일본 음식의 정통성이 그 기준이다. 만약 저자가 어떤 낯선 도시에 있다면, 저자는 요리사와 고객이 일본인인지를 알아보기 위해 음식점을 들여다볼 것이다. 일본인, 일본계 미국인, 또는 다른 아시아 친구들이 어떤 음식점을 추천한다면, 나는 그 곳을 가볼 것이다. 일본인 또는 일본계 미국인의 비평 또한 설득적일 수 있다. 물론, 일본인이 아니더라도 요리를 잘 할 수 있고 일본 음식의 정통성을 평가할 수 있다. 마찬가지로 어떤 일본인이나 아시아계 사람은 요리를 잘 못할 수 있고 음식을 제대로 평가하지 못할 수도 있다. 그러나 일본 민족성은 저자와 다른 민족인 사람들보다 같은 민족성을 지닌 사람들이 비슷한 취향을 가질 가능성이 크다는 것을 암시한다.

저자의 일본 음식점 선택과 비슷한 과정은 연구에 참가할지 아닐지를 결정하는 유색인들에게서 발생할 수 있다. 연구 프로젝트에서 연구자와 참가자가 잠재적인 참가자와 같은 민족인 경우, 이는 참가의 이유가 될 수 있다. 또한, 민족 공동체 내의 소문은 참여를 촉진시킬 수 있다. 만약 연구자와 참가자가 민족적으로 비슷하지 않다면, 잠재적인 참가자는 해당 연구를 자신과 관련이 없다고 여길 수 있다. 만약 연구가 유색인종을 모집하고자 한다면(예 : 아프리카계 미국인 등), 잠재적인 참가자는 유색인종이 아닌 연구자의 의도를 미심쩍어 할 수 있다. 예를 들면, 민족 집단 구성원 중 몇몇은 연구자들이 그의 불법 이민 상태를 정부에 보고할 수도 있다는 두려움 때문에 연구에 참가하는 것을 거절하거나 꺼려할 수 있다. 연구에 있어 이러한 민족적 부합의 문제는 정신치료에 있어서 치료사와 환자 간의 민족적 부합과 유사하다. 치료사와 환자 간의 민족적 부합은 환자가 치료과정에서 이탈하지 않고 더 좋은 결과를 보이는 것과 관련이 있다(Griner & Smith, 2006).

유색인종 연구자가 유색인종을 연구에 끌어들일 수 있기 때문에, 유색인종 연구자가 연구팀의 대표가 되는 것은 중요하다(C. B. Fisher et al., 2002; G. C. N. Hall, 2001). 이것은 유색인종 학생을 심리학의 영역으로 끌어들이는 것이 중요하다는 것을 의미한다. 유색인종은 민족 공동체에 대한 전문 지식을 갖추고, 연구에의 공동체 참여를 촉진시킬 수 있는 공동체 내 관계를 형성하고 있을 것이다. 이상적으로, 유색인종은 연구에서 하위 연구자가 아닌 공동 연구자여야 하며, 연구의 시작에서부터 연구에 참여해야 한다. 물론, 모든 유색인종이 항상 민족 공동체와 관련이 있는 것은 아니며 항상 비유색인에 비해 더 많은 전문 지식이나 접촉관계를 갖고 있지는 않다.

유색인종 집단을 연구하기 위해서는 문화적 능력을 갖춘(culturally competent) 연구팀이 구성되어야 한다(K. Chun, Morera, Andal & Skewes, 2007). **'문화적 능력'** 이란 (1) 개인의 문화적 배경과 그것이 어떻게 태도와 신념을 형성하는지에 대한 이해, (2) 개인과 집단의 다양한 세계관에 대한 지식, (3) 문화적으로 적절한 의사소통과 개입을 사용하는 능력이라 정의될 수 있다(D. W. Sue, 2001). 연구팀을 형성하는 데 있어 다문화 인식 · 지식 · 기술조사(D' Andrea, Daniels & Heck, 1991)와 같은 대표적인 문화적 능력 척도가 자기 평가와 팀 내 논의, 그리고 반영을 자극하기 위해 고려되어야 한다(Chun et al., 2007). 문화적 능력을 갖춘 연구는 개념화를 포함하여 연구설계의 모든 단계에서 문화 간 결합을 고려한다(G. C. N. Hall, 2001; Yail & Revenson, 2004). 즉, 연구 프로젝트가 다양한 표본을 모집하는 동시에 문화적 결합을 고려하지 않고 설계된다면, 이는 문화적 능력을 갖춘 연구가 될 수 없다.

문화적 능력이 있는 유색인종 연구자는 심리학과 민족 공동체 사이의 '문화 중개인' 의 역할을 수행할 수 있다. **'문화 중개인(culture broker)'** 이란 둘 또는 그 이상의 문화적 집단을 중개하는 사람을 일컫는 용어이다. 문화 중개의 기본적 형태는 언어 통역이다. 그러나 언어적 능력이 항상 문화적 능력을 보증하지는 않는다. 문화 중개는 집단 간에 서로 다른 문화적 규범을 설명하는 것과 같은 다른 중개도 포함한다. 예를 들면, 집단주의자의 참여는 과학 지식의 증진을 목표로 두거나 일반적으로 불특정 집단을 위해 설계된 연구보다 자신이 속한 공동체의 구성원을 돕기 위해 설계된 연구와 더욱 부합한다.

공동체 '내부자(insider)' 조차 공동체가 연구를 거부하는 것을 경험한다. 미국 원주민인 심리학자 Joseph Gone(2006)는 부족 공동체에서 연구를 수행하기 위한 시도의 과정에서 내부자(insider), 외부자(outsider), 혼합적 존재(hybrid)로서의 경험을 상세히 기술하였다. 공동체 구성원은 공동체 외부에서 훈련을 받은 사람이 더 이상 공동체의 일부가 될 수 없다 식의 의혹을 품을 수 있다. 연구자와 참가자 간의 사회적 계급의 차이는 민족적 유사성을 초월한다. 대학원 교육은 전형적으로 학생이 그의 민족 공동체에서 덜 능숙하도록 만드는 과정으로 이는 학생이 학계의 가치관을 채택하고 그의 공동체 가치관을 멀리하기 때문이다(G. C. N. Hall, Lopez & Bansal, 2001). 공동체가 연구자에게서 오만함, 특권 의식, 일탈의 가정, 자기도취적인 직업적 열망 등을 인식하게 되면, 그 공동체는 완전히 협조하지 않을 가능성이 높다(Harrell & Bond, 2006).

유색인종 연구자 이외에도, 연구에 호의적인 공동체 지도자는 문화 중개인의 역할을 수행할 수 있다. 미국 원주민 집단과 같은 어떤 특정한 맥락에서는 공동체 지도자의 승인이 연구수행에 있어 필수적이다(P. A. Fisher & Ball, 2003). 지도자처럼 보이는 사람이 실제로 공동체의 지도자인지 판단하는 것은 중요하다. 예를 들면, 연구자는 공동체 내에서 가장 교육 수준이 높은 사람을 지도자로 생각할 수 있다. 하지만, 실제 사람을 지도하고 결정 권한을 가진 지도자는 연장자가 될 수 있으며, 그 사람이 가장 높은 교육 수준을 갖고 있지 않을 수도 있다. 또한, 지도자는 그들의 지도력을 발휘하기 위해서 공동체의 협력을 갖춰야만 한다. 지도자가 공동체의 연구참여를 동의할 수는 있지만, 이 동의가 항상 공동체의 이익과 협력을 보장하지는 않는다.

민족 · 문화적으로 비슷하지 않은 사람이 어떤 민족 공동체에 들어가 연구참가자들을 모집하는 것은 가능한가? Les Whitbeck은 한 유럽계 미국인 사회학자이다. 몇 해 전 그는 미국 원주민 인구 집단에 관심을 가지고 한 부족 지도자와 접촉하였다. 그 지도자는 그를 부족 모임에 참석시켰고 그에게 아무 말도 하지 말 것을 당부하였다. 지도자는 그를 따뜻한 마음을 지닌 사람으로 부족에 소개하였다. 그는 1년 동안 말없이 주기적으로 그 모임에 참석하였고, 그때마다 따뜻한 마음을 지닌 사람으로 소개되었다. 1년이 지나고 나서 그는 부족의 신뢰를 얻었고, 해당 부족과 중서부의 다른 미국 원주민 공동체를 대상으로 광범위한 연구를 수행할 수 있었다. 자신의 계획을 밀어붙이며 공동체와 부딪히는 대신, Les Whitbeck은 외부인에 대한 신뢰와 관련된 민족 집단의 공동체 규범을 배우고 존중하였기 때문에 연구를 효율적으로 수행할 수 있었다.

공동체 교육은 소수 민족 참가자들을 모집할 때 수행될 수 있다(C. B. Fisher et

al., 2002). 연구자는 공동체를 대상으로 연구과정과 내용에 관한 교육을 실시할 수 있는데, 이는 상담부, 대중 매체, 학교, 보건 센터, 종교 단체 등을 통하여 이루어진다. 연구에 대한 사전 검토는 잠재적인 참가자들이 배경 지식을 가지고 참가 여부를 결정할 수 있게 한다.

소수 민족의 연구 참가에 있어 물리적 장벽이 존재할 수도 있다. 이 장벽은 작업계획, 연구프로젝트의 수행 장소, 교통 이용성 등을 포함한다(K. M. Chun et al., 2007; C. B. Fisher et al., 2002). 금전적 보상을 제공하고 집과 같은 친숙한 환경에서 연구를 수행하는 것은 참여도를 높이는 전략이다(Burlew, 2003). 그러나 금전적 보상은 돈이 필요한 사람을 끌어들일 수 있으며, 이는 표본의 대표성을 훼손할 수 있다. 더욱이 다른 활동에 비슷한 수준의 보상이 제공되지 않는다면, 높은 수준의 금전적 보상은 강압적으로 인식될 수 있다. 문화 중개인은 이러한 물리적 문제를 이해하고 해당 연구와 공동체를 고려하여 연구참가를 저해하는 장벽을 극복하도록 도움을 제공할 수 있다.

표본의 다양성을 위한 방법 중 하나는 인터넷 기반 연구이다(Gosling, Vazire, Srivastava & John, 2004). 그러나 인터넷 표본의 다양성은 인터넷에의 접근성과 인터넷 이용능력에 따라 다르다. 인터넷 사용에 있어 민족 간의 차이가 있다. 인터넷을 사용하는 라틴계 미국인(78%)의 비율이 유럽계 미국인(73%)의 비율보다 높더라도, 오직 62%의 아프리카계 미국인만이 인터넷을 사용한다(Pew Internet & American Life Project, 2007). 또한, 인터넷 연구표본에서 민족 집단의 대표는 전통적 연구표본과 거의 다르지 않았다. Gosling 외(2004)는 사회적 심리 연구에 있어서 77%의 인터넷 기반 연구표본과 80%의 전통적 표본이 유럽계 미국인임을 보고하였다. 그러나 인터넷 기반 연구표본은 꽤 광범위한 경향을 띄며, 심지어 소수민족 참가자의 낮은 비율도 1,000개 이상의 표본을 구성할 수 있다(Gosling et al., 2004).

요약하면, 연구자와 연구 참가자들 간의 민족적 유사성은 연구 참가자 모집을 증진시킬 수 있다. 공동체의 문화 중개자, 연구자의 문화적 능력, 돈이나 교육과 같은 이익의 제공 또한 모집과정을 촉진한다. 인터넷 기반 연구는 유색인종 표본 모집에 있어 떠오르는 방법 중 하나이다.

인종 · 민족성 평가

다양한 연구표본이 모집된 후에 참가자의 인종 또는 민족성은 어떻게 평가되는가? 인종 또는 민족성 평가에 사용되는 가장 일반적인 방법은 단일 항목 테스트로, 이는 개인이 백인, 라틴계, 아시아계, 아프리카계 미국인, 미국 원주민과 같은 항목 중 하나를 선택하는 방식을 가리킨다. 일반적으로 한 사람은 이 항목 중 하나 이상을 지목할 수 있다. 그러나 이 항목은 어떠한 특정 행동이나 특성, 생물학적 또는 환경적 조건과 동등하지 않다(C. B. Fisher et al., 2002; Helms, Jernigan & Mascher, 2005). 또한, 자기 자신의 인종 또는 민족 지정은 타인에 의한 지정과 상응하지 않을 수 있다. 730,000명 이상의 재향군인 관리국 파일의 분석에서, 환자 자신이 지정한 민족과 임상학자 또는 등록 직원에 의해 결정된 민족 간의 일치비율은 60% 정도에 불과하였다(Kressin, Chang, Hendricks & Kazis, 2003). 특히 자신을 미국 원주민 또는 아시아 태평양 제도민으로 지정한 환자의 경우가 일치비율이 낮았다.

인종 · 민족적 분류를 사용한 비교가 실증 연구에 있어 사용될 수 없다는 주장이 있다(C. B. Fisher et al., 2002; Helms et al., 2005; Phinney, 1996). 그러한 비교는 비유럽계 미국인 집단을 정상이 아닌 것으로 부당하게 묘사할 가능성이 있다. 또한, 특정 문화권의 단어들(loss of face : 체면 손상, familismo : 가족주의자)은 여러 집단에 걸쳐 서로 다른 의미를 가질 수 있고 어떤 집단에서는 아무런 의미도 갖지 못할 수 있다. 반면에 몇몇 연구자는 이론의 문화적 일반화 가능성을 연구하기 위하여 민족 집단 비교를 지지하였다(Heine & Norenzayan, 2006). 순수하게 어떤 결과의 일반화 가능성을 결정하기 위해 설계된 연구는 비이론적인데, 이는 그들이 문화적 차이를 초래하는 원인에 대한 가설을 제기하지 않기 때문이다(van de Vijver & Leung, 2000). 광범위한 인종 · 민족적 분류는 문화와 대응하지 않고, 각 인종 · 민족적 분류는 상당한 가변성을 포함한다. 따라서 만약 두 민족 집단이 어떤 변수에 있어 서로 다르다면, 인종 · 민족, 또는 문화는 그 차이의 근거가 될 수 없다. 불명확한 범주 간의 지나치게 단순한 대조로는 그 차이를 정확하게 알 수 없다. 두 집단 간 차이의 부재는 집단 내 다양성의 결과이다. 두 집단의 구성원들은 어떤 범위에 있어 다양할 수 있고, 이는 집단 간의 차이를 불분명하게 한다.

인종과 민족성의 평가는 단지 하나 또는 소수의 분류 항목보다 훨씬 복잡하다.

Trimble, Helms, Root(2003)는 인종과 민족성의 평가시에는 (1) 출생, (2) 주관적 인식, (3) 정체성의 행동적 표출, (4) 상황적 또는 환경적 영향을 다뤄야 한다고 주장하였다. 출생은 개인과 개인의 조상이 태어난 곳과 관련이 있으며, 이는 객관적 정보이다. 그러나 인종 · 민족 정체성에 관한 개인의 주관적 인식은 출생과 일치 또는 불일치할 가능성이 있다. 정체성의 행동적 표출은 출생 또는 주관적 인식과 대응할 수도, 대응하지 않을 수도 있다. 예를 들면, 어떤 사람은 조상 전래의 문화적 관습(종교적 예식 등)에 관여할 수 있는데, 이는 주관적인 집단 인식이 아니라 가족 또는 동료의 압박 때문일 수 있다. 마지막으로, 주관적 인식과 정체성의 행동적 표출의 기회는 상황적 또는 환경적 기회에 달려 있다. 예를 들면, 어떤 사람은 집단의 다른 구성원의 부재로 인해 집단에 대한 주관적 인식을 발달시키지 않을 수 있다. 이와 유사하게 집단에 대한 강한 주관적 인식을 가진 사람이 행동적 표현의 기회(예 : 문화적 축제)가 없는 환경에 거주할 가능성이 있다.

인종 · 민족 정체성의 척도로서 가장 일반적으로 사용되는 방법은 개인의 자기보고이다(Cross & Vandiver, 1991; Helms & Carter, 1990; Phinney, 1992). 그러나 자기보고 방식은 보통 인종 · 민족 정체성의 유동적이고 맥락적인 성질을 반영하지 못한다(Okazaki, 2002). 사회적 인식 영역으로부터 정체성을 활성화시키는 방법 중 하나는 '**자극부여**(priming)' 이다. 관련된 계기에의 노출은 개인의 인종 · 민족적 의미를 활성화시키며, 이는 그 사람의 사회적 판단이나 다른 행동에 영향을 미친다. 예를 들면, 민족 정체성 자극(예 : 세대적 지위에 대한 설문지, 영어가 아닌 언어 사용)은 성 정체성 자극(예 : 남녀 공용 기숙사 대 남학생 전용 또는 여학생 전용 기숙사에 대한 설문지)이나 무자극에 비해 아시아계 미국인 여학생의 수학 성취도를 증진시키는 것으로 밝혀졌다(Shih, Pittinsky & Ambady, 1999; Shih, Pittinsky & Trahan, 2006). 아시아인의 높은 수학 수행능력에 대한 고정관념 때문에 민족 정체성을 자극하는 것은 수학 성취도를 높인 반면, 여성의 저조한 수학 수행능력에 대한 고정관념 때문에 성 정체성을 자극하는 것은 수학 성취도를 떨어뜨렸다. **고정관념**이란 인구 집단의 특성에 대한 긍정적 또는 부정적 관념의 집합이다. 아시아인의 수학능력과 같이 겉으로 보기에 긍정적인 고정관념은 지나친 압박 때문에 오히려 역효과를 초래한다. "나는 내가 속한 인종 집단의 훌륭한 구성원이다"와 같은 명백한 인종적 자극은, "전반적으로, 다른 사람이 나의 인종을 좋게 인식한다."와 같은 명백한 인종적 자극은 아시아계 미국인 여학생의 수학 수행능력을 떨어뜨렸다(Cheryan & Bodenhausen, 2000). 고정관념의 위협에 관한 문제는 5장에서 더욱 상세하게 논의될 것이다.

문화가 개인 간 또는 개인과 환경 간 상호 작용이라는 점을 고려할 때(Lopez & Guarnaccia, 2000), 민족 정체성이 집단 상호 작용에서 표현되는 방법에 대한 연구는 유용할 것이다. 민족 정체성에 관한 상호 작용 자료를 추출하는 방법 중 하나는 연구자가 관찰하는 가운데 집단(가족)이 인종, 민족, 문화에 대해 논의하는 것이다. 행동 관찰 방식이 소수 민족 집단의 일반적 행동(육아) 평가에 있어서는 타당하지만(Rodriguez, Davis, Rodriguez & Bates, 2006), 인종 정체성의 표출을 관찰하는 타당한 방법은 아직 확립되지 않았다. 인종, 민족, 문화에 대한 논의의 틀을 제공하는 것은 부자연스러운 상황을 유발할 수 있으며(강제로 수행된 논의), 이는 민족 정체성이 표현되는 실제적 방식을 반영하지 못할 것이다. 또한, 문화적 관습의 일부는 짧은 행동 표본에서 항상 관찰 가능하지 않다. 예를 들면, 부모들은 그들의 인종, 민족, 문화에 대한 신념을 전달하기 위해 자녀가 잘 배우는 순간을 선택하고, 행동이 관찰되는 동안 해당 전달이 일어나지 않을 수 있다. 더욱이 부모는 자신이 스스로 '열심히 일하고 불평하지 말라'와 같은 본보기를 보임으로써 언어의 사용 없이 민족적 가치관을 전달할 수 있다. 만약 부모가 자녀와의 상호 작용에서 문화적 규범에 대해 언급하는 상황이 관찰되지 않는다면, 이 규범은 발견될 수 없다.

사회관계 측정법은 동료 집단 상황에서의 개인을 평가한다(Tsai, Chentsova-Dutton & Wong, 2002). 이들은 아동 집단을 대상으로 가장 일반적으로 사용된다. 한 가지 방식은 가장 함께 활동하고 싶은 또는 함께하고 싶지 않은 동료에 대한 지명이다. 또 다른 방식은 '가장 중국적인' 또는 '가장 미국적인'과 같은 동료의 특성을 평가하는 것이다. 그러나 사회관계 측정법은 다문화 연구에서 거의 사용되지 않는다.

요약하면, 인종 또는 민족성을 평가하는 가장 일반적인 방법은 개인이 한 가지 범주를 지정하는 단일 자기보고 항목의 사용이다. 그러나 인종과 민족성은 다양한 요소를 포함하고 있다. 인종과 민족에 관한 평가가 전형적으로 자기보고의 방식을 취하고 있지만, 사회관계 평가나 자극부여와 같은 방식 또한 발달되었다.

개념과 척도의 문화적 동등성

심리적 개념은 다수의 척도에 의해 평가되는 변수를 가리킨다. 예를 들면, 지능의 개념은 인지 테스트 수행, 학업 성적, 언어능력, 사회적 능력 측정을 통해 평가될 수 있다. 다수의 인종, 민족, 또는 문화 집단에 대한 연구에 있어 중요한 문제는 개념과 그것의 측정이 해당 집단에 있어 타당한지의 여부이다(Trimble, 2007). **개념적 동등성**(conceptual equivalence)은 개념이 여러 집단에 걸쳐 동일한 의미를 갖는지의 여부를 가리킨다(Berry, Poortinga, Segall & Dasen, 2002). 예를 들면, '감정표현불능증(alexithymia)'의 개념은 감정 인식의 어려움, 감정과 신체적 반응 구별의 어려움, 타인과의 감정 교류의 어려움을 포함한다(G. J. Taylor, 1984). 아시아계 미국인은 유럽계 미국인보다 더 높은 수준의 감정표현불능증을 보고한다(Le, Berenbaum & Raghavan, 2002). 그러나 만약 감정의 표현을 중시하는 것이 대인간의 화합을 중시하는 동아시아 문화 집단에서 부적응적으로 받아들여진다면, 감정을 표현하는 것은 가치 있게 여겨지지 못할 것이다(Yen, Robins & Lin, 2000). 반대로 신체적 증상은 고통을 교류하는 규정된 방식일 수 있다(Yen et al., 2000).

'**언어적 동등성**(linguistic equivalence)'은 어떤 개념에 대한 번역된 테스트가 원래의 테스트와 비슷한 의미를 갖는지의 여부를 가리킨다(Lonner & Ibrahim, 2002). 언어적 동등성에 접근하는 최선의 방식은 동시에 단일의 척도를 다수의 문화권에 적용하는 것이나, 이 접근법은 흔치 않다(van Widenfelt et al., 2005). 언어적 동등성을 얻기 위해서 테스트는 한 언어에서 외국어로 번역된다. 이상적으로, 번역은 두 가지 언어와 문화에 능통하고 심리학에 전문 지식을 가진 팀에 의해 수행된다(van Widenfelt, Treffers, de Beurs, Siebelink & Koudijs, 2005). 그리고 그 외국어판은 원래 언어로 번역되는데, 이를 '재번역'이라 한다. 재번역된 테스트는 정확도를 위해 원래의 테스트와 비교된다. 번역자들과는 독립적인 검토팀이 번역과 재번역을 살펴보는 방식은 유용하다(Geisinger, 1994). 번역 · 재번역 과정은 정확한 외국어 번역이 획득될 때까지 계속된다(Leong, Okazaki & Tak, 2003). 그러나 어떤 개념들은 여러 문화에 걸쳐 동일한 의미를 갖지 않기 때문에, 때로 정확한 번역이 어려울 수 있다(Marsella & Leong, 1995). 또한, 정신 작용 측면의 속성(신뢰도, 타당도)은 원본과 번역본에서 일치하지 않을 수 있다. 테스트 번역에서 언어적 동등성을 평가하는 방법은 두 언어에 능통한 사람에게 둘을 비교하도록 하는 것이다. 그러나 두 언어에 능통하다고 해서 두 언어에 동일한 수준의 유창성을 지니고 있는지는 분명하지 않다(Okazaki & Sue, 1995). 즉, 두 언어에 유창한 사람의 경우라도 테스트의 의미는 언어에 따라 다를 수 있다.

'측정 동등성(metric equivalence)' 은 어떤 테스트에서의 동일한 점수가 각 민족 집단에서 동일한 의미를 갖는지의 여부를 가리킨다(Trimble, 2007). 감정표현불능증의 예를 이용하자면, 자기감정 인식의 능력 차이는 측정방법과 상관관계에 있을 수 있다(Le et al., 2002). 연구의 아시아계 미국인이 유럽계 미국인에 비해 높은 수준의 감정표현불능증을 보고하였으나, 또 다른 연구에서 직접적인 질문이 수반되었을 때, 중국인, 중국계 미국인, 유럽계 미국인 집단은 서로 차이를 보이지 않았다(Yen et al., 2000). 또 다른 연구에 따르면, 아시아계 미국인이 유럽계 미국인보다 더 높은 수준의 부정적 감정(죄의식, 짜증, 슬픔, 걱정)을 표현하며, 더 낮은 수준의 긍정적 감정(행복, 즐거움)을 표현한다(Scollon, Diener, Oishi & Biswas-Diener, 2004). 즉, 감정표현불능증의 개념은 아시아계 미국인과 유럽계 미국인에 있어 다른 의미를 가지며, 집단 간의 차이는 평가방법과 관련이 있다. 감정표현불능증을 보편적 질병으로 개념화하는 것은 타당하지 않은데, 이는 여러 민족 집단에 걸친 감정표현불능증의 개념과 측정의 타당도가 의심스럽기 때문이다.

유색인종 집단을 대상으로 한 또 다른 측정 관련 문제는 응답 방식이다. 사회적 바람직성의 측정은 부정적 특성의 존재를 부정하는 경향과 같은 인상 조절 방식을 밝히기 위해 발달되었다. 아프리카계 미국인, 라틴계 미국인, 아시아계 미국인은 유럽계 미국인에 비해 사회적으로 바람직한 응답을 하려는 경향이 높다는 증거가 있다(Dudley, McFarland, Goodman, Hunt & Sydell, 2005). 이렇게 사회적으로 바람직한 응답은 평가 상황에 대한 유색인종 집단의 강한 회의주의 및 평가에 대한 우려와 관련이 있다. 더욱이 사회적 바람직성은 성격 자료의 타당도를 위태롭게 한다. 그러나 사회적 바람직성의 차이에도 불구하고 민족 소수 집단과 유럽계 미국인 집단 간의 성격 점수는 크게 차이 나지 않는다(Dudley et al., 2005). 즉, 사회적으로 바람직한 응답은 유럽계 미국인보다 유색인종 집단과 관련이 있다. 또한, 집단주의 성향과 대인관계의 조화를 추구하는 경향은 잠재적으로 문제를 일으킬 가능성이 있는 종류의 응답을 저지한다. 예를 들면, 중국인은 시험 응답에 있어 극단적인 표현을 하지 않는 경향이 있다(Hamid, Lai & Cheng, 2001).

측정 동등성을 증명하는 일반적 방법은 둘 또는 그 이상의 집단을 대상으로 척도의 요소를 분석하는 것이다(Trimble, 2007). '요인 분석(factor analysis)'은 서로 상관관계를 지닌 항목(항목은 요소로 묶임) 또는 상관관계의 상관관계를 포함한다. 만약 동일한 테스트 요소가 여러 집단에서 발견된다면, 그 테스트는 해당 집단에 있어 측정 동등성을 가지는 것으로 추정된다. Malcarne, Chavira, Fernandez, Liu(2006)는 민족적 경험의 32개 항목 척도를 발달시켰다. 민족 정체성, 차별의 인식, 주류 집단에서의 편안함, 사회적 소속의 네 가지 요소는 아프리카계 미국인, 유럽계 미국인, 필리핀계 미국인, 멕시코계 미국인을 대상으로 한 별도의 요소 분석에서 적용되었다. 즉, 민족적 경험에 관한 척도는 해당 집단에 걸쳐 측정 동등성을 갖는다.

그러나 민족 집단 자료에 대한 요인 분석은 집단 내 다양성을 감출 가능성이 있다. 한 요인 분석 연구에서, Eap 외(2008)는 다섯 가지 대표 목록(Benet-Martinez & John, 1998)을 이용하여 유럽계 미국인 집단과 아시아계 미국인 집단 모두에서 다섯 개의 요소로 구성된 성격 구조의 근거를 찾아냈다. 이 다섯 가지 성격 요소는 신경증적 성향, 외향성, 경험에의 개방성, 기분 좋음, 성실함이다. 아시아계 미국인은 유럽계 미국인보다 외향성, 성실성, 개방성에 있어 현저히 낮은 점수를 기록하였으며, 신경증적 성향에 있어서는 상당히 높은 점수를 기록하였다(Eap et al., 2008). 서양 문화에 덜 적응한 상태이며 체면 손상과 같은 동아시아 가치관을 더 고려하는 아시아계 미국인의 경우에 이 다섯 가지 요소 구조는 완벽하지 않다. 이 다섯 가지 요소 구조가 두 인종 집단에서 모두 동일하지만, 테스트 수단과 요인 구조의 수준에 있어서 중요한 집단 간의 차이가 있다. 그리고 이는 여러 민족 집단에 걸친 측정 동등성에 대한 의구심을 제기하기에 충분하다.

어떤 개념에 대한 개념적 동등성과 측정 동등성이 존재하더라도, 항상 '기능적 동등성(functional equivalence)'이 획득되는 것은 아니다(Dana, 1993; G. C. N. Hall, Bansal & Lopez, 1999). 기능적 동등성은 동일한 행동이 여러 집단에 걸쳐 동일한 반응을 이끌어내는지의 여부와 관련이 있다. 예를 들면, 교실 내 토론에서의 언어적 참여와 '혼잣말하기' 능력은 많은 교수들이 가치 있게 평가하는 능력이며 때로는 지능과 동일시된다. 생각과 말을 동시에 하는 것은 유럽계 미국인의 문제해결 능력을 향상시키는 반면 아시아계 미국인의 수행은 방해하는 것으로 밝혀졌다(H. S. Kim, 2002). 아시아계 미국인은 말없이 그들의 문제를 해결할 때 성취도가 더 높은 것으로 나타났다. 또한 아시아계 미국인은 자신에 대하여 의사전달을 할 때 유럽계 미국인보다 언어적 표현을 덜 중시하는 것으로 나타났다(H. S. Kim & Sherman, 2007). 역할, 사회적 지위, 관계를 강조하는 문화권에서 언어적 표현은 행동보다 덜 중요하다(H. S. Kim & Sherman, 2007). 따라서 어떤 아시아계 미국인들은 공식적인 필기시험에서의 수행능력이 교실 내 토론에서의 언어적 참여보다 그의 지능을 더 잘 진단할 것이라 인식할 수 있다. 침묵은 여러 문화권에 걸쳐 기능적 동등성을 획득할 수 없을 가능성이 있다. 즉, 어떤 문화권에서는 참여하지 않는 행동으로, 또 다른 문화권에서는 생각하는 행동으로 해석될 수 있다. 이와 유사하게, 죽은 가족이나 종교적 실체의 목소리를 듣는 것은 어떤 라틴계 미국인 집단에서는 일반적으로 인식될 수 있으나 정신분열증의 증상으로 오진될 가능성도 있다(Bravo, 2003). 문화 규범적인 행동과 정신 병리적 행동을 진단하는 방법은 해당 행동이 문화 집단에서 일반적이고 적응적인가의 여부를 판단하는 것이다.

요약하면, 여러 집단에 걸친 개념, 언어, 측정, 행동의 동등성은 다문화 연구에 있어 중요하다. 민족 집단 간 차이는 동등성 결여의 결과일 수 있으며, 이는 항상 그 차이가 문화적 차이가 아니라는 것을 의미한다. 그러나 여러 민족 집단에 걸쳐 규범적 행동은 서로 차이가 있다.

문화 · 특정적 개념

이제까지 개념의 문화적 동등성에 대해 논의하였다. 그러나 인종 · 민족 집단 간의 특정 개념 인식의 차이, 특정 문화에만 관련된 개념, 어떤 문화에도 존재하지 않는 개념또한 있을 것이다(Bodas & Ollendick, 2005). 예를 들어, 만약 다섯 가지 성격 요소를 평가하는 척도가 있다면, 다섯 가지 성격 요소는 식별될 것이다. 일반적으로 평가되는 다섯 가지 요소 이외의 요소를 평가하는 척도가 있다면, 다섯 가지 이외의 요소도 식별될 것이다(Katigbak, Church, Guanzon-Lapena, Carlota & del

Pilar, 2002).

민족 집단에 따라 서로 다른 의미를 가질 수 있는 광범위한 문화적 개념 중 하나는 '개인주의(individualism),' '집단주의(collectivism)'이다. 개인주의는 개인을 서로 독립적이라는 것으로 가정하며, 집단주의는 개인을 서로 묶여 있으며 집단에 의해 강요받는다고 가정한다(Oyserman, Coon & Kemmelmeier, 2002). 북아메리카의 유색인종 집단은 유럽계 미국인 집단보다 덜 개인주의적이며, 더욱 집단주의적일 것이라 추정된다. Oyserman과 동료들은 다수의 연구를 총체적으로 분석하였는데, 대상 연구는 아시아계, 라틴계, 아프리카계 미국인 집단과 유럽계 미국인 집단을 비교한 것으로 개인주의와 집단주의 척도에 따른 것이다. 북아메리카의 유색인종 집단에 대한 가정과 일치하여, 아시아계 미국인은 유럽계 미국인에 비해 상당히 낮은 개인주의적 성향과 높은 집단주의적 성향을 나타냈다. 라틴계 미국인은 개인주의에 있어 유럽계 미국인과 뚜렷하게 차이를 보이지 않았으나, 집단주의적 성향은 유럽계 미국인보다 높았다. 아프리카계 미국인은 유럽계 미국인에 비해 개인주의적 성향이 높았으나 집단주의에 있어서는 뚜렷한 차이가 없었다. 이 마지막 결과는 비직관적으로 보일 수 있을 것이다. 그러나 J. M. Jones(1997)는 아프리카계 미국인의 개인주의는 그들의 집단과 관련이 있음을 설명한다. 이는 개개의 음악가들이 독주를 할 뿐만 아니라 다시 집단으로 섞여 들어오는 재즈 합주단과 비슷하다. 독주자는 합주단의 한 부분인 동시에 자신의 개인적 음악능력을 발휘함으로써 집단을 강화한다.

개인주의, 집단주의가 많은 문화 간 심리학 연구의 기반이지만, 특정 문화 · 민족 집단에게만 특수한 개념은 아니다. 개인주의자와 집단주의자는 모든 민족 집단에 존재한다. 더욱이 개인주의, 집단주의는 여러 문화에 걸쳐 다른 의미를 지닐 수 있다. 예를 들면, 일전에 논의된 것처럼, J. M. Jones(1997)는 개인주의가 유럽계 미국 문화보다 아프리카계 미국 문화에서 다른 의미를 지님을 가정한다. 아시아계 미국인 집단과 라틴계 미국인 집단이 유럽계 미국인 집단에 비해 집단주의적 성향이 강하지만, 아시아계 미국인 집단과 라틴계 미국인 집단의 집단주의는 서로 동등하지 않을 수 있다. 이 두 집단의 표현법이 서로 다른 것을 고려하면, 아시아계 미국인 집단은 타인에 대한 비판을 자제하는 것으로, 라틴계 미국인 집단은 타인을 칭찬하는 것으로 그의 집단주의를 표현할 것이다.

특별히 이민자와 관련된 문화적 개념은 문화 적응이다. 미국의 민족 집단을 대상으로 설계된 문화 적응 척도의 대부분은 언어 사용을 평가하면서도 특정 문화 집단에 대한 인식 수준을 평가하지 않을 수 있다(Zane & Mak, 2003). 이러한 척도의 대부분은 문화 적응을 개인의 성향이 연속선상에서 출신 문화에서 주류 문화로 이동하는 '직선적 현상' 으로 평가한다. 그러나 1장에서 논의된 문화 적응 모델들은 이중적 문화 적응(bicultural acculturation)의 가능성을 개념화한다(Berry 1974; LaFromboise et al., 2003). 또한 문화 적응은 상대적으로 광범위한 개념으로, 항상 특정한 행동을 설명하지는 않는다(Zane & Mak, 2003).

문화 적응에 있어 특정 문화에 특수한 요소는 행동과 관련이 있다(Zane & Mak, 2003). 동아시아계 미국인 집단에 특수한 개념은 체면 손상이다. 집단주의적 성향을 가진 문화권에서 개인은 집단 화합의 유지라는 의무를 지닌다. 만약 어떤 개인의 행동이 집단 화합을 해친다면, 그 사람은 체면 손상을 경험하는데, 이는 그가 자신의 의무를 이행하지 않았기 때문이다. 개인적인 곤란함과 개인 이미지의 손상에 대한 개념인 수치심과는 다르게, '체면 손상' 은 타인에 대한 의무 이행에 실패했기 때문에 발생한다. 체면 손상에 대한 경계는 아시아계 미국인 집단에서 공격적 행동에 대한 강한 구속력을 행사한다(G. C. N. Hall et al., 2005). 체면 손상에 대한 경계가 유럽계 · 아시아계 미국인의 성적 공격 행동이 아니라 아시아계 미국인의 성적 공격 행동에 구속력을 행사하는 경우와 관련될 때에만 이 연구결과는 문화 특수적일 수 있다. 체면 손상은 심리치료에 있어 아시아계 미국인의 개방적 참여를 방해하는 것으로 알려져 있는데, 이는 문제에 대해 이야기하는 것은 자기 자신뿐만 아니라 공동체 내의 타인에게도 체면 손상을 초래할 수 있기 때문이다(Zane & Mak, 2003).

또 다른 문화 특수적 개념은 아프리카계 미국인과 미국 원주민 집단의 민족 정신(spirituality)과(Simon, Crowther & Higgerson, 2007; Stone, Whitbeck, Chen, Johnson & Olson, 2006) 라틴계 미국인 집단의 남성다움 · 여성다움(machismo · marianismo)과 관련이 있다(Casas, Turnur & Esparza, 2005; Moreno, 2007). 어떤 문화 집단의 구성원이 이러한 특징을 갖고 있을지라도, 이 문화 특수적 개념은 특정 민족적 배경에서만 특수한 의미를 가진다. 예를 들면, 아프리카계 미국인 집단 배경에서의 민족 정신은 단지, 종교적 행사 참여나 개인적 신념 탐색 이상의 의미를 지닌다. 아프리카계 미국인의 민족 정신은 주로 공동체의 참여와 사회정치적 주장을 포함한다. 이와 유사하게, **남성다움**과 **여성다움**으로 규정된 성 역할은 외부인의 눈에는 성 차별주의로 보일 가능성이 있다. 남성다움(machismo)은 남성은 강하고 가족을 부양한다는 가치관이다. 여성다움(marianismo)은 여성은 타인을 섬기고 복종적이어야 한다는 가치관이다. 이 개념에는 분명히 부정적 측면이 있으나, 가족 또는 공동체에 대한 책임감과 친사회적 행동 규범의 유지와 같은 긍정적 측면도 존재한다.

요약하면, 문화 특정적 개념은 문화에 민감하지 않은 개념보다 민족 집단에 대해 더 많은 정보를 제공한다. 더욱이, 광범위한 문화적 개념은 특정 집단에 특수한 개념보다 특정 집단의 행동에 대해 덜 민감하다. 민족 집단에 특수한 문화적 개념 중에는 행동을 예측할 수 있는 개념이 존재한다.

자료 분석

다문화 연구에서 자료 분석은 특정 행동을 유발하는 문화적 근거를 밝히고자 하는 데 그 목적을 둔다. 자료 분석 전략에 대해 깊게 논의하지는 않겠지만, 두 가지 자료 분석 문제, 즉 조절(moderation)과 매개(mediation)는 다문화 연구에서 중요하다.

'**조절 변수**(moderator)' 는 해당 변수에서 개인의 상태에 따른 결과의 차이와 관련이 있는 절대적 변수이다. 인종 또는 민족 집단 구성원 자격(membership)은 조절 변수이다. 조절 변수 분석은 한 민족 집단을 대상으로 수행된다. 예를 들어, 라틴계 미국인 집단 내에서 푸에르토리코 민족 집단과 멕시코계 민족 집단 사이의 차이점이 연구될 수 있다. 그러나 대부분의 연구자는 이 표본에서 민족 집단 간 차이를 분석하지 않는데, 이는 그들이 흥미를 느끼지 못했거나, 표본의 크기가 작아서거나, 또는 해당 분석 작업이 논쟁을 불러일으킬 가능성이 있기 때문이다.

조절 변수 분석은 이론이 이끌어야 하고 단순히 가능성 있는 차이점을 찾기 위한 '정보 탐색' 이어서는 안 된다. 그렇지 않으면, 집단 간 차이의 존재 또는 부재의 의미를 알 수 없기 때문이다. 이론이 이끄는 조절 변수 분석의 좋은 예로써, Stanley Sue와 동료들에 의해 수행된 로스앤젤레스 주의 정신 건강 시스템에 대한 광범위한

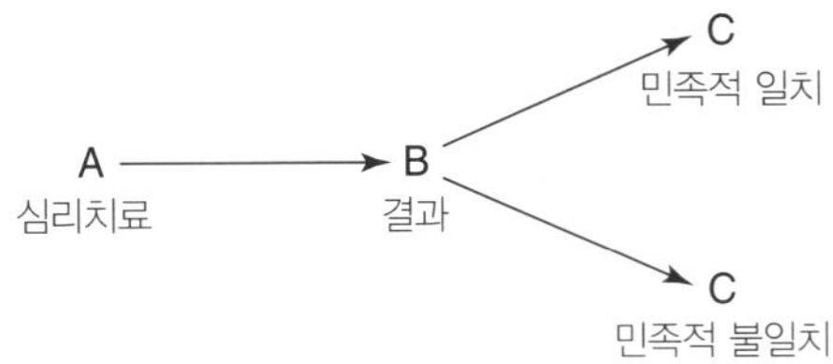

그림 2.1 조절

연구를 들 수 있다(1991). Sue와 동료들은 소수 민족 집단의 환자들이 단지 한 번의 치료기간 후에 치료를 포기하거나 치료를 지속한다고 하더라도 더 나쁜 결과를 얻는 현상을 관찰하였다. 그들은 치료사와 환자 사이의 민족적 일치(ethnic match)가 정상보다 짧은 치료기간을 방지하고 더 나은 치료결과를 가져오는 측면에서 유익할 것이라는 가정을 시험하였다. 즉, 민족적 일치(같은 민족의 치료사와 환자 대 다른 민족의 치료사와 환자)가 이 연구에 있어 잠재적인 조절 변수였다. 같은 민족의 치료사가 담당한 아프리카계 미국인, 아시아계 미국인, 유럽계 미국인, 멕시코계 미국인들은 반대의 사례에 비해 한 차례의 치료기간 후에 치료를 그만두는 비율이 낮았고 더 나은 치료결과를 보였다. 조절 변수 분석은 〈그림 2.1〉에 나타나 있다.

'**매개 변수**(mediator)'는 첫째 변수와 둘째 변수 사이를 이어주는 제 3의 변수이다(Baron & Kenny, 1986). 매개가 발생하기 위해서는, (1) 변수 A는 변수 C와 관련이 있어야 한다, (2) 변수 B는 매개 변수로서 변수 C와 관련이 있어야 한다, (3) 변수 A와 C의 상관관계는 변수 B에 의해 사라지거나 상당히 줄어든다. 예를 들면, S. Taylor와 동료(2004)들은 집단 화합을 유지하고자 하는 노력은 동아시아계 미국인이 스트레스를 받을 때 사회적 지지(social support)를 추구하는 것을 방해한다는 가설을 제기하였다. 실제로, 아시아계 미국인은 유럽계 미국인에 비해 스트레스에 대처하기 위해 사회적 지지를 사용하는 비율이 낮았다. 즉, 민족성(변수 A)은 사회적 지지의 사용(변수 C)과 관련이 있었다. 그러나 사회적 지지의 사용이 사회관계에 부정적 영향을 미칠 것이라고 인지하는 사람은 두 집단 모두에서 사회적 지지를 사용하는 비율이 낮았다. 즉, 사회적 지지 사용의 영향에 대한 인식(변수 B)은 민족성과 사회적 지지 사용의 상관관계에 있어 매개 변수였다. 다시 말하면, 사회적 지지 사용의 영향에 대한 인식은 사회적 지지 사용에 있어서 민족적 다양성을 완전히 설명해주며 사회적 지지 사용에 있어 민족 간 뚜렷한 차이의 근거가 된다. 이 매개 변

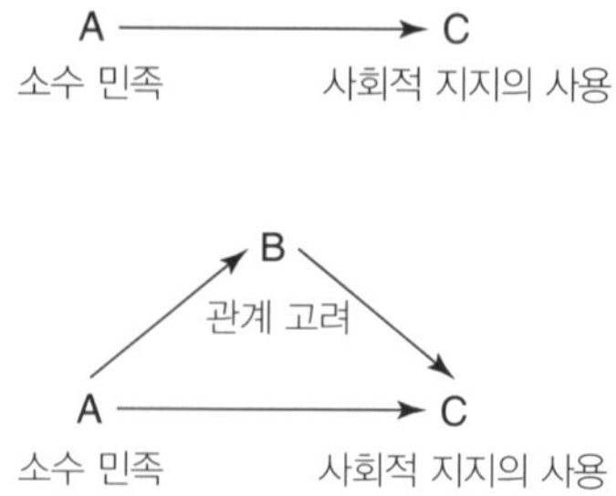

그림 2.2 매개

수 분석은 〈그림 2.2〉에 나타나 있다. 사회적 지지 사용의 영향에 대한 인식이 사회적 지지 사용에 있어 민족적 다양성을 설명해주지만, 아시아계 미국인이 유럽계 미국인에 비해 사회적 지지의 사용이 사회관계에 부정적 영향을 미칠 것이라고 인지하는 비율이 더 높은 현상에서 민족성은 여전히 중요한 문제이다.

요약하면, 조절 변수와 매개 변수는 민족 간 행동 차이의 근거를 밝혀내는 데 도움을 준다. 조절 변수는 집단 구성원 자격과 같은 절대적 변수로서 해당 변수에 있어 개인의 상태에 따라 다른 결과가 발생하는 것과 관련이 있다. 매개 변수는 한 변수가 다른 변수에 영향을 미치는 과정에서 두 변수를 매개한다.

질적 연구방법

이제까지 논의된 접근법은 양적 · 규범적 방법으로, 공통적인 개념에 있어 개인 또는 집단 간의 차이를 설명하였다. 양적 접근법과는 반대로 질적 접근법은 **설명적**이며(explanatory), **기술적**이다(descriptive). '질적 접근법' 의 목표는 현상을 탐구하고 기술하는 것이며, 보통 사전에 존재하는 이론적인 틀이나 다른 가정을 포함하지 않는다. 질적 접근법은 현상에 대한 이론이나 자료가 존재하지 않을 때 유용하며, 이는 이 접근법이 특히 다문화심리학과 관련이 깊은 이유이다.

질적 접근법은 개인 사례를 다루는데, 질적 · 양적 방식 또는 둘 다를 사용하여 개인의 특수한 관점을 탐구한다(D. Lee & Tracey, 2005). 개인에 대한 깊은 정보는 양적 연구에서는 다뤄지지 않는다. 질적 접근법은 행동을 맥락과 관련짓는 반면, 양적 접근법은 맥락을 강조하지 않고, 행동은 보통 여러 맥락에 걸쳐 일관성을 지닌다고 가정한다(K. M. Chun et al., 2007). 가설이 사전에 세워지는 양적 접근법과는 달리, 질적 접근법의 경우 가설은 연구과정 중에 생겨난다. 질적 접근법은 개념 구조를 제시하기보다 참가자들이 개념을 구조화하도록 한다(D. Lee & Tracey, 2005). 개인으로부터 획득된 정보(질적 접근법)는 보다 큰 집단으로부터 획득된 정보(양적 접근법)에 비해 일반화하기 어렵다는 한계가 있다.

질적 방법은 개인 이외에도 소규모 집단을 다룬다. '포커스 집단'은 개인이 타인과의 상호 작용을 통해 자기 자신의 관점을 형성하도록 한다(K. M. Chun et al., 2007). 개인이 집단에 영향을 미치고 집단이 개인에 영향을 미치는 이러한 과정은 사실상 문화의 근본으로 받아들여졌다(Lopez & Guarnaccia, 2000). 포커스 집단 구성원은 어떤 공동체의 지도자이거나, 특수한 전문 지식 또는 의견을 가졌거나, 특정 공동체 집단(청소년)을 대표하기 때문에 선택될 수 있다. 참가자와 같은 민족이며 같은 언어를 사용하는 집단 중개인은 민족적 일치(ethnic match)가 심리치료에서 유용한 것과 같은 이유로 선호될 만하다(K. M. Chun et al., 2007). 한 포커스 집단에의 참가는 유색인종 집단에게 선호될 수 있는데, 이는 협력과 집단 화합과 같은 집단주의적 가치관과 일치하기 때문이다(Iwamasa & Sorocco, 2002). 반대로, 연구 또는 치료를 목적으로 형성된 집단은 공동체 집단과는 유사하지 않은데, 연구 또는 치료 집단은 억지스럽고 일시적이며 집단 소속을 중요시하는 유색인들의 진정한 참여를 이끌어내지 못할 수 있다(Nagata, 1998).

집단과 관련된 또 다른 질적 방법은 '민족지학(ethnography)'이다. 민족지학이란 연구자가 어떤 공동체 또는 환경에 참가자 · 관찰자의 입장으로 들어가는 것을 가리킨다. 자료 수집은 현장 메모, 인터뷰, 기록 자료 등을 포함한다(K. M. Chun et al., 2007). 이 자료는 상세하며 포괄적인 경향이 있는데, 이는 그 자료가 수집된 자료 전체를 구성하기 때문이다. 공동체의 관점을 이해하는 것은 공동체의 경험에 기반을 둔 이론, 또는 현상 기반 이론을 낳을 수 있다(Charmaz, 2000). 연구자의 객관성, 그리고 연구자의 공동체 내 소속과 참여는 상황에 따라 다를 수 있다. 예를 들면, 공동체 구성원은 연구자의 도움을 원할 수 있고, 연구자는 공동체의 옹호자가 될 수도, 그렇지 않을 수도 있다. 그러나 질적 연구에서 연구자와 참가자의 주관적 경험은 객관성만큼의, 혹은 그 이상의 가치를 지닌다. 하나 이상의 공동체를 대상으로 하는 경우, 자료 분석은 개인과 집단에 걸친 특정 주제의 인식을 다룬다. 주제는 자료로부터 획득되거나 사전에 정해져 있을 수 있다. 질적 연구에 있어 사전 준비된 질문의 예를 들자면, 18명의 아프리카계 미국 여성들은 그들의 유방암 치료와 건강 관리에 있어 민족 정신의 역할에 관한 질문을 받았으며, 그 질문들은 해당 연구의 중심 주제였다(Simon et al., 2007). 민족 정신에 초점을 맞췄지만, 참가자들이 그들의 관점을 기술할 수 있을 만큼 질문들은 그 폭이 넓었다.

질적 접근법은 양적 접근법보다 심리학에 있어 덜 일반적이나, 이 두 접근법이 서로 상충할 필요는 없다. 질적 방법은 양적 방법의 기반을 형성할 수 있다(Berry, 2003). 예를 들면, 포커스 집단은 양적으로 평가될 가설에 대한 자료를 제공할 수 있다.

요약하면, 질적 접근법은 개인 또는 개인으로 구성된 소규모 집단에 대한 풍부한 기록 자료를 제공한다. 질적 접근법은 이론이 이끌지 않더라도, 질적 자료로부터 이론이 형성될 수 있다. 자료 분석은 여러 개인에 걸친 공통된 주제를 추출하는 작업이다. 질적 접근법과 양적 접근법은 서로를 보완할 것이다.

연구결과의 전달과 전파

연구설계와 수행에 있어 문화적 능력이 중요한 것처럼, 연구결과의 전달과 전파에 있어 문화적 능력은 매우 중요하다. 유색인종을 부정적으로 묘사하거나 그들에 대한 고정관념을 제시하지 않도록 주의가 요구된다. 특히, 유럽계 미국인이 관련된 비교 연구에서 유색인종 집단이 부정적으로 묘사될 위험성이 있다. 유럽계 미국인의 행동은 규범적으로 보일 것이다. 그러므로 만약 유럽계 미국인 집단이 다른 집단에 비해 적극적으로 보인다면, 그 다른 집단은 지나치게 소극적으로 묘사되고 인식될 것이다. 반대로 만약 그 다른 집단이 유럽계 미국인 집단보다 더 적극적으로 보인다면, 그 다른 집단은 지나치게 적극적으로 인식될 것이다. 즉, 연구자는 모든 인종 집단을 동등하게 다룰 필요가 있다.

연구자가 유색인종 집단을 공정하게 묘사하기 위해 심혈을 기울일지라도, 그들의 연구는 잘못 해석될 가능성이 있다. Anita Bansal, Irene Lopez와 저자는(G. C. N. Hall et al., 1999) 미네소타 종합 성격 목록(MMPI)에 대한 31년간의 인종 비교 연구를 종합한 총체적 분석 연구를 수행하였다. MMPI는 O/X 형식의 자기보고 목록인데, 이는 정신 병리 측정에서 세계적으로 가장 널리 사용된다. 우리는 아프리카계 미국인 또는 라틴계 미국인이 유럽계 미국인에 비해 더욱 병리적이라는 증거를 찾지 못하였다. 또한 그 테스트가 실제적인 민족 간 차이에 민감하지 않을 수 있으며 동일한 행동이(우울증) 여러 집단에 걸쳐 동일하지 않을 수 있음을 강조했으나, 우리는 MMPI가 소수 인종 집단에 대한 편견이 포함한다는 증거 또한 찾지 못하였다.

우리의 총체적 분석 연구를 출판사에 제출했을 때, 한 검토관이 MMPI가 아프리카계 미국인과 라틴계 미국인을 병적으로 부당하게 묘사하지 않는다는 개략적인 문장을 포함시키는 것이 어떻겠냐는 제안을 하였다. 우리는 독자가 그 개략적인 문장만 읽고 MMPI가 문화적 문제에 대한 고려 없이 사용될 수도 있다고 결론지을 가능성이 있음을 우려하여 처음에는 그 제안을 거절하였다. 그러나 결국 우리는 그의 제안에 동의하고 해당 문장을 포함시켰다. 불행하게도 우리의 우려는 현실화되었다. 주 심리학 위원회의 한 동료가 들려준 사례인데, 어떤 심리학자가 스페인어가 모국어이며 두 언어에 능통한 사람을 대상으로 MMPI의 영어판을 사용한 경우가 있었다. 그 심리학자는 MMPI가 라틴계 미국인에 대한 편견을 포함하고 있지 않다는 G. C. N. Hall 외(1999) 연구의 결론에 입각하여 자신의 연구가 허용된다고 주장하였다. 이는 연구자들이 그들의 연구가 잘못 해석될 것을 예상할 것과 그들이 연구논문을 쓸 때 가능성 있는 오역을 함께 다뤄야 한다는 교훈을 제공한다.

연구가 정확하게 해석되더라도, 유색인종 연구자들은 인종 연구의 논쟁적 관점 때문에 개인적 비판을 경험할 수 있다(S. Sue & Sue, 2003). 다문화 연구의 반대자들은 인종 연구를 인종 차별로 비판할 수 있는데, 이는 인종 연구가 인종 간의 유사성보다 차이점에 초점을 맞추기 때문이다. 유색인종 연구자들은 그들의 연구가 실용적이지 않다거나 공동체 문제에 충분히 정치적으로 관여하지 않는다는 이유로 그들 자신이 속한 민족 공동체로부터 비판받을 수 있다.

과학 잡지에 연구논문이 게재되는 것으로 항상 연구 프로젝트가 마무리되는 것은 아니다. 대부분의 민족 공동체 구성원은 해당 논문을 읽을 가능성이 적다. 그러므로 연구자는 연구결과를 공동체에 전달할 책임이 있다. 대부분의 연구는 연구 후에 질문 조사를 포함하는데, 이 조사에서 참가자들은 질문을 할 수 있다. 또한 연구결과의 전파는 공동체 교육 토론회 또는 연구결과에 대한 공동체 지도자와의 논의 등을 포함한다. 어떤 민족 집단의 경우, 연구논문이 게재를 위해 제출되기 전에 공동체의 승인이 필요할 수 있다. 광범위하게 연구결과를 전파하는 방법 중 하나는 연구결과를 알리는 웹사이트를 개설하는 것이다. 그러나 웹사이트를 통해 정보를 공유할 때 참가자의 비밀이 누출되지 않도록 주의해야 한다. 예를 들면, 참가자들이 원하지 않는 한 그들의 신변을 드러낼 만한 정보를 제공하는 것은 적절하지 않다(C. B. Fisher et al., 2002). 또한 연구자는 정치적 지도자에게 전문적인 조언을 제공함으로써 공공 정책에 영향을 미칠 수도 있다.

요약하면, 문화적 능력(cultural competence)은 연구결과를 전달하고 전파하는 데 있어 필요하다. 그러나 연구결과는 잘못 해석될 가능성이 있으며 다문화 연구에 관련된 연구자는 개인적 비판을 경험할 가능성이 있다. 문화적 능력을 갖춘 연구프로젝트는 연구대상 공동체에 실재적 이득을 제공하기 위한 시도를 할 것이다.

결론

이론의 수립에서 연구설계, 연구수행, 연구결과의 전달과 전파에 이르는 모든 연구과정에 걸쳐 문화적 능력은 중요하다. 잘 발달된 이론은 연구과정의 각 단계를 안내할 것이다. 유색인종 집단의 선정, 모집, 평가는 모두 도전적인 과제이다. 자료 분석은 인종, 민족, 문화적 영향의 기반 또는 메커니즘을 고려해야 한다. 질적 방법은 양적 방법이 간과하기 쉬운 풍부한 맥락 정보를 수집할 수 있다. 불행하게도 인종, 민족, 문화에 대한 다수의 심리연구가 다문화 연구와 관련된 복잡성(complexity)을 다루려는 시도 없이 주로 절대적 변수와 같은 피상적 방식으로 주제를 다룬다. 다음 장에서 저자는 문화적 능력을 갖춘 연구의 주제들을 선정하였다. 이 장을 읽으면서 당신은 문화적 능력을 갖춘 연구에서조차 결함을 발견할 수 있다. 그리고 이는 당신 자신의 연구를 설계하고 수행함으로써 이러한 결함을 수정하도록 동기를 부여할 수 있다.

토론 문제

1. 민족적으로 다양한 연구표본을 모집하는 것은 어렵고도 많은 비용을 요구한다. 심리학은 심리학 이론과 방법의 적용 가능성이 제한적이며 다양한 인구 집단을 통해 이러한 이론과 방법을 평가하는 것이 실현 가능하지 않다는 것을 받아들여야만 하는가?
2. 이 장에서 논의되었던 '문화적 능력 원칙을 고수하는 연구'는 심리학에서 규칙이라기보다 예외로 간주된다. 심리학 연구자가 문화적 능력을 갖춘 연구를 수행하도록 무엇이 동기를 부여할 수 있을 것인가?
3. 다문화 연구 접근법은 본래 정치적인가? 다시 말하자면, 연구자가 연구과정의 모든 단계에서 공동체의 문화와 그들의 목소리를 고려할 때, 이는 그 연구자가 특정 정치적 관점을 선택함을 의미하는 것인가?

제 3 장

생물학적 심리학

인간 행동에 관한 생물학적 접근법은 '종내' 그리고 '종간' 보편원리를 강조한다. 언뜻 보기에 생물학적 접근법의 보편성 강조는 다문화심리학의 다양성 강조와 엇갈려 보일 수 있다. 그러나 생물학적 접근법은 생물학과 문화적 환경이 행동에 미치는 상대적인 영향력을 설명하는 데 도움을 주기 때문에 실제로는 다문화심리학에 영향을 미친다고 볼 수 있다. 이 장에서 우리는 다문화심리학과 관련된 유전, 진화, 보건 연구를 다룰 것이다.

비교심리학에서 인간 행동에 대한 은유는 동물 행동이다. 심리적 메커니즘은 종내 그리고 종간에 공유되는 것으로 추정된다. 인지 과학에서 인간 정신에 대한 은유는 컴퓨터이다. 이 은유는 문화적 차이는커녕 개인적 차이도 고려하지 않는다.

다양성을 포함하는 인간 정신에 대한 한 가지 대안적 은유는 공구 상자이다(M. Cole, 1996; Piaget, 1952; Vygotsky, 1978). 문제를 해결하기 위한 상자 속의 공구는 인지 구조, 감정, 그리고 동기를 포함하는 심리적 과정이다(Norenzayan & Heine, 2005). 모든 인간이 동일하거나 비슷한 공구 상자를 가지고 있을지라도, 문화적 집단에 따라 그들이 공구를 사용하는 방법은 다르다. 이 장에서 논의되는 생물학적 접근법의 맥락에서, 모든 인종과 민족 집단의 인간은 생물학적으로는 비슷하나, 각 집단은 환경에 대응하기 위해 그들의 생물학적 자원을 각각 다른 방식으로 사용한다.

인간이라면 가지고 있는 인지적 · 언어적 능력이 문화에 따라 다른 방식으로 사용되고 있음은 문화에 따라 생물학적 도구 사용에 차이가 있다는 사실을 보여준다. 2장에서 논의된 것처럼, 서양 문화권은 언어적 표현을 중시하고, 유럽계 미국인의 경우 독백은 문제해결을 촉진한다(H. S. Kim, 2002). 이와 반대로, 아시아계 미국 문화는 자제력을 중시하는 경향이 있으며, 독백은 문제해결을 방해한다. 두 민족 집단 모두 인지적 · 언어적 능력을 가지고 있으나 한 집단은 문제해결을 위해 두 가지 능력을 모두 사용하고, 다른 집단은 오직 인지적 능력만을 사용한다. 유럽계 미국인은 그들이 사용 가능한 도구를 모두 효과적으로 사용한다는 주장, 또는 아시아계 미국인은 더 적은 수의 도구를 경제적으로 사용한다는 주장이 있을 수 있다. 하지만, 중요한 것은 어떤 접근법이 더 나은가가 아니라 두 집단이 그의 생물학적 도구를 서로 다른 방식으로 사용한다는 것이다.

유전심리학

인간이 활용할 수 있는 생물학적 도구들은 모든 개인과 집단에 걸쳐 거의 동일하다. 인간은 유전적으로 99.9% 동일하다(Bonham, Warshaeuer-Baker & Collins, 2005). 유전자는 'DNA(deoxyribo nucleic acid)' 의 조각이며 부모로부터 자손에게 전해지는 유전의 기능적 · 물리적 단위이다. DNA는 세포의 핵 내부에 존재하는 화학물질로, 살아 있는 유기체를 생성하기 위한 유전적 정보를 담고 있다. **'유전자형'** 은 개인 내부에 존재하는 유전자의 실제적인 형태를 가리킨다. **'표현형'** 은 개인이 가지고 있는 관찰 가능한 특징으로 유전자형과 일치할 수도, 그렇지 않을 수도 있다. 예를 들면, 어떤 사람은 반사회적 행동을 유발할 가능성이 있는 유전자형을 가지고 있으나, 친사회적 규범과 극히 적은 반사회적 행동의 기회가 내재된(예 : 수도원) 극히 통제된 환경에서 살기 때문에 반사회적 행동에 관련되지 않을 수 있다. **상속 가능성**이란 어떤 속성에 있어서 유전적 영향의 비율을 의미한다(Sternberg, Grigorenko & Kidd, 2005). **환경성**이란 표현형에 대한 환경적 영향의 비율을 가리킨다.

특정 유전자들을 정신분열증이나 반사회적 행동과 같은 정신 병리와 연결시키려는 열정적 시도가 있었고, 그 시도는 정신 병리를 유전적으로 치료할 수 있을 가능성을 포함한다. 그러나 장애 행동을 포함하여 '행동'은 다수의 유전자 간, 그리고 유전자와 환경 간의 복잡한 상호 작용을 포함한다(Kendler, 2005). 더욱이, 몇몇 유전자들은 바람직한 영향과 그렇지 않은 영향 모두를 내재한다. 그러므로 유전적 치료는 기껏해야 행동에 제한적으로 영향을 줄 수 있으며, 최악의 경우에는 행동에 원치 않는 영향을 줄 수도 있다(Jaffee, Caspi, Moffitt & Taylor, 2004).

특정 행동과 관련된 특정 유전자가 없듯, 어떤 홑유전자나 유전자 변이형도 인류를 인종 범주에 따라 분류하기에 충분하지 않다(Bonham et al., 2005; Cavalli-Sforza, Menozzi & Piazza, 1994). 더욱이, 인종으로 규정되어온 집단 내 차이가 집단 간 차이보다 더 크다. 지리학적 기원이 아프리카, 아시아, 유럽이었던 선사 인류 집단들 중에서 80~90%의 유전적 변이가 집단 내에서 발생하였으며 오직 10~15%의 변이가 집단 간에서 발생하였다(Jorde & Wooding, 2004). 따라서 혼혈인종 수의 증가를 고려하면 인종 집단을 독립적으로 구별된 집단으로 보는 개념은 거의 쓸모가 없다. 더욱이 1장에서 논의되었던 것처럼 인종의 의미는 사회적으로 만들어진 개념일 뿐 생물학이나 유전학과는 거의 관련이 없다. 이처럼 유전자는 인종분류와 부합하지 않음에도 불구하고 행동에 중요한 영향을 미친다.

유전적 영향을 연구하는 한 가지 일반적인 방법은 쌍생아 연구이다(Whitfield & McClearn, 2005). 유전자의 100%를 공유하는 **일란성 쌍생아**는 일반 형제자매와 같이 유전자의 50%를 공유하는 동성의 **이란성 쌍생아**와 비교된다. 외향적 성격과 같은 어떤 특성에 대한 상대적인 유전과 환경의 영향은 그 특성에 대한 쌍생아 간 상관관계로 결정된다. 그리고 일란성 쌍생아들이 어떤 특성에 있어 더 강한 상관관계를 가질 것으로 예상된다.

유전자는 인간 행동에 관한 불변의 청사진인가? 이와 같은 결정론적인 시각은 인간이 그들의 유전적 프로그래밍을 변경할 수 없다는 입장을 취한다. 즉, 공격성이나 성적 불륜과 같은 부적응 행동은 우리의 선조로부터 물려받은 유전자 때문이라고 할 수 있다. 그러나 유전자 발현이 환경과 상호 작용한다는 증거가 점차 증가하고 있다(Lickliter & Honeycutt, 2003). 인간은 유전자뿐만 아니라, 환경에 적응하기 위해 유전자를 자원으로서 사용하는 능력 또한 물려받는다(Richardson, 1998). 따라서 유전자는 인간의 인지적 공구 상자 속의 도구 중 일부로 고려될 수 있으며, 이는 사용될 수도, 아니면 환경적 요구 때문에 사용되지 않을 수도 있다(cf. Lickliter & Honeycutt, 2003; Norenzayan & Heine, 2005; Richardson, 1998).

환경과 유전 간 상호 작용의 한 예로써, 문화적 규범은 반사회적 경향의 유전적 위험성에 영향을 끼칠 수 있다. 반사회적 행동은 공격성을 수반하는 규칙 위반(기물 파손, 싸움, 폭행, 위협 등) 또는 공격성을 수반하지 않는 규칙 위반(무단결석, 도둑질, 마약 등)을 포함한다. **사회적 압력 가설**은 아동학대와 같은 부정적인 초기 환경에 노출된 사람들의 경우 반사회적 행동에 대한 사회적 영향이 유전적 영향을 위장시킬 수 있음을 시사한다(Raine, 2002). 실제로 스웨덴의 한 쌍생아 연구에서, 사회경제적으로 취약한 환경에서의(유럽, 북아메리카, 호주, 뉴질랜드 이외 출생자들의 비율, 교육적 수준, 실업 수준, 순이익, 범죄율) 반사회적 행동(자진 신고된 재산 관련 범죄, 마약 관련 범죄, 폭력 범죄 등)은 그 행동에 대한 환경의 영향(69%의 변량)이 유전의 영향(1%의 변량)보다 강하였다(Tuvblad, Grann & Lichtenstein, 2006). 동일한 연구에서 사회경제적으로 유리한 환경에서는 유전의 영향(37%의 변량)이 환경의 영향(13%의 변량)보다 강하였다.

또한 문화적 규범은 유전적 위험을 상쇄시킬 수 있다. 사회질서는 비공식적 사회통제를 통해 유지될 수 있는데, 이러한 비공식적 통제는 사람들이 그들의 행동과 선택을 제한하도록 그들에게 부여된 사회적 규범과 사회구조적 제한을 포함한다. **사회통제 가설**에 따르면, 높은 사회통제 수준에서 다수의 사람들은 그들 각자의 유전자형에 상관없이 똑같은 표현형을 표출한다. 반면에 낮은 사회통제 수준에서 사람들의 선택과 행동은 그들의 유전자형을 더욱 반영한다(Shanahan & Hofer, 2005).

높고 낮은 수준의 사회통제 상황에서의 음주에 대한 연구는 Shanahan과 Hofer의 가설(2005)을 뒷받침한다. Dick, Rose, Viken, Kaprio, Koskenvuo(2001)는 지역 공동체의 안정성이 핀란드 청소년 쌍생아들의 음주에 끼치는 영향에 대하여 연구하였다. 공동체의 이동이 내외적으로 증가함에 따라 공동체적 감시와 개인적 책임감이 감소하였다. 사회적 이동이 가장 활발한 지역에서, 유전적 영향은 높은 반면 환경적 영향은 낮았다. 이동 빈도가 가장 낮은 지역의 경우, 환경적 영향이 유전적 영향보다 훨씬 컸다. 핀란드 표본의 경우도 이와 비슷하였다. 사회통제 수준이 상대적으로 높은 시골 지역의 경우 청소년 음주에 있어 환경이 더 큰 영향을 미쳤으며, 사회통제 수준이 상대적으로 낮은 도시 지역에서 청소년 음주는 유전의 영향이 더 컸다(Rose, Dick, Viken & Kaprio, 2001). 종교에 대한 독실함은 비공식적 사회통제의 또 다른 형태이다. 네덜란드의 청소년 쌍생아에 대한 연구에서 Koopmans, Slutske, van Baal, Boomsma(1999)는 유전적 영향이 비종교적 신념을 가진 여성의 40%가 음주를 시작하는 데 영향을 끼친 반면, 종교적 신념을 가진 여성에게는 아무 영향도 주지 못했음을 밝혀냈다.

상호 의존적 집단의 구성원이면서 그 집단에 대한 강한 정체성을 가지는 것은 사회적 통제 또는 압력의 원천이 될 수 있다. Wong(1999)의 연구에서 10~20세의 중국계 캐나다 청소년들에게 있어서 중국 문화의 고수는 비행과 범죄에 있어서 방어 요소이나, 북아메리카 규범에의 문화적 적응은 위험 요소였다. 이와 반대로 캄보디아계 미국 남성들의 경우 그들의 민족 정체성은 범죄행위와 분명히 관련이 있다(Go & Le, 2005). 캄보디아의 민족 정체성은 트라우마나 전쟁 경험과 연관되어 있으며, 이는 위험 요소가 될 수도 있다. 유전적 영향은 Wong, Go, Le의 연구에서 다루어지지 않았다. 그럼에도 불구하고, 민족 정체성은 행동에 대한 유전자의 상대적인 영향력을 완화시킬 수 있는 방어, 통제, 위험, 또는 압력 요소가 될 수 있다. 다음 절에서 우리는 지능과 음주에 있어서 민족적 차이를 다룬 연구를 살펴볼 것이며, 이는 인간 행동을 결정하는 유전자의 역할을 평가하는 실례를 포함한다.

유전자와 지능

심리학에서 가장 논쟁의 여지가 많은 분야 중 하나는 지능, 인종, 그리고 유전학에 관한 연구이다(Sternberg et al., 2005). 지능의 인종적 차이에 관한 심리학적 연구는 20세기 초 언어적 · 비언어적 운동 수행능력 테스트의 발달과 함께 시작되었다. 같은 연령의 타인이 지능검사에서 보여주는 언어적 · 비언어적 수행능력과 관련이 있는 개인의 언어적 · 비언어적 수행능력은 지능지수(IQ)로 귀결된다. 지능에 관한 심리학적 연구는 지적기능 테스트를 사용하는데, 이는 주로 과거의 학습을 평가하고 방대한 지능 구조 중에 오직 일부만을 대상으로 한다. 다시 말해서 시험에서의 수행능력 또는 그 시험에서 비롯된 IQ는 지능과 동등한 개념이 아니며 단지 지능의 한 부분을 구성할 뿐이다. 예를 들면, 창조적 능력이나 실용적 능력은 전형적으로 대부분의 지능 검사에서 평가되지 않는다. 남부 기후의 사람보다 북부 기후의 사람이 추운 날씨와 같은 생존 위기를 더 많이 직면했기 때문에 지능의 인종적 차이가 발달되었다는 주장이 있다(Rushton, 1995b). 그러나 남부 기후의 사람도 그에 상당하는 생존 위기가 있다(극도의 열기와 같은 거친 기후; Sternberg et al., 2005). 더욱이 어떤 유전자도 지능과 관련이 없다. 유럽계 미국인의 IQ 점수와 아프리카계 미국인의 IQ 점수의 차는 지난 50년간 점차 감소하였고, 지금은 약 10점 차이 또는 0.6~0.7 정도의 표준편차를 보인다(Dickens & Flynn, 2006; Nisbett, 2005). 이러한 차이가 인종을 기반으로 한다는 증거는 없으나, 인종은 단순히 어떤 유전적 · 생물학적 집단으로 규정될 수는 없기 때문에, 부분적으로는 사회경제적 요소들과 관련된 증거는 존재한다. 중산층 가정으로 입양된 아동은 하층 가정으로 입양된 아동에 비해 상대적으로 IQ 상승을 경험한다(Nisbett, 2005). 지능 검사 점수의 폭이 줄어들고 있다는 증거와 아동의 IQ가 상승될 수 있다는 사실은 지능이 고정된 불변의 대상이 아니라 환경의 영향력에 민감하게 반응하는 대상임을 보여준다.

Francis Crick과 DNA 구조의 발견으로 1953년 노벨상을 함께 수상한 James Watson은 지능 검사가 아프리카인의 지능이 유럽인의 지능과 다르다는 것을 보여준다고 주장하였다. 그는 유색인종이 유럽계 미국인보다 하등하다고 가정한 20세기 초 심리학자들과 같은 입장을 취한다(Holliday, in press). 또한 Watson은 검사의 차이는 진화적 개념을 기반으로 한다고 주장하였다. 그는 후에 이러한 진술에 대해 사과를 표명하였다. 이 진술은 지능 검사가 지능을 측정한다고 가정하며 검사에 의해 측정된 차이가 중요하고, 그 차이가 유전적 개념을 기반으로 함을 주장한다.

하지만 이들 중 어떤 가정도 올바르지 않다(Nisbett, 2005; Sternberg et al., 2005).

유전학과 음주

인종과 어느 정도의 관련성을 가진 유전학적 차이는 알데히드 탈수소효소 유전자인 ALDH2와 알코올 탈수소효소 유전자인 ADH1B의 존재 여부이다. 이 유전자들은 알코올 의존에 대한 방어와 관련이 있다(Luczak, Glatt & Wall, 2006). 음주와 관련하여 이 유전자들의 생리적 영향은 피부 적화, 두통, 상대적으로 적은 양의 알코올 양에 취하는 주관적 감각, 심한 숙취 등을 포함한다. 따라서 ALDH2와 ADH1B는 안타부스(알코올 중독 치료제)의 유전적 형태쯤으로 생각될 수 있다. ALDH2의 대안적 형태인 ALDH2*2 allele는 상대적으로 북동아시아 혈통의 사람에게 일반적이며 그 외의 사람에게는 드물다. 인구 표본에서 대략 31%의 중국인, 45%의 일본인, 29%의 한국인, 10%의 태국인, 그리고 0%의 중서부 유럽계 백인이 적어도 하나의 ALDH2*2 allele를 가지고 있다(Goedde et al., 1992). 이와 비슷하게 인구 표본에서 대략 92%의 중국인, 84%의 일본인, 96%의 한국인, 54%의 태국인, 1~8%의 서북부 유럽계 백인이 적어도 하나의 ADH1B*2 allele를 가지고 있다(Goedde et al., 1992). 이 유전자들이 북동아시아 혈통과 관련이 있다고 할지라도 인종이나 민족을 구분하는 표시는 아니다. 왜냐하면 각 인종 집단의 100% 미만이 이 유전자를 가지고 있으며 다른 인종 집단과의 중복이 존재하기 때문이다.

알코올 의존은 (1) 취하기 위해서 필요한 알코올 양의 증가 또는 알코올의 계속적인 사용으로 두드러지게 감소된 알코올의 영향과 같은 저항력, (2) 땀 흘리기나 빠른 맥박과 같은 자율신경계 과다 활동, 수전증, 불면증, 메스꺼움, 구토, 환각증세, 불안, 발작과 같은 금단 현상을 특징으로 한다(American Psychiatric Association, 2000). 1,980개의 사례와 2,550개의 통제를 사용한 15개의 연구를 총체적으로 다룬 검토에서 Luczak와 그의 동료들(2006)은 하나의 ALDH2*2 allele를 가지면 알코올 의존 위험성을 약 1/4까지 줄일 수 있으며, 둘을 가지면 알코올 의존 위험성을 1/9까지 줄일 수 있다는 것을 밝혀냈다. ADH1B*2는 알코올 의존 방어에 있어서 ALDH2*2가 가진 방어 효과를 뛰어넘는다. 하나의 ADH1B*2를 가지면 알코올 의존 위험성을 1/6로 줄일 수 있으며, 둘을 가지면 1/11까지 감소시킬 수 있다. 문화 또한 알코올 의존에 영향을 미칠 수 있다. 일본인 연구 참가자들은 가장 알코올 의존을 적게 경험하였다. 일본 사회는 알코올에 중독되지 않고 음주하는 것을 매우 중요하게 여기는데, 이는 일본인이 알코올에 덜 의존하는 요인일 수도 있다(Luczak et al., 2006).

음주에 대한 유전 연구는 개인적으로 특별한 의미가 있다. 저자는 술을 마실 때마다 피부 적화를 포함하여 유쾌하지 않은 생리적 현상을 경험한다. 저자는 일전에 기술한 반 알코올 유전자를 가지고 있는지 궁금했고, 2004년 행동 치료법 발전을 위한 협회 회의에서 이에 대해 우스갯소리를 던졌었다. 당시 청중들 중에는 음주에 대한 유전적 · 인종적 영향의 연구자이자 이전에 기술된 총체적 분석 연구의 공동 연구자인 Tamara Wall이 있었다. Wall 박사는 그녀가 혈액 표본을 이용하여 저자의 유전자형을 분석할 수 있다고 하였다. 그녀는 저자에게 하나의 키트를 보냈고 저자는 손가락을 찔러 혈액을 슬라이드 위에 남겼다. 그리고 그 혈액 표본을 Wall 박사에게 보냈고 결과를 기다렸다. 저자가 가진 음주에의 어려움과 다수의 동북아시아 혈통의 사람들이 ALDH2*2를 가지고 있다는 사실을 고려해볼 때, 결과 발표는 심판의 날과도 같았다. 저자의 모계 쪽 조부모님은 일본인이시고 저자의 표현형이 모호할지라도 저자의 유전자형이 다른 일본인들과 공통점이 있음을 증명하기를 원하였다. 저자의 유전자형은 ALDH2*2를 가지고 있음을 나타내었다. 인종 집단을 구분하는 어떤 유전자도 존재하지 않지만, 저자는 다수의 동북아시아 혈통의 사람들과 같은 유전자와 음주 경험을 가지고 있다. 저자는 ALDH2*2 유전자(피부 적화와 더불어)를 저자의 아시아계 미국인 회원증으로 여기고 있다.

요약

유전학적 연구는 이후에도 인종적 또는 민족적 차이를 명백히 드러내지 못할 것이다. 그보다 유전학적 연구는 행동에 대한 환경의 상대적인 영향력을 판단하는 데 도움을 줄 것이다. 유전자는 행동을 발생시키기 위하여 환경과 상호 작용한다. 유전적 성향의 표출을 증진 혹은 저해할 수 있는 문화적 요소에 대한 추가적인 연구가 필요할 것이다.

진화심리학

진화심리학은 종의 생존 가능성을 증진시키려는 인간의 적응에 관한 연구이다. 적응이란 한 생물이 그를 둘러싼 환경의 요구에 좀 더 **적합**하도록 변화하는 것을 의미한다(Schmitt & Pilcher, 2004). 적응 기제는 세대를 걸쳐 유전적으로 전승된다. 인류는 적응 특질마다 다양하였다. 자연 선택은 생식력이나 신체적 힘과 같이 생존과 관련된 특질을 지지한다. 즉, 적응 특질을 소유한 인간이 생존하여 그 특질을 다음 세대로 전승할 것이다. 현대 인류는 과거만큼 적응성이 높지 않다 하더라도 이러한 역사적 적응 기제를 물려받았다. 예를 들어 선사시대 인류의 경우 공격적 행동은 자원을 구하거나 다른 인간 또는 동물과의 상호 작용에서 스스로를 방어하는 데 필수적이었을 것이다. 현대 인류의 경우 공격적 행동은 생존을 위해 과거만큼 필요하지는 않지만, 현대 인간은 전승된 공격적 능력을 보유하고 있다.

세대를 걸쳐 전승되는 유전자들 전부가 꼭 적응과 관련되어 있지는 않다. 건강은 생식력과 관련이 있지만, 건강하고 생식력이 있는 사람 모두가 자손을 가질 수는 없다. **무작위적 유전 이동**이란 유전적 전승은 순간적 사건들의 결과일지도 모른다(배우자를 만날 가능성, 자연 재해 등)는 것이다(Sternberg et al., 2005). **변이**는 세대를 걸쳐 전승되는 유전자의 무작위적 변화이며, 이는 어떤 행동적 결과를 가져올 수 있다(Sternberg et al., 2005). 따라서 어떤 유전자나 행동의 존재는 항상 적응 특질 때문에 선택되었다고 볼 수는 없다.

진화적 적응 중 하나는 **생식전략**으로 이는 두 가지 방식을 포함한다(Pianka, 1970). R-selected라고 알려진 첫 번째 방식은 많은 자손을 갖고 그들을 양육하는 데 적은 에너지를 쏟는 것이다. K-selected라고 알려진 두 번째 방법은 적은 수의 자손을 갖고 그들을 길러내는 데 많은 에너지를 쏟는 것이다. 인간은 K-selected 방식을 수용한 종이다(Peregrine, Ember & Ember, 2003).

Rushton(1995)은 생식전략에 있어 인종적 차이가 존재한다고 주장한다. Rushton에 따르면 모든 인간은 아프리카를 떠나기 전까지 선천적으로 R-strategy를 가지고 있었다. 아프리카에 남은 사람은 R-strategy를 유지하고 있는 반면 좀 더 추운 아시아로 이주한 사람은 K-strategy를 발달시켰다. 유럽인들은 아프리카와 아시아의 생식전략의 중간적 방법을 발달시켰다. 이 모델을 기반으로 하여 Rushton은 아프리카계 혈통의 사람들이 빈번한 결혼 파경, 높은 성 조숙증 비율, 빈번한 부정, 아동 방치와 학대, 높은 범죄율, 낮은 사회적 조직도, 낮은 기술적 교양과 같은 특성을 가질 것이라고 예견하였다. 또한 아시아계 혈통의 사람은 정반대의 특질을 지니고 있으며, 유럽계 혈통의 사람은 그 두 집단의 중간적 특성을 띤다고 보았다. Rushton의 모델은 명백히 논란의 여지가 있다. 186개의 사회를 앞서 기술한 특질의 측면에서 다룬 연구에서도 Rushton의 예상을 뒷받침하는 근거는 존재하지 않았다(Peregrine et al., 2003). 더욱이 적응 기제는 보편적이어서(Schmitt & Pilcher, 2004) K-selected의 특질을 지닌 인종 집단이 R-selected를 수용하는 이유도 명백하지 않다. 또한 이러한 교배전략에 인종적 차이를 뒷받침할 화석증거가 존재하지 않으며, 따라서 그의 추측은 사회적 불공평을 정당화하는 민간 신앙에 불과하다(Cooper, 2005; Sternberg et al., 2005).

진화와 인종 정체성

교배전략에서의 인종적 차이를 뒷받침하는 근거는 없다 하더라도, 교배전략이 아닌 다른 진화적 요소에 대한 집단 간 차이가 존재하는가? 1장에서 논의되었듯이 인종 · 민족 정체성은 적응과 관련이 있는가? 우리의 수렵 · 채집 선조들은 무리를 지어 살았고 이웃 무리와 갈등을 빚기도 하였다. 생존은 친구와 적을 구분하는 것과 관련이 있었다. 연합과 동맹을 인지하는 원시적 구분 기준은 공통적인 외모였다(Cosmides, Tooby & Kurzban, 2003). 즉, 인간은 동지를 인식하기 위한 수단으로서 표현형적 특징을 처리하는 신경 인지적 기제를 발달시켰다.

신경과학의 증거는 인간이 그들과 다른 인종보다 같은 인종에 더 관심이 있다는 가설을 뒷받침한다. 뇌의 방추모양 얼굴 영역은 얼굴을 인식할 때 활성화된다. FMRI 연구에서 Golby, Gabrieli, Chiao, Eberhardt(2001)는 자극통제를 제시하는 동시에 9명의 아프리카계 미국인과 10명의 유럽계 미국인에게 42명의 아프리카계 미국인과 42명의 유럽계 미국인의 얼굴을 보도록 하였다. FMRI는 특정 과업 중의 뇌의 활동을 살피는데, 이 경우에는 얼굴 인식 중의 뇌의 활동이 관찰 대상이었다. 방추모양 얼굴 영역의 활동은 피시험자가 다른 인종의 얼굴을 볼 때보다 같은 인종의 얼굴을 볼 때 더욱 증가하였다. 두 번째 아프리카계 미국인과 유럽계 미국인의 얼굴과 자극통제가 주어졌고, 그 얼굴의 반은 피시험자가 이전에 보지 못한 얼굴이었다. 이때 같은 인종의 얼굴을 식별하는 경우가 다른 인종의 경우보다 확연히 많았다.

물론 모든 원시적 동맹이 공통적인 표현형을 기반으로 하지는 않았다. 적이 같은 인종 집단 안에서 발생할 수 있었고, 동지가 다른 인종 집단에서 생겨날 수 있었다(Cosmides et al., 2003). 그러므로 표현형의 특징을 식별하는 신경 인지적 기제는 환경적 사건에 대응한다고 볼 수 있다. 인종적으로 비슷한 얼굴에 대한 선호와 식별은 고정된 것인가, 아니면 이러한 능력은 문화적 환경에 대응하는 것인가?

두 가지 연구가 얼굴 선호와 얼굴 식별이 환경에 영향을 받는다는 사실을 나타낸다. Bar-Haim, Ziv, Lamy, Hodes(2006)는 3개월 된 영아가 백인과 흑인의 얼굴 사진 한 쌍을 바라보는 데 소비하는 시간의 양에 대해 연구하였다. 영아의 시선이 가는 방향과 그 방향을 응시하는 데 드는 시간의 양이 측정되었다. 12명의 영아는 이스라엘의 백인 가정에서 양육된 백인 이스라엘인이었고, 또 다른 12명의 영아는 에티오피아의 흑인 가정에서 자라난 흑인 에티오피아인이었으며, 또 다른 12명의 영아는 이스라엘의 이민 센터의 백인 중심의 환경에서 양육된 흑인 이스라엘인이었다. 흑인 가정에서 양육된 백인 영아 집단은 없었다. 백인 가정에서 양육된 백인 이스라엘 영아는 흑인의 얼굴을 보는 시간보다 백인의 얼굴을 응시하는 시간이 현저하게 길었다. 그 정반대의 상황, 즉 흑인 에티오피아 영아 집단의 경우도 동일한 결과였다. 그러나 백인 중심 환경에서 양육된 흑인 이스라엘 영아 집단은 흑인의 얼굴과 백인의 얼굴을 바라보는 시간이 같았다. 이 영아 집단 연구는 환경이 어린 시절의 얼굴 선호도에 영향을 미친다는 증거를 제공한다.

인종 집단의 차별적 노출에 대한 또 다른 연구에서 Sangrigoli, Pallier, Argenti, Ventureyra, de Schonen(2005)은 유럽의 백인 가정으로 3~9세 사이에 입양된 한국인 성인 12명, 현지 한국인 성인 12명, 백인 프랑스인 성인 12명의 얼굴 식별능력을 연구하였다. Bar-Haim 외(2006)의 유아 집단 연구와 비슷하게 이 연구에는 아시아 환경에서 양육된 백인 성인 집단은 없었다. 피시험자는 백인과 일본인의 얼굴 사진을 제시받고 그 다음에 그 사진을 그들이 이전에 본 적이 없는 사진을 포함하는 또 다른 사진들 속에서 찾아내도록 요구받았다. 현지 한국인 성인은 백인의 얼굴보다 일본인의 얼굴을 더 잘 식별하였으며, 백인 프랑스인 성인의 경우도 동일한 결과를 보였다. 입양된 한국인 성인의 식별패턴은 백인 프랑스인 성인의 경우와 비슷하였으며, 동시에 일본인과 백인의 얼굴을 구분하는 우월한 식별능력을 보였다. 이 자료는 얼굴 인식능력에 있어서 9세 전후의 적응성 또는 가변성을 시사한다. Bar-Haim 외와 Sangrigoli 외의 연구는 인종 상호 관계에 대해 암시한다. 다른 인종 집단에의 경험은 내집단 선호와 외집단 편견을 줄일 수 있을 것이다.

생식전략과 동지 식별과 함께 이타심은 생존과 관련이 있다(Nowak & Sigmund, 2005). 이타심은 유전자형 또는 표현형이 서로 다른 사람들 사이의 협력을 포함한다. 자연 선택은 강하고 이기적인 인간에 대한 선호로 추정되지만, 협력은 개인적인 전략보다 더 큰 이익을 가져올 수 있다. 개인적 자원을 공유하는 능력이 곧 생존과 직결되어 있는 사회에서 협력은 필수적이다. 물론 협력적 전략으로부터 파생되는 이익이 더 클 수 있다는 가능성에도 불구하고 개인적인 전략을 고수하는 사람도 있다.

그렇다면 개인은 어떻게 협력할 사람을 결정하는가? 내집단에서의 협력은 생존을 증진시키나 외집단과의 추가적인 협력으로부터 오는 이익 수준을 제공할 수 없을지도 모른다. Nowak과 Sigmund(2005)는 유전적으로 다른 사람들 간의 협력과 이타심은 평판을 기반으로 한다고 주장한다. 인간은 자신과 상호 협력할 가능성이 있는 사람과 협력할 것이다. 협력전략의 이득과는 상관없이 개인적 전략을 유지하는 사람이 있는 것처럼, 상호 협력을 하지 않는 사람과의 협력을 고수하는 사람 또한 존재한다.

한 개인에 대한 평판은 그 사람에 대한 직접적인 경험에 기반을 두고 있다. Bar-Haim 외(2006)와 Sangrigoli 외(2005)의 얼굴 선호와 식별에 관한 연구가 증명한 대로, 경험은 선호를 바꿀 수 있다. 직접적 경험이 없으면, 평판은 타인의 경험을 포함한 간접적 경험에 의존한다(Nowak & Sigmund, 2005). 때때로 이러한 간접적 경험에 대한 개인의 해석은 부정확하고 타인의 평판에 관한 고정관념을 초래한다. 그러한 고정관념은 협력을 방해하거나 증진시키기도 한다. 타인이나 타 집단에 대한 고정관념을 취할 가능성은 그 대상에 대한 직접적인 경험으로 감소될 수 있다. 집단 간 관계는 사회심리학의 한 부분이며 이는 5장에서 다루어질 것이다.

요약

진화적 접근법은 역사적으로 지속되고 있는 행동이 적응과 관련되어 있음 강조한다. 그러나 모든 행동이 그들이 이전에 그랬던 것처럼 적응을 목적으로 유지되고 있지는 않으며, 존재하는 모든 행동이 꼭 선택된 것은 아니다. 몇몇 행동은 변이와 같은 예상치 못한 계기를 원인으로 나타난다. 진화심리학이 종 보편성을 강조하고 있지만, 이 분야는 인종 정체성의 적응적 측면을 다루고 있기 때문에 다문화심리학과 관련이 있다.

건강심리학

신체의 건강은 생물학에 기반을 두고 있으며 동시에 사회문화적 요소의 영향을 받는다. 식이 장애, 혈압, 약물 남용, 만성 질환에 있어서 인종적 차이가 연구되어왔다. 인종 집단마다 다른 문화 규범은 건강의 인종적 차이에 영향을 끼쳤을 수 있다.

건강을 증진시키기 위한 행동은 적응과 관련된다. 젊음과 같은 신체적 건강의 지표는 짝을 이루는 것에 있어 중요하다. 성적 경쟁 가설에 따르면, 여성은 남성의 헌신을 위해 경쟁하며, 젊게 보이는 것이 남성에게 더 매력적으로 보이게 한다(Abed, 1998). 마른 외모는 젊음의 지표일 수 있으며, 체중 감소는 진화와 관련이 있다(Faer, Hendriks, Abed & Figueredo, 2005). 다음 절에서 우리는 인종 집단과 문화의 측면에서 식이 장애, 혈압, 약물 남용, 출생결과, 만성 질환에 대한 문헌을 살펴볼 것이다.

식이 장애

주된 식이 장애에는 거식증, 과식증, 폭식 장애가 있다(American Psychiatric Association, 2000). **거식증**은 최소한의 체중 수용 표준 유지를 거부하는 형태이다. 체중은 열량 섭취 거부 또는 과도한 섭취 후 음식 제거(구토, 설사제 남용 등)를 통해 감소한다. **과식증**은 반복적인 과식과 그 이후의 부적절한 보상 행동의 반복을 수반하며, 이러한 부적절한 행동은 체중 증가를 방지하기 위한 음식 제거, 금식, 과도한 운동을 포함한다. 이 증상은 적절한 보상 행동이 없는 계속적인 폭식을 특징으로 한다. **폭식 장애**는 자제력 결여, 극도로 빠른 음식 섭취, 배고픔이 없는 음식 섭취, 홀로 음식 섭취, 음식 섭취와 관련된 혐오감 등을 특징으로 한다.

역사와 문화를 총체적으로 다룬 한 문헌 보고서에서, Keel과 Klump(2003)는 과식증이 서양 문화권에서 특유하며 거식증은 그렇지 않다는 사실을 보여준다. 그러나 이 보고서는 서양 문화권 내의 인종적, 민족적, 문화적 다양성을 고려하지 않았다. 식이 장애 질병이 젊은 상위 중산층의 유럽계 미국 여성의 경우에 있어 문화적으로 특수하다고 추정되지만, 이러한 질병은 유색인종의 여성에게도 발생할 수 있다. 아름다움의 문화적 기준이 식이 장애 발생에 기여하고 있다고 추정된다(Gilbert, 2003). 따라서 문화적 가치, 태도, 신념, 문화 적응 등의 개념이 인종적 차이를 만드는 기준으로서 함께 고려되어야 한다. 교육적 기회와 경제적 기회의 장벽, 차별과 같은 소수의 사회문화적 문제 또한 고려되어야 할 사항이다.

식이 장애와 신체에 대한 불만족이 아프리카계 미국 여성에 비해 유럽계 미국 여성 사이에서 더 일반적이라는 증거가 있다. 캘리포니아, 오하이오, 워싱턴 DC에 거주하는 19~20세 여성의 표본 중에서 1.5%의 유럽계 미국 여성과 0%의 아프리카계 미국 여성이 거식증 진단 기준을 충족시켰다(Striegel-Moore et al., 2003). 같은 연구에서 2.3%의 유럽계 미국 여성과 0.4%의 아프리카계 미국 여성이 과식증 진단 기준을 충족시켰으며, 2.7%의 유럽계 미국 여성과 1.4%의 아프리카계 미국 여성이 폭식 장애를 가지고 있었다. 유럽계 미국인과 아프리카계 미국인에 대한 42개의 연구보고서에서, 오직 2개의 연구에서만 아프리카계 미국인의 감식 행동이 현저히 두드러졌다(Crago & Shisslak, 2003). 이러한 차이는 신체에 대한 만족감의 차이로부터 비롯될 수 있다. 18~45세 여성의 범국가적 표준 표본에서 아프리카계 미국인이 유럽계 미국인과 라틴계에 비하여 낮은 걱정과 불만을 나타냈다(Bay-Cheng, Zucker, Stewart & Pomerlau, 2002).

왜 아프리카계 미국 여성이 유럽계 미국 여성에 비해 자신의 신체에 더욱 만족하는가? 아프리카계 미국 여성과 유럽계 미국 여성은 서로 다른 참고 집단을 가지고 있을 가능성이 있다. 유럽계 미국 여성은 자기 자신을 대중매체 속의 마른 유럽계 미국 여성과 비교하는 경향이 있다(Gilbert, 2003). 아프리카계 미국 여성은 크고 웅

집력 있는 연대망을 이루고 있고 상대적으로 대중매체 속에 등장하는 아프리카계 미국 여성의 수가 적기 때문에, 그들의 신체에 대한 이미지는 주로 가족 구성원의 영향을 받을 것이다. 또한 그들은 가족과 친구들로부터 그들의 외모에 대해 부정적인 피드백보다 긍정적인 피드백을 받을 것이다(Franko & Striegel-Moore, 2002).

또 다른 연구는 유럽계 미국 여성과 아시아계 미국 여성이 가진 식이 장애의 비율이 비슷함을 나타낸다. 28개의 폭식에 관한 연구보고서와 19개의 음식 제거에 관한 연구보고서에서, 유럽계 미국 여성과 소수 인종의 여성 사이에 차이가 거의 없음이 밝혀졌다(Crago & Shisslak, 2003). O' Neill(2003)은 유럽계 미국 여성과 아프리카계 미국 여성에 관한 18개 연구 분석에서 폭식과 관련하여 같은 결론을 도출하였다.

여러 연구에 따르면, 아시아계 미국인이 유럽계 미국인과 비슷하게 신체에 대한 불만족을 가지고 있지만 진단 가능한 식이 장애의 비율은 더 적었다(Cummins, Simmons & Zane, 2005). 그러나 이 연구 중 몇몇은 통계적으로 두 집단 간의 차이를 보여주지 못하는 아시아계 미국인 소수 표본을 포함하고 있다. 더욱이 아시아계 미국인이 진단 가능한 식이 장애에 있어 더 낮은 비율을 보이는 이유도 알려져 있지 않다.

식이 장애에 있어 인종 간의 차이를 다룬 연구는 2장에서 다룬 민족성 자기 측정의 방식을 사용해왔다. 인종 집단 내 다양성을 고려하면, 집단 간의 차이가 발견되는 것은 놀라운 일이다. 인종 집단 내 다양성의 자료는 문화 적응, 인종 정체성, 차별 등을 포함한다(Crago & Shisslak, 2003).

문화 적응과 식이 장애 간 상관관계를 다룬 연구는 문화 적응의 정의와 측정방법의 다양성 때문에 엇갈린 결과를 도출하였다. 문화 적응과 식이 장애는 로스앤젤레스 지역의 멕시코계 미국 여성을 대상으로 연구되었다(Cachelin, Phinney, Schug & Striegel-Moore, 2006). 문화 적응도는 멕시코계 미국인을 대상으로 문화 적응 평가 척도를 통해 평가되었는데, 이 척도는 일반적으로 사용되고 있는 인증된 측정방법이다(ARSMA-II; Cuellar, Arnold & Maldonado, 1995). ARSMA-Ⅱ는 언어 사용, 선호, 인종 정체성, 분류, 문화 전승, 민족적 행동, 민족적 상호 작용을 포함한다. 이 척도는 멕시코 문화와 앵글로 문화 성향을 측정한다. 멕시코 문화 성향을 측정하는 척도로 사용되는 항목은 "나는 스페인어 사용을 즐긴다." 또는 "우리 가족은 멕시코 음식을 즐긴다."와 같은 진술이다. 앵글로 문화 성향을 측정하는 척도로 사용되는 항목은 "나는 유럽 출신의 백인계통과 관련이 있다." 또는 "나는 영어로 된 음악을 듣는 것을 좋아한다."와 같은 사항이다. 다군 인종 정체성 측정(Phinney, 1992)은 인종 정체성 평가에 사용되었다. 식이 장애 평가에는 DSM-IV-TR 질문지(First, Spitzer, Gibbon & Williams, 2001)와 식이 장애 검사(EDE; Fairburn & Cooper, 1993)가 사용되었다. EDE는 지난 6개월간 폭식의 빈도, 구토와 같은 음식물 제거 행위의 빈도, 식이 제한의 정도, 폭식에 의한 고통의 정도, 그리고 체중이나 몸매의 중요성을 평가한다. 면접과 측정은 피시험자가 선호하는 언어로 이루어졌다(영어 또는 스페인어). 앵글로 성향은 식이 장애와 두드러지게 관련이 있었으나 멕시코 성향, 정체성과는 관련이 없었다(Cachelin et al., 2006). 멕시코 문화는 유럽계 미국인의 문화처럼 신체 이미지를 강조하지 않는데, 이는 이 연구결과를 설명할 수 있을 것이다.

이전의 연구들은 여성의 식이 장애를 다뤘다. 그렇다면 남성에게도 식이 장애가 존재하는가? 여성에 비해 그 비율이 높지 않다 하더라도 남성은 근골의 건장함을 추구하기 위한 과정에서 식이 장애 문제를 겪을 수 있다(Ricciardelli & McCabe, 2004). 아프리카계 미국 남성과 유럽계 미국 남성을 대상으로 한 27개의 연구에 대한 보고서에서, Ricciardelli, McCabe, Williams, Thompson(2007)은 아프리카계 미국인이 긍정적인 신체 이미지를 가지고 있으며 더 큰 신체 사이즈를 한다고 밝혀냈다. 이러한 연구결과는 아프리카계 미국 여성의 경우와 일치한다. 그러나 아프리카계 미국 남성은 유럽계 미국 남성보다 극단적인 체중 감소 행동(만성적 감식주의, 감식을 위한 약물 복용, 구토, 완화제 복용 등)과 폭식 행동을 보였다. 근육질의 체격은 긍정적인 신체 이미지를 제시하고 식이 장애와는 관련이 없어 보이지만, 근육을 위한 폭식이나 체중 증가를 막기 위한 체중 감소 행동의 가능성도 함께 고려되어야 할 것이다(Ricciardelli et al., 2007).

26개의 연구에 따르면, 라틴계와 유럽계 미국 남성의 신체 이미지와 신체 사이즈 선호는 여성을 대상으로 한 연구결과와 크게 다르지 않다(Ricciardelli et al., 2007). 아프리카계 미국 남성과 비슷하게 라틴계 미국 남성은 유럽계 미국 남성보다 극단적인 체중 감소 행동이나 폭식에 더 관련이 있다. 라틴계 미국 남성이 겪는 식이 장애의 원인이 연구된 적은 없으나, 라틴계 미국 남성의 식이 장애는 그들의 출생배경과 관련된 신분 상실이 그 원인일 수 있으며, 이는 여성보다 남성에게 더 많다(Ricciardelli et al., 2007).

신체 이미지와 사이즈, 그리고 식이 장애에 관해 앞서 기술된 근거는 아시아계 미국 남성을 대상으로 하는 22개의 연구와 모순된다(Ricciardelli et al., 2007). 4개의 연구 중 3개의 연구에서 태평양 제도 미국 남성은 유럽계 미국 남성보다 더 긍정적인 이미지를 가지고 있으나 그들과 관련한 식이 장애는 연구되지 않았다. 오직 5개의 연구만이 미국 원주민과 유럽계 미국인 사이의 신체 이미지, 식이 장애, 관련 행동을 비교 연구하였다. 그러나 이러한 연구가 제시하는 증거에 따르면, 미국 원주민은 유럽계 미국인에 비해 신체 이미지를 더욱 고려하며 극도의 체중 감소 활동이나 폭식에 더 많이 관여한다. 미국 원주민은 유럽계 미국인보다 더 큰 신체 용적 지수를 지니고 있음 또한 밝혀졌다.

차별과 혈압

식이 장애 외에 인종적 차이를 초래하는 또 다른 건강 문제가 주목받아왔다. 아프리카계 미국인은 미국 내 다른 인종 집단에 비해 불균형적으로 당뇨, 심장병, 고혈압, 비만을 경험한다(Mays, Cochran & Barnes, 2007). 아프리카계 미국인과 유럽계 미국인 간의 보건 격차는 지난 20년간 변화가 없다(Farmer & Ferraro, 2005). 일반적으로 유럽계 미국인은 북아메리카의 다수 집단으로서 인종 관련 차별을 경험하지 않기 때문에, 차별은 유럽계 미국인 집단과 북아메리카의 유색인종 집단 간의 보건 격차에 일조한다고 볼 수 있다. 아프리카계 미국인이 지각하는 인종 차별은 더 낮은 자기평가 보건 수준, 더 높은 혈압, 흡연, 음주와 관련이 있다(Mays et al., 2007; Nazroo, 2003).

빈곤은 이러한 보건 격차를 설명할 수 없다. 차별은 사회경제적 수준을 초월한다. 실제로 10~12세의 아프리카계 미국인을 대상으로 한 5년간의 연구에서, 높은 사회경제적 수준의 아동은 낮은 수준의 아동에 비해 인종 차별을 더 많이 경험하였다(Brody et al., 2006). 높은 사회경제적 수준의 사람은 다른 인종 집단과 교류할 가능성이 많아서 차별을 더 많이 경험하게 되는 것이다. 1960년대 당시 갓 박사 학위를 취득한 아프리카계 미국인이 Malcolm X(흑인 인권 지도자)에게 자신의 학문적 성취를 신나게 이야기하였다. Malcolm X은 그 젊은이에게 백인이 아프리카계 미국인 박사를 무엇이라 부르는지 통렬하게 질문하였다. Malcolm X의 답안은 '깜(깜둥이)' 이었다.

D. R. Williams, Neighbors, Jackson(2003)은 아프리카계 미국인 공동체의 차별과 혈압에 관한 11개의 연구를 검토하였다. 3개의 연구가 분명한 연관성을 드러냈으며 5개의 연구가 특정 상황에서의 분명한 연관성을 드러냈고, 3개의 연구가 아무런 연관성을 입증하지 못하였다. D. R. Williams의 검토 이후에 수행된 연구들은 아프리카계 미국인의 차별 인식과 그들의 혈압이 서로 관련성을 갖기 위해 필요한 조건을 분명히 밝히고자 하였다. 아래 제시된 연구는 차별이 아프리카계 미국인의 혈압에 주는 영향이 직관적으로 이해될 수 없음을 보여준다.

차별이 혈압에 주는 영향은 간접적이다. Clark(2006)는 아프리카계 미국 고등학생을 대상으로 그들이 느끼는 인종 차별이 혈압에 미치는 영향을 연구하였다. 그들이 느끼는 인종 차별은 일상 인종 차별 척도(Forman, Williams & Jackson, 1997)에 의해 평가되었다. 그 척도는 피시험자에게 "당신의 일상에서 당신의 인종 때문에 다음과 같은 일들이 얼마나 자주 일어납니까?"라고 묻는다. 척도에 나타나는 사례는 정중하게 대접받지 못하거나, 형편없는 서비스를 제공받거나, 마치 똑똑하지 않은 것처럼 대우받거나, 두려움의 대상이 되거나, 이름을 불리거나, 위협 또는 시달림을 경험하는 것을 포함한다. 피시험자의 96%가 인종 차별을 경험한다고 보고하였다.

또한 연구는 피시험자가 분노를 느끼는 빈도를 평가하고 그들의 최소 혈압과 최대 혈압을 측정하였다(Clark, 2006). 분노 수준이 높은 실험 참가자의 경우 그들이 느끼는 인종 차별과 혈압은 관련이 없었다. 높은 수준의 분노가 혈압에 미치는 영향력이 인종 차별의 영향력보다 우위에 있었다. 그러나 분노 수준이 낮은 피시험자의 경우, 높은 수준의 인종 차별은 낮은 혈압과 관련이 있었다. 낮은 분노 수준을 가진 아프리카계 미국 청소년은 인종 차별 사건 후에 분노를 경험할 가능성이 적고, 잠재적으로 스트레스가 많은 상황은 피할 가능성이 높다. 이 두 가지는 모두 낮은 혈압을 야기할 것이다(Clark, 2006). 또한 인종 차별과 분노의 수준이 모두 낮은 피시험자는 분노 수준이 높은 사람보다 혈압이 높다. 인종 차별이나 분노와 같이 스트레스가 많은 상황을 거의 경험하지 않는다고 보고한 아프리카계 미국 청소년은 방어적일 수 있으며, 이는 높은 혈압을 야기한다. 즉, 아프리카계 미국인에 대한 인종 차별은 존재하고 있으며, 높은 혈압은 인종 차별을 지각하지 않기 위한 그들의 보상 방식임을 추정할 수 있다.

아프리카계 미국 여성 대학생을 대상으로 한 연구에서, Clark(2006)는 그들이 느끼는 인종 차별이 그들의 혈압에 미치는 영향이 간접적임을 다시 한번 밝혀냈다. 이 연구는 참가자들에게 9개 분야(고용, 법, 재정, 교육, 공동체, 가족-사회적 관계, 정서적 복지, 신체적 건강, 공공 지원)로 나눠 그들이 경험한 인종 차별에 대해 질문하였다. 인종 차별을 경험할 때 타인에게 자신이 어떻게 느끼는지를 말하는 것과 같은 사회적 지지의 추구 여부 또한 평가되었다. 혈압은 스트레스가 많은 과제의 전후로 측정되었는데, 이 과제는 동물의 권리와 관련된 다섯 가지 질문에 크게 답하는 것이었다. 사회적 지지를 추구하는 정도가 낮은 참가자 중, 심한 인종 차별을 느낀 참가자가 그렇지 않은 참가자에 비하여 과제 후 혈압이 더욱 증가하였다. 혈압은 사회적 지지를 추구하는 정도가 높은 참가자의 경우 해당 과제에 반응을 보이지 않았다.

만약 어떤 아프리카계 미국인이 쇼핑 중 부당한 대우를 받았다면, 그들의 혈압은 심한 인종 차별적 발언이 있을 때 상승하는가, 아니면 그러한 발언이 없는 경우에 상승하는가? Merritt, Bennett, Williams, Edwards, Sollers(2006)는 아프리카계 미국인에게 쇼핑 중 부당한 대우와 관련된 대본을 들려주었는데, 대본은 심한 인종 차별적 발언이 포함된 것과 그렇지 않은 것이 준비되었다. 대본을 듣고 난 후, 참가자는 대본 속의 부당한 대우가 어느 정도나 인종 차별에서 비롯되었는지를 평가하였다. 그리고 대본에 대한 생각과 감정을 공유하고 자신이라면 같은 상황에서 어떻게 반응할 것인지에 대해 이야기를 나누었다. 혈압은 그 실험 전반에 걸쳐 계속적으로 측정되었다. 심한 인종 차별적 발언이 포함된 대본을 들은 참가자의 최소 혈압보다 해당 발언이 포함되지 않은 대본을 들은 참가자의 최소 혈압이 높았다. 또한 비인종 차별적 대본을 듣고 심한 인종 차별을 느낀 참가자는 인종 차별을 느끼지 않은 참가자보다 더 크게 혈압이 상승하였다. 즉, 모호한 상황은 심한 인종 차별 상황보다 더 큰 심장 반응을 야기한다. 심한 인종 차별은 미묘하지만 인지할 수 있는 수준의 인종 차별보다 덜 일반적이며 집중적인 인지적 과정을 요구하지도 않는다. 그러나

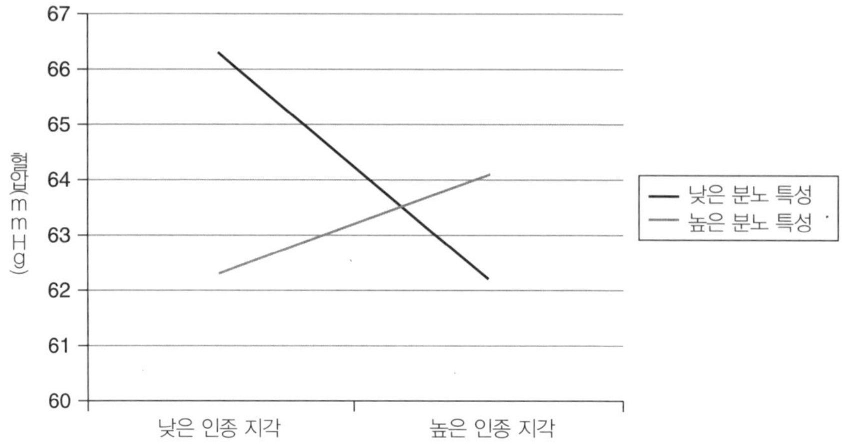

그림 3.1 인종지각에 따른 혈압 반응

미묘한 상황은 그 상황이 인종 차별적인지 아닌지를 판단하기 위해 더 많은 인지적 과정을 요구하는 동시에 심장 혈관의 반응 또한 수반한다(Merritt et al., 2006).

인종 정체성과 혈압의 관계는 무엇인가? 인종 정체성과 혈압을 직접적으로 평가한 유일한 연구에서 아프리카계 미국 남성의 자기개념과 최대 혈압의 관련성이 드러났다(Scribner, Hohn & Dwyer, 1995). 이 연구결과에 따르면 매우 높은 인종 정체성을 가진 아프리카계 미국인이 혈압 상승을 초래할 수 있는 요인에 더 적게 반응한다. 그러나 1장에서 다뤄진 인종과 민족 정체성 모델에 의하면, 높은 인종 · 민족 정체성을 지닌 사람은 차별에 더욱 민감하게 반응할 것이며 결과적으로 고혈압에 더욱 민감할 것이다. 반대로 낮은 정도의 인종 · 민족 정체성을 지닌 사람은 차별과 고혈압에 덜 민감할 것이다. 그러나 Clark(2006)에 따르면, 아프리카계 미국인 중 차별받은 경험이 거의 없다고 보고한 사람이 인종 차별 경험이 더 많다고 보고한 사람보다 혈압이 높았다. 인종 · 민족 정체성이 혈압에 미치는 영향에 대하여 아프리카계 미국인 집단 이외의 다른 유색인종 집단을 연구하는 등의 더 많은 연구가 필요할 것이다.

차별과 약물 사용

차별은 약물 사용에 영향을 미친다. Gibbons, Gerrard, Cleveland, Wills,

Brody(2004)는 10~11세의 아프리카계 미국 아동과 그들의 부모를 대상으로 20개월에 걸쳐 차별과 약물에 관한 추적 연구를 실시하였다. 이 장기적 계획을 통해 그들은 어떻게 차별이 이후의 약물 사용에 영향을 미치는지를 밝혀냈다. 차별은 인종 차별적 사건표(Landrine & Klonoff, 1996)를 통해 평가되었으며 이 표는 아프리카계 미국인이기 때문에 겪은 부정적인 경험을 포함하였다("당신이 아프리카계 미국인이기 때문에 얼마나 자주 부당한 대우를 받았는가?", "당신의 가족이 아프리카계 미국인이기 때문에 얼마나 자주 부당한 대우를 받았는가?"). 부모와 아동의 91%가 차별에 대한 경험을 보고하였다. 약물 사용은 생애 전체와 지난 12개월간의 담배, 알코올, 마약 사용을 포함하였다. 아동은 또래 친구의 약물 사용에 대한 질문을 받았다. 첫 번째 검사에서 11%의 아동이 적어도 한 가지의 약물을 사용하였으며 두 번째 검사에서는 22%의 아동이 약물을 사용하였다. 또래 친구의 약물 사용은 첫 번째 검사에서 31%, 두 번째 검사에서 39%를 나타내었다. 부모의 약물 사용은 첫째 시기에서 54%, 둘째 시기에서 56%를 기록하였다. 약물 사용자에 대한 위험 인상 또한 평가되었는데, 이 평가는 여섯 개의 형용사(인기 있는, 똑똑한, 멋진, 보기에 좋은, 철없는, 현명하지 못한)를 사용하여 담배, 알코올, 마약을 사용하는 또래를 평가하는 방식으로 이루어졌다.

첫 번째 평가에서 부모가 느낀 인종 차별의 정도는 두 번째 평가에서 그들이 약물을 더 많이 사용하거나 과도한 약물 사용을 유지하는 것과 관련이 있었다(Gibbons et al., 2004). 차별과 아동의 약물 사용 간의 관련은 고통을 그 매개로 한다. 차별로 인한 고통을 경험한 아동은 두 번째 평가에서 약물을 사용할 가능성이 더 크다. 약물 사용은 그 고통을 다루는 한 가지 방법일 것이다. 더욱이 부모의 인종 차별 경험에 의해 고통 받은 아동은 두 번째 평가에서 약물을 사용할 가능성이 더 크다. 아동이 지각한 차별은 약물을 사용하는 또래와도 관련이 있는데, 이는 결과적으로 아동의 약물 사용에 직결된다. 아동이 느낀 차별은 약물 사용자에 대한 긍정적인 인상과도 관련이 있는데, 이는 아동이 자진하여 약물을 실제로 사용할 가능성을 높인다. 그러므로 차별은 아프리카계 미국 아동이 약물을 사용하지 않는 또래로부터 거리감을 느끼게 하고 약물을 사용하는 또래와 어울리게 만드는 원인일 수 있다.

차별과 출생결과

건강의 측면에서 차별은 출생결과에도 부정적인 영향을 미친다. 차별은 아프리카계 미국 임산부에게 스트레스를 주며, 이는 유아 사망률, 출생 시 몸무게 미달, 조기 분만을 초래할 수 있다(Giscombe & Lobel, 2005). 유아 사망률은 출생 후 1년 이내의 사망으로 규정되며 유럽계 미국인의 경우 5.7/100,000의 확률이며 아프리카계 미국인의 경우 13.3/100,000의 확률을 가진다(Arias et al., 2003). 유럽계 유아의 7%, 아프리카계 유아의 13%가 몸무게 미달(2,500g 미만)로 출생하며, 유럽계 유아의 11%, 아프리카계 유아의 17%가 조기 출생한다(37주 미만; Arias et al., 2003). 출생 시 몸무게 미달과 조기 분만은 아프리카계 미국 유아 사망률의 주된 원인이다(Giscombe & Lobel, 2005). 출생 시 몸무게 미달은 인지적 결손이나 심혈관 질병과 같은 추후 장애와 관련이 있다.

인종 간 출생결과의 차이는 사회경제적 지위로 설명될 수 없다. 수입, 산모의 나이, 교육, 약물 사용, 태교, 교육적 지위를 제어한 후에도 부정적 출생결과의 인종 간 차이는 계속적으로 2배 혹은 그 이상이었다(Giscombe & Lobel, 2005). 그러나 아프리카계 미국 여성은 유럽계 미국 여성보다 임신 중 스트레스에 더욱 민감하다. 아프리카계 미국 여성이 겪는 주된 스트레스는 인종 차별에서 비롯된다. 인종 차별은 다른 일반적인 스트레스 요인보다 더 심한 스트레스를 준다. Klonoff, Landrine, Ullman(1999)은 사회경제적 지위나 일반적인 스트레스 요인(결혼, 복지 원조, 체포, 직업 변경)의 영향이 없는 경우라도 인종 차별이 고통(걱정, 신체화, 강박신경증, 대인관계 민감, 우울증)과 연관이 있음을 밝혀내었다. 4개의 연구에서 아프리카계 미국 여성이 학교, 의료 시설, 음식점이나 가게, 주택, 고용 환경 등에서 경험한 인종 차별이 출생 시 체중 미달 또는 조기 분만과 관련이 있었다(Giscombe & Lobel, 2005). 임신 중인 여성이 스트레스나 인종 차별에 혈관 관련 반응을 보이며 이것이 인종에 따라 차이가 있다는 연구는 없으나, 인종 차별에 의해 야기된 스트레스는 고혈압을 유발할 수 있으며, 이는 출생 시 몸무게 미달을 초래하는 위험 요소이다(Giscombe & Lobel, 2005).

차별과 만성 질환

인종 차별이 건강에 미치는 영향에 대한 문헌의 대부분은 아프리카계 미국인을 대상으로 한다. 그러나 Gee, Spencer, Chen, Takeuchi(2007)는 아시아 · 태평양 미국인 가정을 대상으로 차별이 건강에 미치는 영향에 대하여 보고하였다. 아시아 · 태평양 미국인은 종종 모범적 소수 인종으로 간주되므로 그들은 인종 차별을 경험하지 않는다고 추정된다. 만성 질환은 국제 정신 건강 진단 면접에 의해 평가되는데, 이는 일생에 걸친 신체적, 정신생리학적 장애에 대한 자기보고적 체크리스트이다. 이 장애는 관절염, 류머티즘, 척추와 목의 만성 질환, 빈번하게 발생하는 극심한 두통, 다른 만성 통증, 고초열과 계절 알레르기, 발작, 심장마비, 심장병, 고혈압, 천식, 결핵, 다른 만성적 폐 질환, 당뇨와 혈당 질환, 위장 궤양, HIV/AIDS, 간질과 발작장애, 암 등을 포함한다. 차별은 일전에 기술되었던 일상 인종 차별 척도(Forman et al., 1997)에 의해 평가되었다. 일상적인 인종 차별은 만성 합병 질환과 상관관계에 있다. 아프리카계 미국인에 대한 일전의 연구와 마찬가지로, 차별은 심장 혈관계 질환과 관련이 있으며, 호흡 질환과 통증 질환과도 연관이 있다. 이러한 자료들은 인종 차별을 경험하지 않을 것이라 추정되는 집단을 포함하여 다수의 유색인종 집단이 인종 차별에 의한 건강상의 부정적인 영향을 경험하고 있음을 시사한다.

이제까지 기술된 차별에 관한 논의는 개인적인 수준이다. 그러나 더 넓은 사회적 수준에서도 차별은 건강에 해로운 영향을 끼친다(Nazroo, 2003; D. R. Williams et al., 2003). 거주 지역의 분리는 차별의 결과이며 건강에 부정적인 영향을 끼친다. 차별적으로 분리된 공동체는 전형적으로 빈곤하며, 빈곤한 공동체는 보건과 사회 서비스 접근에 제한적이다(S. A. Roberts). 빈곤이 인종 간의 보건 수준 차이를 설명할 수는 없으나, 일단 비주류 집단 구성원이 질병을 갖게 되면, 대기오염, 납, 먼지, 스모그 등과 같은 물리적 환경의 위험 요소들과 자원 결핍 때문에 사람의 건강은 더욱 악화될 가능성이 있다. 실업, 열악한 주거지와 학교, 약물, 범죄, 폭력 집단 등의 환경에서 사회적 연계 수준도 낮을 것이다. 항상성을 유지하고 가난이나 폭력과 같이 극도로 스트레스가 많은 환경에 적응하기 위한 계속적인 대처는 관상 동맥 질환, 염증 장애, 인지 장애와 같은 생물학적 위험을 초래한다(Mays et al., 2007). 동일한 인종 밀집 공동체는 사회적 지지의 원천이 될 수 있으나 빈곤은 그러한 긍정적 영향을 상쇄시킬 수 있다(Cutrona, Russell, Hessling, Brown & Murry, 2000). 대부분의 유색인종이 가난하지 않다는 것을 유념해야 한다. 그럼에도 불구하고 많은 아프리카계 미국인이 인종 차별을 경험한다. Malcolm X가 언급한 것처럼 차별은 사회적 경계를 초월한다.

요약

인종 집단 간의 보건 수준 차이가 있다는 증거가 제시되었다. 그러나 그 증거는 집단 간 차이의 근본을 밝히지는 못한다. 인종 집단 내 다양성은 상당하다. 보건의 측면에서 그 다양성을 초래하는 두 가지 원천은 차별과 문화 적응이다. 대부분의 건강 심리학 연구가 아프리카계 미국인을 대상으로 수행돼왔으며, 다른 유색인종 집단에 대해서는 충분한 관심을 두지 않았다. 다양한 집단, 충분한 표본의 크기, 그리고 타당한 측정 도구의 계속적인 사용이 다문화 건강 심리학의 연구에 있어서 필요하다.

결론

생물학적 접근법은 보편원리를 강조한다. 인간이 생물학적으로는 비슷하더라도 환경에 대응하는 방식은 다르다. 사회 규범은 유전학적 표현을 증진하거나 제어할 수 있다. 동지를 식별하는 것과 관련된 적응적 행동은 인종·민족 정체성의 기원일 가능성이 있다. 더욱이 차별에서 비롯된 스트레스와 같이 신체적 건강에 영향을 끼치는 환경적 문제는 인종 집단에 따라 다를 수 있다. 이렇듯 인종, 민족성, 문화는 행동이 일어나는 맥락을 구성하기 때문에 이들에 대한 고려는 생물학적 접근법에서 중요하다.

토론 문제

1. 민족 공동체 규범과 같이 유전적 위험을 상쇄 또는 악화시킬 수 있는 문화적 요소보다 소년 범죄나 식이 장애와 같은 행동을 유발하는 유전적 영향에 사람들은 더욱 관심을 가져왔다. 대부분의 경우 유전적 요소는 변경할 수 없으나 문화적 요소는 변경이 가능하다. 그렇다면 왜 우리가 제어할 수 있는 것이 아닌 제어할 수 없는 것에 비합리적으로 열광하는가?

2. 인간은 유아 시기부터 친숙한 인종의 얼굴을 선호하며 잘 식별해낸다. 그렇다면 인종과 민족에 대해 비차별적 신념을 지닌 사람들은 그렇지 않을 것이다. 인종·민족 식별과 선호에 관한 연구가 문화적 관계에 어떤 영향을 주는가?
3. 차별은 불균형적으로 유색인종의 보건에 영향을 끼친다. 유색인종의 사람들이 정당한 대우를 받지 못하는, 그러나 심한 인종 차별적 발언을 포함하지 않는 모호한 상황은 심한 인종 차별적 발언을 포함하는 상황보다 더 문제가 된다. 이는 차별의 근거가 후자의 상황에서는 매우 분명하기 때문이다. 북아메리카의 인종 차별 역사를 고려해볼 때, 유색인종이 그들에 대한 차별을 초래하는 요소로서 그들의 인종과 민족에 대해 괴로워하지 않을 수 있을까?

제 4 장

발달심리학

발달심리학은 전 생애에 걸친 인간 발달에 초점을 둔다. 유색인종에 관한 발달심리학적 연구는 유럽계 미국인을 대상으로 한 연구와 유사한 방식으로 수행되었다. 이와는 대조적으로 이 장에서는 특별히 유색인종의 경험에 대한 발달심리학적 연구에 초점을 맞출 것이다. 이 장은 인종 · 민족 정체성의 발달, 그리고 이 정체성이 일생에 걸쳐 어떻게 행동에 영향을 미치는가를 다룰 것이다. 유럽계 미국 문화에의 유색인종의 문화 적응 또한 고려될 것이다. 이번 장은 부모의 인종 · 민족적 사회화 수행에 대한 문헌을 검토하는 것으로 시작될 것이며, 부모의 수행은 아동이 인종 · 민족 정체성을 형성하는 기반이 된다. 다음으로 우리는 인종 · 민족적 차별의 영향에 대해 살펴볼 것인데, 차별은 인종 · 민족 정체성이 발달하는 맥락이다. 3장에서 우리는 차별이 신체에 미치는 영향에 대해 살펴보았다. 이 장에서 우리는 전 생애에 걸쳐 차별이 미치는 심리적인 영향에 대해 살펴볼 것이다. 그 이후의 부분은 자신의 민족 집단 또는 유럽계 미국인 집단에 대한 인식이 어떻게 행동에 영향을 미치는지, 어떻게 인종 · 민족적 차별이 행동에 영향을 미치는지에 대해 초점을 맞출 것이다. 해당 부분의 내용은 연대기적으로 조직될 것이며, 초기 아동기에서 시작하여 아동기, 청소년기, 초기 성인기를 아우를 것이다.

생애 초기의 어느 정도에서 인종 · 민족 정체성이 발달하는가? 3장에서 제시되었던 신경 인지적 증거에 따르면, 출생 후 한 달 정도의 유아는 그들이 속한 환경에서 마주하는 인종의 얼굴을 선호한다(Bar-Haim et al., 2006). 이와 같이 얼굴을 구분하는 능력은 동지를 식별하기 위한 진화적 적응의 산물일 것이다(Cosmides et al., 2003). 이러한 신경 인지적 능력은 곧 내집단과 외집단에 대한 태도로 변화하게 된다.

3세 정도의 아동은 내집단으로의 편향된 태도를 가진다. Patterson과 Bigler(2006)는 3~5세 아동을 사회적 집단으로 나눴는데, 그 집단 내에서 아동은 3주간 적색 또는 청색 셔츠를 입었다. 실험 참가자는 무작위로 실험 집단과 통제 집단으로 나뉘었으며, 각 집단은 성비 구성과 인종 구성에서 대략 비슷하였다. 실험 조건에서 교사는 색 표지(label)에 대하여 언급하고, 집단의 색에 따라 수업을 조직하였다. 통제 조건에서 교사는 집단의 색에 대하여 언급하지 않았다. 실험 조건과 통제 조건 모두에서 내집단 선호(참가자가 각 집단의 아동과 함께 놀고자 하는 정도, 집단 간 경쟁에서 우승자로 예상하는 집단, 집단의 기호로 제시된 장난감을 좋아하는 정도)가 평가되었다. 실험 조건 집단의 참가자는 내집단 구성원을 더욱 선호하였다. 이 연구는 인종 · 민족 선호에 대한 직접적인 테스트가 될 수는 없으나, 어린 아동이 외적 특징을 기반으로 추론하여 내집단을 선호하게 된다는 사실을 보여준다. 또한 단순하게 아동을 어떤 집단으로 분류하는 것만으로도 내집단 선호가 발달 할 수 있다는 사실을 시사한다(Tajfel & Turner, 1986).

인종 · 민족적 사회화

아동이 파란색과 빨간색과 같이 독단적으로 분류되어질 때 만약 '내그룹(ingroup)'

의 선호도가 발달할 수 있다면(Patterson & Bigler, 2006), 인종 · 민족 정체성은 아동들이 인종 · 민족적 그룹을 알게 되었을 때 발달될 것이다. 더구나 만약 내그룹 선호도가 독단적인 분류의 의미에 대한 정보 없이 발달할 수 있다면 인종 · 민족 정체성은 인종과 민족의 의미에 대한 정보를 부여받았을 때 더욱 강하게 발달할 것이다. 아동들의 인종 민족 정체성은 부모님들이 가진 인종과 민족에 대한 가치관과 시각에 영향을 받는다.

인종과 민족 간 차이에 대한 주목이 내집단 편애 또는 인종 차별을 촉진시킬 수 있다. 왜 차이를 강조하고 아동이 자연스럽게 집단 간 차이를 습득할 수 있게 두지 않는가? 불행하게도 우리 사회에 기본적으로 내재된 인종적 사회화 방식은 1장에서 논의되었듯이 '인종 비차별' 이며, 실제로는 세계를 주류의 시각으로 바라보며 다양한 집단의 경험을 무시하고 무가치한 것으로 여기는 방식이다.

부모가 인종과 민족에 대해 가지고 있는 가치관과 관점이 자녀에게 전달되는 것은 **'인종 · 민족적 사회화'** 라 알려져 있다(Hughes et al., 2006). 인종적 사회화에 대한 연구는 보통 사회의 인종 차별에 대응하는 아프리카계 미국인의 노력에 초점을 맞춘다. 민족적 사회화에 대한 연구는 다수의 민족 집단을 대상으로 수행되었다. 1980년대의 인종 · 민족적 사회화에 대한 연구는 주로 아프리카계 미국인을 대상으로 하였다. 1990년대의 연구는 다수의 유색인종 집단을 다룸으로써 그 범위를 확장시켰다. 부모가 인종과 민족에 관한 자신의 관점을 자녀에게 사회화시키는 방법은 네 가지 주제로 분류된다. 평등주의, 문화적 사회화, 편향에 대한 대처, 불신의 조장(Hughes et al., 2006).

'평등주의' 는 인종 · 민족적 집단 의식보다 근면이나 자기인정과 같은 개인적인 특성을 강조하며 인종에 대한 침묵을 포함한다(Hughes et al., 2006). 이 접근법은 인종 비차별주의를 포함할 것이다. 20~50%의 유색인종 부모는 그들의 자녀와 인종 · 민족에 대한 논의를 하지 않는다.

'문화적 사회화' 는 (1) 역사 · 문화적으로 중요한 인물에 대해 논의하기, (2) 자녀를 문화와 관련된 책 · 유물 · 음악 · 이야기에 노출시키기, (3) 문화적 공휴일 기념하기, (4) 민족 음식 먹기, (5) 자녀가 가족의 모국어를 사용하도록 장려하기 등을 포함한다(Hughes et al., 2006). 33~85%의 아시아계 · 라틴계 · 아프리카계 미국인 가정이 문화적 사회화의 방식을 사용하는 것으로 추정된다. 이렇게 높은 비율은 부모 교육, 경제적 요소, 부모의 문화 인식에 의해 영향을 받으며, 이 요소들은 이후에 다시 논의될 것이다. 문화적 사회화는 유럽계 미국인 집단을 포함한 모든 민족 집단에서 발생한다. 유럽계 미국인의 문화적 사회화는 유색인종의 비율이 상대적으로 높은 공동체와 같이 민족성이 두드러지는 사회 맥락 속에서 발생할 가능성이 있다(Hughes et al., 2006).

교육과 경제 수준은 부모가 수행하는 문화적 사회화의 양에 영향을 준다. 높은 교육 수준과 높은 수입을 가진 유색인종 부모는 그렇지 못한 유색인종 부모보다 그의 자녀를 더욱 문화적으로 사회화시키며 사회적 편견에 대비할 수 있도록 교육한다(Caughy et al., 2002; McHale et al., 2006). 높은 사회경제적 수준의 부모들은 자녀를 문화적으로 사회화시킬 수 있는 자원(시간 또는 지식)을 가지고 있으며(Caughy et al., 2002), 편견과 차별 문제에 대하여 더 잘 알고 있을 것이다(D. Williams, 1999). 더욱이 높은 교육 수준과 수입은 다른 인종 · 민족적 배경을 지닌 사람과의 상호 작용과 연관이 있으며, 이는 인종 · 민족적 편견을 마주할 기회를 조성한다(Brody et al., 2006a). 그러나 사회경제적 상류층에 속하는 아프리카계 미국인 부모는 중류층의 부모보다 문화적 사회화를 적게 수행한다(Caughy et al., 2002). 이는 상류층의 부모가 스스로를 차별로부터 방어할 수 있거나, 동화되기 위해 노력하고, 중류층의 부모보다 문화, 인종, 민족을 중요하게 여기지 않기 때문일 가능성이 있다.

당연히 부모의 문화적 인식은 자녀의 문화적 사회화와 관련이 있다. 이민자 세대의 부모는 그 이후 세대의 부모보다 자녀를 더 문화적으로 사회화시킬 것이다(Waters, 1990). 자신의 민족 집단에 높은 애착을 가지고 있는 아프리카계 미국인(A. Thomas & Speight, 1999), 도미니카인과 푸에르토리코인(Hughes, 2003), 멕시코인과 멕시코계 미국인(Knight et al., 1993; Romero, Cuellar & Roberts, 2000) 부모는 낮은 애착을 가진 부모보다 자신의 자녀를 문화적으로 사회화시킬 가능성이 더 크다.

편향에 대한 대비는 자녀들이 차별과 차별에 대응하는 방법을 알도록 하는 것이다. 이것은 문화적 사회화보다 더 적게 발생하고, 다른 집단보다 아프리카계 미국인 집단에서 두드러지게 발견되는데, 이는 그들을 향한 인종 차별의 오랜 역사 때문이다(Caughy, O' Campo, Randolph & Nickerson 2002; Hughes et al., 2006). 차별을 경험했던 부모들은 그렇지 않은 부모보다 자녀들이 차별에 대처할 수 있도록 준비시킬 가능성이 더 크다(Hughes, 2003; Umana-Taylor & Fine, 2004). 라틴계 부모의 경우 강한 민족 정체성은 편향에 대한 대처와 관련이 있다(Hughes, 2003; Knight, Bernal, Cota, Garza & Ocampo 1993; Knight, Bernal, Cota, Garza & Ocampo 2003). 편견에 대한 논의에서 민족 간에 차이가 있을 수 있는데, 아시아계 미국인 가정은 상대적으로 낮은 빈도로 그들을 향한 편견에 대하여 논의한다(Nagata & Cheng, 2003). 이는 아마도 정서적 자제력과 화목의 유지를 강조하는 문화적 가치관과 관련이 있을 것이다.

Sellers 외(1998)의 인종 정체성 다차원적 모델(1장 참조)을 사용하는 인종 · 민족적 사회화에 관한 연구는 없으나, Hughes와 그의 동료들(2006)은 Sellers 외(1998)의 측면에서 인종 정체성이 인종 · 민족적 사회화에 어떻게 영향을 끼치는지에 대한 가정을 내놓았다. 높은 인종 정체성을 지니며 자신이 속한 집단이 사회적으로 존중받지 못한다고 믿는 부모는 자녀와 차별에 대한 논의를 할 가능성이 더 높다. 집단에 대한 자부심은 인종 정체성과 자기존중이 높은 사람에 의하여 강조될 것이다. 이 가설에 대한 연구가 필요하다.

부모는 청소년기 이전의 자녀보다 청소년기의 자녀와 인종 · 민족적 주제에 대하여 더 많은 이야기를 나누며, 그것은 특히 차별에 관한 논의이다(McHale et al., 2006). 청소년은 정체성 추구의 과정을 겪으며, 아동에 비하여 차별을 경험할 가능성이 더 높다. 그렇지만, 아동도 인종 · 민족적 사회화 메시지를 처리할 능력이 있으며, 이른 시기의 인종 · 민족적 사회화는 이후 차별에 의한 부정적인 영향을 막을 수 있을 것이다. Stevenson, Herrero-Taylor, Cameron, Davis(2002)에 따르면, 소수 민족 집단의 소년은 소녀에 비하여 더 위협적으로 간주되며, 따라서 부모는 자녀의 성별에 따라 다른 방식으로 인종 · 민족적 사회화를 수행해야 한다. 한 연구에서 아프리카계 미국인 아버지들은 그들의 아들을 딸에 비하여 더욱 문화적으로 사회화시킨다. 그러나 어머니들의 문화적 사회화 수행은 자녀의 성별에 따라 다른 형태를 취하지 않는다(McHale et al., 2006). 이는 어머니의 인종적 사회화에 관한 다른 연구들의 결과와 다르지 않다(Caughy et al., 2002; Frabutt, Walker & MacKinnon-Lewis, 2002).

부모와 자녀의 성향 이외에도, 환경적 특징은 인종·민족적 사회화의 가능성에 영향을 미칠 수 있다. 편향에 대한 대처는 아프리카계 미국인으로만 구성된 집단에서보다 여러 인종이 통합된 집단에서 더 많이 발견되었다(Stevenson et al., 2002; Stevenson, MaNeil, Herrero-Taylor & Davis, 2005). 즉, 개인적인 요소와 환경적인 요소 둘 다 어떤 종류의 가정이 차별에 대한 대처에 대해 논의할 가능성이 높은지와 관련이 있다.

불신의 조장은 민족 간 상호 작용에 있어 경계심과 불신의 필요성에 대한 것이다. 다른 집단에 대하여 경계와 주의를 조장하는 부모의 메시지는 편향에 대한 대처를 위한 부모의 메시지와 다른데, 이는 차별에 대처하는 직접적인 방법에 대해 언급하고 있지 않다는 측면에서 비롯된다(Hughes et al., 2006). 전형적으로 불신의 조장은 유럽계 미국인은 물론 다른 인종 집단을 대상으로 한다.

불신의 조장과 관련된 인종적 사회화의 메시지는 유럽계 미국인과의 접촉이 적은 지역에서 거주하는 아프리카계 미국인 부모보다 접촉이 많은 부모가 덜 일반적이다(Caughy, Nettles, O' Campo & Lohrfink, 2006). 이러한 거주 관련 자료 이외에도 이웃 간에 발생하는 인종 간 갈등은 부모의 인종·민족적 사회화 수행에 영향을 끼친다(Hughes et al., 2006). 도시에 거주하는 아프리카계 미국인 초등학교 1학년 학생을 대상으로 한 연구에서, 인종 차별과 불신을 강조하는 부모의 메시지는 부정적인 사회적 환경(물리·사회적 무질서 인식, 보복에 대한 두려움, 괴롭힘 당하는 것에 대한 두려움)과 분명한 관련이 있다(Caughy et al., 2006).

지금까지 아동과 청소년의 인종·민족적 사회화에 관한 문헌들은 부모가 인종과 민족에 대한 자신의 관점을 자녀에게 전달하는 네 가지 방식이 있음을 보여주었다. 평등주의, 문화적 사회화, 편향에 대한 대처, 불신의 조장. 물론 인종·민족적 사회화가 한 가지 방식으로만 이루어지지는 않는다. 우리가 검토했던 것처럼 다양한 특성(부모, 자녀, 환경 관련)이 사회화되는 대상과 논의되는 주제의 종류에 영향을 끼친다. 예를 들면 높은 사회경제적 지위를 가진 부모는 편향에 대해 논의할 가능성이 높고, 유색인종 부모는 문화적 가치관과 전통에 대해 논의할 가능성이 높다. 그러나 인종 · 민족적 사회화는 한 개인의 인종 · 민족 정체성 발달의 한 가지 측면일 뿐이다. 차별과 같은 환경적 요소 또한 개인의 정체성 발달에 강한 영향을 끼친다.

인종 · 민족적 차별

차별은 인종 정체성의 발달에 필수적이지 않지만, 인종 정체성이 발달하는 맥락이라 볼 수 있다(Yip et al., 2006). 4~5세 전후에 아동은 인종과 관련된 고정관념에 대하여 인지한다(Aboud, 1988). 10세가 되면 소수 민족 아동의 99%는 인종의 이름을 부르는 것이 인종 차별적이라고 판단한다(Verkuyten, Kinket & van der Weilen, 1997).

어떤 집단이 가장 심한 인종 · 민족적 차별을 경험하는가? 10~12세의 아프리카계 미국 아동을 대상으로 한 연구에서, 67%의 아동이 그들이 아프리카계 미국인이라는 이유로 모욕을 경험하였으며, 46%의 아동은 인종 차별적 욕설을 경험하였고, 43%의 아동은 그들이 아프리카계 미국인이라는 이유로 뭔가 나쁜 일을 저지른다는 의심을 받았다(Simons et al., 2002). 아프리카계 미국 대학생도 마찬가지로 높은 빈도의 차별을 경험하였다. 80%의 아프리카계 미국 대학생은 인종 때문에 마치 자신이 바보인 것처럼 괄시당하고, 80% 이상이 무시당하거나 무례한 대우를 받았으며, 인종 때문에 타인이 겁먹고 두려워했던 경험이 있다고 보고하였다(Sellers & Shelton, 2003).

유럽계 미국인 학생이 적은 뉴욕 시 소재의 한 고등학교의 9~10학년 학생을 대상으로 한 연구에서, 아시아계 미국 학생들(주로 중국계 미국인)과 비(非)푸에르토리코 라틴계 학생들(주로 도미니카계 미국인)은 자신이 푸에르토리코 미국 학생이나 아프리카계 미국 학생에 비하여 어른과 또래로부터 더 많은 차별을 경험한다고 보고하였다(Greene, Way & Pahl, 2006). 아시아계 미국인 집단과 비(非)푸에르토리코 미국인 집단은 주로 이민자였고, 이는 비(非)이민자의 경우보다 더 큰 차별을 경험하게 하였다. 대학생을 대상으로 한 연구에서, 아프리카계 미국인과 라틴계 미국인은 유럽계 미국인보다 더 많은 인종 차별을 경험하였다(Levin, Sinclair,

Veniegas & Taylor, 2002). 즉, 대부분의 유색인종은 차별을 경험하며, 상대적인 차별의 양은 사회적 맥락과 관련이 있다.

차별에 대한 아동의 인식 발달 모델

C. S. Brown과 Bigler(2005)는 아동이 (1) 문화 · 사회적 인식, (2) 상황적 요소, (3) 개인차를 기반으로 차별을 인식한다고 주장하였다. '문화적 인식' 이란 자신을 포함한 모든 개인이 인종 집단 또는 성별 집단으로 분류된다는 것과 문화적 고정관념은 이러한 인종 · 성별 분류와 연관이 있다는 사실을 아는 것이다. 어린 아동은 가족, 또래, 대중매체를 통하여 이러한 고정관념에 노출된다. 사회적 인식은 (1) 타인은 자신과 다르게 인식한다는 것을 이해하는 것, (2) 위계적 범주로의 분류를 이해하는 것, (3) 도덕적 추론(성인, 학교와 같은 기관을 포함한 타인이 부당한 행동을 할 수 있음을 이해하는 것), (4) 사회적 비교를 이용하는 것과 같이 네 가지 요소로 구성된다. 미취학 아동은 사회적 인식을 처리할 능력이 있는데, 이는 서로 다른 개인은 다르게 인식한다는 것을 아는 것과 같은 아동 내부의 인지적 이론 발달을 기반으로 한다(Carlson & Moses, 2001).

차별 인식과 관련된 중요한 환경적 요소는 차별의 대상이 자기 자신인지, 타인인지의 여부이다. 개인은 자기 자신이 차별의 대상일 때보다 타인이 대상일 때 차별을 인식할 가능성이 더 크다. 예를 들면, 한 라틴계 미국 학생은 교사가 그 학급의 또 다른 유일한 라틴계 미국 학생이 손을 들었을 때 무시한 행동을 차별로 인식할 것이나, 자신이 연관된 동일한 상황은 차별로 인식하지 않을 것이다. 이 모순은 개인/집단 차별 불일치(PGDD; Crosby, 1984)이다. PGDD는 자기 자신과 타인에 관한 정보의 복잡성과 관련이 있다(Quinn, Roese, Pennington & Olson, 1999). 개인은 다수의 정체성 요소(여성, 라틴계 미국인, 학생, 높은 성취가 등)를 포함하는 자기상을 가지고 있을 것이나 타인의 경우에는 그와 같은 정보가 유용하지 않다. 그러므로 다른 라틴계 미국 학생이 교사로부터 무시당하는 경우, 해당 학생에 대한 가장 중요한 특징은 그녀가 라틴계 미국인이라는 사실이고, 인종이 차별의 원인이라는 추론에 이르게 한다. PGDD의 또 다른 근거는 자기 자신을 차별의 희생자로 인식하는 데서 오는 심리적 수고와 관련이 있다(Crosby, 1984). 자신을 희생자로 인식하는 것은 문제 상황에서 무력감을 느끼게 한다. 따라서 그런 무력감을 피하기 위해 사건(교사에게 무시당하는 것)의 원인을 차별이 아닌 다른 요인(교사가 미처 보지 못했기 때문에, 교사가 다른 학생에게 더 주목해야 할 필요를 느낌 등)으로 돌리는 것이 더욱 선호된다.

차별 인식에 영향을 미치는 또 다른 환경적 요소는 가능성 있는 가해자에 대한 정보이다. 만약 아동이 어떤 교사가 소수 민족 아동을 차별한 전력이 있다는 사실을 안다면, 아동은 그 교사의 부정적인 행동(예 : 무시하는 행동)을 차별로 인식할 것이다. 또한 차별에 대한 인식은 비교 대상의 존재에 의해 영향을 받는다. 만약 같은 맥락에서 자기 자신과 비슷한 또 다른 타인(예 : 라틴계 미국인)이 없다면, 잠재적인 차별 행동이 특정 집단을 대상으로 하고 있는지 아닌지가 불분명할 것이다. 고정관념과 차별의 관련성은 차별 인식에 영향을 끼치는 또 다른 환경 요소이다. 예를 들어, 만약 라틴계 미국 학생이 라틴계 미국 학생들은 열심히 공부하지 않는다는 고정관념을 알고 있다면, 학생은 교사의 무시하는 행동을 차별로 해석할 것이다. 왜냐하면 그 학생은 교사가 자신이 열심히 공부한다는 사실을 믿지 않는다고 생각하기 때문이다. 사회적 지지를 느끼는 것은 어떤 부정적인 사건을 차별로 인식하는 것과 관련이 있다. 만약 다른 라틴계 학생이나 가족이 교사의 행동을 차별로 인식한다면, 그 학생은 동의를 받지 못할 때보다 해당 행동을 차별이라고 인식할 가능성이 더 크다.

몇 해 전에, 저자의 딸은 자기 학년에 2명뿐인 아시아계 미국인 학생 중 1명이었다. 전교생을 담당하던 음악 교사는 매년 대중 발표회를 열었는데, 발표회를 통해 많은 학생이 노래를 하거나 악기를 연주하였다. 매년 그녀는 일본계 미국인인 저자의 딸과 중국계 아니면 한국계 미국인이었을 또 다른 아시아계 미국인 학생의 이름을 혼동하였고, 학생들은 그것을 지적해주었다. 이것은 어떤 편견이나 인종 차별의 문제인가? 물론 교사는 수많은 학생의 이름을 파악해야 하는 어려움이 있다. 그러나 파란 눈과 금발의 학생들 사이에서 아시아계 학생을 구분하는 것은 그리 어렵지 않다. 비교 대상의 존재(또 다른 아시아계 미국 학생의 존재)는 교사의 인식 오류가 아시아계 미국인 집단에게 특정적임을 증명하였다. 교사인 저자의 아내는 그 교사의 행동을 단순한 기억의 문제로 해석하였다. 그러나 만약 저자나 저자의 아내가 딸에게 자신이 받을지 모르는 차별의 가능성에 대해 언급했었다면, 아동은 그에 맞추어 교사의 행동을 해석했을지도 모른다.

어떤 개인적 차이들은 차별 인식을 용이하게 할 수 있다. 소수 집단의 구성원은 다수 집단의 구성원보다 인종 차별을 인식할 가능성이 더 큰데, 이는 다수 집단의 지위에 기반을 둔 차별이 존재할 가능성이 낮기 때문이다. 또한 차별에 대한 지식은 차별 인식을 용이하게 한다. 예를 들어, 유색인종의 사람이 인종 차별에 대해 알고 있다면 그는 차별의 가능성을 더 잘 알 수 있을 것이다(A. N. Alvarez et al., 2006).

사회 집단에 대한 태도는 차별을 인식하는 데 영향을 미치는 또 다른 개인적 차이이다. 평등주의를 신뢰하는 사람은 집단이 다르게 대우받을 때 고정관념을 가진 사람에 비해 차별을 인식할 가능성이 더 크다(C. S. Brown & Bigler, 2005). 차별 인식과 관련된 또 다른 개인적 차이는 '집단 정체성' 의 정도이다. 높은 수준의 집단 정체성을 가진 사람은 집단 정체성이 낮은 사람에 비하여 차별을 인식할 가능성이 더 높다. 인종 중심적 태도(Sellers et al., 1998)는 강한 집단 정체성의 한 예이다. 부모의 사회화 수행은 차별 인식에 영향을 미친다. 예를 들어, 부모가 인종적 사회화를 수행했던 유색인종의 사람은 인종적 사회화를 받지 못한 사람에 비해 부정적인 행동을 차별로 인식할 가능성이 더 높은데, 이는 인종적 사회화를 겪은 사람이 인종 · 문화적 차이를 더 잘 알기 때문이다.

지금까지 우리는 개인과 소규모 집단의 측면에서 차별에 대해 논의하였다. 아동은 기관이 주는 차별을 인식할 수 있다. 허리케인 카트리나의 피해자에 대한 미국 정부의 늦은 대응은 인종 차별의 결과로 받아들여졌다(2005년 대략 15만 명의 사람이 일주일간 원조 없이 허리케인에 발이 묶여 있었다).

아프리카계 미국 아동은 허리케인 카트리나가 닥쳤을 때 구조 노력이 지연되었던 이유를 무엇이라고 생각했을까? 초등학교 2학년 학생은 실행 계획의 지연(구조할 사람이 너무 많았다, 사람이 구조가 닿기 어려운 지역에 살았다 등), 개인적 과실(사람이 지시를 따르지 않았다, 경찰이 따르지 않았다 등), 계층 차별(가난해서 구조받지 못하였다 등), 인종 차별(아프리카계 미국인이라서 구조 받지 못하였다; Brown, Mistry & Bigler, 2007) 때문이라고 답하였다. 4학년과 6학년 학생은 개인적 과실이나 인종 · 계층 차별보다 실행 계획의 지연 때문이라고 답하였다. 8학년 학생은 개인적 과실은 늦은 구조의 원인이 될 수 없다고 강하게 부정하였고, 더 어린 학생보다 인종 · 계층 차별을 이유로 꼽는 경우가 많았다. 상급생은 어린 학생에 비해 허리케인 카트리나에 대한 부시 대통령의 대응을 더욱 부정적으로 평가하였다.

요약하면, 유색인종은 인종 · 민족적 차별을 경험할 가능성이 매우 높다. 유색인종에 대한 차별의 가해자는 유럽계 미국인과 다른 유색인종이다. 차별 인식은 차별 대상, 가해자, 환경, 개인적 차이와 태도에 의해 영향을 받는다. 아동은 성장하면서 점차 차별이 개인적 차원을 넘어 국가적 차원에서도 존재하고 있음을 알게 될 것이다.

우리는 이제 인종 · 민족적 사회화가 초기 아동기에서 성인기까지 행동에 미치는 영향을 살펴볼 것이다. 인종 · 민족 정체성은 부분적으로는 인종 · 민족적 사회화를 통하여 획득된다. 또한 우리는 문화 적응과 인종 · 민족적 차별이 전 생애에 걸쳐 행동에 미치는 영향에 초점을 맞출 것이다.

초기 아동기

인종적 사회화는 미취학 아동의 경우 학업상의 이득을 준다. 아프리카 문화 중심적인 가정 환경(아프리카 또는 아프리카계 미국 문화의 장난감, 사진, 의복, 가족 물품 등)은 높은 일반적 사실 지식 수준, 높은 문제해결능력과 관련이 있었다. 이는 Kauffman 평가 테스트를 이용한 아프리카계 3~4세 전후의 아동(Caughy et al., 2002)과 초등학교 1학년 학생을 대상으로 수행된 연구결과이다(Caughy et al., 2006). 4학년에 재학 중인 아프리카계 미국 아동의 경우, 인종적 장벽 인식("교육에서마저 유색인종이라는 사실은 나에게 영향을 끼친다.", "나의 노력과 상관없이 유색인종이라는 사실은 나에게 영향을 끼친다.")은 수학 시험 점수나 읽기능력 성취와 역 상관관계에 있었다. 반면에 문화적 자긍심("사람들은 그들의 피부색을 자랑스럽게 여겨야 한다.", "나는 내가 물려받은 문화와 유산이 좋다.")은 학업상의 성취와 정적 상관관계에 있었다(Smith, Atkins & Connell, 2003). 따라서 안정적인 인종 · 민족 정체성 습득은 부모가 자녀의 학업상의 성공을 거둘 수 있도록 하는 데 있어 중요하다.

인종 · 민족적 사회화가 정신 건강에 미치는 영향은 내면화 행동에 외면화 행동과 관련이 있다. **내면화 행동**은 우울증이나 근심과 같은 개인 내부의 심리적 문제를 포함한다. **외면화 행동**은 규칙 위반이나 폭력과 같은 타인과의 갈등과 관련이 있다. Caughy 외(2002)에 따르면, 문화적 사회화는 3~4세 전후의 아프리카계 미국인 소년 사이에서 내면화, 외면화 문제가 적은 것과 관련이 있지만, 소녀의 경우에는 미미한 관련이 있었다. 이러한 문화적 사회화의 영향력은 부모의 영향력을 뛰어 넘는다. 그러나 Caughy와 그의 동료(2006)은 추후에 부모가 수행하는 불신의 조장이 1학년 아프리카계 미국 남학생의 외면화 문제와 여학생의 내면화 문제에 영향을 미친다는 사실을 찾아냈다. 부모가 인종적 장벽을 강조할 때 아프리카계 미국 아동은 문제 행동을 갖게 될 수 있다.

중 · 후기 아동기

인종 · 민족적 사회화는 중 · 후기 아동기에 정신 건강상의 이득을 준다. 4학년 아프리카계 미국 학생을 대상으로 한 연구에서, 인종 정체성은 자부심과 행동 조절에 정적 상관관계를 가지며, 아동 문제에 있어서는 역 상관관계에 있다(D. E. Thomas, Townsend & Belgrave, 2003). 민족 정체성은 Swahili Nguzo Saba라는 일곱 가지 원칙과 관련이 있고, 이는 통합, 자기결정, 집단 활동과 책임감, 공동 경제, 창의성, 신념, 그리고 아프리카계 미국인의 외모, 능력, 행동에 대한 태도를 포함한다.

아프리카계 미국 아동을 대상으로 하는 대부분의 교구 부속학교의 중등 학생의 경우, 문화적 사회화는 가족과 또래 상황에서의 높은 자부심과 관련이 있다(Constantine & Blackmon, 2002). 그러나 주류 사회화는 학교 상황에서의 낮은 자부심과 연관이 있다. 이러한 결과는 주류 정체성이 아프리카계 미국 문화 맥락에서 덜 적응적인 반면에, 아프리카계 정체성은 동일한 맥락에서 적응적임을 보여준다. 또한 편견의 대비는 중등 학생이 가족 상황에서의 높은 자부심과 관련이 있었으며(Constantine & Blackmon, 2002), 차별 상황에 처했을 때 지지와 문제해결 전략을 추구하는 것과 관련이 있었다(Scott, 2003).

인종적 사회화는 후기 아동기에 담배와 알코올 사용의 가능성을 줄일 수 있다. 평균 나이 11세의 시골에 거주하는 아프리카계 미국 아동을 대상으로 한 연구에서, 인종적 사회화는 민족 자긍심("나는 내가 흑인인 것이 행복하다.", "나는 내가 흑인이기 때문에 강하다는 것을 믿는다.")과 정적 상관관계에 있었으며, 또한 약물에 대한 저항과도 정적 상관관계에 있었다("나는 흡연에 동의하지 않는다.", "나는 친구에게 금연할 것을 말할 것이다."). 또한 자발적 약물 사용과는 역 상관관계에 있었다("네가 또래친구와 함께 있을 때 원한다면 음주를 할 수 있다. 한 잔 이상을 마시고, 취해버리는 것을 과연 자발적으로 할 것인가?", Wills et al., 2007). 즉, 인종적 사회화는 집단 자긍심을 창조하며, 이것은 약물 사용에 대한 방어 요인이 된다.

이주한 아동의 경우, 그의 뿌리 문화에 대한 인식은 주류 문화에 대한 인식보다 적응에 있어 더욱 중요하다. Costigan과 Dokis(2006)는 캐나다로 이주한 중국인 부모와 그 자녀(평균 나이 : 11.87세)의 문화 적응에 대해 연구하였다. 중국의 가치관은 공동체주의, 사회 규범, 겸손 등으로 평가되었다. 캐나다의 가치관은 청소년이 가져야 할 독립성의 정도에 관한 신념 등으로 평가되었다("18세 이상이라면 여성은 언제, 누구와 결혼할지 결정할 수 있다."). 적응은 부모와의 갈등('사귀어야 할 친구', 'TV 시청', '부모의 동행 없이 외출하기'), 우울함, 성취동기("학급에서 최고의 학생이 되어야 한다.")를 포함한다. Costigan과 Dokis는 문화 적응과 캐나다의 가치관은 캐나다로 이주한 중국인 아동의 적응과 관련이 없음을 찾아냈다. 아동의 중국어, 중국 매체, 중국 가치관은 특히 부모가 중국어와 중국 매체를 사용하고 중국 가치관을 고수할 경우 부모와의 낮은 갈등 빈도, 낮은 우울감, 높은 성취동기와 관련이 있었다. 따라서 문화 적응은 이민자 가정에서 항상 적응적인 것은 아니다. 이 연구는 단면 연구법이기 때문에 문화적 인식과 적응과의 관계는 알 수 없다.

중·후기 아동기에서, 뿌리 문화에 대한 인종·민족적 인식은 긍정적인 영향을 주는 반면, 인종·민족적 차별은 부정적인 영향을 끼친다. 5~8학년의 아프리카계 미국 학생과 유럽계 미국 학생을 대상으로 한 연구에서, 차별(인종과 민족 때문에 이름을 불리는 것, 인종과 민족 때문에 소외되는 것, 인종과 민족 때문에 특정 스포츠에 대한 능력이 예상되는 것)은 아프리카계 미국인의 경우 정서적 문제와 직접적으로 관련이 있는 반면 유럽계 미국인과는 관련이 없었다(DuBois et al., 2002). 지난

6개월간 학교, 가정, 또래관계, 외모, 운동의 측면에서 겪은 차별과 편견에 의한 사건이 연구되었다. 정서적인 문제는 내면화 행동과 행동 문제를 포함하였다. 인종 정체성은 전체적 자부심("나는 한 사람으로서 나 자신에게 행복하다.")과 정적 상관관계에 있었으며, 정서적, 행동적 문제와는 역 상관관계에 있었다. 이 역 상관관계는 유럽계 미국인 집단과도 관련이 있었다. 즉, 민족 정체성은 유색인종뿐만 아니라 유럽계 미국인에게도 영향을 미친다는 사실을 알 수 있다.

DuBois 외(2002)의 결과와 마찬가지로, 10~12세의 아프리카계 미국 아동의 차별 인식은 2~5년 후에 보고된 우울함과 행동 문제(절도, 신체 폭행, 거짓말, 방화, 동물 학대, 기물 파손, 강도)와 관련이 있었다(Brody et al., 2006a). 그러나 아동이 (1) 애정 어린 양육을 받을 때(따뜻함, 소속감, 귀납적 추론 등), (2) 친사회적 활동에의 참여를 장려하는 친구가 있을 때(좋은 성적을 위한 학습 노력, 학교 활동에 참여, 가정에서 집안일 돕기, 어린 동생 돌보기, 지역사회 활동에 참여), (3) 학교에서 바람직한 생활을 할 때, 차별 인식의 영향력은 감소되었다. 즉, 차별의 영향력은 부모, 또래, 학교 환경에 의해 상쇄될 수 있다.

초 · 중기 아동기에 대한 연구결과를 요약하면, 인종적 사회화는 학업상의 성취와 정신 건강에 긍정적인 영향을 준다. 또한 인종 · 민족적 사회화는 주로 가족 상황이나 학교 상황이 동일한 인종으로 구성되어 있는 맥락에서 가치가 있으며 가장 적응적이다. 인종 차별은 아프리카계 미국인의 정신 건강에 부정적인 영향을 끼치는 반면 유럽계 미국인에게는 아무 영향도 끼치지 않는다. 그러나 인종 정체성은 아프리카계 미국인과 유럽계 미국인의 경우 모두 긍정적인 영향력을 갖는다. 부모, 또래, 학교는 차별의 부정적 영향을 상쇄시킬 수 있다.

청소년기

인종 · 민족적 사회화는 청소년의 인종 · 민족 정체성 발달을 촉진할 것이다. 실제로 문화적 사회화는 아프리카계 미국 청소년 및 성인과 멕시코계 미국 청소년 및 성인(O' Connor et al., 2000; Supple, Ghazarian, Frabutt, Plunkett & Sands,

2006; Umana-Taylor & Fine, 2004), 그리고 미국으로 입양된 한국인(D. C. Lee & Quintana, 2005; Yoon, 2001, 2004)의 정체성 탐구, 발달, 긍정적인 집단 태도, 집단 지향적인 민족적 행동과 관련이 있다. 인종 · 민족적 사회화에 관한 문헌 대부분이 아프리카계 미국인에 초점을 두고 있지만, 위의 연구는 인종 · 민족적 사회화가 미국 내 여러 유색인종 집단에 긍정적인 영향을 미치고 있음을 보여준다.

청소년기 민족 정체성의 발달적 변화

인종 · 민족 정체성의 탐구는 청소년기에 증가하며, 청소년이 나이를 먹고 안정된 정체성을 지니게 되면서 감소한다(Phinney, 1989). French, Seidman, Allen, Aber(2006)는 5~6학년과 8~9학년의 아프리카계와 라틴계 미국 학생의 민족 정체성의 탐구가 3년간 증가하였음을 밝혀냈다. 또한 집단 자긍심("나는 나의 인종 · 민족 집단에 속한 것이 좋다.", "나는 나의 자녀가 그의 문화적 · 인종적 · 민족적 배경을 알도록 하고 싶다.", "나는 내집단 또는 최소 1개의 외집단과의 만남에서 편안함을 느낀다.")도 같은 기간 동안 두 집단 모두에서 증가하였다.

8학년의 아프리카계 미국 학생과 라틴계 미국 학생을 대상으로 한 2년간의 연구에서, 인종 · 민족 정체성은 미미하게 증가하였다(Altschul, Oyserman & Bybee, 2006). 인종 · 민족 정체성은 (1) 내집단 소속에 대한 긍정적인 인식과 관련된 **'연관성'**, (2) **'인종 차별에 대한 인식'** ("내가 흑인이기 때문에 다른 사람들이 나에 대해 부정적인 예상을 할지도 모른다."), (3) 성취에 대한 내집단의 가치 부여와 관련된 **'내적 성취'** ("내가 학교에서 성공하는 것은 나의 가족과 흑인 집단에게 중요하다.")에 의해 측정되었다. 8~9학년 학생의 인종 · 민족 정체성의 미미한 증가는 나이를 먹을수록 청소년의 정체성 탐구가 감소한다는 사실을 반영한다(Phinney, 1989).

특정 집단(아프리카계 미국인)을 향한 인종 차별의 팽배는 그 집단이 다른 집단에 비하여 청소년기에 더 긴 정체성 탐구의 기간을 갖게 한다(Pahl & Way, 2006). 이 가설과 같이 Pahl과 Way(2006)는 5년간 도시에 거주하는 아프리카계 미국 고등학생보다 라틴계 미국 고등학생의 정체성 탐구 기간이 더 많이 감소하였음을 찾아냈다. 또한, 아프리카계 미국 학생은 라틴계 미국 학생보다 어른에 의한 인종 차별을 더 경험하였다("당신의 인종과 민족 때문에 얼마나 종종 어른에게 부당한 대우를 받았나?"). 또래에 의한 차별(부당한 대우, 모욕, 위협, 시달림)과 정체성 탐구는 정적 상관관계에 있었으며, 두 민족 집단 모두에 해당하였으나 특히 아프리카계 미국 학생의 경우에 더 밀접한 관계에 있었다.

Yip, Seaton, Sellers(2006)는 아프리카계 미국 청소년, 대학생, 성인을 연구하기 위해 Marcia(1980), Phinney(1989)의 정체성 발달 모델(1장 참조)을 이용하였다. 전체 표본의 6%만이 **확산** 단계에 있었는데, 이 단계에서 개인은 자신의 민족성의 정의에 대한 탐구도, 노력도 하지 않는다. 20%는 **봉쇄** 단계에 있었는데, 이 단계에서 개인은 민족성의 정의를 알기 위한 노력은 하지만 그 이상의 탐구를 하지는 않는다. 31%는 민족성의 의미에 대한 노력 없이 활발한 탐구를 하는 **정지** 단계에 있었고, 가장 큰 표본 집단(43%)은 **성취** 단계에 있었는데, 이 단계는 민족성의 의미에 대한 노력과 활발한 탐구를 특징으로 한다. 모든 연령 집단의 사람이 각 단계에 모두 포함되어 있었다. 그러나 청소년의 비율은 성취 단계보다 정지 단계에서 더 높았다. 그러나 이 연구는 종적 연구가 아니기 때문에, 어떻게 개인의 인종 · 민족 정체성이 일생에 걸쳐 변화하는지는 분명하지 않다.

다양한 이론의 단계를 살펴보면, 정체성 발달은 항상 정돈된 직선형의 모델을 수반하지 않는다. Seaton, Scottham, Sellers(2006)는 평균 나이 14세의 아프리카계 미국인의 민족 정체성에 대한 2년간의 종적 연구를 수행하였다. 연구가 끝날 때, 39%의 참가자는 처음의 정체성 단계에 머물렀고, 33%는 더 성숙한 단계로 발달하

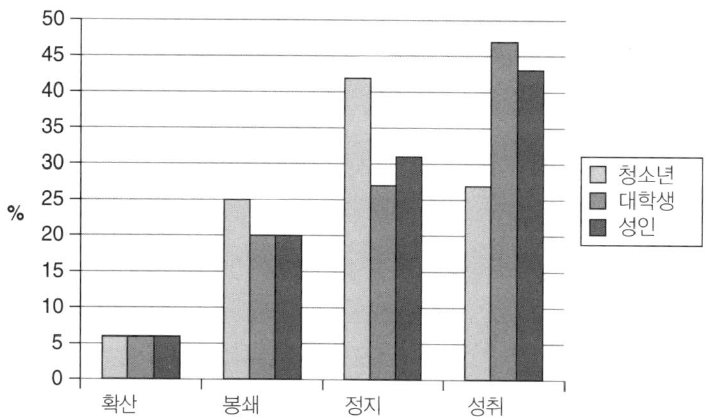

그림 4.1 Seaton 등의 미국인의 민족 정체성 발달(2006)

였으며, 28%는 덜 성숙한 단계로 퇴보하였다. 이러한 퇴행은 '재순환'이라는 용어로 불리며, 이때 개인은 자신이 이미 가지고 있던 정체성과 양립할 수 없는 사건을 경험한 뒤에 자신의 정체성을 다시 구성하려고 시도한다(Cross & Fhagen-Smith, 2001; Parham, 1989).

청소년기 인종 · 민족 정체성의 영향

인종 · 민족 정체성은 유색인종의 청소년의 긍정적인 인식과 관련이 있다. Kiang, Yip, Gonzales-Backen, Itkow & Fuligni(2006)는 14일간 9학년의 멕시코계 미국인과 중국계 미국 학생에게 스트레스가 많은 사건을 매일 경험하도록 하고, 그들이 얼마나 행복한지 혹은 근심스러운지에 대한 연구를 수행하였다. 민족적 고려가 높은 청소년은 14일 동안 더 행복하고 덜 근심스러웠다.

8학년에 평점 3.0 이하의 점수를 받은 12학년 아프리카계 미국 학생을 대상으로 한 또 다른 연구에서, 개인적 평가는 스트레스를 인지하는 것과 역 상관관계에 있었다. 그 내용은 "당신에게 일어날 것이라고 예상하지 못했던 일 때문에 화가 난 적이 있다.", "당신이 해야 하는 모든 일을 다룰 수 없다는 것을 알았다.", "당신이 다룰 수 없는 수많은 문제를 가지고 있다고 생각한다." 등이었다. Caldwell, Zimmerman, Bernat, Sellers & Notaro, 2002). 이에 따르면, 소수 인종 우대 사회에서 개인이 인종 집단에 대해 긍정적으로 인식하는 것은 스트레스에 대한 방어 요소가 될 수 있다. 그러나 인종 중심적 태도와 스트레스는 정적 상관관계에 있다. 이 정적관계는 인종적 차별과 관련한 모호한 상황을 해석하는 것으로부터 비롯되는데, (수업 중 교사의 질문에 답하기 위해 손을 든 행동이 무시당하는 상황 등이다. Shelton & Sellers, 2000). 그러나 이 연구는 단면 연구이기 때문에 스트레스가 인종 정체성의 선행 조건인지 아니면 그것의 결과인지는 알 수 없다. 예를 들어, 스트레스는 어떤 사람이 자신의 인종 집단에 대해 더 부정적으로 인식하게 만 수 있다.

Sellers 외(1998)의 모델이 아닌 다른 모델에서의 민족 정체성은 긍정적인 효과와 관련이 있다. 유럽계, 아시아계, 라틴계, 아프리카계, 혼혈 미국인인 9학년 학생을 대상으로 한 연구에서(Giang & Wittig, 2006) 인종 정체성은 "나는 적어도 타인과의 평등한 기준에서 중요한 사람이다."와 같은 개인적 자부심이다. 그리고 "내가 속한 민족 집단은 내가 누구인지에 대한 중요한 반영이다."와 같은 집단 자긍심과 정적 상관관계에 있었다. 같은 측정방법을 사용하여 Yip과 Cross(2004)는 중국계 미국 고등학교 학생의 표본에서도 같은 정적 상관관계를 발견하였다. 또한 멕시코계 미국 중고등학교 학생을 대상으로 Edwards와 Lopez(2006)는 멕시코 성향이 삶에 대한 만족도와 연관이 있음을 찾아냈다. 그러나 앵글로 성향은 삶에 대한 만족과 뚜렷한 연관이 없었다(Edwards & Lopez, 2006).

인종 · 민족 정체성이 학업수행에 미치는 영향 또한 청소년을 대상으로 연구되어 왔다. L. Y. Flores, Carrubba, Good(2006)은 시골에 거주하는 멕시코계 미국 고등학생(81%가 미국 내 출생)의 멕시코 성향과 교육 목적 사이의 상관관계를 찾는 데 실패하였다. 앵글로 성향은 교육 목적과 상당한 관련이 있었는데, 참가자는 자신이 도달하기 원하는 가장 높은 교육 수준에 대해 보고하였다. 시골에 거주하는 멕시코계 미국 청소년은 교육과 유럽계 미국 문화를 연결시키는 것으로 나타났다(Flores et al., 2006).

Flores 외(2006)의 결과와 같이, Guzman, Santiago-Rivera, Haase(2005)는 78%가 미국 내 출생인 멕시코 미국 고등학생을 대상으로 그들이 학교와 교육, 평균 평점에 대해 갖는 태도와 인종 정체성이 뚜렷한 상관관계에 있지 않음을 찾아냈다. 그러나 타 인종 집단과 교류하고자 하는 자발성은 학교와 교육, 평균 평점에 갖는 태도와 정적 상관관계에 있었다. L. Y. Flores 외와 Guzman 외의 결과는 멕시코계 미국인의 경우 타 인종 집단과 교류하고자 하는 자발성이 학업 성공의 구성요소임을 보여준다.

Sellers 외(1997)의 '인종 · 민족 정체성 모델'을 사용한 한 연구에서, 인종 · 민족 정체성이 학업에 긍정적인 영향을 준다는 사실이 증명되었다. 일전에 기술되었던 Altschul 외(2006) 연구에서 연계성, 인종 차별에 대한 인식, 내적 성취에 의해 평가된 인종 · 민족 정체성은 8~9학년의 아프리카계 미국 학생과 라틴계 미국 학생의 경우 그의 성적과 정적 상관관계에 있었다. 미국에서 출생한 평균 나이 14세의 2세대 라틴계 미국 청소년을 대상으로 한 연구에서, 민족 정체성 확립은 교사가 보고한 학생의 성적, 공부 습관, 협력 행동과 정적 상관관계에 있었다(Supple et al., 2006). 이와 유사하게 미미하지만 인종 정체성은 6~8학년 라틴계 미국 학생(86%

미국 내 출생)의 성적과 정적 상관관계에 있었다(Schwartz, Zamboanga & Jarvis, 2007). 인종 정체성과 성적 간의 관계는 자부심에 의해 매개되었다(2장의 매개의 정의 참조). 강한 인종 정체성은 자부심과 관련이 있었고, 이는 결국 높은 성적과 연관되었다.

Fuligni, Witkow, Garcia(2005)도 마찬가지로 인종 정체성과 학업 태도의 정적 상관관계를 찾아냈다. 그의 연구는 멕시코계 미국인, 중국계 미국인, 유럽계 미국인인 9학년 학생을 대상으로 이루어졌다. MIBI(Sellers et al., 1997)에 의한 집중도와 개인적 평가 척도의 점수는 다음의 일곱 가지 항목과 정적 상관관계에 있었다. (1) 그의 미래에 성공을 위하여 교육이 필수적이라는 믿음("내가 미래에 원하는 것을 위해서는 대학이 필수적이다.", "학교에서 바르게 생활하는 것이 내가 어른으로서 성공하는 최고의 방법이다."), (2) 학교에 대한 내적 가치관(학교 일에 대한 태도), (3) 학교가 현재와 미래의 삶에 유용하다는 믿음("지금 이 순간, 당신이 학교에서 습득한 지식은 일상에 얼마나 유용한가?", "당신이 학교에서 배운 지식이 미래에 당신의 일상에 얼마나 유용할 것인가?"), (4) 학업 가치관(학교에서 바르게 생활하기, 좋은 성적 받기, 대학 가기), (5) 재학 중인 학교의 교사와 어른이 자신을 인정하고 존중한다는 믿음("우리 학교의 교사는 학생을 공정하게 대한다.", "나는 우리 학교의 어른이 내가 하는 일을 존중한다고 생각한다."), (6) 학생이 그의 학교에 대해 갖는 인식("나는 우리 학교 사람에게 친근함을 느낀다.", "나는 내가 학교의 일부분이라고 생각한다.", "나는 학교에 있을 때 행복하다."). 즉, 강한 인종 정체성은 학교와의 단절이 아닌, 학업에의 긍정적인 태도와 관련이 있으며, 이는 유럽계 미국인을 포함한 모든 집단의 경우에 해당한다. Altschul 외(2006), Schwartz 외(2007), Supple 외(2006)와 달리, Fuligni 외 연구에서는 인종 정체성이 학생의 성적과 뚜렷한 관련이 없었는데 이는 아마도 다른 측정 도구가 사용되었기 때문일 것이다. Chavous 외(2003)는 12학년의 아프리카계 미국인 학생의 경우 MIBI와 성적이 관련 없음을 찾아냈다.

Sellers 외(1998)의 인종 정체성 모델을 이용하고, 12학년 아프리카계 미국 학생을 대상으로 한 2년간의 연구에서, 높은 인종 정체성과 개인적 평가, 아프리카계 미국인에 대한 낮은 사회적 평가를 인식한 학생은 그렇지 않은 학생보다 대학에 갈 가

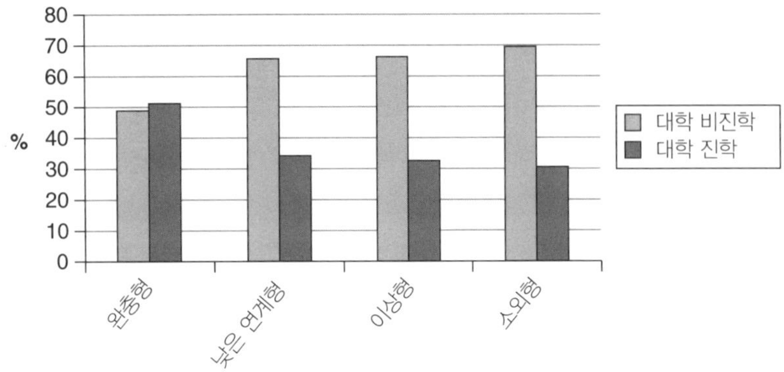

그림 4.2 Chavous 등의 정체성 유형과 대학 진학(2003)

능성이 높다(51%가 대학 진학; Chavous et al., 2003). 이런 종류의 정체성은 '**완충형**' 이라 불린다. 이와 대조적으로 (1) 낮은 인종적 집중도, 높은 개인적 평가, 낮은 사회적 평가(**낮은 연계형**), (2) 높은 인종적 집중도, 높은 개인적 평가, 높은 사회적 평가(**이상형**), (3) 낮은 인종적 집중도, 낮은 개인적 평가, 낮은 사회적 평가(**소외형**)에 속하는 학생은 대학에 진학할 가능성이 낮다. 완충형 정체성을 지닌 청소년은 학업을 계속하였는데, 이는 그들이 그의 인종 집단과 강하게 연결되어 있고, 사회가 아프리카계 미국인을 현실적으로 어떻게 평가하는지를 알기 때문이다. 이와 반대로, '낮은 연계형' 에 속하는 청소년은 학업을 유지할만한 사회적 지지의 결손 상태에 있다. 이상적 정체성 성향을 가진 청소년은 아프리카계 미국인이 낮게 평가되는 현실을 마주했을 때 실망할 가능성이 크다. 소외형의 청소년은 아프리카계 미국인을 부정적으로 평가하고, 사회의 평가 또한 부정적으로 인식하였는데, 이는 그들이 학업을 계속하는 것을 방해하는 요인이 되었다. 〈그림 4.2〉는 정체성 유형과 대학 결과를 나타낸다.

인종 정체성이 아동의 약물 사용에 미치는 방어적 효과와 마찬가지로(Wills et al., 2007), Caldwell, Sellers, Bernat, Zimmerman(2004)은 일전에 기술된 Caldwell 외(2002) 연구로부터 인종 정체성이 12학년 아프리카계 미국 학생들의 인종 정체성이 그들의 알코올 사용을 막는다는 사실을 밝혀냈다. 정체성의 중심에 인종이 자리 잡고 있고, 그들의 집단에 대해 높게 평가하는 청소년은 그렇지 않은 청소년에 비해 알코올을 사용할 가능성이 적었다. 그러나 인종 정체성의 성향과 음주의 상관관계는 미미하고, 해당 연구는 단면 연구이다.

지금까지 우리는 인종 · 민족적 사회화와 정체성이 개개의 청소년에게 미치는 영향에 대하여 논의하였다. 그러나 대부분은 그들이 속한 가족의 영향을 받으며, 인종 · 민족 정체성의 발달은 이 가족 상황 안에서 발생한다. Farver, Narang, Badha(2002)는 Berry(1974)의 문화 적응 모델(1장 참조)을 사용하여 아시아 · 인도계 미국 이민자 부모와 미국에서 출생한 그들의 자녀를 통합(두 문화 공존), 동화(유럽계 미국 문화에의 편향적 태도), 고립(문화로부터의 소외), 분리(뿌리 문화에의 편향적 태도)의 네 가지 성향으로 분류하였다. 종속 변수는 가족 내 갈등이며, 이는 가정에서 발생하는 특정 주제(전화 통화, 숙제, 식사 예절 등)에 관한 가족 간 갈등의 강도와 빈도에 대한 부모와 청소년의 자기보고를 수반한다. 부모와 청소년의 보고에 따르면, 통합 성향과 동화 성향의 가정보다 고립 성향과 분리 성향의 가족에서 갈등의 강도와 빈도가 높았다. 또한 가족 내 갈등은 부모와 자녀가 서로 다른 문화 적응 성향을 지닐 때 같은 성향을 지닌 경우보다 그 강도와 빈도가 높았다.

부모와 자녀의 문화 적응 성향의 일치에 관한 후속 연구에서, Lau 외(2005)는 12~17세의 청소년이 포함하는 260개의 멕시코계 미국 가정에서, 부모와 자녀 간의 문화 적응 성향 불일치는 가족 내 갈등이나 청소년의 행동 문제(행동 장애, 반항 장애)와 관련이 없음을 밝혀냈다. 해당 연구대상의 86%는 미국에서 출생하였으며, 대상 청소년은 공공 서비스를 받고 있었다(알코올이나 마약, 아동 복지, 청소년 사법 제도, 정신 건강, 정신 장애를 지닌 청소년을 위한 공공 학교 서비스 등). 문화 적응은 언어 사용, 가치관과 신념, 사회적 환경, 인종 정체성, 문화적 전통과 관습 등에 의해 평가되었다. 청소년의 행동 문제는 부모와 청소년의 문화 정체성이 소외적인 성향을 띄는 경우와 관련이 있었다. 이 연구는 연구대상 집단과 측정방법의 차이로 인해 아시아 인도계 미국 가족 내 갈등과 문화 적응 성향 불일치 간의 상관관계에 대한 Farver 외(2002) 연구결과와 다르다.

요약하면, 청소년기는 자아 정체성 발달의 시기이다. 인종 · 문화적 사회화는 청소년의 개인적인 경험에 따라 자아 정체성의 발달에 긍정적이거나 부정적인 영향을 끼칠 수 있다. 문화적 사회화와 인종 차별은 인종 정체성에 영향을 미치며, 이는 청소년의 학업 목표나 학습 수행과 같은 중요한 부분에 영향을 끼친다. 또한 가족이 가진 인종 정체성과 문화 적응은 청소년의 정체성 발달에 중요한데, 이는 청소년이 인종 · 민족 정체성에 대한 가족의 가치관과 관점을 습득하기 때문이다.

후기 청소년기/초기 성인기

아동과(Constantine & Blackmon, 2002) 청소년에 대한(Giang & Wittig, 2006) 연구결과처럼 민족 정체성은 대학생의 자부심과 관련이 있다. 한 연구에서 미국 중서부 지역과 캘리포니아에 거주하는 유럽계, 아시아계, 라틴계, 아프리카계 미국 대학생의 인종 정체성은 그들의 자부심과 관련이 있다. 이 연구에서 인종 정체성은 탐험("나는 나의 민족성에 대해 더 알 수 있게 하는 활동에 참여한다."), 지지("나는 다른 인종이길 원한다."를 부정함), 확고한 인식("나는 나의 민족성이 나에게 의미하는 바를 정확히 알고 있다.")을 기준으로 평가되었다(Umana-Taylor & Shin, 2007). 인종 정체성과 자부심 간의 강한 상관관계는 인종과 지리에 따라 다를 수 있으나, 모든 표본의 상관관계는 정적이었다.

중국 문화에 대한 자긍심과 중국어, 영어 유창성은 아시아계 미국 대학생의 자부심과 관련이 있다(Tsai, Ying & Lee, 2001). 일반 민족 정체성 설문지(Tsai et al., 2000)가 중국 · 미국인 집단 자긍심, 사회적 소속, 언어 사용을 평가하는 데 사용되었다. 미국 집단 자긍심과 사회적 소속은 자부심과 관련이 없었다. 겸손한 태도와 같은 중국적 규범 때문에 중국 사회에의 소속은 자부심과 역 상관관계에 있을 것이라는 추정은 지지받고 있다(Tsai et al., 2001).

아시아계 미국 대학생을 대상으로 한 후속 연구에서(B. S. K. Kim & Omizo, 2006), 문화 적응은 고유 문화로의 사회화 과정을 포함하는 개념으로 집단 자긍심과 관련이 있었다. 또 다른 연구에서 유럽계 미국 가치관은 아시아계 미국 대학생의 집단 자긍심과 관련이 있었다. 백인 중심적 가치관은 자녀 양육("결혼하지 않고 아이를 갖는 것이 괜찮다."), 결혼 생활("1명의 배우자만 집안일을 하는 것은 뒤처진 생각이다."), 자주성("나는 거의 모든 상황을 다룰 수 있는 능력이 있다."), 그리고 성적 자유("타인의 성적 자유를 제한하는 것은 허용될 수 없다.")와 관련이 있다(B. S. K.

Kim & Omizo, 2005). 즉, 이종 문화적 정체성은 적응적이다(B. S. K. Kim & Omizo, 2005, 2006; LaFromboise, Coleman & Gerton, 1993). Tsai 외 연구결과와 B. S. K. Kim & Omizo 연구결과가 다른 것은 다른 측정방법이 사용되었기 때문이다. Tsai 외 연구의 측정 도구는 문화적 자긍심, 사회적 소속, 언어 사용이었고, B. S. K. Kim & Omizo 연구의 측정 도구는 문화 적응과 문화 가치관이었다.

인종적 사회화는 대학 생활의 적응과 관련이 있음이 계속해서 밝혀졌다. Anglin & Wade(2007)에 따르면, 주로 유럽계 미국 학생으로 구성된 대학 또는 다양한 인종의 학생으로 구성된 대학에 재학 중인 아프리카계 미국 학생은 그 부모나 보호자와 함께 문화 · 인종적 자긍심, 인종적 투쟁, 문화적 생존, 정신 · 종교적 대응법과 같은 주제에 대해 논의를 하는 경우, 그렇지 않은 학생에 비하여 대학 생활에서 학업적, 사회적, 정서적으로 더 잘 적응함을 보고하였다.

인종적 편견에 대한 대비는 항상 긍정적인 영향과 관련되어 있지는 않다. 한 연구에 따르면, 아프리카계 미국 10대 청소년들이 문화적으로 사회화되는 동시에 편견에 대한 대처를 하는 경우 싸움에 덜 연루된다(Stevenson et al., 2002). 그러나 A. Alvarez, Juang, Liang(2006)은 아시아계 미국 대학생이 어린 시절 가족과 함께 인종이나 인종 차별에 대한 논의를 한 경험이 있는 경우 그렇지 않은 학생에 비해 인종 차별을 인지할 가능성이 더 크다. 차별의 가능성에 민감한 어린 세대의 경우, 과민 반응을 보일 수 있으며 낙인찍혔다는 느낌을 받을 가능성이 더 크다(Brega & Coleman, 1999). 유색인종을 대상으로 하는 사회적 편견은 세상에 존재하며, 차별의 가능성에 대한 민감성은 적응의 증거라 할 수 있다(Ridley, 1984).

유럽계 미국 중심의 환경에 거주하는 라틴계 미국 대학생을 대상으로 한 Castillo와 그의 동료들의 연구에 따르면, 해당 환경에서의 편안함은 인종 · 민족 정체성보다 행동에 더 큰 영향력을 미친다. 유럽계 미국 문화의 가치관에 편안함을 느끼는 것은 멕시코계 미국인 여성 대학생과 졸업생(77%가 유럽계 미국인 위주의 대학 입학)이 덜 고통받는 것과 연관이 있었다(Castillo, Conoley & Brossart, 2004). 그러나 문화 적응의 행동 자체("나는 백인과 친구이다.", "나는 영어 가사의 음악을 듣는 것을 즐긴다.")는 고통과 관련이 없었다. 문화 적응과 고통 간 상관관계의 부재는 47%의 문화 적응 과정을 거친 멕시코계 이민자 2세대와 관련이 있었고, 이민자 세대(1

세대)를 대상으로 한 연구에서는 해당 상관관계가 존재하였다. 이 연구의 결과에 따르면, 유럽계 미국 중심의 문화에서 고통을 줄여주는 요인은 개인의 문화적 정체성이 아니라 해당 가치관에 대한 편안함이다. 다른 단면 연구처럼 이 연구의 귀추는 알 수 없다.

유럽계 미국 중심의 환경 내 라틴계 미국 학생에 대한 연구의 후속으로, Castillo와 그의 동료들(2006)은 인종 정체성이 대학 학업에 대한 지속적 태도("나에게 대학 졸업은 중요하다.")와 역 상관관계에 있다는 사실을 찾아냈다. 대학 환경에 대한 인식("나는 학교 내에서 학생으로서 인정받지 못하는 것 같다.", "대학은 나에게 차갑고 불편한 곳이다.")은 인종 정체성과 지속적 태도를 매개한다. 그의 인종 정체성과는 독립적으로, 대학 환경에 부정적 인식을 가진 학생은 지속적 태도를 지닐 가능성이 적다. 문화 적응은 측정되지 않았으나 그들이 대학생인 점을 고려할 때, 그들 대부분이 문화 적응 과정을 거쳤을 것이다. Castillo 외(2004, 2006)의 연구결과는 멕시코계 미국 고등학생의 타 문화 집단과의 교류 자발성이 그들의 학업 성공과 밀접한 관련이 있다는 연구결과와 같은 맥락에 있다(L. Y. Flores et al., 2006b; Guzman et al., 2005).

아동(Wills et al., 2007)과 청소년(Caldwell et al., 2004b)에 관한 연구처럼 Hugh와 Bry(2007)에 따르면 인종 정체성은 맥주, 높은 도수의 알코올, 와인, 마리화나 사용과 역 상관관계에 있다. 아프리카계 미국인의 정체성과 약물 사용 간의 역 상관관계는 아프리카계 미국 아동은 약물 남용자라는 고정관념에 대응하는 것이다. 인종 정체성은 또래 집단보다 음주에 더 강한 영향을 끼친다. 그러나 또래 집단은 인종 정체성보다 마리화나 흡입에 더 강한 영향을 끼친다. 즉, 마리화나 흡입은 알코올 음용에 비해 사회적 네트워크의 영향을 많이 받는다고 할 수 있다.

인종 차별이 아동의 내면화 장애에 미치는 영향과 마찬가지로(DuBois et al., 2002) 인종 차별은 어린 성인 세대의 내면화 장애에도 영향을 끼친다. 차별은 아시아계 미국인이 받는 스트레스(Liang, Alvarez, Juang & Liang, 2007)와 라틴계 미국인(Moradi & Risco, 2006)과 아프리카계 미국인(Sellers & Shelton, 2003)이 받는 심리적 고통과 관련이 있다.

또한 차별은 외면화 장애와도 관련이 있다. Caldwell 외(2002)의 후속 계획 연구에 따르면, 인종 차별('타인이 두렵거나 위협받은 것처럼 행동하는 것', '모욕, 이름 부르기, 괴롭힘', '고용하지 않는 것')은 어린 성인 세대(평균 나이 20세; Caldwell et al., 2004a)에 속하는 아프리카계 미국인의 폭력 행동과 관련이 있다. 폭력 행동은 싸움, 집단 싸움, 총기 소지, 칼이나 총의 사용, 의학적 치료를 요구할만한 고의적인 공격 등을 포함한다. 성별과 인종 정체성과 상관없이 차별은 폭력 행동을 유발할 가능성이 있으며, 그 위험성은 남성의 경우에만 감소하였다. 남녀 모두의 경우에서 차별과 폭력 행동의 관련성은 아프리카계 미국인에 대한 사회의 긍정적인 평가를 인식하는 것으로 매개되었다. 즉, 차별과 아프리카계 미국인에 대한 긍정적인 평가는 그 반대의 경우보다 폭력 행동을 더 유발하였다. 그러나 아프리카계 미국인에 대한 사회의 긍정적인 평가는 현실 가능성이 없으며, 사회의 긍정적인 평가와 차별의 모순은 폭력 행동을 유발할 수 있다(Caldwell et al., 2004). 이 연구의 참가자들은 8학년에 평점 3.0 이하를 획득한 집단이며, 이 연구의 결과는 모든 아프리카계 미국 성인에게 적용될 수는 없다.

인종 정체성이 차별의 영향에 대한 방어적 기능을 수행한다는 추정이 가능할 수 있다. 그러나 아시아계 미국 대학생을 대상으로 한 일련의 연구에서, R. M. Lee (2003, 2005; Yoo & Lee, 2005)는 인종 정체성이 인종 차별 영향의 완충제 역할을 하지 않는다는 사실을 증명하였다. Lee의 연구결과와 마찬가지로, 이전에 기술되었던 연구 중 아프리카계 미국인과 라틴계 고등학교 학생을 대상으로 한 5년간의 연구에 따르면, 차별 인식은 개인의 민족 집단에 대한 헌신과 뚜렷한 관련이 없다(Pahl & Way, 2006). 따라서 유색인종 차별의 영향에 대한 방어 요소는 강한 인종 정체성 이외의 개념이어야 한다.

강한 인종 정체성은 항상 차별에 준비되어 있음을 의미하지 않는다. Sellers과 Shelton(2003)은 MIBI를 사용하여 아프리카계 미국 대학생의 인종 중심성과 애국주의적 이념은 그들이 느끼는 차별과 정적 상관관계에 있음을 밝혀냈다. 만약 인종이 한 개인의 정체성에서 중심적 개념이라면, 그 사람은 차별을 인식할 가능성이 더 높다. Sellers & Shelton이 밝힌 것처럼, 차별은 심리적 고통과 관련이 있다. 그러나 아프리카계 미국인에 대한 사회의 낮은 평가를 인식한 사람은 높은 평가를 인식한 사람들보다 차별에 덜 괴로워하였다. 이 연구결과는 아프리카계 미국인에 대한 사회의 낮은 평가가 차별과 폭력의 관계를 매개한다는 연구결과와 같은 맥락에 있다(Caldwell et al., 2004). 민족 집단에 대한 사회의 인식을 현실적으로 고려하지 않은 채로 강한 인종 정체성만을 가지는 경우 차별은 고통을 준다. 즉, 강한 인종 정체성 그 자체보다 차별에 대한 대처와 준비가 더 직접적이고 효율적인 완충제인 것이다.

요약하면, 후기 청소년기와 초기 성인기에 인종 · 민족 정체성은 정신 건강과 학업수행에 긍정적인 영향을 미친다. 강한 인종 정체성과 인종적 편견의 대비는 차별에 대한 극도의 예민함, 또는 대학 생활의 중단과 같은 부정적인 결과를 초래할 수도 있다. 특히 유색인종이 소수이며 비주류인 경우, 그들은 주류 정체성에 적응할 가능성이 있다. 어린 세대의 경우, 차별은 정신 건강과 행동에 부정적인 영향을 미친다. 민족 정체성은 그 자체만으로는 차별의 부정적인 영향을 막을 수 없다. 그러나 유색인에 대한 사회의 인식을 현실적으로 받아들이는 것은 이러한 부정적 영향을 상쇄시킬 수 있다.

결론

많은 유색인종 부모들은 문화와 편견에 대한 준비를 통하여 그들의 자녀를 사회화시킨다. 인종 · 민족적 사회화 발생의 가능성은 사회경제적 지위 또는 차별의 경험과 같은 부모의 특성, 나이가 같은 아동의 특성, 인구통계나 집단 간 갈등과 같은 이웃 환경 특성과 상관관계에 있다. 인종 · 민족적 사회화의 결과는 아동의 높은 민족 정체성, 긍정적인 학습 결과, 긍정적인 정신 건강을 포함한다.

인종 · 민족 정체성의 탐구는 일반적으로 청소년기에 증가하며 정체성이 확립되는 초기 성인기에 이르러서는 감소하게 된다. 부모와 자녀가 같은 수준의 민족 정체성 경험을 가진 경우, 서로의 민족 정체성이 일치하지 않는 경우에 비해 갈등을 덜 경험한다. 자신의 민족 집단 밖의 사람과 관계를 맺는 것은 자신이 민족적 소수에 속하는 환경에서(예 : 학교) 성공하기 위해 중요하다. '이중 문화적 정체성(bicultural identity)'은 민족 집단의 요구와 주류 집단의 요구 간 협상의 과정에서 적응적이다.

인종 · 민족적 차별을 인식하는 것은 개인과 상황에 따라 다르다. 인종 · 민족적 사회화와는 달리, 차별은 부정적 영향을 미친다. 인종 · 민족 정체성 그 자체만으로는 차별을 막는 요소로서 충분하지 않으나, 부모가 자녀를 위해 수행하는 차별에 대한 준비는 차별의 부정적 영향을 줄일 수 있다.

발달에 대한 대부분의 연구는 아프리카계 미국인을 대상으로 하였다. 이제 다른 유색인종 집단에 대한 연구가 필요하다. 미래의 연구는 장기적이어야 하는데, 이는 이 분야의 대부분의 연구가 단면 연구이기 때문에 결과의 방향성을 확인할 수 없기 때문이다. 더 높은 나이대의 성인 집단에 대한 인종 · 민족 정체성 연구 또한 필요하다.

토론 문제

1. 집단 간 태도는 아동 발달의 초기에 형성된다. 아동이 성인에 비해 외국어에 유창해지는 것이 더 쉽듯, 아동이 성인에 비해 건강한 집단 간 태도를 습득하는 것이 더 쉬운가? 다수의 집단에 대해 문화적 능력이 발달하게 되는 중요한 시기가 존재하는가?
2. 대부분의 유색인종은 차별을 경험한다. 유색인종 아동의 부모가 그들의 자녀를 차별에 대해 준비시키지 않는 것은 양육 소홀로 고려될 수 있는가? 아동이 차별에 대해 준비하는 것은 그들이 차별의 가능성에 지나치게 민감해지도록 하는가?
3. 인종 · 민족적 사회화는 일반적으로 초기 아동기에서 초기 성인기에 걸쳐 긍정적 정신 건강과 학업 결과와 관련이 있다. 이러한 긍정적인 결과는 학교가 부모, 가정과 함께 아동의 인종 · 민족적 사회화에 대한 책임을 공유해야 할 만큼 충분히 중요한가?

제 5 장

사회심리학

4장에서 우리는 개인, 가정, 이웃 환경의 측면에서 발달에 초점을 맞추었다. 사회심리학은 집단 간 관계에 초점을 맞춘다. 편견(prejudice), 인종 차별주의(racism), 차별(discrimination)에 관한 대부분의 사회심리학 연구는 가해자의 관점에 따르며, 이 연구의 대부분은 유럽계 미국인을 대상으로 하였다. 편견(prejudice)이란 어떤 개인에 대한 긍정적 또는 부정적인 태도나 믿음을 가리키는데, 이 태도나 믿음은 해당 개인이 속한 집단에 대한 태도나 믿음으로부터 일반화된 것이다(J. M. Jones, 1997). 인종 차별주의(racism)는 집단 간 차이가 생물학에 기반을 두고 있으며, 자신의 인종 집단이 우등하고, 한 인종 집단이 다른 인종 집단을 지배하는 형태의 관행이 정당하다는 입장을 취한다(J. M. Jones, 1997). 차별(discrimination)은 타인이 특정 집단의 구성원이라는 이유로 타인을 향해 해를 끼치는 것을 포함한다(Fishbein, 1996).

1990년대 말 편견, 인종 차별주의, 차별의 대상이 되는 사람의 관점에 초점을 맞춘 연구가 수행되기 시작하였다(Mays et al., 2007). 사회심리학의 많은 연구가 유색인종 집단과의 비교하에 유럽계 미국인 집단의 태도와 행동에 초점을 맞추지만, 이 장에서는 타 집단과의 비교에 유색인종 집단의 태도와 행동에 초점을 맞출 것이다. 인종 · 민족 정체성이 행동에 영향을 미치는 것처럼, 인종 · 민족 정체성은 집단 간의 관계에도 영향을 미친다.

수 세기 동안 유색인종은 북아메리카에서 살았고, 사회에 소속되어 있었으며 미국 인구의 1/3을 구성하고 있음에도 불구하고, 그들은 유럽계 미국인보다 덜 미국인으로 받아들여진다. Devos와 Banaji(2005)는 유럽계 미국인, 아프리카계 미국인, 라틴계 미국인, 아시아계 미국인 대학생이 아프리카계 미국인과 아시아계 미국인을 유럽계 미국인보다 덜 미국인으로 평가하였으며, 아시아계 미국인을 아프리카계 미국인보다 덜 미국인으로 평가하였음을 밝혀냈다. 모든 민족 집단에 대한 평가는 미국에서 출생한 사람을 대상으로 수행되었다. 많은 미국인에게 '미국인' 은 백인 또는 유럽계 미국인이다. 유색인종이 유럽계 미국인에 비해 덜 미국인으로 인식되는 것과 차별에 의한 사회적 불공평(1장, 4장 참조) 때문에 미국 사회에서 저평가된다.

현재의 차별 형태

차별은 21세기에 북아메리카에 더 이상 존재하지 않는 것으로 주장될 수 있다. 유색인종의 권리를 제한했던 인종 차별적 법률은 폐지되었다. '정치적 정당성(political correctness)' 은 인종과 민족 간 관계의 민감성을 고려한다. 인종을 근거로 개인의 권리를 인정하지 않는 것과 같이 심한 형태의 인종 차별은 일반적이지 않으며 주목을 끌 수 있다.

인종 차별은 지금은 다소 미묘한 형태로 발생하고 있기 때문에 분명하게 드러나지 않을 수 있다(J. M. Jones, 1997). 인종 차별의 미묘한 형태는 '현대적 인종 차별' (modern racism; McConahay, 1986), '상징적 인종 차별' (symbolic racism; Sears, 1988), '회피적 인종 차별' (aversive racism; Dovidio, et al., 2002)을 가리

킨다. 표면적으로 비인종적 근거가 아프리카계 미국인 집단 또는 다른 인종 · 민족 집단에 대한 반감의 근거로 사용된다(Gaertner & Dovidion, 2000). 현대적 인종 차별주의자는 전통적 미국 가치관(개인주의, 자기의존, 근면 등)에 대한 강한 고수에 의해 개인적 편견을 부인하며 성공이나 실패의 책임은 개인에게 있다고 본다(D. W. Sue et al, 2007). 상징적 인종 차별은 차별 철폐 조치를 반대한다. 그러나 이는 소수 민족 집단에 대한 공공연한 편견 때문이 아니라, 차별 철폐 조치가 의도한 혜택을 소수 민족 집단이 획득하였다는 생각에 그 기반을 두고 있다. 즉, 이 형태의 인종 차별은 공공연하거나 직접적이지 않자만 상징적으로 다수의 인종 · 민족 집단에 이익을 제공하는 정책을 반대한다. 회피적 인종 차별주의자는 의식적 수준에서는 평등주의 가치관을 표방하지만, 덜 의식적인 또는 비밀스런 수준에서는 반소수 민족 감정을 품고 있다(D. W. Sue et al., 2007). 즉, 회의적 인종 차별주의자는 철학적으로 차별 철폐 조치가 차별을 발생시키며 평등주의를 위반한다는 이유로 차별 철폐 조치를 반대하는데, 이들은 편리하게도 대부분의 경우 다양성과 소수 민족 집단의 기회가 차별 철폐 조치 없이는 존재하지 못한다는 사실을 무시하고 있다.

정치적인 진보주의자가 보수주의자에 비해 인종 차별적 성향을 갖지 않을 것으로 인식될 수 있으나, 현대적 인종 차별주의와 상징적 인종 차별주의는 정치적 보수주의와 관련이 있는 반면 회의적 인종 차별주의는 정치적 진보주의와 관련이 있다(Dovidio & Gaertner, 1996, 2000). 미묘한 인종 차별은 인종 또는 민족에 관련 없이 모든 사람을 동등하게 대우하는 것이 동등한 결과를 가져온다는 가정을 포함한다. 그러나 차별 철폐 조치에 대해 아래 논의될 내용처럼 이 가정은 주류 집단에 대한 편향을 초래하는 껍데기뿐인 평등주의적 접근이다.

미묘한 인종 차별은 어떻게 표현되는가? 일상적으로 발생하는 미묘한 인종 차별의 형태는 작은 공격(microaggression)으로, 이는 '소수 인종 집단에 속하였다는 이유로 유색인종을 폄하하는 메시지를 포함하는 짧은, 일상적 대화' 를 가리킨다(p. 273, D. W. Sue et al., 2007). 작은 공격은 (1) 작은 비난(microassault), (2) 작은 모욕(microinsult), (3) 작은 무효화(microinvalidation)의 형태를 취한다. 작은 비난은 '욕하기(name-calling)와 같이 타인에게 해를 끼치기 위한 의도를 포함한 언어적 또는 비언어적 공격을 의미한다(p. 274, D. W. Sue et al., 2007). 어떤 작은 공격은 미묘하지 않지만, 유색인종에게 경멸적으로 인식되는 말을 사용하거나 유색인종 손님보다 유럽계 미국인 손님을 먼저 대접하는 등의 공격은 인종 차별임을 감지하기 어렵다. 작은 공격은 의도를 가지는 경향이 있다.

작은 모욕(microinsult)과 작은 무효화(microinvalidation)는 덜 의도적이며 덜 의식적이다. 작은 모욕은 무례함과 둔감함을 전달하며 타인의 인종과 정체성을 비하하는 의사소통을 가리킨다(p. 274, D. W. Sue et al., 2007). 작은 모욕은 어떤 사람이 인종을 이유로 평가 절하되는 것을 포함하며, 다른 수준의 지능, 비정상, 범죄 관련성과 관련이 있다. 예를 들면, "당신은 매우 말이 또렷하군요."라는 칭찬은 당신이 아프리카계, 아시아계, 라틴계이기 때문에 말이 또렷하다는 의미를 함축할 가능성이 있다. 작은 무효화는 유색인종의 심리적 생각, 감정, 경험의 배제, 부정, 또는 무효로 하는 의사소통을 가리킨다(D. W. Sue et al., 2007). 예를 들면, 아시아 이민자 조상을 둔 미국인은 그와 그의 조상이 미국에서 출생했음에도 불구하고 영어 구사능력을 칭찬받을 수 있다. 이는 소수 인종 · 민족의 미국 시민은 외국인이라는 생각, 비인종 차별주의(1장 참조), 인종 또는 민족이 인생 성공에 있어 아무런 역할을 하지 않는다는 능력주의에 대한 믿음, 개인은 인종 차별주의에 개인적 책임이 없다는 생각을 포함한다.

가해자와 방관자가 작은 공격의 의도와 영향을 최소화할지라도("당신은 너무 민감하군요.", "그는 당신을 모욕하고자 하는 의도가 아니었습니다."), 그것은 차별의 한 형태이다. 작은 공격에 대한 연구는 새로운 영역이지만, 작은 공격의 영향은 아마도 다른 형태의 차별의 영향(유색인종의 신체적 · 정신적 건강에 대한 영향)과 비슷할 것이다(3장, 4장 참조). 작은 공격은 유색인종이 덜 가치 있다는 생각을 전달한다는 것에 그 위해성이 있다.

집단 간 고정관념과 사회적 지배

어떤 집단이 다른 집단에 비해 덜 가치 있게 인식될 때 집단 간의 관계는 긴장된다. 내집단과 외집단은 서로에 대한 고정관념을 발달시킬 수 있다. 고정관념이란 어떤 집단의 모든 구성원이 높은 수준의 유사성을 지니고 있음을 가정하는, 한 집단의 구성원에 대한 일반화이다(J. M. Jones, 1997). 정치학의 측면에서 국가 간 관계를 연구하는 이미지 이론학자는 내집단이 상대적 지위(relative status), 힘(power), 목표 양립 가능성(goal compatibility)을 기반으로 인식한 외집단에 대한 포괄적인 다섯 가지 이미지 즉, 동맹(ally), 적(enemy), 야만인(barbarian), 의존(dependent), 제국주의자(imperialist)(Herrmann & Fischerkeller, 1995)를 찾아냈다. 목표 양립 가능성이란 외집단(아프리카계 미국인)의 이익이 내집단(유럽계 미국인)에게도 이익을 주는지에 대한 인식을 가리킨다. 예를 들면, 내집단은 외집단의 구성원을 대학에 모집하는 차별 철폐 조치가 내집단이 다문화 사회를 준비하는 데 있어 이익을 준다고 인식할 수 있다.

지위와 힘이 내집단과 동등하며 목표가 내집단의 목표와 양립 가능한 외집단은 '동맹 이미지(ally image)' 를 가진다(Herrmann & Fischerkeller, 1995). '적 이미지(enemy image)' 는 동등한 지위와 힘을 가지나 목표가 내집단의 목표와 양립 가능하지 않은 외집단에 대해 부여된다. 내집단에 비해 지위가 낮으나 힘이 강하고 양립할 수 없는 목표를 지닌 외집단은 '야만인 이미지(barbarian image)' 를 갖는다. 지위와 힘이 모두 낮고 양립할 수 없는 목표를 지닌 외집단은 의존 이미지(dependent image)를 갖는다. 내집단보다 지위와 힘이 강하고 양립할 수 없는 목표를 가진 외집단은 제국주의자 이미지(imperialist image)를 갖는다.

아프리카계 미국인, 미국 원주민, 유럽계 미국인 고등학생을 대상으로 한 자료는 각 집단이 다른 집단에 대한 고정관념을 갖고 있음을 보여준다(Alexander, Brewer & Livingston, 2005). 아프리카계 미국인 집단과 미국 원주민 집단이 유럽계 미국인 집단에 대해 갖는 가장 강한 이미지는 제국주의자 이미지이다. 즉, 유색인종은 유럽계 미국인을 그들보다 더 높은 지위와 힘을 가지며 양립할 수 없는 목표를 지닌 집단으로 인식한다. 반대로, 유럽계 미국인 집단이 아프리카계 미국 집단에 대해 갖는 가장 강한 이미지는 야만인 · 적 이미지이며, 미국 원주민 집단은 의존 이미지로 인식한다. 유색인종 집단이 유럽계 미국인 집단에 갖는 인식처럼, 유럽계 미국인 집단은 외집단이 획득한 이익이 내집단의 희생에 의한 것으로 인식하는 한, 아프리카계 미국인 집단의 목표를 그들 자신의 목표와 양립할 수 없는 것으로 인식할 것이다.

이러한 '제로섬(zero-sum) 인식'은 사회적 지배 이론에 의해 설명될 수 있다. 사회적 지배 이론이란 사회가 집단 기반의 계층 구조를 지니며 하위 집단의 희생으로 지배 집단에게 유리한 불공평한 자원의 분배를 포함한다는 이론이다(Sidanius & Pratto, 1999). 하위 집단의 이득은 지배 집단의 희생으로부터 온다. 즉, 북아메리카 사회의 지배 집단인 유럽계 미국인 집단은 인종 비차별로의 진보를 상대적으로 좋게 인식할 수 있는데, 이는 그들이 진보를 그들의 특권 희생의 결과로 인식하기 때문이다. 특히 사회적 지배 성향을 지닌 유럽계 미국인 집단은 이 진보를 더욱 좋게 인식한다("모든 사람의 평등에 대해 우리가 덜 신경 쓸 때, 이 나라는 더 나아질 것이다."; Eibach & Keegan, 2006). 이와 반대로, 많은 유색인종은 이득을 얻음에도 불구하고 그들의 인종 집단이 계속해서 북아메리카로부터 평가 절하되기 때문에 이렇다 할 인종적 진보를 인식하지 못한다.

여러 대학에서 수행한 다양성 주도에 관한 저자의 연구에서 저자는 진보에 대한 여러 다른 관점을 파악하였다. 지배적인 유럽계 미국인의 다수는 유색인종 교사와 학생을 모집하는 것 또는 교사 평가에서 다양성에 대한 교사의 민감성에 학생의 인식을 포함하는 것과 같은 목표가 지대한 영향을 초래할 것으로 인식한다. 이와 반대로 다수의 유색인종은 이러한 목표를 작은 단계일 뿐이며 대학의 분위기를 변화시키기에는 불충분하다는 입장을 취한다. 물론 이러한 목표가 대단하지 못하다고 여기는 유럽계 미국인도 있으며, 이러한 목표가 영향력이 클 것이라고 여기는 유색인도 있다. 그러나 저자가 다양성을 성취하기 위한 방법에 대해 다양한 의견을 지닌 집단 구성원과 함께 일하고 이 집단의 합의를 기반으로 대학에 지침을 제공했을 때에도, 여전히 이에 대한 반대가 존재하였으며 유럽계 미국인 집단이 주된 반대자였다.

불공평과 불공평에 대한 집단 기반의 서로 다른 인식은 유색인종이 맞서 싸워야 하는 현실이다. 유색인종이 주류 집단에 동화되고자 시도하더라도 그들은 여전히 평가 절하될 수 있다. 또한, 유색인종의 태도와 행동은 그들이 속한 집단의 부정적 인식(지적 또는 사회적 결손)이 정확하다고 믿지 않는다 하더라도 영향을 받을 수 있다. 그럼에도 불구하고, 다양한 사회적 환경에서의 생활은 일반적으로 모든 인종적 배경의 사람에게 이익을 준다. 우리는 이 장에서 다양성이 주는 이익을 살펴볼 것이다.

요약하면, 내집단은 외집단에 대해 부정적인 고정관념을 가지고 있는 경향이 있다. 외집단의 이익 획득은 종종 외집단에게는 자기손실로 인식된다. 지배 집단은 하위 집단의 진보를 상대적으로 좋게 인식하는데, 이는 지배 집단이 이러한 진보를 그들의 희생에 의한 결과로 여기기 때문이다. 어떤 하위 집단은 동일한 수준의 진보를 최소한의 진보로 인식하고, 자신의 지위가 변화되기 전까지 이러한 진보는 미완성이라고 믿는다.

학교 환경에서의 집단 간 관계

사람이 인종 · 민족 집단 내 구성원을 선호한다는 3장의 내용을 회상해보자. 이러한 선호는 인간 역사에서 동지를 단번에 식별하는 데 유리하게 작용하였다. 그렇다면 다양성이 존재하는 사회적 환경에서 인종 · 민족에 따른 교우관계에 대한 선호가 현재 어떻게 발달하고 있는가? 학교 환경은 종종 다수의 인종 · 민족 집단 간 접촉을 발생시킨다. 어떤 아동이 타 인종 · 민족 집단의 구성원과 처음 접촉하는 시기는 학교에 입학할 때일 것이다.

초등학생은 다른 인종의 친구를 거의 사귀지 않고, 심지어 자랄수록 그 경우는 더욱 줄어든다(Aboud, Mendelson & Purdy, 2003). 다른 인종과의 교우 관계는 유색인종 학생의 수가 상대적으로 적은 환경의 청소년 사이에서 발생한다(Quillian & Campbell, 2003). 이러한 학교 환경에서 유색인종 학생들은 그들의 정체성이 주류에 포함되는 것을 막기 위해 같은 집단의 학생과 교우 관계를 맺을 것이다. 그러나 다른 인종과 교우관계를 맺는 것은 학교의 다양성에 관련하여 증가하는 경향이 있다. 다양성을 갖춘 학교의 청소년 사이에서 다른 인종과의 교우 관계 형성이 더 높다(Quillian & Campbell, 2003). 다양성을 갖춘 환경에서, 여러 집단에 걸쳐 힘은 상대적으로 균형적으로 분배되며, 유색인종 학생들은 그들의 정체성을 지킬 필요를 덜 느낄 것이다.

유색인종 아동은 학교에 입학하자마자 다른 아동과는 다른 경험을 할 가능성이 있다. 한 연구에서, 전형적으로 유럽계 미국인이 대다수인 유치원과 1학년 교실에서 아프리카계 미국 학생은 유럽계 미국 학생에 비해 더 많은 동료 거부, 교사와 아동 간의 갈등, 그리고 더 적은 교사와의 친밀함과 상호 교우관계를 경험하였다(Ladd & Burgess, 2001). 교사와 가장 가까운 친구의 민족 집단은 구체적으로 드러나지 않았지만, 아마도 대다수의 교사는 유럽계 미국인이며, 적어도 아프리카계 학생에 의해 지명된 '친한 친구' 중 몇몇은 유럽계 미국인이었을 것이다. 이 연구결과는 유럽계 미국 아동이 대다수인 학교에 다니는 아프리카계 미국 아동은 스트레스 요인을 경험할 가능성이 있고, 교사와 친구로부터 지지를 얻는 것에 어려움을 느낄 수 있다.

아프리카계 미국인과 유럽계 미국인 사이의 모순된 경험은 아프리카계 미국인이 소수 집단일 때 고등학교에서도 발생할 수 있다. Mattison과 Aber(2007)에 따르면, 어느 중서부 대학가의 한 공립학교에서 아프리카계 미국인 학생이 유럽계 미국인 학생보다 더 많은 인종 차별, 방과 후 남기, 정학을 경험하였고 학교의 인종적 분위기를 더욱 부정적으로 인식하는 것으로 나타났다. 그러나 학교의 인종적 분위기에 대한 긍정적 인식은 모든 학생에게 있어 높은 성적, 적은 벌과 관련이 있었다. 인종 정체성은 이 연구에서 다뤄지지 않았으며, 학교의 인종적 분위기를 긍정적으로 인식하는 아프리카계 미국 학생이 부정적 인식을 가진 학생에 비해 인종 정체성이 낮은지의 여부는 알 수 없다.

유색인종 학생이 주류라면 무엇을 경험할 것인가? Pfeifer 외(2007)는 뉴욕 시 지역의 1세대 혹은 2세대의 중국계, 도미니카계, 러시아계, 아프리카계 미국인 집단, 그리고 3세대 혹은 그 이상의 유럽계 미국인 집단(조부모가 해외 출생인 경우 등)을 연구하였다. 소수 민족 집단의 아동은 그들의 민족 집단이 주류를 구성하는 환경에 거주하였고, 러시아계 미국인 아동과 유럽계 미국인 아동은 좀 더 이질적인 환경에서 거주하였다. 2학년과 4학년 학생들은 아프리카계 미국인에 비해 일반 미국인(자신의 인종 집단을 포함한 모든 인종)과 스페인계, 도미니카계 미국인에 대해 좀 더 긍정적(부유한, 친근한, 똑똑한, 스포츠를 잘하는, 정직한)이었으며 덜 부정적(나쁜, 못생긴, 자기중심적인, 게으른, 부끄러움이 많은)이었다(Pfeifer et al., 2007). 그 학생들은 중국계 미국인에 가장 덜 긍정적이었으며 아프리카계 미국인에 대해 가장 부정적이었다. 이민자 아동은 아프리카계 미국인 집단보다 자신의 집단에 대해 더 긍정적이고 덜 부정적이었으며, 이는 그들이 아프리카계 미국인에 대한 편견의 미국 사회 표준을 채택하였음을 암시한다. 그러나 최근 이민자가 아닌 아동은 최근 이민자인 아동보다 훨씬 더 적은 편견을 드러냈다. 어떤 집단은 일반 미국인 집단에 비해 더 부정적으로 평가되기 때문에, 이러한 결과는 어떤 집단이 다른 집단에 비해 덜 미국인으로 인식됨을 암시한다(Devos & Banaji, 2005). Pfeifer 외(2007) 연구의 아프리카계 미국인은 어떤 집단에 대해서도 긍정성 또는 부정성의 차이를 드러내지 않았는데, 이는 편견이 없기 때문이거나 연구에 사용된 아프리카계 미국인 표본이 상대적으로 작은 결과일 수 있다(N = 43).

유색인종 아동의 강한 민족 정체성은 2학년 학생과 4학년 학생 모두의 경우 자신이 속한 집단을 선호하는 경향과 상관관계에 있었으며, 4학년 학생의 경우에는 타 집단에 대한 부정적 편견 또한 갖고 있었다(Pfeifer et al., 2007). 자신의 민족 정체성보다 미국인으로서의 정체성을 인식하는 유색인종 아동은 반대의 경우에 비해 자신이 속한 민족 집단을 타 집단에 비해 선호하는 경향이 적었다. 중요한 것은, 그들이 민족 외집단에 대해 더 긍정적이고 덜 부정적으로 인식했으며, 자신이 속한 민족 집단에 덜 긍정적이며 더 부정적이지 않았다는 것이다. 미국인으로서의 정체성을 집단 간 편견의 해결책으로 성급히 결론지을 가능성이 있으나, 모든 집단에게 동화는 가능하지 않으며, 그들이 편견을 경험할 때 심리적 스트레스를 초래할 수 있다는 점을 기억해야 할 것이다(Major, Kaiser, O'Brien & McCoy, 2007; Sellers & Shelton, 2003). 4장에서 논의되었듯이 이중 문화적 정체성이 가장 적응적이다. 또한 Pfeifer 외(2007) 연구가 이민자 아동이 상대적으로 타 민족 집단과의 접촉을 적게 경험하는 맥락에서 수행되었음을 기억해야 한다.

Ladd와 Burgess(2001), Pfeifer 외(2007) 연구에서 아프리카계 미국인 아동을 향한 부정적인 인식을 드러내는 연구결과는 한 남동 주의 아프리카계 미국 아동이 소수 또는 주류이며 아프리카계 미국인 또는 유럽계 미국인 교사가 있는 5학년 교실을 대상으로 한 연구에서도 반복되었다(M. F. Jackson, Barth, Powell & Lochman, 2006). 아프리카계 미국 아동의 비율이 66%에 이르는 교실 환경에서도 아프리카계 미국 아동과 유럽계 미국 아동은 아프리카계 미국 아동보다 유럽계 미국 아동을 더욱 좋아하고 리더로 인식하였다. 아프리카계 미국 아동의 비율이 반 전체의 2/3 또는 그 이상을 차지하는 교실 환경에서, 아프리카계 미국 아동과 유럽계 미국 아동은 유럽계 미국 아동보다 아프리카계 미국 아동을 더욱 좋아하고 리더로 인식하였다. 심지어 아프리카계 미국 아동의 비율이 2/3 또는 그 이상인 교실 환경에서도 유럽계 미국인 아동은 상대적으로 리더십과 선호도에서 높게 평가되었다.

M. F. Jackson 외(2006) 또한 아동의 선호도 평가가 교사의 민족성에 따라 변화한다는 사실을 밝혀냈다. 아프리카계 미국인 교사가 담당하는 교실에서 아프리카계 미국 아동은 유럽계 미국 아동보다 더 선호되었으며, 유럽계 미국인 교사가 담당하는 교실에서는 유럽계 미국 아동이 더 선호되었다. 아프리카계 미국인 교사가 담당하는 교실은 보통 아프리카계 미국 아동이 주류를 이루었다. 그러나 교사의 민족성이 리더로 평가되는 아동의 민족성과 상관관계에 있지는 않았다. 교실 내 아프리카계 미국 아동의 비율과는 상관없이, 아프리카계 미국 아동은 유럽계 아동에 비해 더 호전적으로 평가되었다. M. F. Jackson 외 연구는 평가를 담당한 아동의 민족성과 실제적인 다툼 비율이 제시되지 않았다는 점에 그 한계가 있다. 그러나 이 연구는 아프리카계 미국 아동은 그들이 주류가 아닐 때 부정적으로 평가되며 심지어 그들이 주류를 이룰 때에도 유럽계 미국 아동에 비해 더 호전적으로 평가된다는 사실을 보여준다.

아프리카계 미국 성인의 경우에도, 주류의 구성원이 된다는 것은 이익을 제공한다(Postmes & Branscombe, 2002). 아프리카계 미국인의 비율이 83%에 이르는 환경의 아프리카계 미국 여성 대학생은 아프리카계 미국인의 비율이 39%인 환경의 여성 대학생보다 적은 내집단 거부, 높은 민족 정체성, 높은 자부심을 인식하였다. 그러나 그들이 주류를 구성하는 환경의 아프리카계 미국 여성은 반대의 경우보다 외집단 거부를 인식할 가능성이 높다. 이러한 외집단 거부 인식은 제한적인 외집단과의 상호 작용과 상관관계에 있을 수 있다.

Postmes와 Brancombe(2002)의 연구결과에 따르면, 유색인종의 경우 그들의 내집단이 주류를 구성하는 환경(Historically Black Colleges and Universities)은 그들에게 정신적 이득을 제공한다. 대부분의 아프리카계 미국 아동과 라틴계 미국 아동은 그들 인종에 특정한 학교에 입학한다(Pettigrew, 2004). 그러나 이러한 학교는 집단 간 접촉을 제한하여 학생이 다문화 세계의 삶과 기회를 준비하는 것을 저해한다.

민족적으로 다양한 교실은 유색인종 학생에게 정신적 이득을 제공하는 것으로 밝혀졌다. Juvonen, Nishian, Graham(2006)에 따르면, 높은 다양성은 해당 환경에서 학생이 균형적으로 힘이 분배된 민족 집단 중 하나에 속하기 때문에 그들의 취약성을 낮추고 그들이 안정감을 인식하도록 돕는다. 로스앤젤레스 지역의 6학년 아프리카계 미국 학생과 라틴계 미국 학생을 대상으로 한 연구에서, 다양성이 적은 환경에 비해(적은 민족 집단의 수) 상대적으로 다수의 민족 집단으로 구성된 교실에서(라틴계, 아프리카계, 아시아계, 유럽계, 혼혈) 학생들은 학교에서 안정감을 더 많이 느끼고 동료에 의한 시달림을 덜 경험하며 외로움을 덜 느끼고 자신의 가치를 더 존중하였다.

민족적 다양성은 고등 교육 환경에서 또한 긍정적인 영향을 미친다. Hurtado (2005)는 유색인종 학생의 비율이 5~95%에 이르는 10개의 공립 대학을 대상으로 4천 4백 명 이상의 학생을 1학년에 1번, 2학년에 다시 1번 조사하였다. 다양한 동료와의 긍정적인 상호 작용은 모든 민족 집단의 학생에게 있어 분석적 문제해결능력과 복합적 사고능력을 가져왔다. 마찬가지로 다양한 동료와의 긍정적인 상호 작용은 문화적 이해, 사회 문제에 대한 관심, 다원적 성향, 빈곤 문제에 대한 관심, 공공의 이득에 대한 관심을 가져왔다. 이와 반대로, 부정적인 상호 작용은 타 인종 · 민족 집단 구성원과의 근본적 가치관 차이에 대한 신념, 그리고 더 강한 민족 정체성을 초래하였다.

또 다른 맥락에서, 아프리카계 미국인과 유럽계 미국인으로 구성된 가상 배심원단은 유럽계 미국인으로만 구성된 배심원단보다 더 길게 숙고하고 넓은 범위의 정보를 고려하며 실수 또한 적었다(Sommers, 2006). 비평가들은 집단 내 다양성이 갈등을 초래할 수 있다고 주장할 수 있으나, 갈등의 정도는 다양성을 지닌 집단과 그렇지 않은 집단 모두에서 비슷한 수준이었다. 불행히도, 이 연구설계는 아프리카계 미국인으로만 구성된 가상 배심원단을 포함하지 않았기 때문에, 다양성을 갖춘 가상 배심원단이 아프리카계 미국인으로만 구성된 배심원단보다 수행능력이 뛰어난지의 여부는 명백하지 않다.

이 장에서는 집단 간 관계가 유럽계 미국인에게 미치는 영향에 대해 초점을 맞추고 있지 않지만, 민족적 다양성은 유럽계 미국인 학생이 다양한 관점을 습득하도록 도움으로써 그들의 듣기능력, 비판적 사고능력, 쓰기능력을 향상시킨다(Antonio et al., 2004; Gurin et al., 2004; Hurtado, 2005). 다양성이 모든 민족적 배경의 학생에게 주는 이익에 대한 이 심리학 연구는 2003년 Grutter v. Bollinger 사건[3)]에서 대법원 판사 Sandra Day O' Connor가 차별 철폐 조치를 지지하는 의견을 쓸 때 그녀에게 영향을 주었다. 이는 후에 논의될 것이다.

민족적으로 다양한 맥락에서 민족 정체성은 어떤 영향을 주는가? Sidanius, Van Laar, Levin, Sinclair(2004)는 UCLA에서 아시아계, 아프리카계, 라틴계 미국 학생의 민족적 학생 조직 참여와 유럽계 미국 학생의 그리스 조직 참여에 대해 연구하였다. 민족적 학생 조직에의 참여는 민족 정체성, 민족 행동주의(자기 집단에 유리하도록 투표하기, 시위에 참여하기, 탄원서에 서명하기), 대학 공동체에 소속감을 가져올 것으로 예상되었다. 그러나 민족적 학생 조직의 참여는 민족 집단이 서로 제로섬 경쟁관계에 있다는 인식("타 집단의 더 많은 이익은 내집단의 이익 희생으로부터 온다.")과 민족성의 결과로 발생하는 희생 의식을 초래하였다. 유럽계 미국 학생의 그리스 조직 참여 또한 비슷한 결과를 보였다.

민족적 조직과 그리스 조직은 내집단을 강조한다. 이 집단에 결여된 것은 내집단에 대한 인식뿐만 아니라 하나 또는 그 이상의 외집단에 대한 인식을 포함하는 이중 문화적 또는 다문화적 정체성의 배양이다. 이중 문화적 또는 다문화적 정체성은 오직 하나의 내집단 혹은 외집단에 대한 인식보다 더욱 적응적이다(B. S. K. Kim & Omizo, 2005, 2006; LaFromboise et al., 1993).

라틴계, 아프리카계, 유럽계 미국인 공동체를 대상으로 한 다른 연구에 따르면, 민족 정체성과 상위의 미국 정체성은 양립 가능하다(Huo, 2003). 각 집단에서 민족 정체성과 미국 정체성은 정적 상관관계에 있었다. 즉, 이 집단의 구성원은 미국 문화와 민족 문화 모두를 인식하며 한 정체성이 다른 정체성의 희생으로부터 오지 않는다는 측면에서 이중 문화적 정체성을 갖고 있다.

요약하면, 유색인종은 다른 유색인종 동료를 선택하는 경향이 있다. 그러나 다양한 사회적 환경은 어떤 민족 집단이 불균형적으로 거대하지 않을 때, 일반적으로 모

3) Grutter V. Bolinger 사건 : 이 사건은 긍정적 실천(affirmative action) 정책을 취하고 있는 미시간대학교 로스쿨의 입학 사정 정책이 평등 보호 조항인 수정 헌법 제14조에 위배하지 않는다는 미연방 제6항소법원의 판결에 대한 상고심이다. 미시간대학교 로스쿨의 입학 정책은 상고허가되었다.

든 민족적 배경을 가진 사람들에게 이익을 준다. 다양성이 미치는 영향력의 중요한 매개 요소는 집단 간 관계가 긍정적인지 또는 부정적인지의 여부이다(Hurtado, 2005). 그러나 유색인종에게 영향을 끼칠 수 있는 집단 간 고정관념은 다양성만을 통해 제거될 수 없다.

고정관념의 위협

'고정관념의 위협(stereotype threat)' 이란 사람이 자기 집단에 대한 부정적 고정관념을 수행하는 위험한 상황에서 느끼는 불쾌감을 가리키는 용어이다(Aronson, Quinn & Spencer, 1998; Steele, 1997). 형편없는 수행에 대한 우려는 수행을 방해할 수 있다. 예를 들면, 유색인종 학생이 거의 없는 최상류 대학의 아프리카계 미국 학생은 아프리카계 미국 학생이 다른 학생에 비해 능력이 떨어지고, 그들이 차별 철폐 조치로 대학에 다니기 때문에 다른 학생에 비해 자격이 없다고 믿을 수 있다. 이러한 믿음에 대한 우려는 학업수행을 방해할 수 있다.

사람은 고정관념이 자신을 위협한다고 믿을 필요가 없다. 인식 자체는 수행을 방해하기에 충분하다. 아프리카계 미국인의 학업수행에 대한 부정적인 고정관념을 믿지 않는 아프리카계 미국인은 이 고정관념을 증명해서는 안 된다는 과도한 압박을 경험할 수 있으며, 이 압박은 그의 수행을 방해할 수 있다. 어떤 영역에 더 많이 신경 쓸수록 그 사람은 고정관념에 더욱 취약해진다.

낙인찍힌 집단 구성원의 경우, 자기 내집단의 구성원이 고정관념을 확증하는 것을 볼 때, 그들의 수행에 영향을 받는다. 한 아이비리그 대학의 아프리카계 미국 대학생은 IQ 시험에서 고전하는 아프리카계 미국인에 노출되었을 때 예능 시험에서 고전하는 아프리카계 미국인 또는 IQ 시험에서 고전하는 유럽계 미국인에 노출되었을 때보다 낮은 대학원 시험 수행능력을 보였다(Cohen & Garcia, 2005). IQ 시험에서 고전하는 아프리카계 미국인은 고정관념을 확증하기 때문에 위협적이나, 같은 시험에서 고전하는 유럽계 미국인 또는 예능 시험에서 고전하는 아프리카계 미국인은 고정관념을 확증하지 않는다.

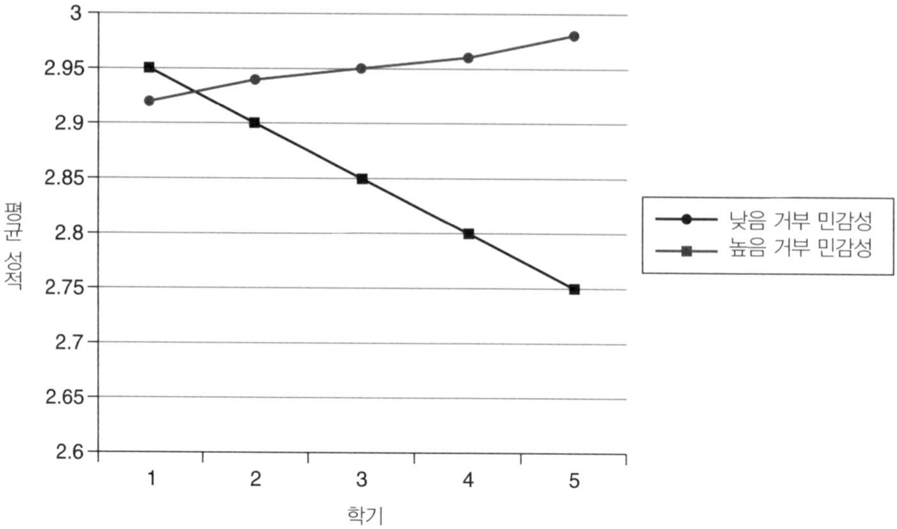

그림 5.1 아프리카 인종의 평균 성적과 거부 민감성

낙인찍힌 집단으로 반복적인 거부를 경험하는 것은 거부를 예상하도록 하며, 이는 '거부 민감성(rejection sensitivity)'이라 알려져 있다(Mendoza-Denton, Downey, Purdie, Davis & Pietrzak, 2002). 거부 민감성은 특히 소수 민족 집단에게 있어 학업 관련 환경과 같이 고정관념이 발생하는 맥락에서 심할 수 있다. 유럽계 미국인이 주류인 대학의 아프리카계 미국 학생에 대한 연구에서, 인종에 기반을 둔 거부에 민감한 학생은 5학기 동안 그들의 평점에서 꾸준한 하락세를 보였다. 반면에 인종 기반 거부에 덜 민감한 학생의 평점은 꾸준히 유지되었다(그림 5.1 참조). 즉, 거부에 대한 예측을 줄이고 소속감을 키우는 일은 고정관념의 위협을 줄이는 데 유용할 것이다.

소속감을 증가시키기 위한 시도는 고정관념의 위협이 미치는 영향력을 줄일 수 있음이 증명되었다(Walton & Cohen, 2007). 대부분의 대학생은 타인의 능력을 목격했을 때 자신의 능력에 대해 자기의심을 한다. 만약 어떤 사람이 낙인 집단에 속해 있다면, 이러한 자기의심은 그들이 대학에 속하는지 또는 그렇지 않은지에 대해 의심하게 한다. Walton과 Cohen의 연구에서, 연구자는 실험 조건의 아프리카계 미국인 대학생과 유럽계 미국인 대학생에게 모든 학생은 인종과 관계없이 대학 입학 후 1년 동안 그들이 대학에 속하는지 또는 그렇지 않은지에 대하여 걱정하지만, 이러한 우려는 시간이 지나면서 사라지게 된다고 말하였다. 통제 집단의 학생에게는 정치적 견해가 시간이 지날수록 정교해질 것이라고 말하였다. 모든 학생의 평점(GPA)은 실험이 시작되기 전 1학년 가을 학기에 처음 평가되었으며, 2학년 가을 학기에 다시 한 번 평가되었다. 실험 집단에 속했던 아프리카계 미국 학생의 평점은 통제 집단에 속하는 학생의 평점보다 상당히 크게 증가하였다. 즉, 소속감을 배양함으로써 낙인을 줄이는 것(즉, 자기의심은 대학생의 특성이라고 여기는 것)은 낙인 집단의 수행능력을 증가시켰으나 비(非)낙인 집단의 수행능력에는 영향을 미치지 않았다.

몇 해 전에 저자는 한 교육 프로그램에 참가한 적이 있는데, 그 프로그램에는 해당 프로그램을 담당하는 교수의 자녀가 연수생으로 포함되어 있었다. 그 연수생은 자신이 프로그램에 참여할 수 있게 된 것이 자신이 자격을 갖춰서인지, 아니면 부모 때문인지에 대한 자기의심을 하였다. 저자가 유색인종이기 때문에 그 연수생은 저자에게 "차별 철폐 조치 때문에 이 자리에 있다면, 어떤 느낌이 드십니까?"라고 물었다. 저자는 "글쎄요, 어떠신데요?"라고 비난조로 응답하였다. 저자는 그 연수생에게 저자가 자격이 있기 때문에 이 프로그램에 참여한다고 말하였다. 그러나 그때 저자는 잠시 타인이 저자를 차별 철폐 조치의 산물이라고 여길지 아닐지에 대하여 생각하였다. 자기의심은 후에 내가 해당 프로그램에서 상을 받았을 때 사라졌으며, 다른 연수생과 마찬가지로 저자는 이 프로그램에 참여할 자격이 있음을 느꼈다. 그 상은 저자에게 해당 교육 프로그램에 소속감을 갖게 하였다.

저자의 개인적인 예시가 보여주듯이, 고정관념의 위협이 미치는 영향력은 아프리카계 미국인에게만 특정한 것이 아니다. Schmader와 Johns(2003)는 한 라틴계 미국인 대학생 집단에게 기억력검사는 지능검사와 매우 관련이 있으며, 그의 수행은 타 집단에 대한 표준 설정에 유용하게 사용될 것이라고 말하였다. 이 집단은 그들의 민족성을 명시하도록 요구받았다. 그들은 두 번째 라틴계 미국인 대학생 집단에게 기억력검사는 작동기억력검사라고 말했으며 그의 민족성을 명시하도록 하였다. 유럽계 미국인 집단은 두 라틴계 집단과 같은 지시사항을 전달받았으며 그들의 민족성 또한 명시되도록 요구받았다. 첫 번째 라틴계 집단은 기억력검사에 있어 다른 집단보다 더 낮은 수행능력을 보였다(Schmader & Johns, 2003). 즉, 라틴계 미국인은 아프리카계 미국인에 대한 고정관념과 비슷하게 그들의 학습수행에 대한 고정관념에 민감할 수 있다. 학습수행에 대한 부정적인 고정관념의 대상이 아닌 유럽계 미국인은 고정관념의 위협에 영향을 받지 않는다.

민족 집단 고정관념이 학습수행을 증진시킬 수 있는가? 아시아인에 대한 고정관념 중 하나는 그들이 다른 집단에 비해 수학능력이 월등하다는 것이다. 2장에서 논의되었듯이, 아시아계 미국인이라는 점과 관련된 질문(영어가 아닌 언어에 대한 지식, 미국에서의 세대)을 받은 아시아계 미국인 여성 대학생은 민족성에 관한 질문을 받지 않거나 성별에 관련된 질문(남녀 공용 기숙사/여성 · 남성 전용 기숙사; Shih, et a., 1999)을 받았을 때보다 월등하게 높은 수학 과업 수행능력을 보였다. 즉, 아시아인의 우등한 수학능력에 대한 고정관념은 유익해 보인다.

겉보기에 긍정적인 고정관념이 과도한 압력을 초래할 수 있는가? Shih 외(1999) 연구에서 아시아 정체성의 역할은 상대적으로 감지하기 어렵다. "일반적으로 타인은 나의 인종을 긍정적으로 인식한다.", "나는 내가 속한 인종 집단의 가치 있는 구성원이다.", "아시아계 미국인은 수학을 잘 한다."와 같은 생각은 수학 과업 수행을 방해하는 압력을 초래하는 것으로 밝혀졌다(Cheryan & Bodenhausen, 2000; Shih, Ambady, Richeson, Fujita & Gray, 2002). 겉보기에 긍정적인 고정관념도 여전히 고정관념이다. 아시아계 혈통의 사람이 모든 환경에서 수학에 뛰어나지 않으며 모든 아시아계 혈통이 수학을 잘 하는 것도 아니다. 또한 이러한 고정관념은 실제로 도움이 필요한 학생을 식별하는 것을 방해할 수 있다.

어떻게 개인은 자신이 평가 절하되는 집단의 구성원이라는 사실에 대처하는가? Tajfel과 Turner(1986)는 세 가지 전략을 기술하였다. (1) 개인적 이동(individual mobility), (2) 사회적 창조성(social creativity), (3) 사회적 경쟁(social competition). **개인적 이동**은 평가 절하되는 집단에 대한 정체성을 부정하는 것을 가리킨다. 예를 들면, 유색인종은 타인에 의해 가치 있게 여겨지는 집단의 구성원(학생, 전문가)임을 강조하고 그의 인종 · 민족 집단을 강조하지 않을 수 있다. 이는 Cross(1971) 모델 중 인종 정체성의 접촉 전 단계(pre-encounter stage) 또는 Sellers 외(1998) 모델의 낮은 인종적 중심성(racial centrality)과 유사하다. 또한 개인적 이동을 중시하는 사람은 미국 사회의 주류 집단에 동화되고자 시도할 수 있다(Sellers et al., 1998).

모든 인종이 미국 사회에서 성공할 수 있다고 믿는 아프리카계 미국인 집단과 라틴계 미국인 집단은 개인적 이동을 믿지 않는 아프리카계 미국인 집단과 라틴계 미국인 집단에 비해 차별을 덜 인지하는 것으로 밝혀졌다(Major et al., 2002). 평가 절하되는 집단으로부터 이동할 수 있다고 믿는 사람은 차별로부터 벗어날 수 있다고 믿는다. 더욱이, 그들이 속한 집단의 다른 구성원이 평가 절하되는 것은 그 구성원에게 개인적인 책임이 있다고 인식할 수 있다(Major et al., 2007). 그러나 평가 절하되는 집단의 구성원 중 개인적 이동을 믿는 사람이 차별을 인식할 때, 개인적 이동을 믿지 않는 사람에 비해 자긍심에 더 큰 상처를 입을 것이다(Major et al., 2007; Sellers & Shelton, 2003).

사회적 창조성은 개인의 내집단이 우월한 맥락에서 내집단과 외집단을 비교하거나 내집단에 부여된 가치관을 부정적인 것에서 긍정적인 것으로 변화시킴으로써 인종 · 민족 집단에 속한 구성원의 의미를 다시 정의내리는 것을 의미한다(Tajfel & Turner, 1986). 예를 들면, 타인은 가족 · 공동체에 상호 의존적인 유색인종을 자기 집단에 지나치게 의존적인 것으로 인식할 수 있다. 그 대신에, 유색인종은 상호 의존적인 행동을 사회적 능력의 한 형태로 정의할 수 있다. 또한 상호 의존적인 사람은 타인에게 독립적인 사람보다 더 높은 수준의 사회적 능력을 가지고 있다고 인식할 수 있다. 사회적 창조성은 Cross 모델의 투입 · 출현(immersion · emersion) 단계(1971)와 유사하다. Sellers 외(1998) 모델을 고려해볼 때 사회적으로 창조적인 유색인종은 그들의 정체성을 중시할 것이다. 또한 그들이 타 집단의 관여를 제한하고자 하는 것을 고려해볼 때 그들은 민족주의자 관념을 가지고 있을 것이다. 내집단이 가치 있는 행동을 규정하고 그 행동에 보상을 할 수 있을 만큼 규모가 크고 힘이 있지 않다면, 사회적 창조성은 위험한 전략일 수 있다.

사회적 경쟁은 사회의 집단 기반 계급 구조를 변화시키기 위해 현재의 구조에 대립하는 것을 위미한다. 예를 들면, 영화 「글로리로드(glory road, 2006)」에서 묘사된 것처럼, 텍사스서부대학(현 El Paso의 텍사스대학)의 남성 농구팀은 모두 아프리카계 미국인으로 구성되어 있었으며, 1966년 국가 대학 운동 연맹 선수권 대회에서 전원 유럽계 미국인으로 구성된 최강팀 켄터키대학의 남성 농구팀을 패배시켰다. 오늘날 아프리카계 미국인이 농구를 지배하는 것을 고려해볼 때 믿기 어려울 수 있으나, 1960년대 남부의 많은 미국인은 아프리카계 미국인을 유럽계 미국인에 비해 열등한 농구 선수로 여겼다. 텍사스서부대학의 승리는 사실상 켄터키대학을 포함하여 남부 지역에 팽배했던 농구팀에 대한 인종 차별적 대우를 폐지하는 첫 걸음이었다. 사회적 경쟁은 Cross모델(1971)의 내면화 단계(internalization stage), 그리고 Sellers 외 모델(1998)의 차별된 소수 관념과 유사하다. 사회적 창조성과 마찬가지로, 내집단의 규모와 힘은 사회적 경쟁 전략의 유효성을 결정할 것이다.

요약하면, 유색인종은 고정관념의 영향 때문에 고정관념의 위협에 민감하다. 소속감 배양을 시도하는 것은 고정관념의 위협을 줄일 수 있다(Walton & Cohen, 2007). 유색인종은 자신을 향한 고정관념에 대처하기 위해 개인적 이동, 사회적 창조성, 사회적 경쟁과 같은 다양한 전략을 채택할 수 있다(Tajfel & Turner, 1986). 이러한 개인적 대처전략 이외에도, 편견에 대처하기 위한 방법이 이후에 평가, 검토될 것이다.

집단 간 편견 줄이기

Cameron, Rutland, Brown, Douch(2006)는 5~11세의 백인 영국 아동을 대상으로 이중 문화적 정체성을 강조함으로써 편견의 감소에 대하여 연구하였다. 이중 문화적 정체성 조건은 내집단(백인 영국인)만의 특징과 내집단과 외집단(이방인) 사이의 공통점을 조명하였다. 분류 해체 조건은 집단 구성원 자격을 강조하지 않는 데에 초점을 맞췄다. 세 번째 조건은 내집단과 외집단 사이에 공통적인 상위 정체성을 강조하였다. 실험 조건의 아동은 6주 동안 주 1회 백인 영국 아동과 이방인 아동의 접촉에 관한 이야기를 들었다. 이 이야기는 (1) 내집단만의(영국인 대 이방인) 특징과 공통점(같은 학교)에 초점을 맞춘 이중 정체성, (2) 집단 소속에 대한 일체의 언급이 없이 개인적 특징에만 초점을 맞춘 분류 해체, 또는 (3) 공통점(같은 학교)을 강조하였다. 통제 집단은 해당 이야기를 듣지 않았다.

이야기를 듣고 난 후, 이중 정체성의 참가자는 다른 조건의 참가자에 비해 이방인 아동을 더 긍정적으로 평가하였다(Cameron et al., 2006). 이중 정체성 집단의 아동은 다른 집단의 아동에 비해 이방인 아동과 함께 놀고 싶어 하였다. 이 연구의 참가자가 유색인종 아동은 아니지만, 이 연구결과는 개인적 특수성과 다수의 개인에 걸친 공통점(동화의 목표; LaFromboise et al., 1993; 1장 참조)의 강조가 편견을 줄이는 데 효과적이지 않다는 것을 보여준다. 그보다는 내집단과 외집단 간 공통점을 강조하는 이중 문화적 접근법이 편견을 줄이는 데 가장 효과적이었다. Cameron 외(2006)의 연구결과는 유색인종 성인을 대상으로 한 또 다른 실험 결과와 같은데, 이 실험에 따르면 내집단과 공통적 정체성의 강조가 편견을 줄이는 데 가장 효과적이다(Carpenter, Zarate & Garza, 2007; Zarate & Garza, 2002).

사회심리학 문헌의 고전적인 연구결과는 내집단과 외집단 간의 접촉이 편견을 줄인다는 것이다(Allport, 1954; Pettigrew, 1998). 개인이 외집단으로부터 얻는 실제적인 경험은 고정관념이 틀렸다는 것을 증명할 수 있으며, 이는 편견을 줄일 수 있다. 그러나 총체적 분석 연구의 결과는 편견을 줄이는 데 있어 소수 민족 집단의 경우 주류 집단보다 집단 간 접촉의 영향력이 약하다(Tropp & Pettigrew, 2005). 집단 간 접촉이 주류 집단의 구성원에게는 편향된 태도에 대해 지각하게 하는 반면, 소수 민족 구성원에게 집단 간 접촉은 그들을 향한 사회의 저평가를 상기하도록 한다. 또한, 일상에서 소수 민족 구성원은 주류 집단의 구성원과 접촉할 기회가 많은데, 이는 주류 집단이 대부분의 환경(학교, 기업, 정부)에서 대표적으로 등장하기 때문이다. 이와 반대로, 주류 집단의 구성원은 소수 민족 집단 구성원과 접촉하는 경우가 적다. 편견을 줄이기 위한 집단 간 접촉은 보통 평등한 지위, 공통의 목표, 협력, 기관 보조와 같은 최상의 환경 획득을 시도한다(Tropp & Pettigrew, 2005). 그러나 소수 민족 집단의 구성원은 이러한 시도가 얼마나 성공적으로 수행될지에 대해 회의적이다.

모든 인종에 대한 편견을 줄이는 것이 중요하지만, 편견의 가해자는 주류 집단의 일부이고, 소수 집단의 구성원이 그 대상이 된다(Tropp & Pettigrew, 2005). 또한, 소수 집단을 향한 주류 집단의 편견은 주류 집단을 향하나 소수 집단의 편견보다 더 유해한 경향이 있는데, 이는 일반적으로 주류 집단이 소수 집단보다 사회적 권력이 강하기 때문이다. 모욕적 행동을 하는 가해자는 그 행동과 행동의 중지에 책임이 있으며, 피해자는 책임이 없다(G. C. N. Hall, 1996). 즉, 모든 민족 집단에 대한 편견의 가해자는 행동을 멈춰야 한다. 집단 간 접촉이 특히 주류 집단의 편견을 줄이는 점을 고려할 때, 주류 집단의 구성원은 능동적으로 유색인종과의 접촉 기회를 추구해야 한다. 주류 집단의 편견 감소는 유색인종의 신체적 · 정신적 건강에 해로운 영향을 끼치는 차별을 감소시킬 것이다(3장과 4장 참조).

집단 간 접촉의 잠재적인 이득에도 불구하고, 소수 민족 집단과 주류 집단 모두는 이러한 접촉을 피하려고 한다(Shelton & Richeson, 2005). 아프리카계 미국인 대학생 집단은 유럽계 미국인 학생이 아프리카계 미국인 친구를 사귀고 싶어 하는 것보다 더 유럽계 미국인 친구를 사귀고 싶어 한다고 보고하였다(Shelton & Richeson, 2005). 유사하게, 유럽계 미국인 대학생 집단은 아프리카계 미국인 학생이 유럽계 미국인 친구를 사귀고 싶어 하는 것보다 더 아프리카계 미국인 친구를 사귀고 싶어 한다고 보고하였다. 유럽계 미국인은 이러한 집단 간 접촉에서 타 집단이 자신을 편견을 가진 사람으로 인식하고 거부할 것을 두려워할 것이다. 소수 집단의 구성원들은 그들에 대한 고정관념에 의해 거부당할 것을 두려워할 것이다.

주류 집단과 소수 집단이 서로 거부당할 것을 두려워하지만, 그들은 상대 집단이 관심이 없기 때문에 자신과 교류하지 않는다고 생각할 수 있다. 이러한 행동은 **다원적 무지**(pluralistic ignorance)를 반영할 수 있는데, 이는 사람이 타인을 자신과 비슷하게 행동하는 존재로 보지만 타인의 행동은 자신의 행동과 다른 동기를 가진다고 믿는 것을 가리킨다(Prentice & Miller, 1996). 다원적 무지 설명과 같은 맥락으로, 아프리카계 미국인 대학생 집단과 유럽계 미국인 대학생 집단 모두는 그들이 인종 때문에 거부당할 것이 두려워 접촉하지 않을 것이며, 외집단은 그들에 대한 관심이 부족하기 때문에 접촉하지 않을 것이라고 보고하였다(Shelton & Richeson, 2005).

아프리카계 미국인과 유럽계 미국인의 예상은 비슷할 수 있으나, 일단 거부가 발생하면 이에 대한 해석은 서로 비슷하지 않다. Mendes, Major, McCoy, Blascovich (2008)는 아프리카계 미국인 대학생 집단과 유럽계 미국인 대학생 집단에게 "왜 나는 좋은 친구를 사귀는가."에 대한 짧은 연설을 하도록 하고, 그들이 사회적으로 수용 또는 거부되는지를 나타내는 평가를 제시하였다(평가는 같은 인종 구성원과 다른 인종 구성원에 의해 수행되었다). 다른 인종에 의해 거부된 아프리카계 미국인은 같은 인종에 의해 거부당했을 때보다 거부의 원인을 인종 차별에 돌리는 경향이 있었다. 유럽계 미국인은 그들을 거부한 사람이 같은 인종이든 다른 인종이든 상관없이 거부를 인종 차별에 의한 것으로 인식하지 않았다. 즉, 개인적 경험과 아프리카계 미국인을 향한 역사적 인종 차별은 아프리카계 미국인으로 하여금 유럽계 미국인에 의한 거부가 그들을 향한 인종 차별이라고 인식하였다.

아프리카계 미국인 집단과 유럽계 미국인 집단은 인종 간 사회적 수용에 대해서도 다르게 해석된다. Mendes 외(2008) 연구에서 두 집단 모두에 대한 거부는 위협과 관련된 혈관 반응(혈압 상승)과 덜 긍정적인 감정을 초래하였다. 이러한 반응은 다른 집단에 의해 거부당했을 때 더욱 확연히 드러났다. 그러나 아프리카계 미국인이 유럽계 미국인에 의해 수용되었을 때에도 위협과 관련된 혈관 반응을 보였고, 같은 집단에 의해 수용되었을 때보다 덜 긍정적인 감정을 보였다. 이러한 반응은 유럽계 미국인의 경우에도 다르지 않았다. 이에 대해서는 아프리카계 미국인 참가자가 유럽계 미국인의 반응을 솔직하지 못하다고 인식했을 가능성이 있다. 왜냐하면 유럽계 미국인은 아프리카계 미국인과의 접촉에서 정치적으로 정당하게 보여야 하는 사회적 압력을 받기 때문이다(Mendes et al., 2008). 즉, 긍정적으로 보이는 인종 간 교류일지라도 항상 유색인종에게 긍정적인 결과를 가져오지는 않는다.

편견 감소는 긍정적인 집단 간 접촉 그 이상을 요구한다. 평등한 지위, 공통의 목표, 협력, 기관 보조와 같은 최상의 환경은 편견이 감소되기 위해 필요하다(Tropp & Perrigrew, 2005). 이러한 최상의 환경은 개인적 또는 집단적 수준에서 쉽게 획득되지 않으며 구조적 변화를 요구할 것이다. 최상의 환경을 조성하고 모든 민족 집단에게 동등한 활동 무대를 제공하기 위한 한 가지 방법은 차별 철폐 조치이다.

차별 철폐 조치

'차별 철폐 조치(affairmative action)는 사람이 자신이 속한 집단을 이유로 차별받지 않도록 보장하기 위해 노력하는 조직(학교 또는 기업체)을 포함한다(Crosby, Iyer & Sincharoen, 2006). 차별 철폐 조치는 여러 집단을 다양하게 함으로써 우리에게 내집단과 외집단을 나누게 하는 사회 구조를 재배열한다(Tajfel & Turner, 1986). 차별 철폐 조치는 개인이 점점 다원화되는 사회에서의 삶을 준비하도록 돕는다.

미국에서 차별 철폐 정책은 1965년 시행령 11246(EO 11246)으로 시작되었는데, 이 시행령은 정부와 정부의 자금 지원을 받는 조직이 의견 결정에 있어 공정성을 실현할 것을 요구한다. EO 11246은 여성, 아프리카계 미국인, 아시아계 미국인, 라틴계 미국인, 그리고 미국 원주민에 초점을 두었다. 조직이 차별 철폐 정책을 시행할 때, 조직(심리학 교수진) 내 대표성과 관련하여 해당 영역에서 시행령이 초점을 두고 있는 집단의 구성원들의 이용 가능성이(심리학 박사) 평가된다. 만약 어떤 영역에서 여성과 유색인종의 이용 가능성과 해당 조직의 대표성 간의 불일치가 존재한다면, 그 조직은 불일치를 제거하기 위해 노력해야만 한다. 후보자가 어떤 자리 또는 기회(장학금)에 자격이 있을 때, 조직의 다원화에 도움을 줄 수 있는 성별 또는 민족성과 같은 집단 구성원 자격은 특기, 거주 지역, 부모의 해당 대학 졸업 여부와 같은 다른 요인들과 함께 플러스 요인으로 고려된다(Crosby et al., 2003). 집단 구성원 자격은 자격을 갖춘 후보자의 경우에만 고려되며, 집단 구성원 자격이 자격을 갖추지 못한 사람에게 자격을 부여하는 것은 아니라는 점을 기억해야 한다.

차별 철폐 조치는 특정 영역에 다양한 사람을 제공할 것으로 예상된다. 따라서 어떤 조직은 어떤 영역에 있어 다양한 사람의 공급은 제한적이기 때문에 차별 철폐 조치가 제정될 필요가 없음을 주장할 수 있다. 다양성이 결여된 영역의 조직이 기술적으로는 차별 철폐 조치 불이행을 정당화할 수는 있으나, 이러한 다양성의 결여는 해당 영역을 더욱 다양하게 만들어야 할 강한 근거가 될 것이다. 만약 어떤 영역에서 다양한 지원자의 이용 가능성이 제한적이라면, 그 영역은 미래를 위해 다양한 지원자를 모집하려는 노력이 필요하다. 이전에 논의되었듯이, 다양성은 듣기능력, 비판적 사고능력, 쓰기능력에 기여하며(Antonio et al., 2004; Gurin et al., 2004; Hurtado, 2005), 이는 모든 영역과 조직에 이익을 가져올 것이다.

심리학 영역의 민족적 다양성 획득을 위한 교육 프로그램이 발달되었다. 심리학 전공이며 높은 성적과 교수진의 강력한 추천을 갖춘 유색인종 대학생을 대상으로 했던 저자의 프로그램에서, 여름 연구 교육 프로그램에 참가한 학생의 반 이상이 심리학 대학원에 지원한 반면, 프로그램에 참가하지 않은 유색인종 대학생은 오직 31%만이 대학원에 지원하였다(G. C. N. Hall & Allard, in press). 모든 학생이 대학원에 지원할 수 있는 학력 자격증을 가졌지만, 교육 프로그램 없이는 70%의 우수한 학생이 지원하지 않았다. 즉, 영역의 다양성을 획득하기 위한 차별 철폐 조치 프로그램은 필요하다.

과거에 경험한 차별의 영향력은 차별 철폐 조치에 의해 보상될 수 있다(Crosby et al., 2003). 예를 들면, 현재 평등을 방해하는 표면적 장벽이 없다 할지라도, 차별 철폐 조치는 역사적 장벽의 영향을 바꾸기 위해 노력하도록 요구한다. 만약 유색인종이 역사적으로 어떤 조직으로부터 배제되었다면, 차별 철폐 조치는 능동적인 채용 노력을 포함할 것이다. 아이러니하게도, 유럽계 미국인들이 그들 쪽으로 편향된 조직 내 선택 기준을 만들어왔다는 점에서, 유럽계 미국인들은 그들만의 차별 철폐 조치로부터 이익을 획득해왔다. 예를 들면, SAT I과 같은 표준화 시험은 유럽계 미국인 집단과 유색인종 집단 간의 격차를 만들었고, 이러한 시험에서의 민족적 격차는 종종 실제적인 근무수행 또는 학업수행에서의 민족적 격차보다 크다(Crosby et al., 2003). 즉, 역사적으로 정립된 표준화 시험은 높은 수행능력을 보일 것으로 예상되는 유럽계 미국인 집단을 선택할 수 있으며, 낮은 수준일 것으로 예상되는 유색인종 집단을 배제할 수 있다. 특정 집단에 편향될 수 있는 좁은 범위의 능력을 기반으로 선택하기보다는 분석적 능력, 창의적 능력, 실용적 능력을 포함하는 포괄적인 접근이 더 나은 예측 타당도를 가질 뿐만 아니라 모든 집단에 더욱 공평할 수 있다(Sternberg & Williams, 1997).

차별 철폐 조치는 공평한 기회와 다르다. **공평한 기회**(equal opportunity)는 공공연한 차별이 없을 때 모든 사람에게 공평한 기회가 존재한다고 가정한다(Crosby et al., 2003). 이는 오직 명백한 차별의 증거가 존재할 때만 조치를 취하는 수동적인 정책이다. 이와는 반대로 차별 철폐 조치는 공평한 기회의 존재 여부를 판단하는 사전 정책과 공평한 기회의 부재 시 이를 방해하는 장벽을 제거하고 평등을 정립하기 위한 계획을 포함한다(Crosby et al., 2003).

차별 철폐 정책을 수행하도록 요구받는 공공 조직은(정부 조직, 공공 대학) 사조직에 비해 더욱 민족적으로 다양하며, 유색인종에게 더 많은 승진의 기회가 주어진다는 점에서 차별 철폐 조치의 사전 계획은 효과가 있다(Crosby et al., 2003). 차별 철폐 조치의 주된 수혜자는 유럽계 미국 여성이었으며, 이은 EO 11246이 시행되기 이전보다 모든 수준의 공공 조직에서 더욱 대표성을 띤다. 유럽계 미국 여성 집단은 유색인종 집단보다 공공 조직에서 더 높은 대표성을 띤다.

차별 철폐 조치는 법적 도전에 직면한 적이 있다. 1997년의 서로 다른 법적 사건으로, 미시간대학의 학부과정과 미시간대학 로스쿨 입학을 인정받지 못한 유럽계 미국 여성들이 해당 대학을 고소하였는데, 이는 해당 대학이 그들보다 더 낮은 성적과 시험 점수를 가진 아프리카계 미국 학생의 입학을 허가했기 때문이었다. 이 사건은 Gratz et al. v. Bollinger 사건과 Grutter v. Bollinger 사건이었다. 2003년에 대법원은 해당 주가 강력하게 주 지원 학교의 다양성을 보장하고자 하기 때문에 인종에 민감한 입학 정책은 입헌적으로 허용된다는 판결을 내렸다(Crosby et al., 2006). 그러나 대법원은 미시간대학 로스쿨 사건에 대해서 "인종을 기반으로 한 고려는 하나하나 개별적으로 이루어질 필요가 있다."는 판결을 내렸고, 미시간대학 학부과정 사건에 대해서는 "인종을 기반으로 한 고려의 광범위한 적용은 허용될 수 없다."는 판결을 내렸다. 그러나 대법원은 인종의 다양성을 획득하기 위해 대학입학에서 타당하게 고려될 사항이라는 판결을 내렸다.

차별 철폐 조치는 공평한가? 비평가는 그것이 개인의 권리를 침해하기 때문에 공평하지 않다고 주장한다. 반면 차별 철폐 조치의 지지자는 인종 · 민족적 평등은 개인의 권리보다 더욱 근본적인 도덕적 문제이며 사회적 수준의 불평등은 개인적 수준에서 쉽게 해결되지 않는다고 주장한다(Vasquez & Jones, 2006). 교육적 배경에서 차별 철폐 조치의 지지자는 부모가 같은 대학을 졸업하거나 운동선수에게 특혜를 주는 식의 대학 특례 입학은 비판하지 않으면서 차별 철폐 조치는 왜 비판하는지 의구심을 품는다(Crosby et al., 2006; Vasquez & Jones, 2006). 3장과 4장에서 논의되었듯이 인종 · 민족 기반의 차별은 신체적 · 정신적 건강에 유해한 영향력을 끼치며 계속해서 사회에 존재한다. 또한 차별은 교육 기회, 세율, 충분한 의료 복지 혜택, 재판 제도에서의 대우 등에 있어 차이를 초래한다. 차별 철폐 조치의 지지자는 조직 내의 공평을 획득하기 위해 실행 가능한 다른 대안적 방법은 없다고 주장한다. 차별 철폐 프로그램은 차별의 발생을 막고 차별이 만연해지기 전에 그것을 교정할 수 있다(Crosby et al., 2006).

차별 철폐 조치를 비판하는 사람은 인종 또는 민족이 아닌 다른 특성(사회적 계급)에 대한 고려가 다양성 획득의 방법이라고 주장할 수 있다. 그러나 사회적 계급에 기반을 둔 차별 철폐 조치는 보통 민족적 다양성을 획득할 수 없다(Kane, 2003). 더욱이 계급 기반의 차별은 유해하지만 개인의 사회적 계급을 변화시키는 것은 가능하다. 반면에 인종은 불변하며 인종 기반 차별은 북아메리카에 심각하고 장기적인 부정적 결과를 가져왔다(Crosby et al., 2006).

차별 철폐 조치를 비판하는 사람은 왜 차별의 피해자는 개인적으로 잘못된 것을 교정하지 못하고 정부에 의존하는지에 대해 질문할 수 있다. 차별의 피해자는 재판 제도에서의 보복 또는 시련의 형태로 부가적인 피해를 입을 수 있다는 두려움에 앞으로 나서기를 주저할 수 있다(Crosby et al., 2006). 유럽계 미국인은 자신이 경험한 부정적 대우를 개인적 특성 또는 차별이 아닌 다른 원인의 탓으로 돌리는 유색인에 비해 차별을 받았다고 주장하는 유색인종을 더 비판적인 시각으로 바라본다(Kaiser, Dyrenforth & Hagiwara, 2006). 개인 · 집단 차별의 모순 때문에(Crosby, 1984) 4장에서 논의되었듯이 차별의 피해자는 자신을 향한 차별을 인식할 수 있으나, 차별적 행동을 인종 차별로 판단하는 데는 어려움을 겪을 수도 있다. 또한 차별이 어떤 조직에 만연할 때, 문제의 원인을 어떤 특정 개인에게 돌리는 것은 어려울 수 있다(Vasquez & Jones, 2006). 더욱이, 차별의 가해자가 차별을 인정하는 것은 어려울 수 있으나, 그 책임은 피해자가 아닌 가해자가 져야 한다(G. C. N. Hall, 1996). 정부는 차별의 피해자 개개인에게는 즉시 영향을 줄 수 없을지 모르나, 조직적인 차별을 바로잡을 수 있는 힘과 자원을 가지고 있다.

차별 철폐 조치에 대한 또 다른 비판은 차별 철폐 조치가 유색인종 집단 구성원들을 이간시킨다는 지적이다. 이 비판에 따르면, 차별 철폐 조치로부터 혜택을 받은 집단 구성원은 그들의 집단을 멀리한다. 그러나 높은 교육 수준을 갖춘 유색인종이 그들의 인종 · 민족 집단을 멀리한다는 증거는 없다. 유색인종 대학 졸업생은 다른 구성원과 비교했을 때 그들의 집단에 불균형적으로 많이 기여한다는 것이 밝혀졌다(Crosby et al., 2006).

차별 철폐 조치를 비판하는 사람은 집단 기반의 정책이 그들이 대상으로 하는 정책 수혜자에 대한 고정관념을 형성함으로써 수혜자에게 부정적 영향을 끼칠 수 있다고 주장한다. 이들이 말하는 고정관념은 정책의 혜택을 받지 않을 때 수혜자들의 능력에 관한 것이다(Crosby et al., 2006). 비판자들은 차별 철폐 조치가 수혜자들을 실패로 이끈다고 인식한다. 그러나 1951, 1976, 1989년에 학위를 이수한 28개의 최정예 대학 80,000명의 학생을 대상으로 한 연구에서, 차별 철폐 조치의 혜택을 받아 대학에 입학한 유색인종 학생은 유럽계 미국 학생과 동일한 비율로 대학을 졸업, 대학원에 입학, 또한 같은 비율로 전문직에 종사하였다(Bowen & Bok, 1998).

그렇다면 유색인종은 차별 철폐 조치를 어떻게 생각하는가? 여성과 유색인종을 포함한 차별 철폐 조치의 대상 집단은 대상이 아닌 집단보다 차별 철폐 조치에 더욱 호의적이었다(Harrison, Kravitz, Mayer, Leslie & Lev-Arey, 2006). 또한 강한 인종 · 민족 정체성을 가진 사람은 약한 정체성을 가진 사람보다 차별 철폐 조치를 더 지지하였다(Elizondo & Crosby, 2004; Schmerund, Sellers, Mueller & Crosby, 2001). 차별 철폐 조치를 지지하는 것은 인종 차별주의, 성 차별주의와 역 상관관계에 있었다(Harrison et al., 2006). 차별 철폐 조치의 반대자는 차별이 사회적 불평등의 결과가 아니라고 믿을 수 있으며, 그들이 합법적으로 획득하였다고 믿는 그들의 특권을 보호하고자 노력할 수 있다(Crosby et al., 2006).

자발적으로 차별 철폐 조치를 시행하는 기관은 비자발적인 기관에 비해 차별 철폐 조치의 수혜자에게 매우 다른 환경을 제공할 것이다. 국가적 표본에서 유색인종 교수단의 경우 자발적인 차별 철폐 조치는 긍정적인 작업 환경과(유색인에 대한 고정관념을 갖지 않음) 상관관계에 있었으며, 긍정적인 작업 환경은 직업적 만족과 상관관계에 있었다(Niemann & Dovidio, 2005). 더욱이, 긍정적인 작업 환경은 자기의심과 역 상관관계에 있었으며, 자기의심은 또한 직업적 만족과 역 상관관계에 있었다.

요약하면, 인종 · 민족 기반의 차별 철폐 조치는 다양성을 획득하기 위한 효과적 수단이다. 다양성은 사회와 차별 철폐 조치의 수혜자에게 긍정적인 결과를 제공한다. 평등한 기회를 위한 소극적 접근은 민족적 다양성을 성취할 수 없다. 차별 철폐 조치는 그것이 비자발적일 때보다 자발적일 때 만족스러운 결과를 가져온다. 모든 인종 집단의 구성원이 다양성으로부터 혜택을 받을 수 있도록 차별 철폐 조치를 위한 노력은 계속되어야 할 것이다.

결론

유색인종과 유럽계 미국인은 그들이 같은 지리적 공간을 공유하고 있음에도 다른 세계에 살고 있다. 유럽계 미국인에게 사회적 수용과 거부, 학업의 성공과 실패는 인종 · 민족이라는 렌즈를 통해 해석되지 않는다. 그러나 유색인종의 경우 그들을 향한 역사적 · 개인적 인종 차별은 그들의 사회적 경험 또는 학업의 경험을 인종 · 민족이라는 렌즈를 통해 해석되도록 한다.

어떤 단일의 집단이 주류를 형성하지 않는 형태의 다양성을 갖춘 환경에서의 긍정적인 집단 간 접촉은 모든 민족 집단 구성원에게 유익하다. 그러나 다양성 그 자체만으로는 고정관념을 제거할 수 없다. 조직 내 모든 구성원의 소속감을 배양하는 것은 고정관념의 영향력을 줄일 수 있을 것이다. 많은 사회적 환경에서 인종 · 민족적 차별은 역사적 · 사회적으로 정해진 기본적 양식이다. 이에 차별 철폐 조치와 같은 구조적 접근이 조직의 다원화를 위해 필요할 것이다.

편견, 인종 차별, 차별에 관한 사회심리학 문헌의 대부분은 유럽계 미국인 집단의 관점에 초점을 맞추고 있다. 주로 편견, 인종 차별, 차별의 대상이 되어온 유색인종 집단의 관점에 따른 연구가 지난 10년간 수행돼 왔으나, 사회심리학의 영역에서 이들에 대한 더 많은 연구가 필요하다. 편견, 인종 차별, 차별의 영향력을 줄이기 위한 시도에 관한 연구도 더욱 필요하다. 이 장에서 논의되었던 시도들은 유망하다.

토론 문제

1. 정치적 진보주의자는 자신이 정치적 보수주의자보다 상대적으로 인종 차별 성향을 덜 갖고 있다고 생각한다. 그러나 정치적 진보주의는 회의적 인종 차별주의와 상관관계에 있다. 회의적 인종 차별주의는 평등주의적 신념과 유색인종을 위한 차별 철폐 조치에 대한 반대 입장을 포함한다. 어떻게 정치적 진보주의자는 인종 차별적 경향을 유지하는가? 그들이 차별 철폐 조치를 지지하도록 설득할만한 논거가 존재하는가?
2. 인종 간 상호 작용에 대한 Mendes 외(2008) 연구에 따르면, 아프리카계 미국인

집단은 유럽계 미국인 집단과의 긍정적인 사회적 접촉조차도 위협으로 인식한다. 북아메리카의 인종 차별 역사를 고려해볼 때, 인종 간 상호 작용과 관련된 위협의 인식을 줄이는 것은 가능한가? 만약 가능하다면, 그 방법은 무엇이고, 누구의 책임인가?

3. 차별 철폐 조치는 세금과 비슷하다. 대부분의 사람들이 그 혜택을 가치 있게 여기지만, 강제가 아니라면 그들은 참여하지 않을 것이다. 차별 철폐 조치는 인종 · 민족적 다양성이 모두에게 혜택을 부여하도록 한다. 조직 내의 인종 · 민족적 다양성을 위하여 차별 철폐 조치가 아닌 다른 성공 가능한 대안이 존재하는가?

PART 02

다문화 문제 관점에서 바라본 심리학

제6장 아프리카계 미국인

제7장 아시아 태평양계 미국인

제8장 라틴계 미국인

제9장 미국 원주민과 알래스카 원주민

제10장 다인종 미국인

제 6 장

아프리카계 미국인

'우리' 가 있기에 '내' 가 있다. '우리' 는 즉, '나' 이다.

–African Worldview(Nobles,1973)

미국 인구 중 아프리카계 미국인은 4천 20만 명으로 13.4%를 차지한다. 라틴계 미국인 다음으로 두 번째로 가장 큰 인종 소수 집단이다(U.S. Bureau of the Census, 2007). 아프리카계 미국인의 선조 중 93%가 아프리카에서 미국으로 노예로서 옮겨왔다(Spickard, 2007). 아프리카계 미국인 중 소수는 최근에 이민한 사람이고, 대부분은 라틴아메리카에서 미국으로 이주해온 아프리카계 혈통이다.

25세 이상의 아프리카계 미국인 중 81%가 최소한 고등교육을 마쳤고 18%가 대학 과정을 마쳤다(U.S. Bureau of the Census, January 2006). 미국에는 230만 명의 아프리카계 미국인 대학생이 있다. 석사, 박사, 의학, 법과 같은 고급 학위의 경우

130만의 아프리카계 미국인이 갖고 있다. 아프리카계 미국인 중 1/4 이상이 경영 혹은 전문적인 일을 한다. 약 1/4 정도는 4명 가족 기준 $20,614 그리고 개인 당 $10,294라는 국가적 빈곤 기준선 내에 있어 힘든 삶을 영위하고 있다.

이 장에서는 아프리카계 미국인의 1600년대 초기 이민 시대부터 현재까지의 역사에 대한 개요로 시작한다. 다음으로 아프리카계 미국인의 문화적 가치가 가족 문제, 정신 건강, 학구적 달성, 그리고 직업 개발에 대한 심리학적 문헌의 고찰을 통해 검토될 것이다. 아프리카계 미국인의 문화적 가치와 정체성은 이러한 모든 분야(가족 문제, 정신 건강, 학업성취, 직업 개발)에 영향을 미친다.

역사

1976년 이후로, 2월은 아프리카계 미국인에게 역사의 달(月)이 되었다. 모든 미국인이 아프리카계 미국인의 역사를 인정하는 것도 중요하지만, 아프리카계 미국인의 역사가 미국 역사의 한 부분이고 구획이라는 점을 이해하는 것도 중요하다. 아프리카계 미국인은 미국 역사에 의해 영향받았고, 미국 문화에 영향을 주었다. 아프리카계 미국인 역사에 대한 개요는 심리학에서의 현재의 이론과 연구에 대한 맥락을 제공하기 위해 아래에서 언급되고 있다.

1600~1800년대 : 노예 그리고 미국 남북 전쟁

가장 초기에 미국으로 이민 온 아프리카 사람은 아마도 노예가 아니었을 것이다. 1619년에 20명의 아프리카인이 노동자로 고용되어 미국에 왔다(Tkakki, 1993). 그들은 아마도 많은 유럽계 이민자와 마찬가지로 자신의 교통 비용을 지불하기 위해 4~7년 정도 계약을 한 연한(年限) 계약 노동자였을 것이다. 이 노동자들은 노예와 달리 자유를 얻을 수 있었다.

흑인, 백인 노동자는 1640년대부터 다르게 대우받기 시작하였다(Takaki, 1993). 흑인 노동자와 다르게, 백인 노동자는 달아나면 유럽계 미국인 사회에 섞일 수 있었다(Spickard, 2007). 미국 원주민은 짧은 기간 동안 유럽계 미국인에 의해서 노예가

되었지만, 그들 또한 쉽게 노예가 아닌 원주민 사회로 달아날 수 있었다. 유럽계 미국인은 또한 흑인을 노예로 만드는 것에 대해 죄책감을 거의 느끼지 않았다. 왜냐하면 그들은 원주민을 인간 야만인으로 여기고, 흑인을 인간 이하의 짐승으로 여겼기 때문이다(Spickard, 2007).

비록 노예 무역이 유럽 사람에 의해 이루어졌지만, 유럽 사람을 위해 일했던 노예들은 아프리카에서 그 지역사회 외에 있던 아프리카 사람에 의해서 납치되었다. 이 노예들은 많은 물건으로 가득 찬 배에 실려서 바다를 건너 미국으로 수송되었다. 많은 아프리카 사람이 수송 과정에서 죽었고 사체는 배 밖으로 던져졌다. 그들이 북아메리카에 도착했을 때, 그 노예들에게는 유럽계 미국인들의 담배나 목화 농장에서 무보수 노동력으로 쓰기 위한 상품으로써 경매에 사용되기 위해 요새나 우리에 가두어졌다. 담배와 목화를 생산하기 위해 극도로 많은 노동력이 요구되었다.

서부 아프리카에서 문화적으로 다양한 인종 집단들에서 유래했음에도 불구하고, 북아메리카로 온 흑인은 일반적으로 Negro(흑인을 모욕적으로 부르는 말)로 여겨졌다(Spickard, 2007). 그러나 많은 아프리카계 미국인은 언어에 관해서 다른 아프리카계 미국인과 이야기를 나눌 때에 아프리카 문화를 유지하였다. 노예제도를 극복하기 위한 투쟁은 다양한 아프리카 배경을 가진 아프리카인 사이에서 일반적인 유대가 되었다. 이러한 문화적, 그리고 사회문화적 통합 양상은 미국 내 흑인의 정체성을 확립하는 데에 있어서 시초가 되었다.

흑인 노동자는 1642년 버지니아에서 일생 동안 노예로 취급받기 시작하였다. 1648년에는 노예의 자식 또한 노예로 여겨지기 시작하였다. 유럽계 미국인 노예 소유주들의 부분적 백인 아동들과 아프리카계 미국인 노예 여성들을 계속 노예로 유지시키기 위해서 아프리카 혈통을 가진 사람은 누구나 흑인으로 여겨지는 'One-drop rule' (흑인 피가 단 한 방울만 섞여 있어도 흑인이라고 정의하는 규칙)이 만들어졌다(Spickard, 2007). 법 또한 유럽계 미국인의 기독교로의 개종이 노예란 지위를 바꾸지 못한다고 못박았다.

1720~1760년 사이에 15만 9천명의 아프리카 사람이 노예로 미국에 왔고, 반면에 오직 10만 5천명의 유럽인이 같은 기간 동안 미국으로 이주하였다(Spickard, 2007). 남부 지방에서는 아프리카 노예의 증가 때문에 백인 노동자에 대한 수요가

감소하였고 아프리카인의 노동력은 백인 노동력보다 저렴하였다. 1669년에 버지니아 입법부는 공식적으로 노예를 소유물로 정의하기 시작하였다. 훗날, 1691년에 버지니아 입법부는 정당을 유지하고 법원에서 증명하기 위해 노예가 투표할 수 있는 권리를 인정하지 않았다. 비록 그들이 투표를 할 수 없었다고 하지만, 각각의 노예들은 주(state)들이 의회나 선거인단에서 대표되기 위해 한 사람 당 3/5명으로 계산되었다. 시민으로서의 권리를 가지고 있지 않았음에도, 혁명 전쟁에서 대략 조지 워싱턴의 대륙군 중 25%가 아프리카계 미국인이었다(Spickard, 2007).

노예제는 노예를 필요로 하는 주요 작물이 없었던 뉴 잉글랜드에서 대규모로 발전하지 못하였다(Takaki, 1993). 1777년 버몬트가 주(state)가 되었을 때, 버몬트의 헌법은 노예제를 금지하였고 메사츄세츠 또한 1781년도에 노예제를 금지하였다(Spickard, 2007). 그러나 뉴 잉글랜드의 선장들은 노예를 수송하면서 계속해서 이윤을 챙겼다. 뉴욕과 필라델피아 역시 그들의 부두와 산업에 필요한 노동력을 노예에 의존하였다(Spickard, 2007). 그럼에도, 1780년 이후에 노예로 태어난 아이들은 (그의 부모와 다른 노예들을 예외로 하고) 노예가 아니고 자유롭다고 펜실베이니아 입법부에 의해 선언되었고, 뉴욕은 1799년부터 점차적으로 그들을 노예라는 지위로부터 자유롭게 해주기 시작하였다. 남부와는 다르게, 북부에 있는 주에서의 노예제 폐지는 경제적인 영향을 제한하였다.

노예 무역은 1807년에 의회에 의해서 폐지되었다. 하지만, 노예 무역의 폐지가 이미 노예인 사람들을 일반 시민으로 만들어주지는 못하였다. 노예제도는 목화 생산 때문에 1820~1850년까지 알라버마, 미시시피, 그리고 루이지애나에서 계속해서 번영하였다. 노예 주인들은 아이들을 기르기 위해 여성 노예에 의존하였다. 아프리카계 미국인 남성들은 동물 사육자로 사용되었고 아프리카계 미국인 남성과 여성에게 파트너의 변화가 잦았다(Hines & Boyd-Franlin, 1996). 노예들은 개인 노예들의 무역을 방해할 수 있는 상황을 초래할 수 있는 가족 유대를 방지하기 위해 결혼이 금지되었다. 이러한 가족의 통합을 파괴하려는 것은 아프리카 집단의 전통과 상응하지 아니한다. 몇몇 유럽계 미국인 소유주들은 아이들을 낳기 위해 노예 여성들을 강간하곤 하였다(Takaki, 1993).

남북 전쟁까지 4백만 명의 아프리카계 미국인이 노예가 되었다(Tkakki, 1993).

남북 전쟁은 1865년 열세 번째 헌법 개정을 통해서 아프리카계 미국인을 법을 통해 노예제도로부터 자유롭게 하였다. 아프리카계 미국인은 남북 전쟁에서 대단히 중요한 역할을 하였다. 대략 8만 6천명의 아프리카계 미국인이 참전하였고 결국 그들 중 1/3이 실종되거나 전사하였다. 1865년 남북 전쟁이 끝나갈 즈음, 북부군의 장군 William Tecumseh Sherman은 특별 현지 지시 15를 발동하였고 이는 40에이커(약 16만 m^2)의 농지와 한 마리의 노새를 각각의 이전 노예들에게 수여하게 하였다. Andrew Johnson 대통령은 빠르게 이 지시를 폐지하였고 그 땅을 다시 이전 노예 주인에게 돌려주었다. 이는 노예에 대한 보상의 형식과 억압, 억제의 다른 형식이었을 수도 있었지만 아프리카계 미국인에게 빚을 진 것에 대한 인식을 나타내었을 수도 있다. 이때 이후로 미국 정부에 의한 어떠한 보상의 형태나 심지어 사과조차 이루어지지 않았다.

남북 전쟁 이후로, 아프리카계 미국인을 위한 시민권을 부여하는 법에도 불구하고 노예제도의 흔적을 쉽게 볼 수 있었다. 1868년에 이루어진 열네 번째 헌법 수정은 미국에서 태어나거나 귀화한 모든 사람은 시민이고, 시민으로서의 특권과 보호를 제공받는다고 말한다. 1875년 시민권에 관한 법률은 아프리카계 미국인에게 공공 장소, 여관, 극장, 그리고 공공 놀이터 등에서 동등한 대우에 관한 권리를 부여하였지만 이 법률은 1883년 법률에 위배된다고 판정되었다. 1896년 Plessy v. Ferguson 판례에서의 '분리되었지만 평등한' 이란 최고법원의 결정이 학교에서의 인종적 분리를 합법화하였다. 그럼에도, 분리 적용을 한 학교들은 유럽계 미국인들의 학교들이나 훨씬 우월한 자원들을 가지고 있는 다른 기관과 결코 동등하지 않았다(Spickard, 2007).

1900~1930년대 : 인종주의와 분리주의

인종주의는 표현적 특성들 혹은 인종적 단체 소속 때문에 개인과 단체를 폄하하는 경향이 있는 믿음과 태도와 제도적 합의, 그리고 법령을 포함한다(Clark, Anderson, Clark & Williams, 1999). 인종주의는 행동이나 사고방식(태도)과 관련될 수 있다. 몇몇 개인들은 그들의 문제를 인종주의 탓으로 돌리지 않고 인종주의의 부정적 영향으로 고통받을지도 모른다. 예를 들면, 제도적인 인종주의는 자원의 접근을 감소시킬지도 모르지만 개인은 자원의 부족을 스스로의 무능함의 탓으로 돌릴지도 모른다(Clark et al., 1999). 비록 노예제도가 19세기에 폐지되었더라도 인종주의는 20세기 동안 노예제도의 유산으로 미국 내에서 계속되었다.

유럽계 미국인과 아프리카계 미국인 간의 갈등은 1900년대 초기에도 계속되었다. 1900~1910년까지, 반 흑인종 폭동이 북부에서 발생하였고 남부에서는 사람들을 린치하거나 태워버렸다(J. M. Jones, 1997). 린치 대상자들은 인종 차별주의적 극우비밀조직으로서 아프리카계 미국인들이 낮은 임금을 수용하도록 그들을 위협한 유럽계 미국인 노동자들과 그들의 부하들을 더욱 포함할 것 같았다(Spickard, 2007). 이에 대응하여, 유색인종의 진보를 위한 국제적 협회가 1909년 뉴욕에서 설립되었다. 1910~1920년까지는 일자리를 위한 아프리카계 미국인의 북쪽으로의 대규모 이동이 있었다. 그러나 많은 유럽계 미국인은 아프리카계 미국인이 그들의 이웃이 되는 것을 원치 않았다.

사회 다원주의와 우생학의 운동은 아프리카계 미국인의 열등성에 대한 진화의 기초가 있다고 주장하였다. 자연 토대 혹은 적자 생존이 유럽계 미국인에게 유리하게 작용하였다. 개인의 성격과 사회적 영향의 상호 의존을 강조하는 사회심리학의 분야는 사회 다원주의의 생물학적 강조에 대응하여 발전하였다(J. M. Jones, 1997). 인종 관계 문제는 아프리카계 미국인의 열등이 아닌 유럽계 미국인의 편견에 의한 문제로써 재정의되었다. 불행히도, 사회 다원주의론자들의 생각은 1900년대 초까지 계속되었지만, 생물학적으로 기반을 둔 인종적 차이를 받아들이는 사람 속에서 지지자들을 계속해서 확보해나갔다(Rushton, 1995a, 1995b).

분리주의자들의 운동 또한 1900년대 초기에 발달하였다. Marcus Garvey는 아프리카계 미국인이 아프리카로 돌아갈 수 있는 계획을 만들었지만 훗날 미국 정부에 의해서 추방되었다. NAACP(미국흑인인권단체)의 지도자인 W. E. B. Dubois는 초기에는 통합을 지지하였지만, 분리된 아프리카 국가의 설립을 지지하기 시작하였다. Dubois는 사망하기 직전에 가나로 이주하였다.

1940~1970년대 : 시민권

몇몇 획기적인 시민권과 관련한 사건이 1940년대 후반부터 1950년대까지 발생하였다. Truman 대통령은 1948년 군대 내에서의 인종 차별주의를 폐지하였다. 1년 후에, Jackie Robinson이 첫 번째 미국 흑인 메이저 리그 야구선수가 되었다. 1954년에는 Brown v. the Board of Education of Topeka 결정에서, 최고법원이 '분리되었지만 평등한' 이란 교리가 유효하지 않다고 선언하였다. 1955년 12월 1일에는, Rosa Parks가 알라버마에 있는 몽고메리 버스 안에서 색칠해진 구역 앞에 앉았고 백인을 위한 구역이 꽉 차게 되었을 때 백인 승객을 위해서 뒤로 가기를 거부하였다. 이 사건은 몽고메리(Montgomery) 버스 보이콧을 유발하였고, 이는 Martin Luther King, Jr 박사에 의해 주도되었다.

시민권 행동주의와 이와 관련한 법률 제정은 1960년대 동안 계속해서 활발해져 갔다. 새로운 10년이 1960년 2월에 그린즈버로(미국 North Carolina 주 북부의 도시)의 점심 계산대에서 연좌 농성을 벌인 노스캐롤라이나주립대학교의 4명의 학생과 시작되었다. 이 학생들은 아프리카계 미국인이어서 서비스를 거부당하였다. 학생전국조정위원회(SNCC)가 1960년에 조직되었고 연좌 농성을 조정하였다. 1961년에는, 같은 의도를 가지고 버스에 탄 많은 자유의 기수들이 Washington, DC에서 남쪽으로 여행하였다. 몽고메리에서 그 기수들은 폭행당하고 버스는 불태워졌다. 법무장관 Robert Kennedy는 질서 유지를 위해 600명의 연방 요원을 보냈다. 1963년에 일자리와 자유를 위한 행진이 Washington에서 발생했고 Martin Luther King, Jr 박사의 '나는 꿈이 있다' 라는 연설로서 막을 내렸다.

1964년 시민권 법령은 인종, 유색, 종교, 혹은 민족의 기원에 대한 분리나 차별이 없는 제도적 권리를 지시하였다. 차별 철폐 조치에 관한 법령이 Lyndon Johnson 대통령에 의해 1965년에 서명되었다. 1964년의 시민권 법령이 동등한 기회를 만들어낸 반면에, 이러한 차별 철폐 조치의 목적은 동등한 결과를 달성할 수 있는 잘 알려지지 않은 소수 집단을 포함하기 위한 예방적인 단계를 취하기 위함이었다. 동등한 기회라는 접근을 통해서 고용주들은 그들이 개인이나 단체를 맹렬히 차별할 수 없다고 주장함으로써 긍정적인 입장을 취할 수 있다. 그러나 차별 철폐 조치는 결과가 다양성의 목표를 반영하는지에 대해 평가함으로써 단순히 기회를 창조하는 것을 넘어서 버린다(Crosby & Cordova, 1996).

통합을 향한 이러한 노력과 함께, 동 세기의 초기에 시작된 분리주의자의 움직임 또한 계속 되었다. Elijah Muhammad와 Malcolm X는 흑인 무슬림 운동을 이끌었다. 흑인 무슬림의 목표는 노예제도의 부정적 영향을 긍정적 가치와 행동으로 대체하고, 주요 문화로부터의 독립성을 향상시키는 것이었다. Malcolm X는 전통적 이슬람을 실현하기 위해 Elijah Muhammad로부터 독립하였다. 1965년에 학생전국조정위원회는 Stokely Carmichael의 지도하에 통합이란 목표에서 블랙파워(흑인의 인권 및 정치력 신장을 꾀하는 운동)로 이동하였다. 1966년 캘리포니아 오클랜드에서 흑 표당이 진보적인 정의의 사도 단체로서 형성되었다.

1960년대의 진보가 1970년대 초기로 이어졌다. 콴자 축제(미국에서 일부 아프리카계 미국인이 12월 26일부터 1월 1일까지 열리는 문화 축제) 기념행사가 아프리카, 유럽, 그리고 유대인 영향들의 통합으로써 확립되었다(J. M. Jones, 1997). 아프리카계 미국인에 관한 연구들이 여성, 아시안계 미국인, 라틴계 남성, 그리고 미국 원주민에 관한 연구에 뒤이어 대학교에서 행해졌다.

1960~1970년대의 진보는 1970년대 말쯤에 들어서 중단되기 시작하였다. 최고법원은 1978년에 소수 집단을 위한 분리 입학 과정이 불법이었다고 하는 Bakke 사건을 용인하였다. Allan Bakke는 처음에는 캘리포니아대학교 데이비스 캠퍼스에 있는 의대의 입학이 거부되었다. 왜냐하면 100석의 자리 중 16자리가 자신보다 성적이 낮은 아프리카계 미국인, 라틴계 미국인, 미국 원주민 학생에게 할당되었기 때문이다. 최고법원의 결정의 결과로써, Bakke는 후에 의대에 입학할 수 있었다. 그럼에도 불구하고, Bakke의 결정은 인종이 입학과정에서 고려되어야 한다는 것을 허용하였다. 재판관 Blackmun은 "인종주의를 넘어서기 위해 우리는 처음으로 인종을 고려해야 한다. 사람을 동등하게 대우하기 위해 우리는 그들을 다르게 처우해야 한다."라고 기록하였다(Regents of the University of California v. Bakke, 1978).

1960년대와 1970년대의 심리학은 개인에서 편견에 대한 문화적이고 사회적인 설명으로 옮겨졌다(J. M. Jones, 1997). 유년기의 사회화와 순응은 일상적인 편견의 기제로 보였다. 아프리카계 미국인과 유럽계 미국인 간의 사회적 접촉을 허용한 인종 차별 폐지는 편견의 해결책으로 생각되었다. 그러나 편견의 해결과 관련한 긍정적 인식은 시민권 운동이 선거권, 일자리, 그리고 수입의 차이를 포함하는 제도적 인종주의에 집중되기 시작했을 때 감소되었고, 이는 북부와 남부 모두에 영향을 미쳤다(J. M. Jones, 1997).

1960년대 동안, 아프리카계 미국인의 심리학의 발전을 이룬 아프리카계 미국인 심리학자들의 중요한 결과가 있었다(Holiday, in press). 1968년에 흑인 심리협회(ABPsi)가 미국 심리협회의 아프리카계 미국인 심리학자들과 지역사회에 대한 민감성의 부족에 대한 대항으로 샌프란시스코에서 열린 미국 심리협회 집회에서 설립되었다. 흑인 심리협회는 미국 심리협회에게 (1) 흑인 심리학자와 적은 심리학 대학원생들, (2) 미국 심리협회의 가난이나 인종주의를 포함하는 사회적 걱정에 대한 노력을 지휘하는 데에 대한, 그리고 유색사회에서의 사회적 문제를 언급하는 데에 대한 실패, (3) 그리고 미국 심리협회 통치 구조에서의 흑인에 대한 부적절한 묘사를 포함하는 걱정에 대한 청원을 제시하였다. 흑인 학생 심리협회(BSPA)가 1969년 밴쿠버에서 있었던 서양 심리협회 미팅에서 설립되었다. 1970년에 미국 심리협회 집회에서, 이 흑인학생 심리협회는 미국 심리협회의 회장단 연설을 방해하고 미국 심리협의의 통치기구인 미국 심리협회 대변인 의회에 미래를 제시할 수 있도록 허가되어야 한다는 그들의 걱정에 대한 목소리를 내었다. 흑인 학생 심리협회는 더욱 많은 채용과 흑인 교수와 학생의 유지를 요구하였다. 미국 심리협회의 의회는 학생들의 걱정을 지지하였다. 1969년에 흑인 심리협회는 아프리카계 미국인 아동들에게 편향된 교육적 시험에 대한 중지를 요구하였고, 1970년에는 아프리카계 미국인 학생의 채용과 유지를 위한 10단계 계획을 개발하였다. 1974년에는 흑인 심리협회는 아프리카계 미국인을 포함하는 심리학적 이론과 연구에 초점을 두는 흑인 심리학 저널을 출간하였다.

1980~2000년대 : 차별 철폐 조치의 소멸, 하지만 미래에 대한 희망

1980년대 "미국에 아침이 밝아옵니다."라고 선언한 Reagan 대통령에 의해 이끌어진 많은 미국인은 인종주의가 더 이상 존재하지 않는다고 주장하였다. 비록 노골적인 인종주의 형태가 다소 감소했을지라도, 미묘한 인종주의는 계속되었다(Dovidio & Gaertner, 1996 J. Jones, 1997). 미묘한 인종주의 형태는 차별이 더 이상 존재하지 않는다는 것과 삶의 하나의 방법을 소중하게 생각한다는 점을 포함한다. 아프리카계 미국인은 인종주의로 인한 부정적인 개인적 경험 때문에 미묘한 인종주의에도 민감할지 모른다(Franklin, 1999). 몇몇 미국인에게 아침이었을지도 모르는 것은 많은 다른 이들(특히 아프리카계 미국인)에게 황혼이었다. 많은 미국인이 아프리카계 미국인을 향한 눈에 띄는 적대감을 표현하진 않았지만, 그들은 아프리카계 미국인의 이득이 부당하다고 믿었다. 이전 40년간 이루어진 수많은 시민권 획득은 다시 와해되기 시작하였다. 많은 미국인이 차별은 더 이상 존재하지 않는다고 믿었기 때문에 그들은 공평함이란 아프리카계 미국인이나 역사적으로 부당 대우를 당한 단체에 특별한 대우를 제공하는 것을 포함하지 않는다고 믿었다. 이러한 비평가들은 그들의 논쟁점을 지지하기 위한 자료를 가지고 있었다. 대학과 졸업 학위를 가지고 있는 아프리카계 미국인은 1970년대 중반부터 1980년대까지 백인 미국인보다 더욱 많은 수익을 얻었다. 그럼에도 불구하고, 1981년에서 1993년까지 반대 현상이 발생하였고, 이는 차별 철폐 조치에 관하여 태도의 변화에 영향을 미칠 수도 있었다(J. M. Jone, 1997). 유럽계 미국인과 유색 미국인 간의 적대적인 관계는 계속되었고, 이는 1989년의 증오범죄법령으로 이어졌다. 그러나 이러한 편협함에 대한 법령을 반대하는 사람들은 몇몇 다른 사람에 의해서 과민하고 정치적 정당성에 사로잡혀 있다고 보였다.

인종주의는 더 이상 존재하지 않는다는 몇몇 미국인의 바람과 믿음에도 불구하고, 거의 모든 아프리카계 미국인은 일생 동안 일정 형식의 인종주의를 경험한다(Klonoff & Landrine, 1999). 유럽계 미국인의 부정적이고 뚜렷한 태도가 다른 소수 인종 집단보다 아프리카계 미국인에게 더 두드러졌다는 점을 뒷받침할만한 증거도 있다(Sears, Citrin, Cheleden & van Laar,1999). 명시적인 인종주의가 좀 더 낮은 사회 경제적 지위에 있는 아프리카계 미국인에게 현저하게 나타난 반면에 미묘한 인종주의는 좀 더 높은 사회경제적 지위의 아프리카계 미국인에서 더욱더 현저할지도 모른다(Clark et al.,1999). 그럼에도 불구하고, 명시적인 인종주의가 좀 더 높은 사회경제적 지위에 있는 아프리카계 미국인에게 문제였다는 증거가 있다(Brody et al., 2006a).

차별은 정신 건강에 부정적인 영향을 미친다. 인종 차별은 아프리카계 미국인 사이의 걱정, 분노, 좌절, 분개, 신체화, 강박신경증, 대인적 민감성, 공포, 편집증, 불운과 무력감, 그리고 우울과 관련이 있다(Clark et al., 1999; Klonoff, Landrine &

Ullman, 1999). 이러한 문제들은 사회적 계층마다 나타나지만 노동 계급층의 아프리카계 미국인이 중간층의 아프리카계 미국인보다 더욱 심한 차별을 받을지도 모른다(Clark et al., 1999; Hughes & Dodge, 1997).

1986년 심리학에서의 긍정적 발전은 미국 심리협회의 한 부서가, 소수 인종과 관련한 문제에 대한 심리학 연구를 위한 사회를 발견하였다는 점에 있다. Division 45는 아프리카계 미국인, 아시아계 미국인, 태평양 제도민, 라틴계 미국인 그리고 미국 원주민을 포함하는 지도력을 가진 다문화적 모델을 채택하였다. 이 집단은 많은 심리학자들과 유색인종 학생이 미국 심리학회에서 활동적이 되도록 끌어들였다.

인종주의와 그것의 부정적인 결과는 1990년대에 계속된 차별 철폐 조치가 사라지는 것으로 간과되었다. 1991년 시민권법령은 시험 점수 혹은 인종, 유색 종교, 성, 혹은 민족적 기원에 기반을 둔 분리 형태를 수정하는 것을 금지하였고, 이는 1964년의 시민권법령을 수정하였다(Wittig, 1996). 그러나 1991년 법령은 고용주가 업무상의 필요성이 없음에도 민족, 성, 종교, 민족적 기원, 혹은 장애 단체에 이질적인 영향을 미치는 관행에 관여하는 것이 불법이라고 선언하였다. 따라서 이 단체들 중 어느 곳에서든지 자격이 있는 지원자들은 차별받지 않아야 한다. 비록 이러한 법령이 공평하게 보일지도 모르지만, 어떻게 자격이 있는 소수 인종 지원자들을 채용 단계에 넣을지에 대한 더 넓은 문제는 언급되지 않았고 가능성 있는 소수 인종 지원자에 대한 자원이 제공되지 않았다.

교육에 대한 이전의 입법적 결정들은 심지어 더욱 직접적으로 차별 철폐 조치를 금지하였다. 텍사스에서 있었던 1996년 Hopwood 결정은 흑인과 라틴계 학생들이 텍사스 법학전문대학원에 진학하는 데 우선권을 주는 것은 헌법에 위배된다고 선언하였다. 이 결정은 인종은 입학 처리 절차 동안 고려될 수 있다는 Bakke 결정으로 생겨난 조항을 뒤집었다. 같은 해에, 차별 철폐 조치는 지지자 209명이 승인했을 때 캘리포니아대학교의 평의회에 의해 실질적으로 사라지게 되었다. 이와 비슷한 반차별 철폐 조치에 관한 법률이 워싱턴 주에서도 채택되었다.

2000년대까지 '1954년 Brown과 Board의 정책을 무효화하는 것에 대한 판결을 내렸던 교육 위원회' 판례는 뒤바뀐 것처럼 보였다(Pettigrew, 2004). 2000년 동안, 70%의 아프리카계 미국인 아동이 대부분 아프리카계 미국인만을 위한 학교에 진학하였고, 30%가 90% 이상이 아프리카계 미국인으로 구성된 학교로 진학하였다. 이러한 분리 정책은 Nixon, Reagan, Bush와 같은 공화당 대통령으로부터 최고법원에 임명된 5명의 보수적인 재판관(Rehnquist, Kennedy, O'Connor, Scalia, Thomas) 때문이었다. 이 재판관들은 연방 권한보다는 지역과 지역민들을 강조하였고 브라운 판례가 옳다고 단언하거나 학교를 통합하기보다는 분리 정책이 적용된 학교에 자원들을 제공하는 것을 강조하였다(Pettigrew, 2004).

이러한 정치적, 법적 장애물에도 불구하고, 1980년대와 1990년대에 이루어진 심리학 이론과 연구는 아프리카계 미국인의 정체성과 다문화적 관계에 대해 이해하기 위한 희망을 제공하였다. 보수주의의 배경과 아프리카계 미국인을 향한 수 세기 동안 억압에 대한 훨씬 넓은 양의 맥락에 반하여, 흑인 중심주의가 형성되기 시작되었다. 흑인 중심주의는 문제 해결을 위한 접근 방법의 중심에 있는 아프리카인의 이상을 지지한다(Asante, 1987). 지난 20년 동안 이루어진 심리학에서의 또 다른 중요한 발전은 다문화적인 운동이다(D. W. Sue, Bingham, Porche-Burke & Vasquez, 1999). 이 운동은 다른 문화에 속한 단체들이 다른 세계관을 가지고 있다고 강조한다. 이러한 세계관들을 인식하고 이해하는 것은 상호 문화적인 의사소통을 이끈다. 심리학은 서양의 세계관 속에서 발전하였다. 그러나 많은 유색인종은 서양 세계관을 갖고 있지 않다. 다문화적인 심리학은 자신들의 문화적 맥락과 용어 속에서 사람을 이해하려고 시도한다.

문화적 가치와 정체성

아프리카의 문화적 세계관에 입각하여, J.M. Jones(1986)는 다섯 가지 중요한 속성을 제안하였다. 시간(time), 리듬(rhythm), 즉흥(improvisation), 구두 표현(oral expression), 그리고 정신성(spirituality), 혹은 TRIOS(앞의 다섯 가지의 약자)라고 불리기도 한다. 전통적인 서부 아프리카 문화들은 시간, 인내, 그리고 기다림의 느린 운동을 가치 있게 여기지만, 자본주의 사회에서는 '시간'을 생산성, 도덕성, 그리고 가치를 평가하는 외부적으로 시행되는 행동의 조직이라는 개념으로 본다. '리듬' 은 외부적으로 시행되는 시간에 대응하는 행동 양식과 관련이 있다. 공시상태는 사람과 환경이 서로 조화로울 때 발생한다. 반면에 비동시성은 차별이 이루어진 경우처럼 리듬이 막혔을 때 발생한다. '즉흥성' 은 시간적 압박하의 표현성과 창조성의 조합인데, 특히 예견되지 않은 사건일 때 그 효과가 가장 크다. 차별에 대한 맥락에서 살펴볼 때, 즉흥성은 창조적이고 적응할만한 반응과 관련이 있다. '구두 표현' 은 사건에 의미를 부여하고, 진실을 들어내고(stories, proverbs), 그리고 사람 사이의 일반적인 유대를 형성한다. '정신성' 은 개인 속에서 홀로 살지 않지만 인간에 의해 공유되고 우주에서 살고 있는 생명력에 의한 비물질적인 원인 속의 믿음이다.

Boykin(1994)은 전통적인 아프리카인의 믿음 체계와 일치하는 아프리카계 미국인을 위한 아홉 가지 중요한 문화적 차원을 알아냈다. 즉. 공동생활(communalism), 감정(affect), 표현적인 개인주의(expressive individualism), 정신성(spirituality), 조화(harmony), 구강성(orality), 운동 표현성(movement expressiveness), 열정(verve), 그리고 사회적인 시간 관점(social time perspective)이다. '공동생활' 은 개인적 특권을 넘어서 사회적 집단을 위한 의무와 헌신과 관련이 있다. '감정' 은 정서적인 신호와 표현의 중심성과 관련이 있다. '표현적 개인주의' 는 독특함의 형성과 표현을 포함한다. '정신성' 은 한 사람의 삶에 침투하는 비물질적인 힘과 관련이 있다. '조화' 는 자연을 통제하고자 하는 노력과 반대로 자연과의 일치에 대한 헌신과 관련이 있고, '구강성' 은 단어들과 연설을 통해 얻어진 지식의 특별한 중요성이다. '운동 표현성' 은 운동, 음악, 당김음, 그리고 춤의 중요성을 언급한다. '열정' 은 높은 수준의 감각적 자극의 수용과 관련이 있고, 마지막으로 '사회적 시간 관점' 은 시간이 사람을 통제하기보다는 사람이 시간을 통제하는 것처럼(모든 사람이 도착해야 이벤트가 시작됨) 사회적 현상으로써 시간의 약속을 암시한다. 아프리카계 미국인의 문화적 가치는 콴자 축제의 기념행사의 원칙인 Nguzo Saba에서 표현된다(Grills & Longshore, 1996).

1. **우모자**(통일) : 가족, 지역사회, 그리고 인종적 통일을 위해 노력하거나 유지하는 것.
2. **쿠지차굴리아**(민족 자결) : 다른 이들에 의해 정의되고, 명명되고, 창조되고, 말

하는 것 대신에 우리 스스로를 정의하고, 명명하고, 우리 스스로를 위해 창조하고, 말하는 것.

3. **우지마**(집단의 업무와 책임) : 우리의 지역사회를 함께 짓고 유지하는 것, 그리고 다른 이들의 문제를 함께 해결하기 위해 우리의 문제처럼 여기는 것.
4. **우자마아**(협동 경제) : 우리 스스로의 사업을 설계하고 유지하는 것, 그리고 그 사업으로부터 함께 이윤을 추구하는 것.
5. **니아**(목적) : 사람이 우리 집단의 소명 의식과 우리의 전통적 훌륭함을 되찾게 하기 위해 우리의 지역사회의 건설과 개발을 이루는 데 활용하기.
6. **쿠움바**(창조성) : 우리가 선조로부터 물려받은 것보다 우리 지역사회를 더욱 아름답고 이롭게 남기기 위해 항상 우리가 할 수 있는 만큼 우리의 방식으로 하기.
7. **이마니**(믿음) : 우리 사람들, 부모, 선생님, 그리고 우리의 노력의 승리와 공정함을 믿기.

위에 있는 아프리카계 미국인의 문화적 가치에 대한 개념과의 공통점은 가족과 지역사회의 맥락 속의 개인이다. 비록 공동생활이 아프리카계 미국인의 삶 속에서 중요하지만 개인주의도 그에 못지않게 중요하다. 아프리카계 미국인의 표현적 개인주의의 문화적 차원과 동일하게(Boykin, 1994), 연구에 따르면, 2장에서 논의되었듯이 아프리카계 미국인은 유럽계 미국인보다 더욱 개인주의적이었다고 나타났다(Oyserman, Coon & Kemmelmeier, 2002). 그러나 아프리카계 미국인의 개인주의는 개인의 노력이 다른 아프리카계 미국인을 이롭게 한다는 점에서 공동체에 헌신하는 것일 수도 있다(J. M. Jones, 1997). 따라서 아프리카계 미국인의 개인주의는 공동생활을 촉진할 수도 있다.

가족 문제

아프리카계 미국인의 가족은 그들의 기능에 따라 다양하다. 가족 환경과 가족 형태

자료를 사용하여, Mandara와 Murray(2002)는 다음의 아프리카계 미국인 가족의 종류를 확인하였다. (1) 화합하고 권위적인, (2) 갈등을 겪으며 권위적인, (3) 방어적이고 태만한 가족 형태. 화합하고 권위적인 가족은 높은 가족 화합과 지지적이고, 양육하고, 자녀들과 관련이 있다. 인종적 사회화, 정기적 예배 참석, 그리고 높은 교육적 기대 또한 화합하고 권위적인 가족에게 나타난다. 화합하고 권위적인 가족 내에서 결혼한 부부가 가장인 경우는 58%였고, 그 나머지 42%는 다른 유형의 가족 무리가 구성하고 있었다.

갈등을 겪으며 권위적인 가족은 갈등을 경험하고 부모은 통제적이고, 비판적이며, 그의 아동의 능력과 수행에 불행함을 표현하였다(Mandara & Murray, 2002). 비록 이러한 가족이 성취감 같은 것을 강조하지만, 제한적인 지적 자극이 있다. 종교적인 사회화와 예배 참석이 강조되고 인종적 사회화는 어느 정도 알맞게 이루어졌다. 갈등을 겪으며 권위적인 가족 중 63%에서 결혼한 부부가 가장 역할을 하고 있었다.

방어적이고 태만한 가족은 다른 인종 집단에 대한 반감을 강조하지만 그들의 자녀가 아프리카계 미국인으로서 자랑스러워하도록 가르치지는 않는다(Mandara & Murray, 2002). 가족들은 자녀를 향한 일정 수준의 걱정과 감정만을 보인다. 갈등을 겪으며 권위적인 가족과 비슷하게, 방어적이고 태만한 부모들은 통제적이고, 비판적이고, 그리고 자녀의 능력과 수행에 불행함을 표현하였다. 방어적이고 태만한 가족 역시 성취감 혹은 종교적 · 도덕적 발전을 강조하지 않았다. 미혼모들이 이 가족의 73%에서 가장 역할을 하고 있었다. 그러나 각각의 가족 형태마다 미혼모가 있었고(Mandara & Murray, 2002), 미혼모가 가정을 이끄는 것이 자녀의 인지적인 부분이나 감정적인 기능에 영향을 주지 않는다고 입증되었기 때문에 방어적이고 태만한 가족에서의 어려움이 미혼모의 탓으로만 돌려져서는 안 된다(Foster & Kalil, 2007).

인구조사 자료는 미혼모에 의해 길러진 아프리카계 미국인의 수가 계속해서 증가하고 있다고 말한다(U.S. Bureau of the Census, January, 2006). 조지 부시 행정부하의 연방 정부의 우선 고려사항은 양부모 가정이 편부모 가정보다 자녀에게 더욱 유익할 것이라는 가정하에 결혼과 아버지의 역할을 증진시키는 것이었다(U.S.

Department of Health and Human Services, 2006). 하지만 이 자료는 다른 가족 단체들을 넘어서, 인지적 성취와 감정적 적응의 관점에서 양부모와 함께 사는 것이 아프리카계 미국인 자녀들에게 특정한 이득이 있는 것 같지 않다고 가리킨다(Dunifon & Kowaleski-Jones, 2002; Foster & Kalil, 2007).

저소득층의 아프리카계 미국인, 라틴계 미국인, 유럽계 미국인에 대한 전국적인 표본을 통해서 미혼모, 아버지와 어머니, 어머니와 남성 파트너(생물학적 아버지가 아닌), 그리고 어머니와 할머니와 함께 살았을 때의 인지적이고 감정적인 영향에 대해 알아보기 위해 실험을 실시하였다(Foster & Kalil, 2007). 인지적이고 감정적인 결과는 인터뷰와 심리학적 시험을 통해 평가되었다. 인종 집단이나 가족 동거 형태에 관해서는 인지적이거나 감정적인 결과의 차이가 없었다. 따라서 적어도 저소득층 가족 사이에서는, 양부모 가족이 다른 가족 무리보다 더욱 이롭다고 보이지 않았다.

양육에 대한 확대 가족 형태는 아프리카계 미국인의 문화적 가치와 상응한다. 많은 아프리카계 미국인 미혼모는 친척의 집에 거주하거나 친척이 그들과 함께 거주하도록 한다. 이는 아프리카계 미국인 미혼모 가족 중 거의 절반 정도가 빈곤소득선 아래의 경제상태로 살아가기 때문에 경제적 필요성의 문제일 수도 있다(D. J. Jones, Zalot, Foster, Sterrett & Chester 2007).

확대 가족 양육의 핵심은 확대 가족 구성원과 어머니와의 관계에 있다. 어머니와 그의 어머니(아이들의 할머니)의 관계가 긍정적일 때, 할머니는 도움이 되는 것처럼 보이고, 미혼모와 자녀들의 적응이 관계가 좋지 않을 때보다 더 수월하다(C. B. Gee & Rhodes, 2003; D. J. Jones et al., 2007; Oberlander, Black & Starr, 2007). 이와 비슷하게, 생물학적 아버지는 미혼모에게 도움이 되는 것처럼 보이고, 아버지와 어머니의 관계가 긍정적일 때 미혼모와 미혼모의 자녀가 적응하는 데에 더 수월하다고 보인다(D. J. Jones et al., 2007). 어머니와의 관계의 질 또한 할머니와 생물학적 아버지 이외의 성인과의 양육의 효과성에 영향을 미치는 것으로 나타났다.

권위에 대한 존경은 아프리카계 미국인의 문화적 차원 중 공동생활과 조화에서 중요한 요소이다. 중간 계층의 3학년 여학생 사이에서, 아프리카계 미국인은 유럽계 미국인보다 그들의 부모를 존중하기 위한 차원에서 유럽계 미국인이 보낸 시간보다 더 많은 5~7분 동안의 갈등 논의 과정을 거쳤다(Dixon, Graber & Brooks-

Gunn, 2008). 자녀들의 존중은 그들의 어머니들이 말하고 있던 것에 참여하고 관심을 보여주고 확인하는 것과 관련 있고, 무시하지 않는 것 혹은 그들의 어머니에 불복종하지 않는 것과 관련이 있다. 더욱이, 자녀들의 낮은 존중은 유럽계 미국인 어머니보다 아프리카계 미국인 어머니에 대한 갈등의 빈도와 정도의 자료로써 인식된다.

공동생활은 아프리카계 미국인 가족들의 효율적 기능에 중요한 역할을 한다. 다른 사람과의 협동, 가족에 대한 생각, 그리고 아프리카계 미국인의 가치와 역사에 대해 배우는 것을 포함하는 공동의 가치들은 폭력적인 행동과 부정적으로 관련이 있었고(폭력 방지) 5학년 정도의 아프리카계 미국인 아동들 사이의 공감, 감정이입에 긍정적으로 관련이 있었다(Jagers, Sydnor, Mouttapa & Flay, 2007). 싸움으로부터 떨어져 있을 수 있는 능력과 같은 폭력 방지의 효과 또한 공동의 가치들과 긍정적인 연관이 있다고 나타났다.

아프리카계 미국인 부모들은 유럽계 미국인 부모들이 청소년기 자녀들과 하는 것보다 자신들의 자녀와 함께 결정을 내리는 데 있어서 좀 더 큰 관련이 있을지도 모른다. 아프리카계 미국인 부모의 청소년기 자녀와 결정을 내리는 데 있어서의 참여는 인종주의나 계층에 걸친 차별로부터 보호할 수 있고 빈곤 가족 내에서의 위험성으로부터 보호할 수 있다고 생각된다(Gutman & Eccles, 2007; Smetana, Campione-Barr & Daddis, 2004). 초기 청소년기의 아프리카계 미국인 사이에서, 전통적인 문제들(할당받은 집안일을 할지 안 할지, 어떻게 부모에게 말을 해야 하는지, 어떻게 예의를 갖추는지, 어떤 종류의 언어를 사용하는지)과 신중을 기해야 하는 문제들(담배를 필지, 술을 마실지, 약을 할지, 섹스를 할지)에 관한 결정을 내리는 데 있어서 부모의 관여는 적응하는 데에 긍정적인 연관이 있었다(Smetana et al., 2004).

낮은 가족의 응집력이 아프리카계 미국인 청소년들 사이의 우울증과 관련이 있다고 발견되었지만 유럽계 미국인 청소년 사이에서는 그렇지 않았다(K. C. Herman, Ostrander & Tucker, 2007). 같은 연구에서 가족 간의 갈등은 유럽계 미국인 청소년 사이에서는 우울증과 관련이 있었지만, 아프리카계 미국인 청소년 사이에서는 그렇지 않았다. 가족 통합과 같은 아프리카계 미국인의 가치들과 상응하게, 가족 간 관련성, 그리고 긍정적인 가족 관계가 아프리카계 미국인 청소년이 우울증으로부터 보호될 수 있도록 할지도 모르는 반면, 가족 간의 갈등은 줄이는 것은 그렇지 않을지도 모른다(K. C. Herman et al., 2007).

아프리카계 미국인 가족을 연관되고 빈틈없는 양육, 알코올 사용에 관한 분명한 부모의 예상들, 성에 관한 의사소통, 그리고 인종적 사회화를 통해 더 튼튼하게 하기 위해 방지 프로그램이 고안되었다(Brody et al., 2004). '건강한 아프리카계 미국인 가족' 을 목표로 하는 것으로 알려진 이 프로그램은 부모와 자녀 간의 관계의 질을 개선시켰고 이는 곧 젊은 사람들의 자기 절제력을 증가시켰다(Brody et al., 2005). 건강한 아프리카계 미국인 가족 프로그램은 또한 아프리카계 미국인 가족 중에서 사춘기 이전의 위험한 성적 행동, 알코올 음용, 그리고 부모의 우울증을 줄인다고 발견되었다(Murry, Berkel, Brody, Gibbons & Gibbons, 2007).

외견상으로 부정적으로 보이는 아프리카계 미국인 사이의 가족 간 상호 작용이 꼭 해롭지만은 않다. 대략 90%의 아프리카계 미국인 아동이 체벌을 경험하였다(Dodge, McLoyd & Lansford, 2005). 유럽계 미국인 아동 중 체벌을 겪은 아동이 우울증, 공격적 행동과 같은 심리학적인 문제를 겪는 것으로 알려졌다. 그러나 따뜻함과 수용이란 가족적 맥락 속에서 엉덩이 때리기의 형태인 가벼운 체벌은 유럽계 미국인 아동에게는 해롭지만, 아프리카계 미국인 아동에게는 일부 이로울 수 있지만 해로운 영향은 없었다(Dodge et al., 2005). 아프리카계 미국인 가족 맥락 속의 따뜻함과 수용에 대해서는, 엉덩이 때리기는 부모의 예상할 수 없는 분노에 대한 반응이라기보다는 잘못된 행동에 대해 예상될 수 있는 대응이기 때문이다.

아프리카계 미국인 가족에게 보이는 외견상으로 부정적인 상호 작용의 영향에 대한 다른 연구는 정신분열증 환자와 관련이 있다. 친척들과 정신분열증 환자들 사이의 상호 작용 속에서 보이는 아프리카계 미국인 정신분열증 환자 친척들의 비판적이고 거슬리는 행동은 정신분열증상의 재발의 좀 더 낮은 가능성과 관련이 있다(Rosenfarb, Bellack & Aziz, 2006a). 비판적인 행동은 환자가 어떻게 미래에 바뀔 수 있을지에 대한 지적 없이 과거 정신분열증 환자의 행동에 대한 불만족 혹은 반감과 관련이 있다("너는 가족에게 어떠한 기여도 하지 않는다."). 거슬리는 행동은 정신분열증 환자의 태도나 지식 혹은 감정에 대한 특별한 지식과 관련이 있었다("너는 정말로 나를 신경 쓰지 않는다."). 아프리카계 미국인과 달리 유럽계 미국인 정신분열증 환자의 비판적이고 거슬리는 행동은 좀 더 높은 정신분열증의 재발과 관련이 있었다. 비록 비판적이고 거슬리는 행동이 직접적이긴 하지만, 친척들에 의한 이러한 행동이 아프리카계 미국인 가족들 내에서는 돌봄과 걱정의 표현으로 해석될 수 있다(Rosenfarb et al., 2006b). 청소년들 사이의 결과와 상응하여(K. C. Herman et al., 2007), 가족의 갈등은 꼭 정신 병리학과 관련이 있지는 않다. 더욱이 정신분열증 환자들의 아프리카계 미국인 가족은 유럽계 미국인 가족보다 정신분열증 환자들을 덜 부담스럽게 느끼고 그들을 가족 구성원으로서 덜 거부한다(Rosenfarb et al., 2006a).

요약하면, 가족의 구성과 상관없이, 응집력 있는 아프리카계 미국인 가족은 그들 가족 구성원에 대하여 긍정적인 심리적 영향을 가지고 있다. 가족의 경우 유럽계 미국인보다 아프리카계 미국인의 삶에 더욱 관련될지도 모른다. 외관적으로 아프리카계 미국인 사이의 부정적인 가족 간의 상호 작용이 꼭 우울증과 정신분열증 재발을 포함하는 정신 병리학과 관련 있지는 않다. 아래에서 논의하듯이, 아프리카계 미국인의 정체성은 정신 병리학에 반하는 예방적 요소로써 작용할 수도 있다.

정신 건강

아동과 청소년 사이에, 아프리카계 미국인은 유럽계 미국인보다 더 우울해하는 경향이 있다(Costello, Swendsen, Rose & Dierker, 2008; Kistner, David-Ferdon, Lopez & Dunkel, 2007). 2장에서 논의되었듯이, 민족적, 인종적 차이만으로는 근본적인 차이점을 설명하지 못한다. 비록 차별이 이러한 연구에 의해 평가되지 않았더라고, 유색인종은 유럽계 미국인이 겪는 것보다 더 많은 차별을 경험한다(Levin, Sinclair, Veniegas & Taylor, 2002).

'차별(discrimination)' 은 아프리카계 미국인의 정신 건강에 부정적인 영향을 미친다. 뉴햄프셔 성인에 대한 한 연구에서, 차별이 나이, 성별, 교육, 채용, 수입, 보험, 그리고 출신(미국에서 태어났는지 미국 밖에서 태어났는지)이 통제된 후에 아프리카계 미국인 사이에서 정신 건강의 포괄적 측정에 대한 더 낮은 점수와 강하게 연관되었다(G. C. Gee, Ryan, Laflamme & Holt, 2006). 차별은 일반적 스트레스보다 아프리카계 미국인의 정신 건강에 더 큰 영향을 미치는 것일 수도 있다. 대학생 사이에서 인종주의에 대한 경험은 다른 삶 속에서의 사건보다 신체화, 근심, 우울증의 측정에 대한 점수와 더욱 강하게 연관되었다(Utsey, Giesbrecht, Hook & Stanard, 2008).

차별은 1장에서 다루었던 이념과 덜 동일시되었던 사람보다는 흑인의 정체성에 대한 다차원적 항목에 있는 동화론자와 인문주의자 이념을 지닌 아프리카계 미국인 대학생 속에서 우울증과 더욱 강하게 연관이 있다(Banks & Kohn-Wood, 2007). 동화와 인문주의자 이념을 지닌 사람은 다른 집단에 도달하기 위해 시도할 수도 있고 이러한 집단으로부터의 차별은 다른 집단에 도달하기 위해 시도를 안 하려는 사람에게 보다 더 큰 영향을 지닐 수 있다.

정반대로, 아프리카계 미국인의 정체성은 차별과 우울증 간의 연계를 완화하려는 것처럼 보인다. 아프리카계 미국인 사이의 예배 참석은 우울증에 대한 차별의 영향을 감소시켰다(Bierman, 2006). 비록 예배 참석의 유형이 연구에서 특정화되진 않았지만, 대부분의 아프리카계 미국인은 아마 아프리카계 미국인 위주 교회들인 보수적인 신교도 교회에 참석하였다. 아프리카계 미국인 교회들은 아프리카계 미국인의 정체성과 공동 가치의 중요한 요소이다.

'우울증(depression)'은 자살하고 싶어 하는 관념화와 자살 시도에 관한 위험한 요소이다. 우울증을 겪는 아프리카계 미국인 대학생 속에서, 강한 아프리카계 미국인의 민족 정체성을 지닌 사람은 자살을 하고 싶어 하는 관념화를 덜 겪을 것 같다(Walker, Wingate, Obasi & Joiner, 2008). 민족의 정체성은 유럽계 미국인 대학생 사이의 우울증과 자살을 하고 싶어 하는 관념화 사이의 연계를 완화시키지 못한다. 이와 비슷하게, 국립 병원에 있는 아프리카계 미국인 부모 사이에서, 자살을 시도한 사람은 그렇지 않은 사람보다 더 낮은 민족 정체성을 가지고 있었다(Kaslow et al., 2004).

학업성취와 경력 개발

아프리카계 미국인 부모들이 그들의 자녀의 학업 성적이 우수하도록 하는 것에는 문화적인 요인이 있을 것이다. 8~12세의 아동에 대한 연구에서, 잘 교육받은 유럽계 미국인 부모는 자식에 대한 기대감을 읽기에 유용한 과제를 통하여 그에게 전달하였다(Davis-Kean, 2005). 반대로 잘 교육받는 아프리카계 미국인 부모는 학업적 성공과 관련한 그들 자녀에 대한 기대를 읽기뿐만 아니라 그 관계 속의 따뜻함을 통해 전달하였다. 부모의 따뜻함은 긍정적인 감정을 자녀에게 전달하는 것과 칭찬하는 것을 포함한다. 따라서 아프리카계 미국인의 아동의 학업 성적은 도구적, 그리고 관계적 수단을 통해 달성되었다. 아프리카계 미국인의 속에서 관계에 대한 강조는 아프리카계 미국인의 공동 가치와 상응한다.

학업성취(academic achievement)가 아프리카계 미국인 아동 사이에서 지위의 근원인가? 몇몇 어린 아프리카계 미국인 남성 아동에게서 공격적인 행동이 사교능력, 보호, 그리고 자부심을 형성하는 수단일지도 모른다(Lazur & Majors, 1995). 그러나 공격적 행위가 가치 있다고 보일 수 있는 도시 내에 있는 좀 더 낮은 사회경제적 지위의 아프리카계 미국인 집단의 1학년, 4학년, 그리고 7학년에게는 공격적인 행동이 1학년의 인기와 부정적으로 관련 있었고, 그보다 높은 학년의 경우에는 인기와는 관련이 없었다(XIE, Boucher, Hutchins & Cairns, 2006). 세 학년 모두에 해당하는 인기에 대한 기초는 좋은 학생이 되는 것이다. 여기서 우리가 알 수 있는 결론은 아프리카계 미국인의 폭력성과 학업성취에 대한 사회적 고정관념이 존재한다는 것이다.

아프리카계 미국인이 되는 것과 같은 자부심은 아프리카계 미국인 중 4학년을 대상으로 표준화된 시험 점수와 성적을 측정하였을 때 학업성취와 관련이 있는 것으로 나타났다(Smith, Atkins & Connell, 2003). 아프리카계 미국인이 되는 것에 자부심을 느끼는 아동은 대학교육을 받은 부모가 더 많을 것 같았다. 더욱이, 아프리카계 미국인이 되는 것이 그들의 성공에 장애 요인이 될 것으로 인식한 아동은 더욱 형편없는 성적을 받았다. 이 장애물이라고 인식한 아동은 부모들이 덜 교육을 받았거나 그들을 가르친 선생님 또한 아프리카계 미국인이 되는 것이 성공에 걸림돌이

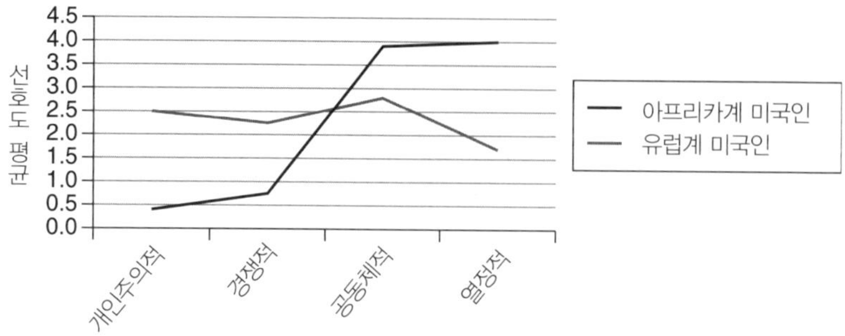

그림 6.1 인종 집단 내의 학습 선호도

된다고 인식하는 경향이 있었다.

몇몇 학자들은 아프리카계 미국인 자녀들이 백인이 되는 것 같아서 학업성취를 거부한다고 주장한다. 왜냐하면 성적을 받는 것은 아프리카계 미국인의 가치와 상반되는 학교 시스템에 순응해야 하기 때문이다(Ogbu, 1986). Boykin과 동료들(2005)은 저소득층의 아프리카계 미국인과 유럽계 미국인 5학년에게 개인주의적이고, 경쟁적이고, 공동체적이고, 혹은 열정적으로 높은 성적을 받는 학생에 대해 설명하였다. 개인주의적인 학생은 독립적으로 일할 때 학업을 더 잘 수행하는 것으로, 그리고 그나 그녀 스스로의 노력으로 문제를 해결하는 것을 즐기는 것으로 묘사되었다. 경쟁적인 학생의 경우 최고의 것을 누리는 것을 좋아하였고 뭐든지 두 번째가 되는 것을 싫어하였다. 공동체적인 학생은 학생들이 배우기 위해 서로 돕는 것이 좋은 생각이라고 느끼고, 서로로부터 많은 중요한 것들을 배울 수 있다고 묘사되었다. 열정적인 학생은 수업 1시간에 몇 가지 다른 주제를 다루는 것을 즐기거나 그나 그녀가 일하고 있을 때 주위에서 틀어진 음악에 대해서 방해 받지 않는다. 유럽계 미국인 학생이 개인주의적이고 경쟁적인 학생을, 반면에, 아프리카계 미국인 학생은 공동체적이고 열정적인 학생을 친구로서 선호하였다(그림 6.1 참조). 따라서 아프리카계 미국인은 즉석에서 높은 성적을 받는 학생을 거부하지만 문화적으로 그들 생각에 적정한 학업성취를 하는 학생을 선호한다.

고등학교에서의 성공은 또한 아프리카계 미국인의 정체성과 관련이 있다고 발견되었다. 아프리카계 미국인 고등학생들 사이에서, 중요한 인종적 사회화는 성적과 긍정적으로 관련이 있고 비행 행동과는 부정적 관련이 있다(T. L. Brown &

Krishnakumar, 2007). 부모의 인종적 사회화는 비행 행동이나 우울증과 부정적 관련이 있다. 고등학생은 그들의 어머니가 아버지보다 좀 더 큰 수준의 인종적 사회화에 관여됐다고 보고하였다.

다른 민족 집단의 사람들이 지적 발달, 지위, 그리고 수입을 포함하는 좀 더 높은 학력을 가치 있게 여기는 이유와 같이, 좀 더 높은 학력은 아프리카계 미국인에 의해서도 가치 있게 여겨진다(Phinney, Dennis & Osorio, 2006). 하지만 유럽계 미국인보다는 아프리카계 미국인 1학년은 대학교에 다니는 이유로 경제적으로 그들의 가족을 돕기 위함일 것 같았다. 사회경제적 지위가 분석에 의해 통제되었을 때, 가족을 경제적으로 돕고자 하는 바람은 아프리카계 미국인의 낮은 사회경제 지위의 결과가 아니었다. 개인의 성공을 이룬 후에 가족을 경제적으로 돕고자 한 이러한 바람은 아프리카계 미국인의 공동 가치와 상응한다.

비록 아프리카계 미국인이 학업성취를 가치 있게 여길지도 모르지만, 많은 이들은 그들이 소수 집단이고 유럽계 미국인이 다수 집단이라는 상태에서 교육받는다. 따라서 유럽계 미국인에 대해 편안하게 느끼는 것은 아프리카계 미국인이 백인 다수의 교육적 제도 속에서 살아남고 번창하기 위해 중요하다. 사실 유럽계 미국인에 대해 거리낌이 없다는 것이 불안을 줄여주고 아프리카계 미국인 대학생 사이의 집단 간 소통을 증가시켰다는 점이 발견되었다(E. R. Cole & Yip, 2008). 게다가, 유럽계 미국인에 대해서 편하게 느끼는 것이 아프리카계 미국인 남학생 사이에서 학업능력이나 학업수행에 대한 걱정을 감소시켰으며 아프리카계 미국인 사이에서 행복감을 증가시켰다고 밝혀졌다.

E. R. Cole과 Yip(2007)의 결과와 유사하게, Anglin과 Wade(2007)는 내면화된 다문화적 정체성은 대부분이 유럽계 미국인 대학교 혹은 인종적으로 다양한 대학에 있는 아프리카계 미국인의 사회적, 그리고 대학에서의 학업적 적응과 긍정적 연관이 있었다고 밝혀졌다. 그러나 내면화된 아프리카 중심주의의 정체성은 대학 적응과 부정적인 관계가 있었다. 따라서 다문화적인 정체성은 자신의 집단만을 배타적으로 포함하는 정체성보다 상대적으로 더욱 적응하기 쉬운 특성을 띠었다. 예상되었듯이 충돌 전(pre-encounter)과 투입 · 재현(immersion · emersion)에 대한 정체성은 둘 다 대학에서의 적응과 부정적인 연관이 있었다.

요약하면, 건강한 아프리카계 미국인 정체성은 좋은 학업적 성취를 이룰 수 있도록 한다. 학업성취는 아프리카계 미국인 아동에 의해 가치 있게 여겨지는데, 특히 문화적으로 그들 생각에 알맞은 학업 성적을 가치 있게 여긴다. 2개의 문화적 특성을 지닌 정체성은 아프리카계 미국인이 소수인 교육적 환경에서 나타난다. 정체성과 소수 지위의 문제는 또한 아프리카계 미국인이 그들의 교육을 마치고 직업 생활(경력)을 시작한 후에도 그들에게 영향을 미친다.

경력 개발

비록 위에서 검토된 증거들이 아프리카계 미국인의 정체성이 일반적으로 학업 성취와 긍정적으로 관련이 있다고 하지만, 아프리카계 미국인은 여전히 다양한 직종에 대하여 인종에 기반한 편견을 가지고 있을지 모른다(Bigler, Averhar, & Liben, 2003). 아프리카계 미국인 중 1학년과 6학년이 아프리카계 미국인을 높은 지위의 일(비행사, 의사, 대학교수)보다 낮은 지위(가정부, 편의점 아르바이트, 패스트푸드점 직원)나 중간 지위(경찰, 미용사, 학교 선생님)의 일을 더욱 잘 수행할 것 같다고 보고하였다. 그러나, 아동은 유럽계 미국인과 아프리카계 미국인은 모든 직업들을 잘 수행해야 한다고 지적하였다. 더욱이, 아동은 낮은 지위의 직업보다 높은 지위에 있는 직업들을 선호하였다. 새로운 직종에서 다양한 인종의 노동자가 있는 그림과 설명이 보여졌을 때, 유럽계 미국인이 아프리카계 미국인보다 더 높은 지위에 분포되어 있는 비율이 높았다. 아동은 오직 아프리카계 미국인이나 아프리카계 미국인과 유럽계 미국인이 함께한 직업보다는 유럽계 미국인만이 종사하는 직업을 선호하였다(그림 6.2 참조). 따라서, 아프리카계 미국인 아동은 인종에 기반한 직업적 고정관념을 인식하고 있었지만, 이러한 인식이 모든 직업이 인종적 배경에 상관없이 모든 사람에 의해서 수행되어야 하는 것 혹은 유럽계 미국인의 범위로 보여지는 직업에 대한 바람직함을 가지고 수행되어야 한다는 믿음을 깨지는 못하였다.

인종에 기반한 직업과 비슷하게, 성에 기반한 직업도 있다. 민족의 정체성이 어린 아프리카계 미국인의 성과 관련된 전통적인 직종에 대한 선택에 중요한 영향을 미

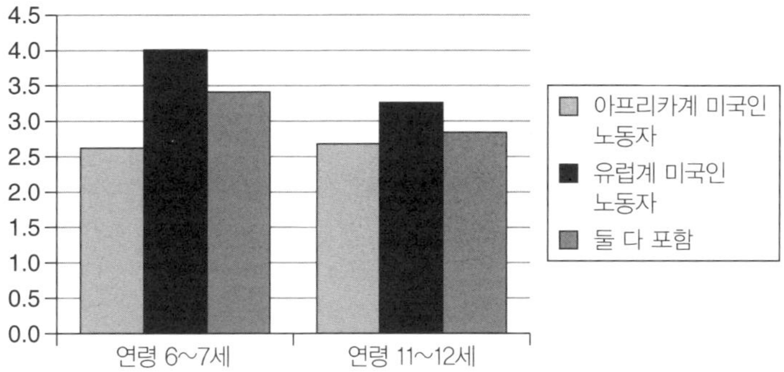

그림 6.2 아프리카계 미국인 아동들의 직업 선호도

친다고 입증되었다(Gushue & Whitson, 2006). 강한 민족 정체성을 지닌 아프리카계 미국인 9학년 또한 그들이 효율적으로 경력에 대한 결정을 내리는 일에 참여할 수 있는 능력에 대해 자신이 있다. 이러한 자신감은 성과 관련된 전통적인 직종의 선택과 부정적인 관련이 있다. 따라서, 민족적 정체성은 아프리카계 미국인에게 직업 선택의 범위를 넓혀줄 수도 있다.

직업을 선호하는 것이나 선택하는 것 자체는 직업이 있는 기관에서의 직업에 대한 실질적인 수요를 다루기 위한 것과는 별개이다. 아프리카계 미국인의 비즈니스 기관에 대한 인식은 기업적 다양성과 기업의 다양한 정책에 영향을 받을 수 있다. 아프리카계 미국인 전문가들은 기관의 다양한 정책과 상관없이 민족적 소수에 대한 많은 표현이 있는 사진 속에 기관이 묘사되어 있다면 기관을 신뢰하는 것으로 나타났다(Purdie-Vaughns et al., 2008). 기관이 민족적 소수에 대한 설명을 포함하지 않은 사진에서 묘사되었을 경우 위의 전문가들은 인종을 차별하지 않는 정책을 가진 기관[다른 법률 회사들은 직원들의 다양성에 집중하였다. 우리는 우리의 다양한 인력들이 그들의 유사성(공통적 부분만)을 포용하도록 훈련시킨다]보다는 다양성을 가치 있게 여긴 기관(다른 회사들은 그들 직원을 하나의 틀로 형성하려 한다. 우리는 우리의 다양성을 포용하는 것이 우리 문화를 더욱 풍부하게 해준다고 믿는다)을 더욱 신뢰하였다. 또한, 유럽계 미국인이 승진했거나 아프리카계 미국인이 해고당했을 때, 기관 내에 민족적 소수들에 대한 많은 표현들이 있었을 때 아프리카계 미국인 전문가들은 개인적 행동들을 인종에 기반하였다고 보지 않았다. 그러나, 기관 내에 민족적 소수에 대해 표현이 많이 없었을 경우, 아프리카계 미국인 전문가들은 다양성을 가치 있게 여기는 기관보다 인종을 차별하지 않는 정책을 가진 기관에서 개인적 행동을 인종에 기반하였다고 인식할 것 같았다. 아프리카계 미국인 전문가들은 오직 그들이 기관의 절차들이 공정하였다는 독자적인 감사에 대한 증거가 있었을 경우에만 인종을 차별하지 않는 정책을 지니고 다양성이 없는 기관을 신뢰하였다.

기관에서 자신이 그 단체에서 유일한 인종적 구성원이라는 단독 지위 상황에서, 아프리카계 미국인은 형편없는 업무수행이 그들 자신뿐만 아니라 다른 모든 인종에게까지 영향을 미치지 않을까에 대해서 두려워할지도 모른다. 개인주의적이고 단체와 연결되지 않은 유럽계 미국인은 단독 지위 상황에서의 이러한 걱정을 경험하지 않을 수도 있다. 사실 Sekaquaptewa, Waldman 그리고 Thompson(2007)은 아프리카계 미국인의 자신의 역할에 대한 인종적 중심성이 그들이 단체에서 학습과제를 수행하는 유일한 인종적 구성원일 때에 그들이 다른 아프리카계 미국인과 함께 그룹에 있었을 때에 비해 증가하였고, 이에 반해 인종적 중심성은 유럽계 미국인이 혼자 일하거나 함께 일했을 때 모두 증가하지 않았다. 단독 지위에 있던 아프리카계 미국인은 또한 그들의 업무 수행이 그들의 인종에 대한 평가에 반영되거나 그들이 다른 이들과 함께 일할 때보다 홀로 일할 때 그들 인종을 더욱 대표한다고 믿었다. 이러한 인종에 기반한 업무 수행에 대한 이해와 대표성은 유럽계 미국인에게는 나타나지 않았다. 따라서, 단독 지위에 있을 때의 인종에 기반한 이러한 걱정은 아프리카계 미국인의 업무수행을 방해하는 부담일 수도 있고, 반면에 유럽계 미국인에게는 그들이 혼자 일을 할 때 이러한 인종에 기반한 걱정을 갖고 있지 않을 것이다.

요약하면, 아프리카계 미국인 아동은 경력, 직업에 대해서 고정관념을 가지고 있을지 모른다. 하지만, 건강한 민족적 정체성을 갖고 있는 것이 그들이 효율적으로 경력과 관련한 선택을 할 수 있게 한다. 기관에서의 다양성의 상대적인 양은 아프리카계 미국인의 기관에 대한 믿음에 영향을 줄 수 있다. 더욱이, 아프리카계 미국인이 기관에서 단독 지위에 있을 경우, 그들은 아마도 유럽계 미국인에게는 영향을 미치지 않는 인종에 기반한 걱정을 하기 쉽다고 볼 수 있다.

결론

아프리카계 미국인의 문화와 정체성은 미국 내에서의 수 세기에 걸친 억압 속에서도 잘 형성되어왔다. 아프리카계 미국인의 가족은 다양한 형태 속에서 기능적이었고, 건강한 아프리카계 미국인 가족은 정신 건강과 학업성취도에 긍정적 영향을 미친다. 가족들은 직장에서의 기능에 대해 적응할 수 있는가와 관련이 있는 아프리카계 미국인 정체성을 키운다. 그럼에도 아프리카계 미국인은 유럽계 미국인이 겪지 않는 인종과 관련된 직업 스트레스 요인과 직면한다.

이 장에서 보았던 대부분의 문헌은 사회문화적으로 알려져 있다. 인종적 혹은 민족 정체성과 같은 문화적 구조, 그리고 차별과 같은 사회문화적 구조들이 개념화되었고 측정되었다. 반면에, 이 장에서 다루지 않은 아프리카계 미국인에 대한 대부분의 심리학적 문헌은 사회문화적으로 알려지지 않았고 아프리카계 미국인의 독특한 특성에 대해 고려하지 않았다. 아프리카계 미국인이 고려되었을 때는, 하나의 인종적 범주 내에 있는 동종의 단체로서 보였다. 아프리카계 미국인의 행동에 대한 문화적이고 사회문화적인 기초를 조사하기 위하여 민족적 집단의 차이에 대한 접근을 잘 설명한 이 장에서 다뤄진 모든 소재에 대한 추가적인 연구가 필요하다.

토론 문제

1. 미국에서 아프리카계 미국인이 겪었던 억압이란 유산의 지속적인 심리학적 효과는 무엇인가? 아프리카계 미국인 대통령의 선거가 얼마나 이러한 심리학적 영향을 무마시켰는가?
2. 많은 이들에 의해서 편부모 가정의 자녀에게, 특히 아프리카계 미국인 아동에게 문제가 있는 것으로 보인다. 그러나 편부모 가정이 모든 민족 단체의 양부모 가정에서보다 상당하게 다른 인지적이거나 감정적인 결과들과 관련이 있다는 증거는 없다. 이러한 증거의 부족에도 불구하고, 왜 많은 이들은 계속해서 편부모 아프리카계 미국인 가정을 일탈적이라고 보는 것인가?
3. 학업적, 직업적 환경에서 성공하기 위해서, 유럽계 미국인 사이에서 미덕인 '능숙함' 이 아프리카계 미국인에게 종종 요구된다. 당신은 '능숙함' 이 아프리카계 미국인 문화 속에서 성공의 잣대로 여겨지는 그런 시대와 환경을 상상할 수 있는가?

제 7 장

아시아 태평양계 미국인

자신의 조상을 잊는 것은 수원(水源) 없는 개울과 같고,
뿌리 없는 나무와 같다.

-중국 속담

아시아 태평양계 미국인은 이주자들이나 동, 서아시아나 태평양 제도로부터 이민한 사람의 후손이다. 이들은 미국에 있는 대부분의 다른 단체들과 구별되는 문화적 관습을 지닌 적어도 29개의 다른 집단으로 구성되어 있다. '아시아 태평양계 미국인' 이란 용어는 이 장에서 동부아시아계 미국인(중국, 일본, 한국), 동남아시아계 미국인(베트남, 태국, 캄보디아), 남부아시아계 미국인(인도), 그리고 태평양 제도 아시아계(필리핀, 하와이, 사모아) 혈통을 포함하는 용어로 사용되는 반면에, '아시아계 미국인' 이라 용어는 다른 집단이 아닌 동부아시아계 혈통(중국, 일본, 한

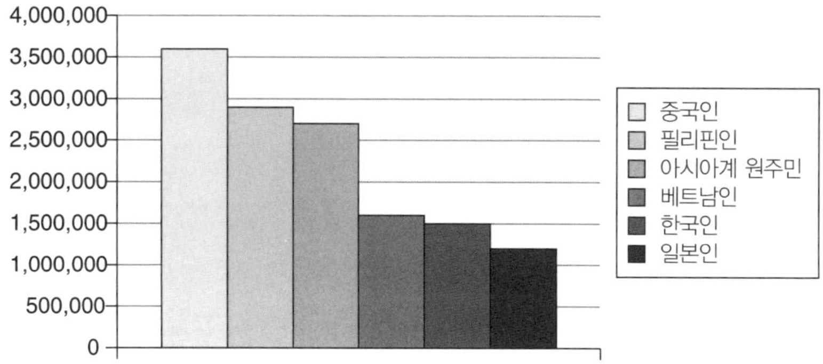

그림 7.1 아시아 혈통의 미국인

국)의 사람을 언급하기 위해 사용될 것이다. 심리학에서의 대부분의 연구들은 동남아시아인과 남부아시아계 미국인에 대한 문헌을 가지고 동부아시아계 혈통 미국인에 대해 이루어져왔다. 태평양계 미국인에 대한 문헌은 거의 없다.

중국인, 일본인, 그리고 한국계 미국인은 각각의 문화가 자신들만의 다소 독특한 방식으로 발전을 시켜왔더라도 공자의 전통에 영향을 받는다. 홍콩은 영국의 식민지로서의 이전 상태에서뿐만 아니라 중국 문화의 영향을 받았다. 베트남계 미국인은 프랑스와 중국으로부터 영향을 받았다. 베트남, 캄보디아, 그리고 태국계 미국인은 모두 불교의 영향을 받은 것으로 보인다. 인도계 미국인은 힌두교, 이슬람교, 시크교, 그리고 자이나교를 포함하는 다수의 종교적 영향을 받았을지 모른다(Min, 1995). 영국의 식민지화로 인도에서의 공식적 언어로서 영어가 채택되었다. 스페인의 식민지화로 필리핀계 미국인이 로마 가톨릭교의 영향을 받게 하였다. 미국은 식민지화를 통해서 영어를 쓰는 필리핀 사람들에게 미국적 영향을 주었다. 70% 이상의 한국계 미국인은 1800년대 후반 대한민국 초기 시절 미국 선교사의 영향으로 개신교 신자들이다(Kitano & Daniel, 1995; E. Lee, 1997). 미국 전체 인구 중에서, 4.2%(1,190만 명)가 아시아계 혈통이다(U.S. Bureau of the Census, December 2004a). 아시아계 인도인, 중국인, 필리핀인, 한국인, 그리고 베트남계 미국인이 아시아계 미국인 인구의 80% 정도를 차지하였고, 일본, 캄보디아, 몽족(Hmong), 라오스, 파키스탄, 그리고 태국계 미국인이 15% 정도를 차지하였다. 중국계 미국인이 가장 큰 아시아계 미국인 단체이다(그림 7.1 참조). 미국 내 약 64%의 아시아인은 아시아에서 태어났고, 이는 대부분의 아시아계 미국인이 이주자라는 것을 의미한다(U.S. Bureau of the Census, August 2005).

미국 전체 인구의 24%와 비교했을 때, 아시아계 미국인 중 44%가 적어도 학사 학위를 갖고 있다(U.S. Bureau of the Census, August 2005). 그러나 2005년도 인구조사에 따르면, 60%의 몽족과 캄보디아계 미국인, 그리고 라오스계 미국인의 절반 정도가 고등교육 이하를 수료하였다. 하와이 원주민과 태평양 도민 중 78%가 고등 교육을 마쳤고 이는 미국의 전국적 인구 비율(80%)과 비슷하였다. 그러나 전국적인 비율인 24%와 비교했을 때 오직 14%만이 학사 학위 이상의 학위를 가지고 있었다.

아시아계 미국인 가족의 연간 수입의 평균은 $59,000이다. 모든 미국 가정의 평균 수입은 $50,000이다. 이러한 차이는 아시아계 미국인 가정에서 벌이를 하는 사람이 더 많다는 원인에 기인한다. 아시아계 미국인 가족 중 60% 이상이 결혼한 가정이라는 사실을 통해 아시아계 미국인은 결혼한 가정으로 이루어진 비율이 전국 인구 비율보다 높다는 것을 알 수 있었다. 더욱이, 아시아계 미국인은 생계비가 많이 드는 지역에 밀집해 있는 경향이 있다(캘리포니아, 하와이, 뉴욕). 아시아계 미국인 사이의 수입과 관련하여 민족적 집단 사이에 많은 다양성이 존재하였다. 아시아계 인도인과 일본계 가족의 평균 수입이 모든 아시아계 미국인 중 가장 높았고($60,000 이상), 캄보디아와 몽족 가족의 평균 수입이 가장 낮았다($30,000~35,000).

비록 아시아계 미국인의 빈곤율(12.6)이 미국 전체 인구의 빈곤율(12.4%)과 비슷하지만, 몽족과 캄보디아계(37.8%와 29.3%)가 개인적인 빈곤율이 가장 높았다. 하와이 원주민 사람과 태평양 도민 6명 중 1명과 아시아계 이민자 5명 중 1명은 빈곤 가정에서 살았고, 이는 전국 인구 대비 수치보다 높았다(U.S. Bureau of the Census, August 2005).

역사

초기 이민

1700년대 후반은 이민자 수가 많지 않았지만 아시아 태평양계 사람이 미국으로 이주하기 시작한 첫 번째 시기이다. 스페인 선박에 타고 있던 중국인과 필리핀 선원이 이 시기 때에 루이지애나에서 정착지를 찾았고, 남부아시아인과 말레이시아 사람들이 노예로 영국 선박을 타고 동쪽 연안에 도착하였다(Agbayani-Siewert & Revilla, 1995). 19세기 동안에, 대략 25만 명 정도의 중국인이 미국으로 이주하였다(Spickard, 2007). 중국인 남성 집단은 많은 단체들이 금을 캐기 위해서 1849년도에 캘리포니아로 온 것과 같이 1820년도에 철도나 광산에서 일자리를 알아보기 위해 미국에 왔다. 미국과 중국 간의 외교 조약이 중국인이 이 시기 동안 미국으로 이주하도록 하는 신호탄이 되었다. 1860년대까지, 2만 4천 명의 중국인 남성이 광산에서 일하고 있었다(Takaki, 1993). 아시아계 광부들은 외국인 광부에 부과되는 세금을 내야 했으며, 이는 유럽계 미국인에게 경쟁적인 이점을 제공하였다.

골드러시(gold rush) 이후로 농장에서 일하는 중국인 노동자들의 농경에 대한 지식으로 인하여 캘리포니아에서의 주된 농경 작물이 밀에서 과일로 변하게 하였다(Takaki, 1993). 1만 2천 명 이상의 중국인이 대륙 횡단 철도를 건설하기 위해 고용되었다. 그들은 유럽계 미국인 노동자보다 더 낮은 임금을 받았고, 공사 기간 동안 천여 명이 죽었다. 중국인과 아프리카계 미국인 노동자들은 1869년 유타(Utah) 영역에서 있었던 대륙횡단 철도의 완공을 의미하는 황금 못 의식을 묘사하는 그림들로부터 눈에 띄게 빠졌었다(Spickard, 2007).

1800년대 후반에 미국 경제는 침체기에 있었고 중국인 이민자들이 종종 희생양이 되었다. 중국인과 유럽계 미국인 노동자 간의 경쟁 때문에 생기게 됐다고 해도 과언이 아닌 중국인 배제법 때문에 1822년 중국인의 미국으로의 추가적인 이민은 끝나게 되었다. 이는 외국인을 국적에 배제한 첫 번째 법이었고 1942년까지 계속되었다. 1885년과 1886년에, 타코마(Tacoma : 시애틀의 남쪽 지역), 시애틀, 그리고 록스프링스(미국 와이오밍 주 남서부에 있는 도시), 와이오밍에 거주하고 있던 중국인이 유럽계 미국인에 의해 공격받아 살해되었고 지역 밖으로 몰아내졌다(Spickard,

2007).

대부분 중국 이민자들의 가족은 중국에 머물렀고 나중에 미국으로 건너오려고 하였다. 그러나 그들이 원하여도 미국 시민이 되지 못하였다. 1790년 연방법은 귀화인에 대한 시민권을 백인을 위해 따로 빼두었고, 아시아인은 1952년까지 귀화한 시민이 되는 것을 허락하지 않았다(Takaki, 1993).

캘리포니아에는 중국인 여성이 거의 없었기 때문에, 1900년대 미국 내의 중국인 중 오직 4%만이 미국 태생이었다(Takaki, 1993). 미국에서의 중국인 여성의 역할은 지극히 제한적이었다. 1870년대, 캘리포니아에 있는 3,536명의 여성 중 61%가 매춘부로 등록되었다(L. Lee, 1998). 1875년 선정적이고 부도덕한 목적으로 미국에 들어오게 된 여성의 이주를 반대했던 페이지법이 생겼을 때 통계는 당연히 연방정부의 주의를 끌었다(Spickard, 2007). 이 법의 선별적 시행은 중국인 여성의 미국으로의 이민을 더욱더 줄였다. 백인과 다른 인종(예 : 흑인), 흑인과 백인 사이에 태어난 사람, 몽골사람 간의 결혼을 금지한 1880년 제정된 캘리포니아법 때문에 중국 남성은 캘리포니아에서 유럽계 여성과 결혼할 수 없었다(Takaki, 1993).

차이나타운이 경제적 · 사회적 지지를 등에 업고 1800년대 말에 발달하였다. 많은 중국계 미국인은 언어적 장벽과 차별 때문에 가게, 식당, 세탁소와 같은 자영업으로 내몰아졌다. 따라서 미국 내 중국인 식당과 세탁소의 존재는 중국인이 이러한 일을 하고 싶어서 하는 것을 의미하지는 않는다. 그러나 많은 유럽계 미국인은 유럽계 미국인 여성이 전통적으로 요리나 세탁을 해왔기 때문에 아시안계 미국인 남성들이 여성화되었다고 보기 시작하였다(Spickard, 2007).

6천 명 이상의 아시아계 인도 남성들이 1904~1911년에 캘리포니아로 이주하였다(Jensen, 1988). 대부분의 남성은 농장에서 일하였다. 약 절반 정도가 결혼하였지만, 1946년 이를 허락하는 법이 제정되기 전까지는 대부분이 그들의 아내를 미국으로 데려올 수 없었다. 중국인 이민자의 경험과 비슷하게, 여성들의 상대적 부재는 아시아계 인도 사람들이 지속적으로 존재하는 것을 저해하였다. 사실 1920년대 미국에 온 1천 명의 인도 학생 중 상당수가 과학과 기술을 배워서 인도에 돌아가 그 지식을 적용하려 하였다(Sheth, 1995). 영국 식민 통치에 의한 경제적 어려움이 많은 인도 사람들이 미국으로 이주하도록 자극하였다(Sheth, 1995). 그러나 1947년 영국으로부터 독립된 이후 향상된 사회적, 정치적, 그리고 경제적 상태는 1965년까지 인도 사람의 미국으로의 이주율을 감소시켰다.

일본부터 미국으로의 이민 흐름도 1882년 중국인 배제법에 따랐다. 1908년 미국과 일본의 의원들의 협정은 일본인 가족 구성원이 미국으로 이민하는 것을 허락하였다. 이 법은 그들이 가족이 중국에 머물러야만 했던 중국인 이민자들과는 다르게, 많은 일본 이민자들이 미국 내에서 그들의 가족과 함께 있도록 하였다. 일본 이민자들은 일자리와 경제적 기회들을 찾아 캘리포니아로 왔고 가게 직원이나 농장에서 주로 찾았다. 그러나 비시민권자가 땅을 소유하는 것을 금지하는 1913년 외국인 소유지 단속법에 의해서 이민자의 기회는 제한되어 있었다. 그럼에도 미국에서 태어난 그들의 자녀들은 시민으로서 땅을 소유할 수 있었다. 1940년대까지 일본계 미국인은 캘리포니아에서 95%의 콩, 67%의 토마토, 95%의 샐러리, 44%의 양파, 그리고 40%의 청 완두를 길렀다(Takaki, 1993).

하와이에 있는 아시아 태평양계 미국인

하와이에서 아시아 태평양계 미국인이 다양한 것은 노동력의 문제로 인한 결과이다. 1900년대 초기, 어떠한 특정 아시아계 집단이 주류가 되는 것을 방지하기 위해서 많은 아시아 태평양계 사람들이 유럽계 미국인들에 의해 하와이로 유입되었다(Takaki, 1993). 그러나 아시아인 노동자들은 민족에 걸쳐 통합하여, 결국 주류가 되었고 노동조합을 결성하였다(Takaki, 1993). 현재 하와이 인구의 60% 이상이 아시아 태평양계 미국인 혈통이다.

하와이에서의 아시아인 노동자의 채용은 7천 2백 명의 한국인이 1903년에서 1905년 동안 하와이로 이주하게 하는 원인이 되었다(Min, 1995). 1906년부터 1923년 사이, 미국으로 온 한국 이민자들의 주요 집단은 노동자들의 아내, 학생, 그리고 정치적 망명자들이었다(Min, 1995). 필리핀 사람들의 이민 외의 아시아인의 미국으로의 이민은 1924년 아시아인 배제법에 의해 완전히 중단되었다.

스페인과 미국 간의 전쟁 이후로 미국은 1898년 필리핀에 대한 소유권을 얻었다. 1906년에서 1940년 사이, 필리핀 사람들은 하와이로 수출되었고 미국 서부 해안에서 값싼 농장 노동력 취급을 받았다(Agabayani-Siewert & Revilla, 1995; Edman

& Johnson, 1999). 중국인의 이민과 비슷하게, 필리핀 사람들의 이민은 주로 남성과 연관이 있었다(Agabayani-Siewert & Revilla, 1995). 1930년대 침체기 동안에, 2천 명의 필리핀계 미국인이 자신들을 본국으로 송환하려고 한 연방 정부로부터의 압박 때문에 미국을 떠났다(Spickard, 2007). 이러한 송환정책은 1930년대 동안 유럽계 미국인의 고용 기회에 위협적 존재로 인식되었던 멕시코계 미국인에게 대규모로 일어났다(8장 참조). 많은 필리핀 사람들은 2차 세계 대전 동안 미국 군하에서 복무하였고 그 대가로 1943년 미국 시민이 되는 것이 허가되었다. 필리핀은 1946년 미국으로부터 독립되었다.

2차 세계 대전 전후로 유럽계 미국인들은 사회적 정치적으로 하와이를 통제하려고 하였다(Spickard, 2007). 일본계 미국인들과 그들의 목표는 그들을 미국화시키는 것이었다. 그래서 영어로 수업을 하기도 하며 식사예절과 같은 미국 관습을 가르치기도 하였다. 하지만 일본계 미국인들은 이러한 방법을 하와이를 정치적으로 지배하기 위하여 사용하였다.

2차 세계 대전 동안 일본계 미국인의 투옥

아시아계 미국인에 대한 미국 정부의 가장 큰 차별적 행동은 2차 세계 대전 동안 일본계 미국인에게 발생하였다. 일본계 미국인의 농업에서의 생산성은 캘리포니아에 있는 유럽계 미국인에게 경제적 위협으로 인식되었고 2차 세계 대전 동안 미국 내 매장 캠프에 있었던 12만 명의 일본계 미국인을 본국으로 송환하는 데에 많은 자극제 역할을 하였다.

일본으로 송환된 일본계 미국인 2/3가 미국 시민이었다. 전시 동안 일본계 미국인이 매장지에 있었던 공식적인 이유는 국가 안보에 위협이 됐기 때문이었다. 그러나 2차 세계 대전 동안 미국에 대한 일본계 미국인으로부터의 어떠한 방해 행위도 실행되지 않았다(Nakanishi, 1988). 심지어 군대 지휘자들이 일본계 미국인이 국가적 안보에 제기하였다는 실질적 위협에 대해 논의하였다(Commission on Wartime Relocation and Interment of Civilians, 1982). 미국 서부 해안에 있었던 모든 일본계 미국인은 본국으로 송환되었고, 반면에 하와이에 있던 일본계 미국인 중 극히 일부만 본국으로 송환되었으며, 미국 다른 지역에 살던 일본계 미국인은 송환되지 않았다. 더욱이, 미국은 독일과 이탈리아와의 전시 상황에 놓였었다. 하지만 독일인과 이탈리아계 미국인에 대한 대규모 송환은 이루어지지 않았다. 또 다른 아이러니는 일본계 미국인 남성들은 매장 캠프에서 유럽과 태평양에서 군인으로서 미국을 위해 싸우게 되었다. 이들의 부모들과 어린 형제들이 어떤 식으로든지 간에 미국의 국가 안보를 위태롭게 하였지만, 징병된 이들은 그렇지 않았다.

미국 정부가 본국으로 송환된 일본계 미국인에게 사과하기까지는 35년이란 시간이 걸렸다(Spickard, 2007). 1988년에 미국 정부는 매장 캠프에서 살아남은 사람이나 죽은 이들의 자녀들에게 각각 $20,000씩 제공하기 위해 보상법령을 제정하였다. $20,000는 교육과 취업, 건강에 관한 영역에서 일본계 미국인이 겪었을 정신적 외상을 고려한 총 합의 금액이다. 2008년, 오리건(Oregon)과 워싱턴 주에 있는 대학들은 매장지로 수용되었기 때문에 대학으로부터 퇴학당한 이전 학생들에게 영예로운 학위를 수여함으로써 어떻게 매장지로의 수용이 인턴의 교육을 방해하였는지 인식하기 위해서 상징적인 노력을 하였다. 그러나 이전 인턴 중 많은 사람이 이 학위를 받기 전에 이미 죽었다.

이민 제한요소의 철폐

1943년 중국이 미국의 우방국이 되었기 때문에 중국인 배제법령을 철폐하였다(Takaki, 1993). 이는 105명의 중국인이 해마다 미국으로 이민할 수 있도록 하였다. 이러한 중국 이민자 중 상당수가 여성이었고 이는 미국 태생의 중국인의 인구가 늘어나는 계기가 된다. 중국계 미국인 병사들의 중국인 아내들은 전쟁 신부법령에 의해 미국으로 오는 것이 허락되었고, 이는 미국 병사들이 그들이 결혼한 여성들을 전시 동안 외국으로 데려오는 것을 허락하였다(Spickard, 2007). 1949년 중국에서의 공산주의 혁명 때 미국에 있었고 돌아가지 못했던 중국인 학생들과 교수들 또한 피난민 신분이기 때문에 미국에 남아 있는 것이 허가되었다.

1946년 각각의 집단으로부터 해마다 100명씩 이민할 수 있도록 한 분리된 의회의 법령으로 이주에 대한 기회는 필리핀 사람과 아시안계 인도 사람에게 열려 있었다(Fong, 1998). 법령은 또한 필리핀 사람과 아시아계 인도 사람이 미국 시민권을 신청할 수 있도록 하였다. 그러나 아시아인이 다시 미국으로 대규모로 이주할 수 있는 것은 1965년 이민과 귀화법이 제정되기 전까지는 불가능하였다.

1950년대 한국전쟁 기간 이후부터 1964년까지, 한국과 일본 여성들이 미국 병사들의 아내로서 미국으로 이주하였다. 고아가 된 한국 아이들은 이러한 이민 흐름의 한 부분적 결과이다. 첫 번째 아시아인 이주민은 'McCarran-Walter 법령' 때문에 1952년 시민권을 받는 데 문제가 없었다(Nishi, 1995). 한국 전쟁 동안 미국인의 영향으로 2만 7천 명 이상의 한국인이 임시 입국자 신분의 학생으로 1950년과 1964년 사이에 미국으로 오게 되었다(Min, 1995). 1970년대와 1980년대 동안, 3천 명 이상의 한국인 고아들이 해마다 미국으로 입양되었다(Min, 1995). 이 입양의 흐름은 1988 서울 올림픽 동안 한국이 그의 고아들을 돌보지 않는다는 세계 언론의 부정적 견해 때문에 어느 정도 끊기게 되었다. 1965년 이민법을 통해 1924년 아시아인 배제법령을 철폐하였다. 모든 국가로부터의 이민자들은 만약 그들이 가치 있는 직업적 기술을 가지고 있었다면 미국으로 들어오는 것이 허용되었고 그의 가족과 재통합될 수 있었지만, 정치적 혹은 종교적 박해로부터 취약하였다. 나라 당 이민자 수 한도가 2만 명으로 정해졌다.

동남아시아인의 이주

1975년 베트남 전쟁 이후로, 피난민은 동남아시아 밖으로 이민을 하기 시작하였다. 동남아시아인은 동남아시아에 대한 미국의 정치적, 군사적 관여 때문에 생긴 정치적 분쟁으로 피난민 신세가 되었다. 첫 번째 이민자 중 상당수가 베트남 사람으로 어느 정도 교육을 받았고, 영어를 할 줄 알았다(Nishio & Bilmes, 1987). 이 집단은 베트남 정부와 군 장병을 포함하였다(Fong, 1998). 1975년 인도차이나 정착 지원법이 이 피난민을 돕기 위해 의회에서 통과되었다. 동남아시아인의 초기 이민 흐름은 상대적으로 순조로웠고, 1977년 상기법이 만료됨으로써 끝났다.

1965년 이민법이 제정된 후에, 많은 아시안 전문가들이 미국으로 이민하였다. 그러나 아시아인 전문가 이민자들의 흐름은 'Eliberg Act' 와 1976년 건강 종사자들을 위한 법에 의해 심하게 제한되었다(Min, 1995). 이 법은 이민에 대한 자격의 기준으로써의 가치 있는 직업적 지위를 제거하였다. 따라서 1976년 이래로 아시아계 이민자들의 상당수가 미국 내에 있는 사람들의 가족 구성원이거나 피난민이었다.

1979년부터 1984년까지, 베트남, 캄보디아, 라오스, 그리고 몽족 피난민이 미국 전역에 정착하였다. 많은 이들이 자신의 의지와 상관없이 왔는데 이는 전쟁 때 미국을 도왔다는 이유 때문에 피난자가 되었기 때문이다. 이 단체들은 재교육 캠프로 대피하였고 시골 지역에서 노동을 강요받았으며, 폭탄과 화학 무기로 공격받았고 그의 가족 구성원은 처형되었고 태국에 있는 피난민 캠프로 도망갈 수밖에 없었다. 이 피난민 중 적어도 반절이 외상 후 스트레스를 경험하였다(Sack & Clarke, 1996). 수많은 피난민이 중국 남부 해안으로 보트를 통해서 탈출하려 했지만, 결국 10만 명이 익사하는 결과를 낳았다(Rumbaut, 1995). 두 번째로 이루어진 이민자들은 주로 시골 지역에 있었고, 좀 더 낮은 사회경제적 지위에 있었고 영어를 할 줄 몰랐다(Nishio & Bilmes, 1987). 1980년 피난민법이 5만 명의 피난자들이 해마다 미국으로 들어가는 것을 허용하였고 피난민이 복지 혜택을 받을 수 있게 된 시점 이후로 초기에는 36개월간 원조하였다. 원조 기간은 1981년 18개월로 단축되었다.

최근의 이민 실태

1970년대부터 1990년 사이에 50만 명 이상의 한국인이 미국으로 왔다(Min, 1995). 언어적 장벽과 더불어 이민자들이 한국계 교회와 사업을 포함한 한국계 미국인 지역사회 내에 융화됐기 때문에 한국계 미국인 지역사회는 굉장히 결속적인 형태를 보였다. 대부분의 한국계 미국인은 자영업자이거나 한국계 회사에서 일하는 사람이었다(Min, 1995). 한국인 회사원들은 대중에게 잘 알려진 회사에 의해 생산된 상품을 배급하는 중간상인들이었다(Min, 1995). 로스앤젤레스에서 Rodney King을 공격한 백인 경찰관과 관련하여 1992년 무죄를 선고한 판결 이후로 매체들은 공공 기물을 파괴하고 한국계 미국인들의 사업을 파괴하는 아프리카계 미국인에 주목하였다. 그러나 이러한 폭동에 대한 매체들의 보도는 한국인에게 아프리카계 미국인의 주된 불만족 사항인 것 같았던 아프리카계 미국인과 유럽계 미국인 간의 갈등으로부터 대중의 관심을 자신들에게로 바꾸려는 매체의 시도로 보였다. 이 폭동 동안의 재산 피해의 반절 이하가 한국계 미국인 사업과 관련이 있었다(Spickard, 2007). 더욱이 1만 2천 명 가운데 아프리카계 미국인보다 라틴계 미국인이 더 많았다(Gonzalez, 2000).

한국계 미국인은 한국에서 태어났지만 그들의 가족과 미국으로 건너온 사람들을 1.5세대라 불렀다(Spickard, 2007). 그들은 미국에서 태어난 한국계 미국인보다 한국말을 더욱 잘하고 한국인으로서의 정체성이 그보다 더 뚜렷한 것으로 보였다. 그러나 1.5세대 한국계 미국인은 영어를 잘 할 수 있었고 미국 문화에도 성공적으로 적응하였다. 이는 그들이 미국에서 태어난 한국계 미국인과 별반 차이가 없게 보이게 하였다. 모든 이민 단체들은 어렸을 때 이민한 비슷한 개인들이지만, 한국계 미국인은 자신들을 위해 1.5세대라는 용어를 만들었다(Spickard, 2007).

아시아 태평양계 미국인 인구는 지난 20년간 계속해서 변화하였다. 1971년 이후로, 미국으로 이민 온 아시아 태평양계 미국인 중 필리핀 사람이 가장 많았고, 최소 30년간 계속 그럴 것이다. 필리핀 사람에게는 미국의 자국에 대한 식민지화와 미국인과 필리핀 사람 간의 결혼 같은 문화적 영향 때문에 미국이란 국가가 이주하기에 매력적으로 느껴졌다(Agabayani-Siewert & Revilla, 1995). 베트남 전쟁에 참전한 미군을 치료하기 위해 많은 간호사들이 필리핀에서 훈련받았다. 미국은 간호사들이 부족하다고 생각했고, 1989년 의회는 간호사 구호에 관한 이민법을 통과시켰다. 이는 많은 간호사들이 베트남 전쟁 이후로 간호사 과잉상태에 있던 필리핀에서 많은 간호사들이 미국으로 오게끔 하였다(Spickard, 2007).

1965년 이후로, 대략 100만 명의 인도, 파키스탄, 방글라데시, 스리랑카, 네팔, 부탄, 그리고 시킴 사람과 같은 남부아시아인이 미국으로 이주하였다. 이 이민자 중 상당수가 교육을 잘 받았고 1965년 이민법으로 볼 때 바람직한 직업적 기술을 가지고 있었다(Spickard, 2007). 그들의 경제적 자원이 그들로 하여금 남부아시아로 여행을 할 수 있게 하였고 그들의 고향으로 거의 돌아갈 수 없었던 다른 아시아계 이민자들과는 달리 가족과 계속해서 연락을 할 수 있었다. 덜 교육받은 남부아시아계 이민자들은 모텔 관리인, 편의점 매니저, 그리고 택시 운전사가 되었다.

아시아계 미국인의 정체성 및 시민 권리

아시아계 미국인의 정체성이 시민 권리 운동이라는 맥락에서 특히 미국 서부 해안에서 1960대 후반 화두가 되었다. 이 아시아계 미국인 운동을 통해 시민권과 아시아계 미국인을 위한 정치적 권리를 요구하였고, 전 세계가 아시아계 미국인에 대한 연구 프로그램을 개설하도록 하였다. 또한 사회적으로 혜택받지 못하거나 가난한 아시아 태평양계 미국인을 위한 지역사회 서비스를 고안하도록 하였다(Fong, 1998). 이 운동은 아시아 태평양계 미국인의 모든 민족 단체들을 포함하는 범아시아적 성격을 띠었다. 아시아계 미국인 활동가들은 다른 소수 민족 단체에 대하여 그들이 자신들과 비슷한 걱정을 하고 있다는 점과 공통적 투쟁을 통해 함께 통합할 수 있는 힘을 인식하였다. 이 운동의 주요 사건들 중 하나가 1968년부터 1969년 사이 샌프란시스코주립대학교 5개월 동안 휴교를 하게 만든 3세계 파업이었다. 이 파업은 아시아계 미국인에 대한 연구를 포함하여 민족적 연구를 위한 첫 번째 학교가 설립될 수 있는 배경이 되었다. 아시아계 미국인에 대한 영구적인 연구 프로그램들도 UCLA, 버클리에 있는 캘리포니아대학교, 그리고 워싱턴주립대학교와 같은 주요 대학에서 구성되었다. 아시아계 미국인 학생 단체들 또한 전국 곳곳의 대학에서 형성되었고, 아시아계 미국인에 대한 연구가 학생들의 취지에 응하여 행해졌다.

1960년대 후반의 시민권 운동과 부합하는 것은 소수 모델로서 아시아계 미국인의 신화의 범행이었다. 차별 철폐 조치 비평가들은 아시아계 미국인이 차별 철폐 조치를 통한 아무 이득 없이 사회에서 성공하였는데 왜 다른 소수 단체들은 그렇지 못하였는가에 대해 논쟁하였다. 이 논쟁은 아시아계 미국인에 대한 차별뿐만 아니라 사회 내에서 비아시아계 단체에 대한 경쟁적 불이익에 의해 직면하게 된 수 세기 동안의 억압적 사실을 무시하였다. 비록 아시아계 미국인이 유능하다고 여겨졌을지도 모르지만, 그들 또한 다른 단체에게 비사교적이고 자신들의 기회에 위협적으로 여겨졌으며, 이는 미국의 주류 문화에서 그들이 완전하게 받아들여지지 않게 했을 것이다(Lin, Kwan, Cheung & Fiske, 2005; Maddux, Galinsky, Cuddy & Polifroni, 2008).

아시아계 미국인 심리협회(AAPA)가 샌프란시스코 만 지역에서 아시아계 미국인 심리사 단체에 의해서 1972년 설립되었다(Leong & Okazaki, in press). 아시아계 미국인 심리협회는 생각을 교환하고 아시아인 미국인을 위해 사회적 지지를 제공하고, 교육과 심리학자의 훈련, 그리고 정신 건강 서비스를 향상시키는 것을 강조하였다. Derald Wing Sue는 아시아계 미국인 심리협회의 초대 회장을 역임하였고, 협회 인원은 1979년에 185명으로 시작하여 현재는 500명 이상으로 성장하였다. 아시아계 미국인 심리협회는 해마다 집회를 가지고, 현재 심리학 전문 매거진을 새롭게 선보였다.

다양한 민족적 배경을 지닌 아시아계 미국인은 1982년 Vincent Chin이라고 하는 중국계 미국인 남성이 살해된 이후로 정서적으로 결속되었다. 그는 2명의 백인 자동차 제조 노동자에 의해 살해되었는데 이유는, 그들이 일본 자동차 수리 산업체들과의 경쟁에 뒤처져 화가 났는데 Chin을 일본인으로 오해했다는 점에서 비롯되었다. 2명 모두 상대적으로 경범죄에 대한 처벌을 받았고 감옥에서 복역을 하지는 않았다(Spickard, 2007). 이는 아시아계 미국인 민족 단체 속에서 그들을 구별하는 데 실패하기는커녕, 아시안 사람들로부터 아시아계 미국인을 구별하는 데 실패한 또 다른 사례이다.

아시아인들로부터 아시아계 미국인을 구별하는 데에 실패하는 것은 Wen Ho Lee에 대한 미국 정부의 처리 방식의 근거이기도 하다. Lee는 1960년대에 미국으로 건너와 텍사스 A & M 대학교에서 박사과정을 마친 과학자였고 귀화한 미국 시민권자가 되었다(Spickard, 2007). 1990년대에 Lee가 물리학자로 일했던 로스알라모스국립연구소에서, 중국을 포함한 다른 국가들이 빼돌려진 정보에 기반을 두어 무기 기술에서 한 단계 진보를 이루고 있었다는 이유로 허술한 보안이 도마 위에 올랐다. Lee는 그가 중국인 과학자들을 만났고 그의 중국계 혈통 때문에 1996년 용의자로 지목되었다. 1999년 Lee가 스파이일 것이라고 지적한 뉴욕 타임즈에 따르면, 비록 기사가 그의 이름을 언급하진 않았지만 로스알라모스연구소는 Lee를 해고하였다(Spickard, 2007). 사법부는 나중에 Lee가 외부 국가와 59개 해당하는 폭탄에 대한 비밀을 공유하였다고 지적하였다. Lee는 무기한 구금 명령에 따라 278일 동안 독방에 구금되어 있었다. 아시아계 미국인과 과학자들은 정부의 Lee에 대한 잘못된 조치를 비난하였다. 정부는 결국 Lee가 결백하다고 주장한 기밀정보를 잘못 다뤘다는 것 하나만 제외하고 모든 혐의를 기각하였고 그를 석방하였다. Lee는 집에서 근무하기 위해서 당시 분류되지 않았던 정보를 집에 있던 컴퓨터로 다운로드하였다(Spickard, 2007). 따라서 그가 중국인 혈통이라는 부분적 이유 때문에, 그는 로스알라모스연구소의 희생양이 되었다.

문화적 가치와 정체성

대부분의 아시아계 미국인은 그들 스스로를 아시아계 미국인으로 생각하는가, 혹은 그들 스스로를 문화와 민족성이라는 면에서 여기지 않는가? 북아메리카 사회에서 아시아계 미국인이 얼마나 많이 성공하였는지는 그들이 미국 문화에 잘 동화되었고 다른 미국인들과 그들을 따로 떼어 둘 만큼의 다른 문화나 정체성을 가지고 있지 않다고 논쟁될 수 있다. 그럼에도 아시아계 미국인은 그들이 다수 집단이든 소수 집단이든 그들 스스로를 사회적 상황 내에서 민족성이란 관점으로 인식하고 있다(Kim-ju & Liem, 2003). 반대로 유럽계 미국인은 그들이 다수 집단일 경우에만 민족성 측면에서 스스로를 바라본다. 따라서 아시아계 미국인은 그들 스스로를 민족성의 관점에서 바라본다고 할 수 있다.

B. S. K. Kim, Atkinson & Yang(1999)은 아시아 문화의 여섯 가지 가치 차원을 식별하였다. 집산주의(collectivism), 규범에의 순응(confronity to norms), 감정의 자기 통제(emotional self-control), 성취를 통한 가족 인정(family recognition-through achievenment), 효도(filial piety), 그리고 겸손함(humility). 이러한 가치들은 동아시아 문화에서 보이기도 하지만 다른 아시아 문화에 다양함을 적용하기도 한다. 집산주의는 단체의 견해와 개인보다는 단체의 필요성, 그리고 개인의 성취를 가족의 성취로 보는 것과 관련이 있다. 규범의 순응은 가족과 사회의 성적 역할에 대한 기대감, 가족의 명예에 먹칠하는 것에 대한 걱정, 그리고 다른 이들의 선물에 보답하는 것과 관련이 있다. '감정의 자기 통제' 는 감정을 통제하고 감정을 표현하지 않는 것과 관련이 있고 성취를 통한 가족의 인정은 학업적으로 성취하는 것과 실패로 인해서 가족이 부끄럽게 하지 않게 하는 것과 관련이 있다. '효도' 는 노인에 대한 존경과 부모가 스스로를 돌보지 못할 때 그들을 돌봐야 할 의무를 포함하고 '겸손' 은 겸손함과 허풍대거나 자랑하지 않는 것과 연관되어 있다.

아시아계 미국인 문화에서는 사회적 역할이 중요하기 때문에 성적 역할에 대한 고정관념이 있을 수 있다. 특정 감정들이나 행동은 특정 성(姓)에 대해서는 알맞다고 여겨질 수 있지만 그 반대의 성에게는 그렇지 않을 수도 있다. 사실 아시아계 미국인 남성들과 여성들은 여성이 혐오감, 고통, 당황, 공포, 죄책감, 사랑, 슬픔, 부끄러움, 놀람, 그리고 연민을 남성보다 더 많이 경험한다고 나타났고, 남성들은 여성보다 화를 더 잘 낸다고 나타났다(Durik et al., 2006). 그럼에도 불구하고 감정과 행동에 있어서 여성과 남성에 대한 성적 고정관념은 아시아계 미국인 사이에서보다 유럽계 미국인 사이에서 더 나타났다. 따라서 성적 역할에 대한 고정관념은 아시아계 미국인보다 유럽계 미국인 사이에서 더 많이 나타난다. 아시아계 미국인의 집산주의 가치의 영향으로 여성과 남성은 크게 다르지 않다는 인식이 유럽계 미국인보다 아시아계 미국인 사이에서 더 잘 찾아볼 수 있을 것이다. 반면에, 유럽계 미국인의 개인주의적인 시각은 남성과 여성이 단절되어 있다는, 즉 서로 같지 않다는 인식을 더욱 심화시켰다(Durik et al., 2006). 그러나 집산주의와 개인주의는 연구에서 평가되지 않았고, 그래서 어떻게 집산주의와 개인주의가 성적 역할에 대한 고정관념에 영향을 주는지는 알려지지 않았다.

아시아계 미국인 단체 사이에는 문화적 다양함이 많이 나타난다. 비록 일본계 미국인이 수 세대 동안 미국에 있었다고 할지라도 그들의 가치는 다른 아시아계 미국인 단체보다 더 전통적인 아시아 문화적 특성을 띠었다(B. S. K. Kim, Yang, Atkinson, Wolfe & Hong 2001). 이는 일본인이 보존하고 있는 일본 문화가 그들의 조상이 미국에 이민했을 때인 한 세기 전 일본의 문화이기 때문이고, 이는 현재 아시아인 이민자들이 뿌리를 둔 동시대 아시아 문화보다 더 전통적이었다. 반대로 필리핀계 미국인은 그들의 조상이 동아시아계인 아시아계 미국인의 전통보다 덜 전통적인 문화를 지니고 있는 것으로 나타났다. 이는 필리핀 문화에 대한 스페인의 영향 때문으로 볼 수 있다. 그럼에도 동아시아계 미국인과 필리핀계 미국인의 문화적 가치는 유럽계 미국인의 가치보다는 더욱 전통적이었다.

미국에서 세대라는 용어는 미국에서 태어난 아시아계 미국인이 미국 밖에서 태어난 사람보다 덜 전통적이라는 가정에 때때로 문화 동화에 대한 대용물로 사용된다. 그러나 캘리포니아 대학생의 연구에서 미국 태생의 아시아인과 순수 아시아인 사이에서 상호 의존이나 독립성 측면에서 차이는 거의 발견되지 않았다고 말했고, 차이가 발견됐다고 하더라고 굉장히 미미하거나 불분명하였다(Abe-Kim, Okazaki & Goto, 2001). 예를 들면 아시아 태생 아시아인은 더욱 자기 의존적(상호 의존적이 아닌)이었다. 따라서 미국에서 태어난 아시아계 미국인이 미국 밖에서 태어난 아시아계 미국인보다 문화적으로 덜 전통적이라고 가정할 수 없다.

한 개인이 미국으로 오고 그나 그녀의 원래 문화를 남기고 오는 것과 같은 문화 동화는 꼭 1차적인 과정이 아니다. 한 사람이 1개 이상의 문화를 공유한다면 2차 혹은 다(多)차적인 과정이 발생할 수 있다(Miller, 2007). 고유 문화를 고수하는 것은 문화화 혹은 문화 적응으로 알려져 있다. 1장에서 논의했듯이, 두 문화를 지향하는 것이 새로운 환경에 가장 적합하게 적응하는 것으로 여겨진다(LaFromboise, Coleman & Gerton, 1993).

더욱이 아시아 언어를 사용하거나, 아시아 음식을 먹고, 또 다른 아시아계 미국인과 관계를 갖는 것과 같이 비록 명시적인 전통적인 행동은 감소했을지 모르지만, 전통 가치(감정의 자기 통제, 효도)에 대한 준수는 그렇지 않았을 것이다.

몇몇 아시아적 가치는 다른 가치보다 문화 동화에 있어서 더 민감할지도 모른다. 두 번째 세대 중국계 미국인은 덜 외향적이었고 12세나 5세 이후의 유럽계 미국인보다 성격이 더 진지하였다(Huntsinger & Jose, 2006). 낮은 외향성과 진지함은 감정적 규제와 일치하였다. 그러나 중국계 미국인은 지배와 흥분성에서 17세의 유럽계 미국인과 같이 두 가지 특성(지배, 흥분성)면에서 증가하였다. 다른 사람들의 목표보다 자신의 목표를 주장하는 지배, 감정적 표현과 관련이 있는 흥분성은 개인적인 특성들이다. 따라서 중국계 미국인은 이러한 지배와 흥분성과 같은 차원에서 청소년기 때 유럽계 미국인의 규범을 배워나갔다.

비록 아시아계 미국인이 몇몇 아시아 전통을 준수할지 모르지만, 그들은 미국에서의 탄생 혹은 시민권의 덕목을 지닌 미국인이거나 미국 시민이 아니어도 미국의 가치를 준수하는 이들이다. 그러나 다수 세대에 걸쳐, 혹은 200년 동안 미국에 살았음에도, 아시아계 미국인은 여전히 외국인으로 보인다. "어디에서 오셨어요?"는 아시아계 미국인이 자주 받는 질문이다. 연구에 사용된 대부분의 아시아계 미국인이 태어난 곳인 캘리포니아에 있는 대학생의 연구에서, 라틴계 미국인 중 21%, 아프리카계 미국인 중 10%, 유럽계 미국인 중 7%와 비교해볼 때, 1/3 이상의 아시아계 미국인이 다른 나라 사람이나 미국 원어민이 아닌 것으로 오해받았다(Cheryan & Monin, 2005). 아시아계 미국인의 얼굴은 또한 유럽계 미국인에 의해 유럽계 미국인 얼굴보다 덜 미국인 같다고 평가되었다. 한 사람이 단체의 구성원으로 인정받지 못하는 상황은 '정체성 부정(identity denial)' 이라고 알려져 있다.

정체성 부정에 대한 반응은 그나 그녀가 그 단체에 속한다고 증명하기를 시도하는 개인이나 단체에서 나타나는 '정체성 주장(identity assertion)' 일 것이다(Cheryan & Monin, 2005). 예를 들면, 아시아계 미국인은 그나 그녀의 미국인으로서의 정체성을 미국 스포츠나 음악 혹은 비아시아계 미국인 친구를 사귐으로써 주장할지 모른다. 저자가 중서부 지방에 살고 있을 때, 본인의 조부모가 20세기 초반 미국으로 왔을 당시 그 고향에 대해서 특별한 지식을 갖고 있다는 듯이, 비아시아인에게 일본에서 일어나는 사건에 대해 종종 질문을 받았다. 저자는 일본에 대해 잘 모른다는 사실에 대해 스스로 자부심을 느끼고, 친구에게 왜 그들은 그들의 조상의 원래 나라(독일이나 영국 같은)에 대해서 몰랐는지에 대해 묻는다. 일본에 대한 부족한 지식은 다른 미국인들처럼 저자의 선조의 기원을 거의 알지 못하였다는 사실을 증명해주었다. 그러나 그때 이후로 일본에서 입양된 두 아동과 함께 일본에 여행을 갔고 일본어에 대한 개론 수업을 들었다. 저자가 일본인에 뿌리를 두고 있다고 받아들였지만, 저자는 수업을 듣는 동안 20세기 일본 문화와 21세기 초 미국 문화의 통합체인 일본계 미국식 문화의 맥락으로 다가갔다. 저자의 일본계 미국식 문화는 21세기 일본 문화에 내재하는 전문지식과 비교했을 때 같은 점을 거의 찾을 수 없었다.

요약하면, 아시아계 미국인은 그들 스스로를 그들의 민족성에서 생각하고, 그들을 다른 민족 단체들과 구분하는 문화적 특성을 공유한다. 그럼에도, 문화적 특성에 관해서 아시아계 집단 사이에 많은 다양성이 존재한다. 미국 내에서의 세대라는 것은 꼭 문화 동화와 관련이 있지는 않다. '문화 동화(acculturation)' 는 또한 한 사람이 한 문화에서 다른 문화로 옮기는 것과 같은 1차원적 과정은 아니다. 한 사람은 아마 한 문화 혹은 둘 이상의 문화와의 유대를 유지하는 동안에 한 문화로 동화될 것이다. 몇몇 문화적 가치(지배)들은 다른 가치(감정적 규제)보다 동화되는 것에 민감할 것이다. 아시아계 미국인은 종종 그들이 미국인이 아닐 것이라는 정체성 부정을 경험한다. 정체성 부정에 대한 하나의 반응은 그들이 미국인이라고 증명하려고 하는 정체성 행사이다.

아시아계 미국인과 유럽계 미국인 사이의 문화적 가치의 차이는 육아에 대한 인식에 영향을 주었을지도 모른다. 개인주의적 자기 강화 동기들은 유럽계 미국인이 그들 스스로를 성공한 부모로 인식하게 하거나 그들 스스로의 노력을 통해 자녀의 성공을 이끌었다거나, 반대로 그들의 능력이 자녀의 실패를 초래하지 않았다고 생각하게끔 하는 경향을 갖게 한다(Bornstein & Cote, 2004). 반대로 집산주의자들의 자신의 역할을 이행하고자 하는 동기들은 아시아 혈통의 사람들이 성공적인 육아를 그들 스스로의 능력이 아닌 노력의 결과로 인식하게 하는 것으로 보인다. 겸손의 가치들은 아시아계 미국인 부모들이 자녀의 성공을 그들의 공으로 여기는 것을 방지하고, 실패는 육아의 노력의 부족처럼 보일 수 있기 때문에 자신의 체면 실추에 대한 걱정은 자녀의 실패를 자신의 책임으로 여기는 경향이 있다. 개인주의자와 집산주의자의 동기와 일관되게, 유럽계 미국인 부모들은 그들의 육아능력이나 자녀의 성공과 실패에 대하여 일본계 이민자 부모보다도 자기 강화 인식 수준이 더 크다(Bornstein & Cote, 2004; 그림 7.2 참조). 일본계 이민자 부모들은 자기 강화 측면에서 보면 일본인과 유럽계 미국인 부모 사이에 위치하였고 이는 일본계 이민자 부모들이 유럽계 미국인의 규범 쪽에 더 가까운 성향을 지녔다는 점을 보여준다.

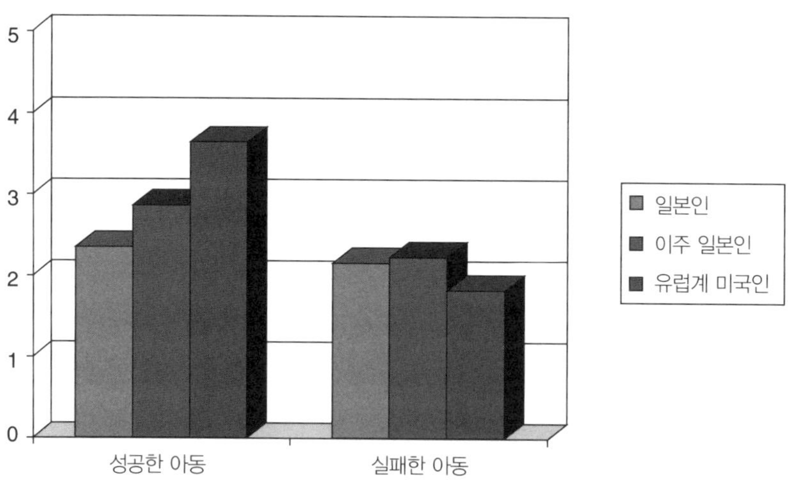

그림 7.2 아동의 수행과 모의 유능감

세대 간 문화적 차이

아시아계 이민자 부모들은 유럽계 미국인의 가치들로 동화되기 시작하였지만, 그들은 여전히 자녀보다 전통적인 아시아 가치를 준수하는 경향이 있다. 문화적 가치에서의 이러한 차이는 부모와 자녀 간 갈등으로 귀결되기도 한다. 한 연구에서, 사춘기 이전의 자녀를 둔 중국계 미국인 이민자 부모들 사이의 문화적 차이는 부모와 자녀 간의 잘못된 의사소통, 육아에 대한 불확실성, 그리고 자녀에 대한 불만족과 관련이 있었다(Buki, Ma, Strom & Strom, 2003). 중국계 캐나다인의 아동들 사이에서, 부모보다 중국 문화를 덜 준수했던 아동들은 부모만큼이나 중국 문화를 준수했던 아동보다 부모와의 심한 갈등, 우울증상, 그리고 낮은 성취에 대한 동기를 경험하는 것처럼 보였다(Costigan & Dokis, 2006).

문화적인 갈등은 종종 아동들이 그들의 개인적 필요사항을 가족의 것보다 위에 둘 때, 즉 개인이 가족보다 우선한다고 생각할 때 발생한다(Hwang, 2006). 이민자 부모들은 또한 영어로 자녀와 의사소통을 하는 데 어려움을 겪을 것이다. 왜냐하면, 아동들은 영어가 최초의 언어로써 그들이 선호하는 언어이고, 부모들이 원래 사용했던 언어를 점차적으로 잊어가기 때문이다. 아동들이 보디랭귀지와 같은 신체를 통하여 감정을 표현하는 유럽계 미국인 스타일을 받아들이기 시작하면서, 이는 자녀가 그들 부모가 감정적으로 표현적이지 못하다고 생각하도록 하고, 부모는 자녀가 감정적 통제력이 부족한 것처럼 보이게 한다(Hwang, 2006).

부모와 자녀와의 문화적 가치의 차이는 꼭 직접적으로 자녀의 문제 행동과 관련이 있지 않다. Choi, He, Harachi(2008)는 세대 간 문화적 가치 차이들은 부모와 자녀 간의 갈등으로 귀결될 때 특히 문제가 된다고 하였다. 문화적 가치의 차이 그 자체보다는 부모와 자녀 간 갈등이 문제적 행동을 이끌어낸다. 그러나 이러한 갈등은 문화적 가치의 차이들이 존재하더라도, 부모와 아동 간의 유대에 의해 상쇄될 수 있을 것이다. 이 모델과 상응하여, 베트남계 미국인과 캄보디아계 미국인 아동들의 세대 간 문화적 차이들(너의 나이 때는 사회적 삶이 중요하지 않다고 부모가 이야기하지만, 너는 중요하다고 생각한다. 부모는 가족이 부끄럽지 않았으면 한다고 자녀에게 말하지만, 자녀들은 부모들이 체면을 세우는 데 너무 걱정을 많이 한다고 생각한다)에 대한 인식은 그 부모와의 갈등에 대한 인식과 관련이 있었다(저자의 부모는 저자의 이야기를 전혀 듣지 않고 잔소리를 많이 함). 그러나 부모와 자녀 간 갈등과 세대 간 문화적 차이 속에서도, 부모와 유대감이 형성된 아동은 유대감이 형성되지 않은 아동보다 문제적 행동(조롱, 거짓말, 폭력, 늦은 귀가)을 덜 하는 것으로 보였다(Choi et al., 2008). 따라서 아시아계 미국인 아동의 부모와의 관계는 세대 간 문화적 차이보다 더욱 중요한 행동 예측변수일 것이다.

세대 간 갈등은 부모와 자녀가 서로 다른 국가에서 태어났을 때 발생할 가능성이 가장 높다. 아시아계 미국인 청년에 대한 연구에서, 부모가 미국에서 태어난 청년의 경우 부모가 아시아에서 태어난 청년보다 가족의 기대(가족과 함께 시간 보내기, 자신의 아시아 언어 배우기), 교육과 직업 문제(공부하는 데 소요된 시간, 어느 학교를 다녔는지), 연애와 결혼(언제 연애를 시작했고 누구와 결혼을 하는지)에 대해서 부모와의 갈등을 덜 겪는 것으로 나타났다(Chung, 2001). 다세대 동안 미국에서 살아온 일본계 미국인 또한 위에서 언급한 사항에 관하여 중국계, 한국계, 필리핀계, 그리고 동남아시아계 미국인보다 부모와의 갈등을 덜 경험하는 것으로 나타났다. 비슷하게, 이민한 중국계 미국인 고등학생은 부모가 중국에서 태생이지만 미국에서 태어난 중국계 미국인보다 중국에서 태어난 부모에게 정서적으로 더 가깝게 느꼈다(Chao, 2001).

북아메리카에 있는 이민자 자녀들이 보통 그들의 부모보다 미국 문화에 더 동화되었기 때문에, 그들은 종종 영어가 사용되는 세상에서 가족을 대신해서 의사소통하고 문화 중개인이 된다. 이러한 역할은 부모가 자녀에게 의존한다는 점에서 부정적으로 해석된다(Portes & Rumbaut, 2001). 그 대신에, 자녀가 가족에 중요한 기여를 한다는 점에서는 긍정적으로 해석될 수 있다(Orellana, Dorner & Pulido, 2003). 문화를 중개하는 것은 이민자 가족들에게 긍정적, 부정적 영향 둘 다 미칠 수 있다. 베트남계 미국인 청소년 중에서, 문화를 중개하는 것은 가족의 갈등과 관련 있지만, 또한 청소년이 가족 결정을 내리는 데 투입된다는 것과 관련이 있다(Trickett & Jones, 2007).

가족 의무

가족과 자녀의 관계에 대한 부모의 기대가 자녀의 실질적 가족과의 관계에 영향을 미칠지도 모른다. 한 연구에서, 이민자 가족 중 중국계 미국인 고등학생은 유럽계 미국인 고등학생보다 그들 가족의 권위에 대해 더 큰 존경심을 보였고 현재나 미래에나 그들의 가족을 도와야 한다는 의무감을 보였다(Hardway & Fuligni, 2006). 이민자들이 비이민자들보다 좀 더 강한 가족에 대한 의무감을 지니고 있다는 비슷한 연구결과가 이민자 가족 중 멕시코계 미국인 고등학생에게도 발견되었다.

이러한 가족 의무감이 학생이 공부할 수 있는 시간의 양을 제한할 수 있을까? Fuligni, Yip, Tseng(2002)은 이민자 가족 중 중국계 미국인 고등학생이 가족에 대한 의무와 관련하여 자신이 공부할 때 투자하는 시간과 비슷하게 보내는 것으로 밝혀졌다. 학업성취도가 아시아의 문화적 가치 중 하나라는 점에서, 공부하는 것은 가족 의무의 한 부분으로 여겨질 수 있다. 그러나 가족 의무는 학생이 친구와 보낼 수 있는 시간의 양을 제한하였다.

가족 의무, 학업에 대한 책임, 그리고 사회적 책임의 균형을 맞추는 것이 아시아계 미국인 청년에게 고통스러운 일인가? 답은 'NO' 이다. 가족 의무나 다른 활동을 가족 의무와 균형을 맞추기 위한 노력 모두 이민자 가족 중 중국계 미국인 고등학생의 스트레스, 고통과 관련이 없었다(Fuligni et al., 2002). 아시아계 미국인 청년들이 가족 의무로부터 얻은 자의식은 이러한 의무의 모든 부정적 영향을 상쇄할 수 있다.

요약하면, 아시아계 미국인 부모들은 유럽계 미국인 부모들만큼 자기 강화적이지 않다. 부모와 자녀 간 문화 동화에 대한 차이는 부모와 자녀가 서로 다른 국가에서 태어났을 때일 수 있는 부모와 자녀 간 갈등이 발생할 때에만 문제가 생기는 경향이 있다. 문화 동화 차이에 따른 갈등은 부모와 자녀 간의 유대에 의해 상쇄될 수 있다. 아시아계 미국인과 다른 이민자들은 가족에 대해 의무감을 띠는 경향이 있지만, 이러한 의무감은 가족 의무가 자의식을 형성할 수 있기 때문에 고통, 괴로움과는 관련이 없다.

정신 건강

아시아계 미국인 사이의 규범적 문화의 패턴은 다른 이들에 의해서 정신적 문제로 잘못 해석될 수 있다. 2장에서 논의했듯이, 몇몇 아시아계 미국인은 소리 내서 생각하는 것보다 말없이 묵묵하게 임할 때 문제를 더 잘 푸는 것으로 나타난다(H. S. Kim, 2002). 따라서 만약에 교실 내에서의 기대되는 것이 학생들은 문제를 토론함으로써 풀어야만 하고, 논의하지 않고 문제에 대해 생각하는 것은 수동적이고, 자신감 결여, 혹은 사회적 위축으로 인식될 수 있다.

주의를 받고 싶다거나 단체에 섞이기 위한 노력과 같은 상호 의존적 행동은 사회적 불안으로 보일 수 있다. 한국계 캐나다인이나 유럽계 캐나다 대학생에 대한 연구에서, 한국계 캐나다인은 유럽계 캐나다인보다 사회적 불안 증상을 더 표현하는 것으로 나타났다(J. J Hong & Woody, 2007). 그러나 민족성과 사회적 불안 증상 간의 연관성은 독립성에 의해 중재되었다. 한국계 캐나다인은 유럽계 캐나다인보다 덜 독립적이었지만, 두 민족 단체에서 더 독립적이었던 사람은 사회적 불안 증상을 덜 표현하는 것처럼 보였다. 그러나 사회적 현상에 대한 한 사람의 영향에 대해서 문화적인 측면에 근거한 우려는 꼭 병적인 것만은 아니다.

아시아계 미국인이 정신적 문제를 경험할 때, 문화적 가치들이 이러한 문제들이 표현되는 행동양식에 영향을 줄지 모른다. 아시아계 미국인이 감정적 표현보다는 육체적 증상(고통, 수면 방해, 두통)을 통해 더욱 고통을 표현하는 경향이 있다(Hwang, Myers, Abe-Kim & Ting, 2008). 이러한 고통에 대한 육체적 표현은 감정의 절제라는 아시아 가치와 일치한다. 심지어 감정이 문화적으로 덜 동화된 아시아계 미국인 사이에서 표현될 때에도, 어지러움을 느끼는 것과 같이 육체적인 경향이 있다(Tsai, Simeonova & Watanabe, 2004).

이러한 감정적 고통을 표현한다는 것은 사회 지원 체제에 부담을 지우는 것으로 인식된다. 사실 S. E. Taylor와 동료들은 아시아계 미국인이 유럽계 미국인보다 고통에 대한 사회적 지원을 덜 추구할 것이라고 하였다. 왜냐하면 아시아계 미국인은 다른 사람과의 관계에서 사회적 지원을 추구하는 영향에 대해서 더욱 신경 쓰는 경향이 있었기 때문이다. 따라서 육체적 증상으로 개인 안에 내면화된 고통의 표현은 단체에 책임이 있는 대인관계에 관련한 문제보다는 오히려 치료해야 하는 개인의 책임인 질병으로 여겨진다. 아시아계 미국인 사이의 육체적 증상은 꼭 우울증이나 불안과 같은 다른 장애의 범위 내에 포함되지 않는다. 중국계 미국인에 대한 지역사회 연구에서는, 육체적 증상을 겪었던 사람 중 78%가 우울증 혹은 불안에 대한 기준에 맞지 않았다(Zheng et al., 1997).

아시아계 미국인은 정신적 문제를 야기하는 문화 동화와 관련된 심리사회적인 고통에 직면할지도 모른다. 이민자들에게 새로운 환경의 재배치, 적응이나 사회적 지원 네트워크의 붕괴는 고통스럽다. 언어적 어려움, 폐쇄 사회에서의 인식, 그리고 부모와 자녀 간의 문화적 차이와 같은 문화 동화에 있어서의 스트레스는 일반적 스트레스(사람이 어떻게 견잡을 수 없고 예측할 수 없고 부담이 많다고 느끼는지)의 영향을 넘어서 정신적인 고통을 만들어낸다. 북아메리카 사회에 얼마나 문화적으로 동화됐는지는 문화 동화 과정에서 겪은 스트레스의 양보다 정신적 고통을 예상하는 데 있어서 덜 중요하다(Hwang & Ting, 2008).

정신적 고통에 대한 위험성은 이민자들이 북아메리카에 자리를 잡았다고 해서 꼭 바로 낮아지는 것은 아니다. Hwang, Chun, Takeuchi, Myers, Siddarth(2005)는 미국에서 얼마나 오래 거주했느냐는 중국계 미국인 사이에서 우울증과 관련해 긍정적 연관이 있다고 하였다. 비록 왜 미국에서 더 많은 시간을 보내는 것이 우울증과 관련이 있다는 점에 대해 분명하진 않지만, 차별의 영향이 미국 사회에서 완전한 참여에 대한 장벽으로써 시간이 지나면서 계속해서 분명해졌다는 점은 사실일 수 있다.

문화적 열등감에 대한 인식 또한 정신적 문제와 관련이 있다. 필리핀계 미국인 사이에서 식민지적 사고방식은 스페인과 미국에 의한 수 세기에 걸친 식민지를 통해 정복당한 것과 같은 문화적 열등감에 대한 인식과 관련이 있다(David & Okazaki, 2006). 식민지적 사고방식의 요소로 필리핀 사람들 내에서의 차별(미국화된, 덜 미국화된), 필리핀 문화에 대한 명예훼손(필리핀 전통에 대한 어색함), 혹은 육체(얼굴 특징 혹은 피부색), 그리고 필리핀인에 대한 역사적, 그리고 현재 받고 있는 차별(스페인과 미국의 식민지화가 필리핀의 문화에 손상을 주지 않았다는 믿음)이 있다. 식민지적 사고방식은 필리핀 사람들 사이의 우울증과 강하게 연관이 있는 것으로 나타났다(David, 2008).

비록 외견상으로는 아시아계 미국인과 관련이 있는 긍정적인 고정관념(지능적인, 열심히 일하는, 수학적인, 자기훈육적인)도 있다 할지라도, 그들은 이러한 긍정적 고정관념이 그들 단체의 교육적, 경제적, 그리고 정치적 기회에 대한 위협으로 인식될 수 있기 때문에 아시아계 미국인은 차별을 경험할 것이다(Maddux, Galinsky, Cuddy & Polifroni, 2008). 아시아계 미국인에 대한 국가적 표준으로 보면, 인식된 차별은 우울증과 불안을 포함하는 정신적 장애들과 관련이 있었다(G. C. Gee, Spencer, Chen, Yip & Takeuchi, 2007). 인종에 따른 불공평한 대우와 관련 있는 차별이 문화 동화적 스트레스 혹은 미국에서 보낸 시간보다도 더욱 강한 정신적 장애의 예상 변수였다. 캐나다에 있는 한국 이민자 중에서 민족성 때문에 불공평한 대우, 서비스 거부, 그리고 무시당하는 것과 같이 알게 모르게 당하는 차별은 구타, 모욕, 혹은 위협과 같은 명시적인 차별보다 우울증에 더 강하게 관련 있는 것으로 나타났다(Noh, Kaspar & Wickrama, 2007).

민족의 정체성이 아시아계 미국인에 나타나는 차별의 영향을 상쇄하는가? 민족의 정체성의 보호 효과는 아시아계 미국인의 연령 집단에 따라 다른 것처럼 보였다(Yip, Gee & Takeuchi, 2007). 민족의 정체성이 미국 태생의 41~50세까지의 아시아계 미국인 사이에서 차별과 정신 건강 간의 연관성을 완화한 반면에, 31~40세, 그리고 51~75세의 미국 태생 아시아계 미국인 사이의 정신 건강과 차별 간의 부정적 효과를 악화시켰다. 중간 나이대에 있는 사람들은 이보다 어리거나 나이가 많은 사람보다 차별에 더 잘 대응한다. 하지만 차별과 정신 건강의 관계에서의 민족 정체성의 나이와 관련한 효과에 대해서는 정확한 이유를 댈 수가 없다.

요약하면, 감정적 절제나 다른 사회 집단 속에 섞이는 것에 대한 걱정 같은 아시아계 미국인의 규범적 행동은 비아시아인에 의해서 병적이라고 해석될 수 있었다. 아시아계 미국인이 병적 고통을 경험할 때, 그들은 육체적인 증상으로 표현하는 경향이 있고 다른 이들에게 부담을 주지 않고 문제를 해결하는 방법을 찾고자 한다. 문화 동화 혹은 차별과 관련이 있는 스트레스는 일반적 스트레스의 영향들을 넘어서 정신적인 문제에 영향을 미친다. 문화적 열등감에 대한 인식은 우울증과 강하게 연관되어 있다. 민족의 정체성은 중간 나이대의 아시아계 미국인에 대한 차별의 영향을 완화해주지만, 다른 나이대의 사람에게는 그렇지 못하는 것으로 보인다.

학업성취와 경력 개발

학업성취와 다른 바람직한 행동들은 열심히 일하거나, 자기훈육, 그리고 순종이 강조되는 훈련을 통해서 아시아계 미국인 가정에서 얻어진다(Chao, 1994). 이 훈련 모델은 유럽계 미국인 모델들이 권위적인(독재적인) 육아로 특성화한 것과 비슷하다(Baumrind, 1991). 반대로, 유럽계 미국인 모델들에서 대부분 바람직한 육아 형태는 부모가 통제와 온화함 모두를 강조하는 권위적인 형태이다(Baumrind, 1991). 권위적인 부모는 자녀와 함께 판단하고, 그들이 하는 일을 왜 하는지를 설명하고, 확고하지만 이해심이 있다.

고등학생의 연구에서, 권위적인 육아는 부모와 자녀 간 친밀도, 학교에서 자녀의 노력, 그리고 자녀의 성적에 긍정적으로 관련이 있지만, 유럽계 미국인 사이의 이러한 특징과는 부정적 연관이 있다(Chao, 2001). 친밀도와 노력은 또한 유럽계 미국인의 성적에 관련이 있었다. 대조적으로, 이민 온 중국계 미국인 속에서, 비록 권위적인 육아가 부모와 아동 간의 친밀도와 관련 있다고 나타났지만 권위적인(독재적인) 혹은 권위적인 육아는 모두 노력, 성적과는 무관한 것으로 나타났다. 학교에서의 노력만이 이민 온 중국계 미국인 사이의 성적과 연관이 있었다. 중국계 미국인 2세대는 이민 온 중국계 미국인과 유럽계 미국인 사이에 존재하였다. 따라서 특정 스타일이 중국계 미국인에게서, 특히 이민자들에게는 꼭 가장 바람직하거나 효과적인 것은 아니었다.

그러나 분명히 성적은 육아의 성공 혹은 학업에서의 성공을 위한 유일한 판단의 잣대는 아니다. 아시아계 미국인이 학업적으로 뛰어난 문화적, 그리고 실질적 이유가 있다. 위에서 논의했듯이, 학업성취는 많은 아시아계 미국인 사이에서 가족의 인정으로 여겨진다. 많은 이민자에게 북아메리카에서의 교육은 경제적, 사회적으로 상위 계층으로 이동하기 위한 길이다. 교육에 대한 기회는 언어 장벽이나 교육에 투자할 시간의 여부로 인해 성인 이주자들보다 그들의 자녀에게 더욱 많이 부여된다. 따라서 많은 성인 이주자들은 자녀를 위한 교육을 더 가치 있게 여기고 강조할지도 모른다(Tseng, 2006). Chao(2001)의 연구에서 이주해온 중국계 미국인은 유럽계 미국인보다 높은 점수를 받았던 미국 태생 중국계 미국인보다 더 높은 점수를 받았다.

아시아계 미국인에 대한 고정관념은 그들이 수학과 과학에 특별한 적성을 가지고 있다는 것이다. 1세대와 2세대 아시아계 미국인 고등학생과 대학생은 사실 유럽계 미국인 학생보다 수학과 과학 수업을 고를 가능성이 많다(Tseng, 2006). 하지만, 수학과 과학은 다른 공부 영역보다 영어능력에 덜 의존하는 과목이다. 1세대와 2세대 아시아계 미국인 학생들은 유럽계 미국인보다 표준화된 시험에서 영어능력이 떨어지는 것으로 나타났고, 스스로를 유럽계 미국인보다 영어능력이 떨어진다고 여겼다(Tseng, 2006). 더욱이, 아시아계 미국인 학생은 수학과 과학에 대한 적성 때문이 아니라 수학과 과학을 다른 과목보다 더 많이 접해왔기 때문에 수학과 과학 관련 직업을 고르는 것으로 나타났다(S. Sue & Okazaki, 1990)

학업에 관한 맥락에서 볼 때, 직업과 관련한 맥락에서 보면 아시아계 미국인에 대한 고정관념에 긍정적 측면이 있는 것처럼 보인다. 아시아인 이름을 가진 가짜 지원자들이 그들의 자질에 상관없이 높은 지위의 직업에 상당히 자격이 있다고 평가되었다(King, Madera, Hebl, Knight & Mendoza, 2006). 그럼에도 모든 아시아계 미국인이 이러한 긍정적 고정관념으로부터 이득을 보는 것은 아니다. 미국의 규범에 가장 많이 동화된 아시아계 미국인이 그들의 직업에 가장 만족했고 가장 긍정적인 감독관의 평가를 받고, 가장 적은 업무 스트레스를 받는다(Leong, 2001). 아시아계 미국인 중 약 2/3가 이민자이고 많은 이들이 상대적으로 미국 문화에 동화되지 않았다는 점에서, 아시아계 미국인 중 대부분이 직업 환경에서 완전히 받아들여지거나 가치 있게 여겨지지 않을 수 있고 직업과 관련한 불만족이나 스트레스를 겪을 수도 있다.

요약하면, 열심히 일하는 것, 자기훈육, 그리고 순종이 강조되는 육아 방식은 많은 아시아계 미국인의 특징이다. 이민자는 특히 학업적 우수함을 성공의 길로 보는 경향이 있다. 언어 문제와 직업적 기회는 아시아계 미국인이 학교에서 수학과 과학을 추구하도록 영향을 줄 수 있다. 비록 아시아계 미국인이 높은 지위의 직업에서 상당히 자격이 있다고 인식되더라도, 문화적으로 동화된 아시아계 미국인이 그렇지 못한 아시아계 미국인보다 일터에서 더 잘한다.

결론

많은 아시아계 미국인은 강한 민족 정체성과 문화적 가치 체계를 가지고 있다. 서양 규범에 대한 문화 동화는 꼭 아시아 문화적 전통을 잃거나 거부하는 것을 의미하지는 않는다. 대부분의 아시아계 미국인은 이민자이지만, 미국에 수 세대에 걸쳐 지내온 사람들은 완전히 미국인으로 받아들여지지 않았을 수도 있다. 문화 동화에 있어서 부모와 자녀 간의 차이는 때때로 갈등의 소지가 된다. 문화 동화적 스트레스, 문화적 열등감에 대한 인식, 그리고 차별은 아시아계 미국인 사이의 정신적인 문제와 관련이 있다. 학업적 우수함은 아시아계 미국인 사이에서 문화적 가치와 비학업적 분야의 제한된 기회와 관련 있을 수 있다.

아시아 태평양 미국인에 대해 심리학에서 알려진 것 중 대부분은 동아시아 혈통의 사람들에 기반을 두고 있다. 비록 동남아시아나 남부아시아계 미국인에 대한 문헌이 계속 나오고 있지만, 태평양 제도계 미국인에 대한 연구는 제한되어 있다. 다양한 아시아계 미국인 단체 사이에 문화적 다양성에 관한 자료뿐만 아니라 아시아계 미국인 단체 사이에서 문화적 가치나, 문화 동화, 그리고 차별적 차원에서의 행동에 대한 영향과 관련한 자료 또한 필요하다.

토론 문제

1. 미국으로 이주해온 집단 중에서, 아시아계 미국인이 다른 나라 사람으로 가장 많이 오해받는다. 2/3 정도의 아시아계 미국인이 다른 나라에서 왔지만, 상당수는 미국에 수 세기 동안 지내왔던 가족 출신이다. 특정 억양이 없는 영어를 구사할 줄 알지만, 가족이 몇 세대 동안 이 나라에 머물렀던 가족이 있는 아시아계 미국인은 여전히 종종 "어디 출신이에요?"라는 질문을 받는다. 다른 미국인이 그들을 외국인으로 인식하게끔 하는 숨겨진 무언가가 있는 것인가? 다른 미국인에게 아시아계 미국인이 망설임 없이 미국인이라고 보이려면 어떠한 것이 발생할 필요가 있는가?
2. 겸손함이나 가족에 순종하는 아시아인의 가치는 상대적으로 경쟁적이고 개인주의적인 미국인의 주류 가치와 조화를 이루지 못하는 것처럼 보인다. 하지만 이러

한 가치를 가지고 있는 아시아계 미국인 학생들은 다른 집단의 상기 가치를 가지고 있는 학생들을 학업적인 면에서 뛰어넘는 경향이 있다고 나타났다. 아시아인의 가치가 비아시아인 집단의 학업적 수행능력을 높여줄 수 있을까?

3. 지적이고, 열심히 일하고, 수학적이고, 자기훈육적이라는 아시아인에 대한 긍정적 고정관념이 있지만, 이러한 특성은 다른 이들에 의해서 위협적이라고 인식될 수 있다. 물론 이것은 고정관념일 뿐 모든 아시아계 미국인의 특성은 아니다. 그럼에도, 만약 긍정적 고정관념을 지닌 단체가 미국 사회의 주류로 받아들여지는 데 어려움을 겪는다면, 모든 유색 집단이 완전하게 미국 사회에 받아들여지는 것이 가능한 것인가?

제 8 장

라틴계 미국인

사물이 변하는 것이 아니라 당신이 그것을 보는 방식이 바뀐다.
그것이 전부다.

−Carlos Castaneda

미국에서 가장 큰 유색 집단을 가리키기 위한 적절한 용어가 무엇일까? 자신을 위한 명칭을 찾는 것은 그들에게 권한을 부여하고, 식민지화에 대한 거부와 관련이 있다(Comas-Diaz, 2001). 히스패닉(스페인어를 쓰는 라틴계 미국인)과 라티노(남성 히스패닉)라는 용어는 미국적 맥락에서 사용되는 정치적인 용어이다(Bernal & Enchautegui-de-Jesus, 1994). 히스패닉은 영어 용어이고 푸에르토리코, 쿠바, 중앙아메리카, 남아메리카, 그리고 스페인 출신인 스페인 혈통인 사람을 가리킨다. 연방 정부는 인구조사와 연방 프로그램의 목적으로 1970년대 히스패닉이라는 용어를 사용하기 시작하였다(Bernal & Enchautegui-de-Jesus, 1994).

'Latino/a' 는 라틴계 미국인을 뜻한다. '라티노(Latino)' 는 남성을 가리키는, '라티나(Latina)' 는 여성을 가리키는 용어이다. 'Latino/a' 용어를 선호하는 사람은 스페인과 히스패닉이라는 용어의 의미를 혼동할지도 모른다. 왜냐하면 후자가 식민지와 관련 있는 용어이기 때문이다(Comas-Diaz, 2001). 몇몇 멕시코계 미국인은 'Chicano/a' (Chicano : 멕시코계 미국 남성, Chicana : 멕시코계 미국 여성)라는 용어를 선호한다. 'Chicano/a' 들은 스스로를 미국과 멕시코계 주류 문화에서 받아들여지지 않는 국외자(아웃사이더)로 본다(Falicov, 1998). 이렇게 범아시아적 라틴계 미국인 정체성을 지니고 있는 'Latino/a' 는 여성이거나, 더 교육받았고 미국에서 태어났고, 정치와 관련이 있고, 그리고 차별을 인식하는 경향이 있다(Masuoka, 2006). 스페인의 영향 때문에, 대부분의 Latino/a는 스페인어를 쓴다. 활동 중인 Latino/a 로마 가톨릭 사람이 점차 줄어들고는 있지만 Latino/a 중 70%가 로마 가톨릭교도이다(Perl, Greely & Gray, 2006).

라틴계 미국인은 아무 인종적 집단 출신일 수 있다. 유럽계 혈통을 가진 큰 단체뿐만 아니라 아프리카계 혈통을 가진 큰 라틴계 단체도 있다. 많은 라틴 사람은 인종적으로 섞여 있다. 비록 경멸적인 단어이긴 하지만 스페인과 북아메리카 원주민의 혈통을 가진 사람은 메스티조[mestizo : 스페인 사람과 북아메리카 원주민의 피가 섞인 물라토(mulatto)]로 알려져 있다. 그러나 라틴계 미국 청소년 중 2/3가 자신을 묘사하는 데 있어서 백인, 흑인, 아시아인, 혹은 북아메리카 원주민보다 오히려 인종을 선택하지 않거나 그 외의 인종을 선택하였기 때문에 인종은 많은 라틴계 사람에게 문제가 있는 개념일 수도 있다(Kao & Vaquera, 2006). 민족성은 쿠바계 미국인, 멕시코계 미국인, 그리고 푸에르토리코계 미국인이 전체로써 그들 스스로를 라틴계 미국인보다는 특정 라틴계 미국인 민족 단체와 더욱 동일시하기 때문에 정체성 파악에 유용한 근거일 수 있다(Huddy & Virtanen, 1995). 더욱이, 라틴계 미국인 청소년은 민족성에 기초하여 친밀한 교우 관계를 형성하는 경향이 있다(멕시코인, 멕시코계 미국인, 푸에르토리코인, 쿠바인, 중앙 혹은 남아메리카인, 다른 히스패닉; Kao & Vaquera, 2006).

라틴계 미국인은 미국 인구의 13% 이상인 4천만 명 이상을 차지한다(U.S.

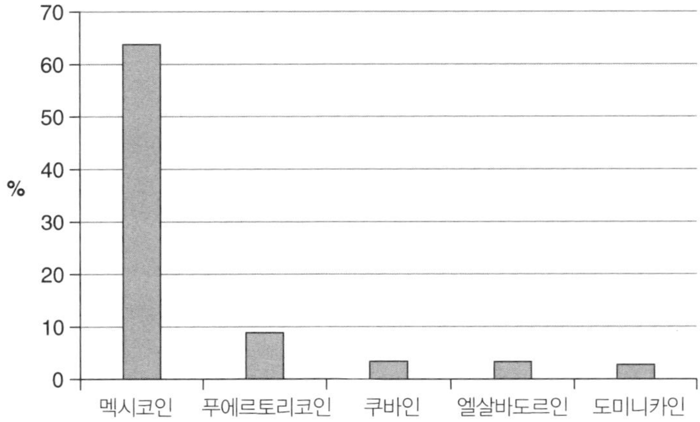

그림 8.1 미국의 라틴아메리카계 단체 비율

Bureau of the Census, June 2004). 그중 40%가 라틴아메리카에서 태어났다. 2000년 이후로, 라틴계 미국인은 미국에서 가장 빨리 성장하는 소수 민족단체이다. 멕시코 출신 사람이 라틴계 미국인 중 가장 큰 단체로 전국의 전체 라틴계 미국인 인구 중 59%를 차지한다(S. Chun, 2007). 모든 라틴계 단체의 비율은 〈그림 8.1〉에 나타나 있다.

라틴계 미국인 인구는 상대적으로 젊다. 2004년, 나이의 중간값은 26.7세이고 모든 민족 단체 중 가장 낮았고(U.S. Bureau of Census, June 2004), 전체 인구와 비교해볼 때 9세 정도 어리다(U.S. Bureau of the Census, December 2004b). 멕시코인, 쿠바인, 중앙아메리카인, 남아메리카인, 그리고 다른 라틴계 가족 중 절반 이상이 결혼한 커플로 이루어진 가족인 반면에, 푸에르토리코인 가정 중 42%만 위와 같다고 보고되었다.

2000년에 라틴계 미국인은 전국의 인구와 비교했을 때 낮은 교육적 성취도를 보이는 것으로 나타났다(U.S. Bureau of the Census, December 2004b). 라틴계 미국인 중 52%만이(전 국민 기준 80%) 고등학교 졸업장을 가지고 있고, 10% 정도가(전 국민 기준 52%) 학사 학위 혹은 그 이상을 가지고 있었다. 모든 라틴계 미국인 중에서, 남아메리카인이 적어도 고등학교 졸업장을 가지고 있는 사람 중 가장 높은 비율을 차지하는 것으로 나타났다(각각 77%, 76%). 반면에 멕시코인과 중앙아메리카인이 각각 46%씩으로 가장 낮은 비율을 차지하였다.

라틴계 미국인 가정 수입의 중간값은 $34,400으로 전 가정 기준인 $50,000보다 낮았다. 일반적으로 전국 인구의 12%와 비교했을 때 라틴계 미국인 중 23%가 빈곤한 상태에 있었다.

역사

농경, 직물 그리고 의학 분야에서 고도로 발달된 문화들은 스페인 사람들이 중앙, 그리고 남아메리카에 도착하기 오래 전에 도착하였다(Comas-Diaz, Lykes & Alarcon, 1998). 마야, 잉카, 그리고 아즈텍(멕시코 원주민) 제국은 이러한 문화의 일부였다. 15세기 후반, 16세기 초반에 중앙, 남아메리카의 많은 국가들이 스페인에 의해 정복되었다. 스페인은 지금의 뉴 멕시코, 텍사스, 그리고 캘리포니아에 살고 있던 토착민을 16세기 때 정복하였다.

멕시코계 미국인

스페인의 임무들이 1769년 시작한 지금의 캘리포니아 도처에서 수립되었다. 대부분 가난했던 멕시코계 정착민이 이러한 임무 속에서 일하고 살기 위해 왔다. 1821년까지 캘리포니아에는 3천 명의 멕시코계 미국인(Mexican Americans)이 있었다(Takaki, 1993). 유럽계 미국인 정착자들은 그들과 멕시코인 간에 어느 정도 긴장감이 흘렀지만, 처음에는 멕시코인에 의해서 환영 받았다. 유럽계 미국인은 멕시코인을 게으르거나, 자원을 낭비하는 사람으로 본 반면에, 멕시코인은 유럽계 미국인이 땅에 대한 특권의식을 가지고 있다고 보았다(Takaki, 1993).

멕시코는 1821년 스페인으로부터 독립하고 이주민을 격려하기 시작하였다(Spickard, 2007). 1836년까지 지금의 텍사스인 멕시코 지역의 대다수의 거주민은 유럽계 미국인이었다. 텍사스에 있던 유럽계 미국인은 멕시코 군대와 전투를 벌였고 멕시코 대통령인 Santa Ana를 포획한 후에 독립을 선언하였다. 텍사스 공화국은 미국의 한 주(state)가 되기 위해 신청을 하였지만 노예제의 시행 때문에 처음에는 거부당하였다(Spickard, 2007).

텍사스에 살고 있는 유럽계 미국인에 의해 이끌어진 멕시코인과 미국인 간의 전쟁은 미국의 남서부 지역을 쟁탈하기 위해 1846년에 시작되었다. 멕시코인의 강도, 살인, 그리고 강간이 전쟁 동안 많이 이루어졌다(Takaki, 1993). 1848년에는 과달루페 이달고[Guadalupe Hidalgo : 멕시코 연방구(聯邦區)의 도시] 조약 때문에 텍사스, 캘리포니아, 뉴 멕시코, 네바다, 콜로라도 일부 지역, 애리조나, 그리고 유타가 미국에 양도되었다. 멕시코는 그들 국토의 45%와 10만 명 이상의 자국민을 잃었다(Bernal & Enchautegui-de-Jesus, 1994). 이 조약은 시민권과 종교와 언어의 자유, 그리고 땅을 계속해서 유지할 수 있음을 약속하였다(Garcia-Preto, 1996a). 그러나 미국 정부와 미국 원주민 사이의 많은 조약과 비슷하게, 미국 내에 있던 멕시코인은 이러한 조약에 의해 억압받았다. 영어, 미국의 법과 법원, 그리고 음식과 의복이 멕시코인에게 부과되었고, 멕시코인에 대한 린치가 발생하였다(Spickard, 2007). 멕시코계 토지 소유주들은 1851년 이전 스페인과 멕시코 규칙에 의해 행해진 토지 수여는 더 이상 유효하지 않다는 미국 정부의 판결로 토지를 잃었다(Takaki, 1993). 법적 제재에 의해서도 땅을 잃지 않은 사람들은 비싼 세금을 지불할 능력이 안 된다는 이유로 땅을 잃기도 하였다.

1849년 골드러시로 인해 많은 유럽계 미국인이 캘리포니아로 몰려오게 되었다. 1849년 이전에, 캘리포니아에서 멕시코인의 수가 유럽계 미국인의 수보다 10배가량 되었다(Takaki, 1993). 1849년에 상황이 역전이 되었는데, 그 당시 유럽계 미국인은 10만 명가량 되었고 멕시코인은 1만 3천 명 정도 되었다. 비록 유럽계 미국인이 금을 채취하는 방법을 멕시코인에게서 배웠지만, 미국 시민권을 가진 멕시코계 혈통을 포함하여 멕시코계 광부에게 외국인 광부에 대한 세금이 부과되었다. 이 세금은 백인을 제외한 모든 사람에게 적용되었고 미국 시민이 아닌 유럽인에게는 부과되지 않았다(Spickard, 2007).

많은 멕시코인이 1900년대 초반 좀 더 나은 기회를 찾고자 미국으로 이주하였다. 목화를 재배하거나, 철도 건설, 또는 광산에서 일하는 것과 같이 그들이 구할 수 있었던 일은 천한 일이었고 종종 위험하기까지 하였다. 멕시코인은 유럽계 미국인보다 같은 노동을 하고도 임금을 적게 받았기 때문에 값싼 노동력이었다(Takaki, 1993). 많은 멕시코인은 어린 자녀를 포함한 그의 가족과 함께 아주 힘든 일을 수행하고 수도시설이 없는 판잣집이나 텐트에서 살던 이주 노동자들이었다(Spickard, 2007).

1990년 초반 멕시코계 노동자는 캘리포니아에서 파업을 단행하였다. 1903년, 일본인과 멕시코인은 일본인 · 멕시코인 노동협회를 형성하였고 캘리포니아 옥스나드(Oxnard : 미국 캘리포니아 주 서남부, 로스앤젤레스 서북방에 있는 도시)에서의 파업을 성공적으로 조직하였고 임금 인상을 요구하였다. 이 노동협회는 미국 노동 총 동맹(AFL)에 가입하려 했지만 미국 노동 총 동맹이 일본인 구성원을 받아들이지 않았을 때 무산되었다(Takaki, 1993). 이후 반아시아인 이주법이 유럽계 미국인 농부가 멕시코인의 노동력에 의존하도록 야기하였다.

캘리포니아에 있던 멕시코인은 분리된 공공 시설과 직면하였고, 아동들은 분리된 학교에서 교육받았다(Takaki, 1993). 미국인 교사들은 멕시코인 아동이 순종적이도록 가르쳤는데, 이는 그들이 결국 그들 부모와 같은 노동자가 되도록 하기 위함이었다. 멕시코인 아동들은 학교에서 기술과 수공업과 관련한 기술을 배웠다.

멕시코인은 1930년 경제 공황 동안 직업을 구하는 데에서 경쟁의 근원으로 인식되었다. 대략 30만 명의 멕시코인이 본국으로 송환되거나 1930년대 동안 기차로 강제 추방되어 멕시코 국경에 내려졌다(Bernal & Enchautegui-de-Jesus, 1994). 많은 이들은 미국에서 태어나 미국 시민이었던 아동들이었다. 그러나 12만 명의 일본계 미국인이 2차 세계 대전 동안 감금되었던 것과 같은 국가적 위기의 시기와 같은 기간 동안 미국 시민권의 권리는 소수 민족 집단에 한해 중지되었다.

2차 세계 대전 동안, 전쟁 노력과 관련하여 미국에서 농장에 쓰일 노동력이 부족하였다(Bernal & Enchautegui-de-Jesus, 1994). 미국과 멕시코는 미국에서 멕시코인이 일시적으로 일할 수 있는 허가서를 만들었다. 이 임시노동자들은 휴식 없이 하루 10시간씩 일하면서 판잣집과 텐트에서 살았고 의료 혜택을 못 받았던 braceros(멕시코인 계절 농장 노동자)로 알려졌다(Spickard, 2007). 5백만 명 이상의 braceros는 1942년과 1964년 사이 미국으로 건너왔다. 2차 세계 대전 당시와 그 이후에 건너온 멕시코계 이민자는 주로 시골 지역 출신이었다(Bernal & Enchautegui-de-Jesus, 1994).

1962년에 Cesar Chaves, Dolores Huerta, 그리고 다른 멕시코계 미국인 농장

노동자들은 캘리포니아의 산 조아킨 계곡에서 국제 농장 노동자협회를 조직하였다(Spickard, 2007). 그들은 1965년 포도 재배자에 반하는 파업을 시작하였고 이는 생식용 포도에 대한 전국적인 불매운동이 되었다. 이 파업은 노장 노동자에 대한 임금 인상과 더 좋은 노동 환경이 협상을 통해 타결되었을 때인 1970년에 끝났다. 1966년, 전국의 농장 노동자들은 필리핀계 조합과 합병하였고 결합된 단체는 결국 1973년에 미국 농장 노동자조합이 되었다. 파업과 불매운동은 상추와 다른 작물에 대해서도 이루어졌다. Chaves는 이러한 파업이 이루어지는 동안 비폭력이라는 엄격한 윤리를 준수하였다(Spickard, 2007).

1968년 열악한 교육 환경에 대한 시위를 하기 위해 동부 로스앤젤레스에 있던 1만 명의 학생에 의해서 '멕시코계 미국인의 힘'이 선언되었다(Spickard, 2007). 이 운동은 반 전쟁, 시민 권리, 그리고 흑인 파워 운동을 모델 삼아 일어났다. 이 학생들은 또한 불균형하게 많은 수의 멕시코계 미국인이 동원되고 죽은 베트남 전쟁에 대해서도 반감을 가지고 있었다.

라틴계 미국인 심리학자 또한 1960년대에 서로 뭉치기 시작하였다. Edward Casavantes는 심리협회인 'por la Raza(치카노를 위한)'를 1969년에 설립하였다(Padilla, in press). 이후 1980년에 국제 히스패닉 심리협회가 설립되었고, 현재 국제 라틴계 심리협회로 알려져 있다.

1986년 이민 개혁과 규제법은 문서로 처리되지 않은 이민자를 고용하였다는 이유로 고용자를 처벌하였다(Spickard, 2007). 그러나 계절 농장 노동자를 고용한 사람은 이 법령으로 처벌받지 않았다. 더욱이, 이 법령은 문서로 처리되지 않은 3백만 명의 이민자들이 사면을 받을 수 있도록 함과 동시에 시민권을 얻을 수 있도록 허가하였다.

1994년, 미국은 나프타(NAFTA; 북아메리카 자유무역협정) 이후로 미국과 멕시코 국경 지역에 투자를 하기 시작하였다. 이 협정문은 옥수수나 밀과 같은 미국 농작물에 대한 관세가 줄어들었기 때문에 많은 멕시코인이 농장을 떠나 멕시코 북쪽 국경 지역과 미국에서 다른 일을 찾도록 하였고 멕시코인 농부들이 농장 사업을 그만두게 하였다(Gonzalez, 2000). 멕시코 치아파스 지역에 있던 마야인 소작농은 자파티스타 혁명(Zapatista revolt)에서 나프타(NAFTA)를 반대하였다. 멕시코계 노동자는 미국에서 건설, 작물 채취, 식당, 가사노동을 하였다. 하지만 이것은 임금이 너무 적었고 건강에 좋지 않고, 단조롭고 혹은 위험하였다. 1994년에도, 클린턴 정부는 가시가 있는 선들이 올려 놓인 강철 벽을 건설하는 것과 관련된 'Gatekeeper(문지기)' 라는 작전명을 통해서 멕시코인이 미국으로 들어오지 못하도록 하였다(Spickard, 2007).

미국에서 임시직을 얻고자 했던 멕시코인은 코요테과 코요테들을 사막길을 통해서 미국으로 밀수했던 가이드에 의존하기 시작하였다(Hernandez, 1996; Spickard, 2007). 여행은 몇 주에서 몇 달 동안 지속되었고 피난민은 종종 가이드에 의해 이용되고 착취되었다. 많은 피난민은 결국 출입국 관리관에 의해 잡혔고 추방되었다.

푸에르토리코계 미국인

푸에르토리코는 1493년 스페인의 식민 지배를 받았다. 이 국가의 토착민인 타이노(Taino) 원주민은 노예화되었고 죽임을 당하였다(Comas-Diaz et al., 1998). 타이노는 평온, 연대감, 그리고 그 단체의 의지가 현 푸에르토리코 문화 속에 계속 지속되는 것을 강조한다(Garcia-Preto, 1996b). 스페인 사람의 영향은 언어, 로마 가톨릭 종교, 그리고 가부장제를 포함한다(Garcia-Preto, 1996b). 스페인 사람은 노예운명론뿐만 아니라 언어, 종교, 의학에 기여한 아프리카인 노예를 데려왔다(Garcia-Preto, 1996b). 1898년 스페인과 미국 간의 전쟁 동안, 푸에르토리코, 쿠바, 괌, 그리고 필리핀 사람들은 미국에 의해 침략 당하였다(Bernal & Enchautegui-de-Jesus, 1994). 이때부터 푸에르토리코는 미국의 식민지하에 있었다. 비록 선생님을 포함한 몇 안 되는 푸에르토리코 사람만 영어를 할 줄 알았음에도, 영어는 푸에르토리코 공립 학교에서 공식 언어로 지정되었다(Garcia-Preto, 1996b). 1917년 의회는 푸에르토리코 사람들이 미국 시민이 되는 것을 허락하였다. 그럼에도 많은 미국인들은 푸에르토리코인을 시민으로 여기지 않았다(Garcia-Preto, 1996b).

다수의 푸에르토리코 사람이 미국 북동부 지역으로 1940년대와 1950년대에 경제적인 이유로 이주하였다. 푸에르토리코 미국인(Puerto Rican American)들은 종종 어느 누구도 원하지 않았던 천하고, 임금이 적은 직업에 종사하였다(Inclan &

Herron, 1998). 구할만한 일자리는 여성이 종사하려고 했던 가사노동(집 청소)과 관련이 있었다. 따라서 남성보다는 여성 이민자들이 더 많은 일자리를 찾을 수 있었고 이는 많은 가족 내에서 주도권의 변화와 성과 관련한 갈등을 유발하였다(Hernandez, 1996). 푸에르토리코는 1952년 영연방국가가 되었고 스페인어가 공립 학교에서 교육 언어로 재도입되었다(Garcia-Preto, 1996b). 그럼에도 푸에르토리코는 여전히 미국의 식민지로써 기능한다(Comas-Diaz et al., 1998).

쿠바계 미국인

쿠바는 1902년 미국으로부터 독립했지만 1959년 혁명 전까지 계속해서 미국과 교역을 하였다. 이 혁명 정부는 쿠바 내의 사회적, 경제적, 그리고 정치적 변화를 꾀하였고 이는 미국이 통상 금지령을 내리도록 유도하였다(Bernal & Enchautegui-de-Jesus, 1994). 1959년에서 1965년 사이, 최초로 쿠바 사람들이 미국으로 이민을 간 데에는 정치적 이유가 있다. 이 초기 이민자 대부분은 백인이나 상위 혹은 중간 계층 사람이었다(Bernal & Enchautegui-de-Jesus, 1994). 또한 그들은 미국 정부로부터 10억 달러 이상의 경제적 지원을 받았다(Spickard, 2007).

1965년부터 1973년 사이 미국에 있는 친척들과 결합하기 위해 떠나는 것이 허락되던 중간 계층과 그보다 낮은 계층, 그리고 노동자 계급 사람을 포함한 2차 이민 행렬이 이루어졌다. 3차 이민은 Castro 대통령이 쿠바를 떠나길 원하는 모든 사람이 마리엘 항구에서 긴급 해상 수송을 통해 그럴 수 있도록 허락한 때인 1980년에 이루어졌다. 세 번째 이민 흐름은 인종, 교육, 성, 그리고 사회경제적 지위에 관하여 좀 더 넓은 범위의 사람을 포함하였다(Bernal & Enchautequi-de-Jesus, 1994). 이 흐름은 또한 앞선 두 흐름보다 많은 아프리카계 쿠바인(30%)을 포함하였다(Bernal & Shapiro, 1996).

다른 라틴 집단에는 없었던 연방 자원과 섞인 두 번째 쿠바 이민자의 좀 더 높은 사회경제적 지위는 쿠바계 미국인이 다른 라틴계 집단보다 상대적으로 좀 더 나은 지위에 있도록 하였다. 사실 대부분의 쿠바계 미국인, 멕시코계 미국인, 그리고 푸에르토리코계 미국인은 쿠바계 미국인이 라틴계 미국인 집단 사이에서 가장 높은 지위를 갖고 있다고 여긴다(Huddy & Virtanen, 1995). 대부분의 라틴계 미국인이

민족적으로 강하게 정체성이 형성돼 있다고 하더라도, 쿠바계 미국인은 또한 라틴계 미국인 집단 중 가장 강력한 민족 정체성을 지니고 있다(Guarnaccia et al., 2007). 쿠바계 미국인(Cuban Americans)은 다른 이들에 의해서 소수 모델이라고 여겨졌지만, 7장에서 논의되었던 아시아계 미국인에 대한 소수 모델의 고정관념과 불이익이 쿠바인에게도 적용되었다.

쿠바인의 네 번째 이민 행렬은 1990년대에 발생하였다(Bernal & Shapiro, 1996). 쿠바를 원조하던 소비에트 연방의 말기 때 경제적 고난은 심해졌고, 미국의 경제적 차단은 여전하였다. 1994년, 수많은 balsero(쿠바에서 미국으로 뗏목을 이용해 바다를 건너온 난민)는 해안 경비대를 피하기 위한 시도를 하였고 임시 뗏목으로 플로리다로 왔다. 쿠바 정부는 다시 사람들이 쿠바를 떠나는 것을 허가하였다. 미국과 쿠바는 2만 명의 쿠바인들이 법적으로 해마다 미국으로 이주하는 것에 대한 합의를 하였다.

다른 라틴계 미국인

라틴아메리카에서 미국으로의 몇몇 이민 흐름이 경제적, 정치적 이유로 발생하였다. 1960년대와 1970년대 아르헨티나인과 칠레인은 탄압적인 정부 때문에 미국으로 이주하였다. 열악한 경제상태는 1970년대와 1980년대 동안 도시 지역 멕시코인이 미국으로 오게끔 야기하였다. 니카라과, 엘살바도르, 페루, 과테말라에서의 정치적 갈등은 많은 사람을 미국으로 떠나도록 하였다. 갈등은 토착민과 정부를 통치해 온 스페인 혈통 사람들 간의 역사적 긴장상태 때문이었다. 모택동 사상과 마르크스 사상을 지닌 단체는 게릴라 전투에 관여하였다. 많은 여성이 이 게릴라적 노력에 참가하였고 국가의 정치를 바꾸기 위해 참여하였다. 이는 성 역할에서의 변화를 이끌었다(Hernandez, 1996).

공산주의자들의 영향을 막기 위한 노력의 일환으로, 미국은 몇몇 중앙아메리카 국가의 정부를 지지하였다(Hernandez, 1996). 아동과 청년을 포함한 수많은 시민이 살해되었고 토착 문화가 미국과 관련한 갈등 속에서 파괴되었다(Comas-Diaz et al., 1998). 니카라과 사람들은 미국 정부가 반대한 산디니스타(1979년 Somoza 정권을 무너뜨린 니카라과의 민족 해방 전선의 일원)의 정치적 망명자로서 미국에서 받아들여졌다. 반면에, 엘살바도르 사람과 과테말라 사람들은 경제적인 이유로 이민하는 것처럼 보였고 종종 추방되었다(Bernal & Enchautegui-de-Jesus, 1994). 1982년 초기에, 200개 이상의 미국 교회에 의한 보호 운동을 통해서 중앙아메리카 피난민에게 피난처가 제공되었다(Gonzalez, 2000).

이러한 이민에 대한 정치적, 경제적 동기 외에도, 라틴아메리카 국가는 미국으로의 이민에 대한 또 하나의 동기인 홍수, 지진을 포함하는 자연재해의 영향에 대해 민감하였다(Hough, Canino, Abueg & Gusman, 1996). 그러나 미국은 피난민을 마냥 환대하지는 않았다. 1994년, 법률 개정안 187 때문에 문서로 처리되지 않은 이민자에게 공공 서비스를 제공되지 않았고, 고용주가 문서로 처리되지 않은 이민자를 출입국 보안관에게 보고하도록 강요되었다(Falicov, 1996; Spickard, 2007). 소수민족 거주지에 살고 있는 라틴계 미국인은 특히나 출입국 보안관에 의한 수사나 추방에 민감하였다. 심지어 법적으로 이민 온 사람들이 보충적 소득 보장(미국 정부가 가난한 노인 · 신체장애자에게 지급해주는 소득 SSI)이나 식품 구입권을 받을 자격이 시민이 되기 전까지는 없다는 점에서 1996년 개인 책임과 일자리 관련법이 법률 개정안 187보다 진전되었다(Spickard, 2007).

일부 아프리카계 미국인은 이민을 그들의 고용 보장을 위협하는 것으로 인식할지도 모른다(Sears, Citrin, Cheleden & van Laar, 1999). 많은 아시아계 미국인과 라틴계 미국인 스스로가 이민자이기 때문에, 이러한 집단은 이민이 경제에 부정적 영향을 준다고 덜 생각할 것이다. 라틴계 미국인이 다른 민족 집단보다 불법적 이민자를 위한 권리를 지지할 것 같다(취업허가증, 미국에서 태어난 불법 이민자의 자녀를 위한 시민권). 경제적 위협은 유럽계 미국인이 아시아계 미국인이나 라틴계 미국인이 하는 것보다 이민을 덜 지지하는 이유인 것 같지는 않다. 경제적 위협보다는 편견이 유럽계 미국인이 이민과 사회적 다양성을 반대하는 근거일 것이다(Bobo, 1999; Sears et al., 1999). 이민자들 노동력의 주요 경제적 수혜자는 열악한 임금으로 노동자를 고용할 수 있는 사업이다(Spickard, 2007).

문화적 가치와 정체성

이전 장들에서 논의되었던 아프리카계 미국인과 아시아계 미국인의 가치와 비슷하게 라틴계 미국인의 가치는 상호 의존을 강조하는 경향이 있다. 그러나 라틴계 미국인의 가치에는 아프리카계 미국인과 아시아계 미국인의 가치와는 다르게 문화적으로 특정한 가치가 있다. 행동에 영향을 주는 라틴계 문화적 가치들은 가족주의(familismo), 단체보다는 개인과의 관계 선호(personalismo), 존중(respeto), 관계에서의 믿음과 친밀함(confianza), 운명론(fatalism), 자기 충족 혹은 양심적 통제(controlarse), 힘든 시간 동안 고통스러운 상황을 참을 수 있는 능력(aguantarse), 학업적, 도덕적, 그리고 대인적 교육(educacion), 성실히 돌보는 것을 포함하는 여성의 성 역할에 대한 준수(marianismo), 그리고 보호하거나 가족을 위해 제공하는 것을 포함하는 남성의 역할의 준수(machismo) 등이 있다(L. Alvarez, 2007; Halgunseth, Ispa & Rudy, 2006; Santiago-Rivera, Arredondo & Gallardo-Cooper, 2002).

상호 의존적인 문화적 가치와 상응하여, 한 연구에서 미국으로 이민 온 멕시코 사람의 6~10세의 자녀는 유럽계 미국인 자녀보다 세 집단의 모든 3명의 구성원이 종이 접기와 관련 있는 문제해결 과제에 임하게 하는 것 같았다(Mejia Arauz, Rogoff, Dexter & Najafi, 2007). 유럽계 미국인 아동은 개인적이거나 혹은 집단 구성원 중 1명을 배제하고 쌍을 이루어서 문제에 접근하는 경향이 있었다. 미국에서 어머니가 교직에서 12년 이상 있었던 멕시코계 미국인 아동 또한 문제를 개인적이거나 쌍을 이루어서 접근하려는 경향을 보였는데, 이는 미국에서의 교육이 집단에 기반을 둔 문제해결 방식을 지양하게 하도록 한다고 볼 수 있다.

부모는 어떻게 자녀가 문화적 가치를 배우도록 사회화시키는가? 그리고 이러한 사회화가 아동의 민족 정체성에 끼치는 영향은 과연 무엇일까? 문화 활동과 민족적 전통에 접촉하는 아동에 대한 부모의 민족적 사회화는 민족 정체성의 폭발과 부모가 멕시코, 과테말라, 그리고 엘살바도르 출신인 라틴계 아메리카 청소년 사이의 민족성의 의미에 대한 명확성과 관련이 있다고 발견되었다(Supple et al., 2006). 그러나 민족적 사회화는 위험성이 낮은 이웃 사회에서 부모에 크게 관여되거나 자녀를 거칠게 대하지 않았을 때 청소년의 민족적 자부심과 관련이 있었다. 반대로, 위험성이 높은 이웃 사회에서 부모가 관련되어 있지 않고 자녀를 거칠게 대했을 때는, 민족적 사회화는 청소년의 민족적 자부심을 감소시키는 것으로 나타났다. 위험성이 높은 이웃 사회에서, 이는 지역사회 구성원의 비행적 행동과 문화를 증진시키려는 노력 때문에 문화와 민족성이 청소년에게 부정적으로 보일 수 있고 민족성은 거부될 수도 있다. 더욱이, 거친 부모에 대한 문화적 메시지 또한 그들의 거친 육아 방식에 대한 반응으로써 거부될 수도 있다.

7장에서 아시아계 미국인 문화 가치를 논의했듯이, 라틴계 미국인 문화 가치는 성역할에 고정관념이 있는 것처럼 보일 수 있다. 라틴계 미국인은 여성이 어색함, 공포, 사랑, 슬픔, 그리고 놀람을 남성보다 더 많이 경험한다는 고정관념을 가지고 있다고 나타났다(Durik et al., 2006). 그러나 아시아계 미국인으로부터 얻은 결과와 비슷하게, 이러한 감정과 행동에 대한 인식된 성별의 차이는 라틴계 미국인보다 유럽계 미국인 사이에서 더 많이 나타났다. 따라서 라틴계 미국인은 유럽계 미국인보다 성에 대해 덜 고정관념화돼 있다고 볼 수 있다. 어린 멕시코계 미국인 여성은 유럽계 미국인 여성보다 여성의 행동을 더 강하게 지지한다고 나타났다(L. Y. Flores, Carrubba & Good, 2006b).

7장에서 논의되었던 아시아계 미국인 사이의 문화 동화에 대한 조사결과와 비슷하게(Abe-Kim et al., 2001), 라틴계 미국인 사이의 문화 동화는 미국에서 세대와 관련하여 증가하는 1차원적인 과정은 꼭 아니다. 멕시코계 미국인 성인 사이에서, 멕시코인의 문화적 정체성은 멕시코인과 미국 태생 사람에게 동일하게 강하게 나타났고 미국에서 소비된 시간과 관련하여 감소하지는 않았다(Rodriquez, Mira, Paez & Myers, 2007). 멕시코계 미국인 청년은 그의 부모보다 가족주의(familismo)를 덜 준수하는 것으로 나타났을 뿐만 아니라 보호하거나 가족을 위해 제공하는 것을 포함하는 남성의 역할의 준수(machismo)에 대하여 그들의 부모와 다르지 않다고 발견되었다(L. Alvarez, 2007). 따라서 전통적인 가족의 역할은 전통적 성의 역할보다 더 빠르게 변화할지도 모른다.

가족주의를 준수하는 것은 라틴계 미국인 성인 사이에서 또한 다양할 수도 있다. 가족주의의 요소인 가족의 중요성은 멕시코에서 태어난 멕시코계 미국인보다 미국 태생의 멕시코계 미국인에게서 더 강하였다(Rodriquez et al., 2007). 멕시코 태생 이민자들이 더 가족 구성원과 함께 살고 가족의 중요성을 의도적으로 강조할 필요가 없을지 모른다. 반면에, 미국 태생 멕시코계 미국인은 가족 구성원과 가깝게 살 것 같지 않고 가족과 문화적 유대를 유지하기 위한 방법으로 가족의 중요성을 강조하고 싶어 할 것 같았다. 비록 문화 동화가 문화적 충돌 때문에 가족 간의 갈등을 불러일으킬 것처럼 보일지라도 연구에서 문화 동화는 가족 간의 갈등과 연관성을 보이지 않았다.

한 연구에서 라틴계 미국인 이민자 청년(중앙아메리카인, 쿠바인, 남아메리카인, 카리브해인) 가운데 네 가지 문화 동화 패턴이 발견되었다. 즉, (1) 두 문화적 특성(45%), (2) 문화 동화(23%), (3) 미국 문화로부터 라틴 문화의 보존(4%), (4) 미국과 라틴 문화 간의 적당한 연관성 등이다(27%; Coatsworth, Maldonado-Molina, Pantin & Szapocznik, 2005). 두 문화의 청년은 다른 집단보다 더 높은 학업적 성취와 또래와의 사회적 지지를 가지고 있었다. 동화 집단의 청년은 다른 집단보다 부모의 감시를 덜 받았고 교실에서 더 많은 어려움에 처했다. 문화 보존 집단은 상대적으로 낮은 수준의 학업적 성취와 또래 간 사회적 지지를 보였다. 적당한 연관 집단은 문화 동화의 다른 형태(두 문화 혹은 동화)로 변천하는 것으로 보였다. 이 집단은 동화 혹은 두 문화 집단보다 미국에서 시간을 거의 보내지 않았고 낮은 학업적 성취와 영어능력, 그리고 낮은 또래 간의 사회적 지지를 보였다. 1장에서 논의했던 문화 동화의 LaFromboise 외(1993) 모델과 상응하여, 두 문화에 대한 지향은 가장 적응할 만한 모델이었고, 가장 일반적인 문화 동화 패턴이었다(Coatsworth et al., 2005).

문화 동화에 대한 많은 연구는 미국에서의 세대, 미국 내 거주 기간, 언어 사용과 같은 단순한 대용물 측정 방법을 사용한다. 7장에서 논의했듯이 이러한 대용물 측정 방법은 꼭 한 사람 본래 문화에 대한 정체성이나 미국 주류 문화에 대한 정체성과 관련이 있는 것은 아니다. 대부분의 모델은 이민자의 문화 동화가 유럽계 미국인의 문화에 이루어진다고 추정한다. 그러나 라틴계 미국인과 같은 유색인종은 다른 유색인종(아프리카계 미국인)의 문화에 동화할 수도 있다. 유색인종의 문화 동화 혹은 유럽계 미국인의 다른 유색인종의 문화에 대한 동화는 심리학적 연구에서 고려되지 않았다(Abraido-Lanza, Armbrister, Florez & Aguirre, 2006).

요약하면, 라틴계 미국인 문화들은 상호 의존적이지만 다른 상호 의존적 집단과는 다른 특정 상호 의존적 문화적 가치를 가지고 있는 경향이 있다. 라틴계 미국인이 라틴계 미국인의 정체성을 채택할 가능성은 가족이나 지역사회 맥락에서 이러한 정체성과 같은 가치에 대한 인식과 관련이 있다. 비록 라틴계 미국인 문화의 가치가 성적 역할에 대해 고정관념화되어 있다고 보일지라도 그들은 유럽계 미국인만큼이나 성적으로 고정관념화되어 있지 않다고 자료는 말해준다. 라틴계 미국인의 문화 동화는 1차원적인 과정은 아니지만 다른 문화적 가치에 대하여 다른 비율로 발생하고, 라틴계 미국인과 유럽계 미국인의 문화에 대한 상대적 연관과 관련하여 다른 패턴을 가질 수 있다.

가족 문제

라틴계 미국인 부모들은 종종 자녀에게 문화적 가치를 가르치려는 목표를 가지고, 이는 그들의 육아 방식에 영향을 미친다(Halgunseth et al., 2006). 유럽계 미국인 부모들이 유치원 자녀에게 독립성을 길러주려고 하는 반면에, 라틴계 미국인 부모들은 자녀가 아직 독립적인 행동을 할 수 있다고 생각하지 않기 때문에 유치원 자녀의 경우 부모 본인이 하고 싶은 대로 하도록 한다. 이는 라틴계 미국인 사이에서 유치원 자녀에 대한 더 많은 육체적인 통제를 포함할지도 모른다. 이는 라틴계 미국인 아동에 대한 안전과 관련한 애착이라고 나타났지만 유럽계 미국인 아동에게는 그렇지 않았다. 약 6세 정도의 아동은 라틴계 미국인 부모에 의해 이제는 그들의 행동을 다른 이들에게 적응시킬 수 있다고 여겨지고, 자녀가 부모의 기대치를 충족시키지 못할 경우 라틴계 미국인 부모는 유럽계 미국인 부모보다 더 많은 통제(일방적인 결정, 더 많은 규칙, 신체적 체벌, 부모의 감시)를 가함으로써 반응할 수도 있다. 라틴계 미국인 사이의 더 많은 부모의 통제는 문화적 동화에 대한 스트레스나 자녀가 전통문화를 준수하기를 바라는 행동(반응)일 수 있다.

부모의 통제에 대한 결과와 상응하고, 7장에서 논의되었던 것처럼 아시아계 미국인 부모와 비슷하게, 많은 라틴계 미국인 부모는 유럽계 미국인 부모보다 더 권위자적(독재적인)이다. 멕시코계 미국인 부모는 유럽계 미국인 부모뿐만 아니라 멕시코에 있는 멕시코인 부모보다 더 권위자적(독재적인)이라고 발견되었다(Varela et al., 2004; 그림 8.2, 그림 8.3 참조). 왜 멕시코계 미국인 부모가 다른 부모보다 더 권위자적(독재적)일까? 멕시코계 미국인 부모만이 그들 국가에서 소수 지위를 가지고 있었고, 권위자적인 방법을 문화 동화적 스트레스에 대한 반응이나 그들의 자녀를 통제하고 문화적 전통을 보존하려는 노력의 일환으로 쓸지도 모른다. 그럼에도 Varela 외(2004)의 연구에서 모든 부모 집단은 권위자적(독재적)이라기보다는 권위적이었고 이는 부모가 다양한 육아 전략을 사용하고 항상 한 가지 전략만을 고수하지 않는다는 것을 의미한다.

유럽계 미국인 아동에게 발견된 점과 비슷하게, 신체적인 체벌은 라틴계 미국인 아동에게서 볼 수 있는 긴장과 우울증과 같은 정신적 문제와 관련이 있다(Halgunseth et al., 2006). 사회경제적 지위가 낮은 라틴계 미국인 부모일수록 사회경제적 지위가 높은 라틴계 미국인 부모보다도 신체적 체벌을 더 사용할 것 같다. 낮은 사회경제적 지위에 있는 부모 사이에서, 경제적 압박은 우울증으로 이어질 수 있고 반대로 적대적이고 신체적으로 가혹한 육아로 이어질 수 있다(Parke et al., 2004).

자녀에 대한 부모의 목표는 라틴계 미국인과 유럽계 미국인 간에 다를 수 있다(Halgunseth et al., 2006). 존중(respeto)은 라틴계 미국인 가족에게 조화로운 관

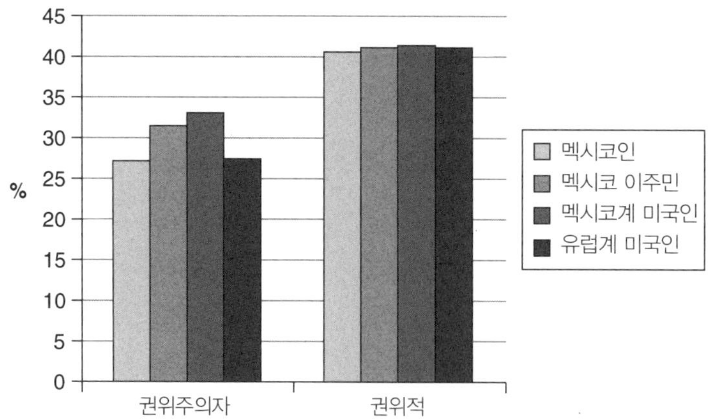

그림 8.2 어머니 양육 방식

계를 유지하기 위한 수단으로써 중요하다. 라틴계 미국인 아동과 청소년은 같은 나이대의 유럽계 미국인 아동이 하는 것보다 그들의 부모를 존경하는 것으로 나타났다(Dixon et al., 2008; Fuligni & Pedersen, 2002; Hardway & Fuligni, 2006). 그러나 존중에 대한 강조의 정도는 문화적으로 동화된 아동에게서는 감소할 수도 있다. 또 다른 라틴계 미국인 부모의 목표는 학업성취, 좋은 행실, 그리고 도덕적 성숙과 관련한 교육이다. 교육의 한 요소인 아동의 사회적 능력은 유럽계 혹은 아시아계 미국인 부모보다 라틴계 미국인 부모에 의해서 더 가치 있게 여겨진다(Halgunseth et al., 2006). 사회적 기술은 심지어 아동의 진지능력보다 더 가치 있게 여겨질 수 있다.

많은 유럽계 미국인 가족 내에서 청소년기는 독립성이 길러진 시기이다. 한 연구에서 가족 응집력이 유럽계 미국인과 집에서 영어를 쓰는 멕시코계 미국인에 대하여 청소년기 동안에 감소한 반면에, 집에서 스페인어를 쓰는 멕시코계 미국인의 경우에는 청소년기 동안 응집력이 증가하였다(Baer & Schmitz, 2007). 라틴계 미국인 부모는 그들의 청소년기 자녀를 유럽계 미국인 부모가 하는 것보다 더 많이 감시하는 경향이 있다(Halgunseth et al., 2006). 라틴계 청소년에 대한 부모의 감시는 낮은 수준의 흡연과 다른 비행 행동과 높은 수준의 학업적 동기와 교육적 목표와 관련이 있다. 라틴계 미국인 부모는 유럽계 미국인 부모보다 많은 가족 규칙을 가지고 있거나 가족 밖에서의 활동에 대해 더 많은 통제(더 엄격한 귀가시간)를 가한다. 가

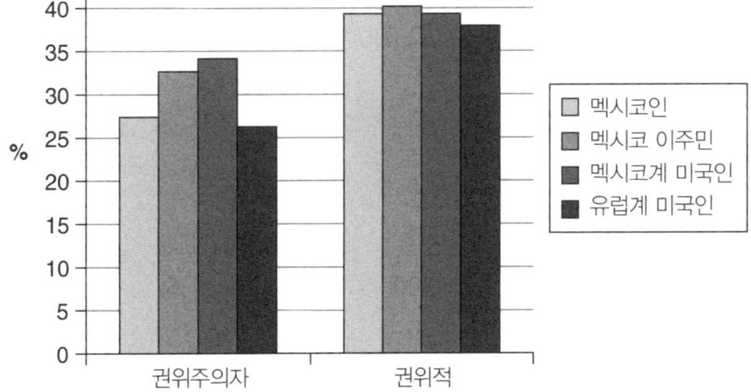

그림 8.3 아버지의 양육 방식

족 밖에서 행해지는 활동에 대한 제재는 문화 동화적 영향을 감소시키거나 가족으로부터의 더 큰 문화적 사회화를 허용할지도 모른다.

가족 밖에서 보내진 시간조차도 꼭 라틴계 미국인을 주류에 문화적으로 동화시키는 것은 아니다. 라틴계 미국인 아동이 가족 밖에서 시간을 보낼 때, 종종 라틴계 미국인 또래와 시간을 보낸다. 한 연구는 다민족 지역사회 내에서 멕시코계 미국인 7학년생이 비멕시코계 미국인 또래보다 멕시코계 미국인과 여가시간을 2배 이상 더 많이 보내는 것으로 밝혀졌다(Updegraff et al., 2006). 멕시코인으로서의 부모의 정체성은 멕시코계 미국인 또래와 시간을 보낼 가능성과 관련이 있다.

7장에서 논의된 아시아계 미국인에 대한 결과와 비슷하게, 라틴계 미국인의 부모와 자녀 간의 문화 동화 차이는 꼭 직접적으로 자녀의 문제와 관련 있지 않다. 위험한 환경에 있는 멕시코계 미국인 초기 청소년 사이에서(마약, 알코올 문제, 정신 건강, 소년 사법과 같은), 부모와 자녀의 문화 동화 차이는 부모와 자녀의 갈등 혹은 자녀의 행동 문제와 관련이 없었다(Lau et al., 2005). 그러나 아동의 행동 문제는 멕시코계, 아시아계 미국인 문화로 인해 자신이 하찮은 존재라고 생각하는 부모 혹은 아동과 관련이 있었고, 아동보다 미국 문화에 더 동조적인 부모와 관련이 있었다. 미국 문화에 더 동조적인 부모가 자녀에게 많은 자주성을 부여하거나 감시를 적게 했다면 이는 행동 문제를 일으킬 수 있다. 부모의 문화 동화는 푸에르토리코인과 푸에르토리코계 미국인 아동 사이에서의 반사회적 행동과 관련이 있다고 발견되었다(Duate et al., 2008). 불행히도 라틴계 미국인 가족의 세대 간 차이에 대한 연구가 그리 많이 이루어지지는 않았다. 그럼에도 7장에서 논의된 동남아시아계 미국인 이민자 가족에 대한 연구에서, 이러한 차이가 부모와 자녀 간 갈등과 관련이 있지 않은 한 부모와 자녀 간의 문화 동화 차이들이 꼭 자녀의 문제 행동과 관련이 있는 것은 아니었다(Choi, He & Harachi, 2008).

7장에서 논의된 아시아계 미국인 가족에서의 아동의 문화 중개인으로서의 역할과 비슷하게, 라틴계 미국인 아동은 종종 영어로 의사소통함으로써 그들의 부모를 위해 언어 중개인 역할을 하기도 한다. 언어 중개인 역할을 하는 것은 약 8~9세 때 시작하고 여성 아동이 주로 한다(Morales & Hanson, 2005). 다양한 언어 중개 책임을 가지고 있는 라틴계 미국인 아동은 언어 중개에 대한 책임이 거의 없는 다른 아동보다 더 우울한 경향이 있다(Love & Buriel, 2007). 그들의 부모와의 강한 유대와 두 문화적 정체성은 언어 중개에 대한 남성 아동의 책임감으로 인한 우울증을 상쇄시킨다. 지위의 한 형태로 가정 내의 일에 대해 책임을 지는 것은 언어 중개로 인한 여성 아동의 우울증을 상쇄시킨다.

어른들 사이에서, 문화 동화는 멕시코계 미국인 커플 사이의 감정과 갈등에 대한 더욱 직접적인 표현을 야기하는 것으로 발견되었다(E. Flores, Tschann, Marin & Pantoja, 2004). 이러한 직접적 표현은 미국 주류 문화 내에서와 절제라는 라틴 사람들의 가치의 부분인 감정의 통제와 관련한 주류 치료사 속에서 바람직할지도 모른다. 그럼에도 감정과 갈등에 대해서 직접적으로 표현을 하는 것이 항상 긍정적인 결과를 이끌어내는 것은 아니다. 이러한 직접성은 남성과 여성에 의한 언어적 공격성과 여성에 의한 신체적 공격성과 관련이 있다(E. Flores et al., 2004).

요약하면, 라틴계 미국인 부모는 유럽계 미국인 부모보다 자녀에게 더욱 많은 통제를 가한다. 라틴계 미국인 부모의 통제는 자녀의 발달에 대한 믿음과 소수라는 지위와 관련이 있고 문제 행동에 대한 예방적 요소인 경향이 있다. 정신적인 문제는 문화적으로 자신이 하찮은 존재라고 생각하는 혹은 적절한 부모의 감시를 받지 않은 라틴계 미국인 청소년 사이에서 발생할 수 있다. 정신적 문제에 대한 다른 가족적 근원은 과도한 문화 중개인으로서의 책임감과 라틴계 미국인 커플 사이에서 지나치게 직접적인 감정과 갈등에 관한 표현이 있다.

정신 건강

전통적인 문화적 영향은 라틴계 미국인 사이에서 정신 건강과 긍정적으로 관련이 있다. 가족주의와 같은 라틴 사람의 문화적 가치와 상응하여, 가족의 지지는 낮은 정신적 문제와 관련이 있다. 가족주의는 주로 부모가 멕시코 혹은 중앙 · 남아메리카 출신인 미국 태생 아동 사이의 공격성에 대한 예방적 요소라고 밝혀졌다(Smokowski & Bacallao, 2006). 부모의 지지에 대한 인지는 멕시코계 미국인 대학생 사이의 긴장과 우울증에 대한 문화 동화적 스트레스의 영향을 상쇄시킨다

(Crockett et al., 2007). 비슷하게, 문화 동화와 차별의 영향을 고려한 부모의 교육 개입은 주로 멕시코계 미국인 중학생 사이의 공격성과 약물 사용을 예방한다고 발견되었다(Martinez & Eddy, 2005).

가족 변수는 라틴계 미국인 사이의 정신분열증상에 대한 예방적 역할 또한 할 수 있다. 긍정적인 목소리 톤, 긍정적인 관심에 대한 표현과 연관된 가족의 따뜻함과 걱정에 관한 표현들, 이해, 그리고 관심이 멕시코계 미국인 정신분열증 환자 사이에서 더 적은 입원 후 정신병 증상과 관련이 있었다(S. Lopez et al., 2004). 반대로 가족의 따뜻함은 유럽계 미국인 정신분열증 환자 사이의 정신병적인 증상과 관련이 없었다. 가족의 유대가 가치 있게 여겨진다는 맥락에서, 따뜻한 형식의 가족 지지는 건강에 중요할 수 있다. 가족 지지는 자주성이 가치 있게 여겨진다는 맥락에서는 덜 중요할 수 있다(S. Lopez et al., 2004).

종교적인 지역사회에서 개입돼 있다는 것은 개인적 종교에 대한 믿음보다 라틴계 미국인의 행동에 더 큰 영향을 가질지도 모른다. 큰 병원의 응급실에서 본 라틴계 미국인의 표본에서, 독실함과 영적 정신성을 포함하는 종교적 믿음은 알코올을 자제하는 것과는 관련이 없었다(Bazargan, Sherkat & Bazargan, 2004). 그러나 로마 가톨릭인이 되는 것과 교회에 가는 것은 자제와 관련이 있었다. 따라서 알코올 사용에 관한 지역사회 규범이 라틴계 미국인의 음주 행동에 영향을 주는 것으로 보인다.

전통적인 가치 외에도, 미국 주류 문화에서의 능숙함은 정신적 건강과 연관이 있다고 할 수 있다. 주로 멕시코계 미국인 성인에 대한 연구에서, 미국 주류 문화에서의 인식된 사회적, 학업적, 그리고 직업적 능숙함은 문화 동화에 의해 초래된 정신적 문제에 반하여 보호한다고 발견되었다(Torres & Rollock, 2007). 따라서 언어, 사회적 기술과 같은 실질적 행동은 주류 미국 지식, 가치, 그리고 정체성과 같은 비행동 요소보다 더 예방적으로 중요한 요소일 것이다.

문화 동화

주류 미국 문화로의 문화 동화는 주류 미국 문화에의 능숙도 때문에 라틴계 미국인 사이의 정신적인 문제를 감소시킬 것이라고 예상할 수도 있다. 반대로, 문화 동화는 라틴계 문화의 상실 때문에 정신적 문제를 증가시킬 것이다. 라틴계 미국인 사이의 문화 동화와 정신 건강 사이의 연관성에 대한 증거는 섞여 있다(Torres & Rollock, 2007).

아시아계 미국인과 비슷하게(Hwang & Ting, 2008), 문화 동화 자체만으로는 라틴계 미국인의 정신 건강에 직접적인 영향을 미치지 못한다. 문화 동화 기간 동안 겪게 되는 스트레스는 멕시코계 미국인 대학생 사이에서 긴장, 우울증과 크게 관련이 있다고 발견되었지만, 문화 동화 자체는 관련이 없었다(Crockett et al., 2007). 가족 가치의 악화로 인한 문화 동화적 스트레스는 라틴계 미국인 청년 사이의 알코올 사용과 관련이 있다고 발견되었다(Gil, Wagner & Vega, 2000). 주로 부모가 멕시코나 중앙, 남아메리카 출신인 미국 태생 청년에 대한 표본에서 문화 동화는 공격적 행동과 크게 관련이 없었다(Smokowski & Bacallao, 2006). 그러나 문화 동화와 관련한 갈등(미국 풍습에 대한 선호로 인한 가족과의 문제)과 부모와 자녀 간 갈등, 그리고 차별은 공격적 행동과 관련이 있다.

문화 동화적 스트레스의 근원은 문화 동화 수준에 따라 다양하다. 멕시코계 미국인 사이에서 청년 이민자는 학교에서 필요한 좀 더 나은 영어 실력에서 스트레스를 받았고 일반적으로 미국 태생 청소년보다 더 많은 스트레스를 겪었다(Romero & Roberts, 2003). 반대로, 미국 태생 멕시코계 미국인 청년은 스페인어를 좀 더 잘해야 한다는 것과 부모의 문화 때문에 다른 청년과 달라야 한다는 점 때문에 스트레스를 받았다. 청년 이민자와 미국 태생 청년 모두에게, 문화 동화적 스트레스는 우울증과 관련이 있다(Romero & Roberts, 2003).

주류 미국 문화에 덜 동화되는 것과 더 동화되는 것 중 무엇이 더 고통스러울까? 라틴계 미국인 성인에 대한 전국적 표준에서 볼 때, 문화적으로 덜 동화된 사람이 더 동화된 사람보다 문화 동화적 스트레스를 더 많이 겪었다(Caetano, Ramisetty-Mikler, Vaeth & Harris, 2007). 문화 동화적 스트레스는 가치의 변화, 영어로 의사소통하는 데의 문제점, 그리고 라틴계 문화와 관련한 적응 문제 때문에 가족과 친구와의 갈등을 포함한다. 따라서 미국 규범에 문화적으로 동화하는 것은 특히 상대적으로 문화 동화되지 않는 사람들에게 고통스러울 것이다.

문화 동화적 스트레스로 라틴계 미국인 성인 커플에 대한 종적 연구에서 가정 폭력을 예측할 수 있었다(Caetano et al., 2007). 커플 구성원 사이의 문화 동화 수준의 차이는 문화 동화적 스트레스가 될 수 있었고 이는 가정 폭력을 이끈다. 심지어 커플의 구성원이 같은 문화 동화 수준을 보여주었을 때조차도, 커플 구성원 중 둘 중 하나가 문화 동화적 스트레스를 겪는다면 가정 폭력이 발생할 수도 있다. 문화 동화적 스트레스가 가정 폭력을 예측할 수 있는 반면에, 알코올 사용까지는 그렇지 못한다. 음주와 가정 폭력 사이의 연관성의 부족은 라틴계 미국인이 다른 민족적 집단과는 다른 알코올 효과에 대한 기대를 가지고 있다는 것을 의미하거나 Caetano와 그 동료들(2007)에 의해 연구된 지역사회 표본 내에서의 음주 패턴이 음주가 가정 폭력과 관련 있었던 임상 인구 내의 패턴보다 심하지 않았다는 것을 의미한다.

차별

유색인종 집단과 마찬가지로, 라틴계 미국인 사이의 차별은 정신적 고통과 관련이 있다(Moradi & Risco, 2006). 라틴계 미국인에 대한 전국적 표본에서, 30%가 차별을 겪었다고 보고되었다(Perez, Fortuna & Alegria, 2008). 피부가 더 어두운 라틴계 미국인일수록 더 밝은 사람보다 차별을 더 많이 경험할지도 모른다(Ramos, Jaccard & Guilamo-Ramos, 2003). 스페인어 억양을 가지고 있는 라틴계 미국인 또한 그렇지 않은 사람보다 차별을 더 많이 경험할 수도 있다(National Survey of Latinos, 2002).

차별(discrimination)과 정신 건강 문제 사이의 연관성은 미국에서 시간을 더 오래 보낸 라틴계 미국인 이민자에게 더 강하다(G. C. Gee et al., 2006). 미국에서 많은 시간을 보냈던 라틴계 미국인은 차별이 줄어들기를 기대할 것이고, 차별을 하나의 삶의 요소로 여길 수 있는 최근의 다른 이민자보다 차별이 발생할 때 그 차별에 의해서 영향을 더 많이 받을 것이다. 더욱이 영어가 유창하지 않은 라틴계 미국인은 차별에 대한 인식으로부터 언어적으로 고립될 수도 있다(Perez et al., 2008).

민족 정체성(ethnic identity)은 차별의 부정적 영향에 반하여 보호 역할을 할 수도 있다. 대부분이 멕시코계 미국인이었던 라틴계 미국인 청소년에 대한 연구에서, 차별은 우울증과 관련이 있었다(Umana-Taylor & Updegraff, 2007). 그러나 높은 자긍심을 가진 청소년은 그들이 차별을 경험했을 때 덜 우울해질 것 같았다. 민족 정체성은 자긍심과 관련이 있는데, 이는 민족 정체성이 간접적으로 더 높은 자긍심을 형성함으로서 차별의 영향을 완화시켰음을 의미한다.

또 다른 차별의 정신적 영향에 대한 예방적 요소는 교육이다. 비록 더 교육받은 사람일수록 차별이 발생할만한 많은 상황에 노출될 수 있고(Perez et al., 2008), 그들 또한 차별을 다룰만한 지적 자원을 가지고 있을 것이다. 사실 인지된 인종주의와 부정적인 감정 간의 관계는 교육을 덜 받은 사람보다 교육을 더 많이 받은 라틴계 미국인 성인 사이에서 더 약하게 나타난다(Brondolo et al., 2008).

정신 건강에 대해서 다른 이들에 의한 차별의 직접적인 영향 외에도, 민족적 소수집단의 회원은 정신 건강에 직접적인 영향을 줄 수 있다. 집단의 고정관념(낮은 지능)을 충족시키는 것에 대한 우려는 주로 멕시코계 미국인 대학생 사이에서 긴장, 우울, 그리고 행동과 감정 컨트롤 실패와 관련이 있었다(Chavez & French, 2007). 따라서 다른 사람의 인식이 명시적인 차별 행위가 없을 때조차도 집단에 부정적인 영향을 미칠지도 모른다. 다행히도, 고정관념 위협의 영향은 잘못된 고정관념에 대한 정보가 제시된다면 극복될 수 있다(Good, Aronson & Inzlicht, 2003).

요약하면, 유럽계 미국인 문화 속에서 능숙함뿐만 아니라 전통적인 라틴계 문화 가치는 라틴계 미국인 사이의 정신적 문제에 반하는 예방적 요소인 경향이 있다. 문화 동화 그 자체보다는 문화 동화로 인한 스트레스가 정신적 문제와 관련이 있다. 차별은 정신적 문제의 또 하나의 근원적 요소로 특히 미국에서 더 많은 시간을 보낸 라틴계 미국인이나 차별이 줄어들 것이라고 예상하는 사람에게 해당한다. 민족 정체성, 교육, 그리고 잘못된 고정관념에 대한 정보는 차별의 부정적인 영향을 상쇄시킬 수 있다.

학업성취와 경력 개발

라틴계 미국인의 학업수행에 대한 고정관념이 존재하지만, 실질적인 학업수행은 민족적 집단 내에서 다양하다. 멕시코계 미국인, 푸에르토리코인, 그리고 쿠바계 미국인 청소년에 대한 전국적 표본을 통해서, 거의 절반 정도가 평균적으로 B 점수를 받았다(Crosnoe, 2005). 쿠바계 미국인이 B나 그 이상의 점수를 더 받을 것 같았다.

멕시코계 미국인 사이에서, 이민자가 미국 태생보다 더 높은 점수를 받았지만, 이는 다른 민족 집단에는 해당하지 않았다.

라틴계 미국인 부모의 자녀의 장기간 교육적 성과에 대한 기대는 문화적 가치인 교육과 상응한다. 5세 아동에 대한 전국적 표본에서, 라틴계 미국인과 아시아계 미국인 아동의 부모는 자신의 자녀가 대학 이상 진학할 것이라고 기대한 반면에, 유럽계 미국인과 아프리카계 미국인 아동의 부모는 자녀가 대학만을 마칠 것이라고 예상하였다(Suizzo & Stapleton, 2007). 라틴계 미국인과 아시아계 미국인 부모 중 많은 이들이 이민자였기 때문에, 그들의 높은 기대는 자녀의 교육적 성과에 장애물로 그들이 이제 마주쳐야만 하는 차별에 대한 인식과 경험 때문에 당연한 듯 보일 수 있다. 그럼에도, 이민자 출신의 청년과 아동은 부모가 미국에서 태어난 다른 또래보다 더 높은 사회적, 그리고 경제적 열망을 품고 있는 경향이 있다(Tseng, 2006). 교육은 이민자에 의해 문화적으로 가치 있게 여겨지고 7장에서 언급되었듯이 지위에 있어서 사회적, 경제적으로 상승하기 위한 길이기도 하다.

이민자의 자녀는 그들의 부모가 영어를 잘 못하기 때문에 학업적 불이익이 있는 학교에 진학할지도 모른다. 부모가 멕시코나 중앙아메리카에서 태어난 라틴계 미국인 아동에 대한 수직적 연구에서, 1학년부터 8학년까지의 수학적 성취점수는 백분위수 37번째부터 44번째까지 범위가 이루어질 정도로 상대적으로 낮고 안정적이었다(E. M. Lopez, Gallimore, Garnier & Reese, 2007). 수학 성취도는 부모가 자녀에게 책을 읽어주는 것과 같은 가정 학습 활동이나 아동이 영어를 읽고 쓸 줄 아는 능력과 연관이 있었다. 따라서 이민자 라틴계 미국인 부모과 그 아동의 읽고 쓰는 능력을 지원하기 위한 개입은 그들의 읽고 쓸 줄 아는 능력을 향상시킬 뿐만 아니라 아동의 수학적 능력까지 향상시킬 수도 있다(E. M. Lopez et al., 2007).

그러나 영어가 유창하지 않다는 것이 지능이 낮다는 것은 아니다. 능력, 주의, 즉각적인 처리(자극을 상호 연관된 집단 내로 통합시키는 것)와 연속적인 처리(연속적인 정보를 처리하거나 기억해내는 능력)를 계획하는 것을 포함하는 지능의 중요한 비언어적 양상이 있다(Naglieri, Rojahn & Matto, 2007). 이러한 비언어적 차원의 측정을 통하여 볼 때, 라틴계 미국인 아동은 비라틴계 아동과 크게 다르지 않았다(Naglieri et al., 2007). 따라서 영어가 능통한 아동이 노출될 수도 있는 특정 언어적 혹은 수학적 맥락에 의존하지 않는 비언어적 능력에 대한 측정을 통해 볼 때, 라틴계 미국인 아동은 다른 아동과 같은 능력을 지니고 있다고 발견되었다. 더욱이, 영어로 주관된 시험은 스페인어로 언어적 유창함을 평가하지 못한다.

제도적 장벽은 라틴계 미국인의 학업적 성취를 방해할지도 모른다. 라틴계 미국인의 중 · 고등학생은 학교 자원에 덜 만족하고 비라틴계 학생보다 많은 차별을 경험하는 것으로 나타났다(Martinez, DeGarmo & Eddy, 2004). 학교 자원에 대한 불만족과 차별은 낮은 성적과 학교 중퇴와 관련이 있었다.

문화적 요소는 라틴계 미국인 사이의 학업성취를 용이하게 할 수도 있다. 4장에서 논의했듯이, 민족 정체성은 라틴계 미국인 사이에서 일반적으로 학업성취와 관련이 있다(Altschul et al., 2006; Ong, Phinney & Dennis, 2006; Schwartz et al., 2007; Supple et al., 2006). 그러나 주류 미국 문화에서의 능숙함은 대개 유럽계 미국인의 학업 환경에서의 라틴계 미국인의 성공에 중요할 것이다(Castillo et al., 2004, 2006; L. Y. Flores et al., 2006b Guzman et al., 2005). 따라서 라틴계와 주류 미국 문화에서의 결합된 능숙함은 라틴계 미국인의 학업성취에 최적일지도 모른다. 사실 라틴계 미국인과 좀 더 큰 사회와의 동일시와 연관이 있는 두 문화적 정체성은 라틴계 미국인 중학생 사이의 높은 성적과 관련이 있다(Oysterman et al., 2003).

가족을 중시하는 문화 속에서, 가족의 지지는 학업성취도에서 개인적 변수만큼이나 중요할지 모른다. 부모의 학업적 장려(좋은 성적에 대한 보상, 학업 실패에 대해 의미를 부여하는 것)는 더 많은 양의 숙제와 관련 있었고 다시 라틴계 미국인 중 · 고등학생 사이에서 좀 더 나은 성적과 관련이 있었고, 결국 이는 중퇴에 대한 예방적 요소였다(Martinez et al., 2004). 라틴계 미국인 대학생 사이에서, 가족의 상호 의존과 교육에 대한 가족의 지지는 대학 평점과 관련이 있었고(Ong et al., 2006) 가족과 함께 보낸 시간도 그러하였다(Sy, 2006).

미국 노동력은 정확하게 라틴계 미국인 인구수를 반영하지 않았다. 라틴계 미국인은 서비스나 행정적 지원 고용 분야에 집중돼 있는 경향이 있고, 관리와 판매 분야에서는 실제 수보다 적게 표시되어 있었다(R. Roberts, Swanson & Murphy, 2004). 라틴계 미국인이 미국 인구의 13%를 차지하는 반면에, 학위를 수여하는 좀 더 높은 교육 기관 내에서 교수진 중 3%를 성하였다(U.S. Department of Education, 2004).

일자리의 다양성은 라틴계 미국인의 정신적인 기능에 영향을 미친다. 한 연구에서, 유일한 라틴계 미국인이거나 몇 명 중 1명과 같은 징표가 되거나 모든 다른 동료가 라틴계 미국인인 것과 같이 분리되어 있는 것은 도미니카계 미국인, 멕시코계 미국인, 그리고 푸에르토리코계 미국인 사이에서 정신적인 증상이나 낮은 복지, 삶의 만족, 그리고 직업에 대한 만족과 관련되어 있다(Enchautegui-de-Jesus, Hughes, Johnston & Oh, 2006). 최적의 일자리 환경은 많은 다른 민족적 집단뿐만 아니라 많은 라틴계 미국인이 있는 실질적 다양성과 관련이 있었다. 이러한 결과를 아프리카계 미국인에게도 적용되었다.

요약하면, 교육은 라틴계 미국인의 문화적 가치이며 사회경제적으로 더 나아지기 위한 수단이다. 영어능력의 부족은 많은 라틴계 미국인에게 학업적, 직업적 걸림돌이 될 수 있다. 일자리에서의 민족적 다양성은 라틴계 미국인의 개인적, 직업적 복지와 관련이 있다.

결론

라틴계 미국인은 미국에서 가장 규모가 큰 유색인종 집단이다. 비록 라틴계 미국인 집단이 서로 다른 역사적 경험으로 다양할지라도, 집단 간에 공통적인 라틴계 미국인 문화적 특성이 있다. 라틴계 미국인은 다른 비율로 유럽계 미국인 문화에 동화하고 라틴계 미국인과 유럽계 미국인의 문화를 준수하는 데 있어서 다른 방식을 가지고 있다. 라틴계의 문화적 가치는 두 문화의 능숙함이 하는 것처럼 정신적인 문제에 반하여 보호적인 영향을 미치는 경향이 있다. 두 문화의 능숙함 또한 학업과 직업에서의 성공과 연관이 있다. 라틴계 미국인에 대한 양, 질의 심리학적 연구들은 미국에서 가장 규모가 큰 유색인종 집단으로서의 그들의 지위를 반영하지 못하였다. 이 장에서 보인 연구들은 유럽계 미국인을 위해 발달된 행동 모델이 라틴계 미국인에게 꼭 적용할만한 것은 아니라고 가리킨다. 라틴계 미국인의 문화와 행동에 대한 언어의 중요성에 관한 더욱 기본적인 연구와 어떻게 라틴계 미국인 문화가 다른 민족, 문화적 집단에 영향을 주는가에 대하여 다민족적인 맥락에 기반을 둔 연구 또한 필요하다.

토론 문제

1. 라틴계 미국인은 미국에서 가장 규모가 큰 유색인종 집단이다. 많은 이들이 스페인어를 쓰고 40%가 라틴아메리카에서 태어났다. 하지만 이중 언어를 통한 교육을 제한하고 없애려는 노력이 미국 전역에서 이루어졌다. 다른 시각에서 볼 때, 모든 미국인이 문화적 능숙함에 대한 첫 단계로써 스페인어를 배우는 것은 유용할 수도 있다. 미국 교육 제도가 이중 언어를 통한 교육을 증진시킬 가능성은 얼마나 되는가?
2. 라틴계 미국인 사이의 문화 동화는 정신 건강 문제와 직접적으로 관련이 있지는 않지만, 문화 동화로 인한 스트레스는 관련이 있다. 라틴계 미국인 가족 사이의 이러한 문화 동화적 스트레스를 줄이기 위해서 무엇이 행해질 수 있는가?
3. 라틴계 미국인 이민자는 미국 태생 라틴계 미국인보다 자녀에 대해 더 높은 학업적 열망을 가지고 있다. 더 낮은 학업적 열망이 더 현실적인가? 라틴계 미국인 사이에서 높은 학업적 열망과 교육의 가치를 유지하는 것은 가능한가?

제 9 장

미국 원주민과 알래스카 원주민

미국 원주민, 알래스카 원주민의 문화가 존재한다는 것은 그들의 끈질긴 생명력을 보여준다. 이 집단은 그들을 몰살시키고, 재배치시키고, 그들의 언어와 문화와 종교를 파괴하려던 외부 세력의 시도 속에서 존속하였다. 미국 원주민과 알래스카 원주민은 그들의 구역에서 이러한 억압이 일어났기 때문에 도망치지 못하였다(Duran, Duran, Brave Heart & Yellow Horse-Davis). 비록 미국 원주민과 알래스카 원주민이 증오 범죄 피해자로서 크게 인식된 것은 아니지만 이 나라에서 원주민 집단이 겪어온 억압은 증오 범죄로 개념화되었다(Herring, 1999). 하지만 미국 원주민과 알래스카 원주민은 아직까지도 활기차고 미국에서 계속해서 성장하는 집단이다.

450만 명의 미국 원주민과 알래스카 원주민이 미국에서 살고, 이는 미국 인구의 1.5%를 차지한다(U.S. Bureau of the Census, November 2007). 알래스카 원주민은 알래스카 인구의 약 19%를 차지한다. 심리학적인 연구가 종종 원주민 보호 구역에 집중되지만, 그 지역에는 미국 원주민 중 1/3만이 살고, 대부분이 도시에 산다(Haycox, 2002). 보호 구역에서의 빈곤은 많은 원주민이 일자리를 찾기 위해서 보호 구역을 떠나도록 만들었다. 비슷하게, 알래스카 원주민 마을에서 실업과 가난 또한 도시로 이동하도록 야기하였다. 미국 원주민과 알래스카 원주민 사이의 빈곤율은 27%이고 이는 이 책에서 논의된 어느 다른 집단보다 높은 수치이다.

이 책에서 언급된 수적으로 가장 작은 민족 집단임에도 불구하고, 미국 원주민과 알래스카 원주민은 가장 다양한 측면에 속한다. 정부에 의해 파악된 미국 원주민 부족과 알래스카 원주민 마을이 562개나 된다(Bureau of Indian Affairs, 2002). 한 부족은 혈통에 기반을 둔 사회적 조직이다(Spickard, 2007). 대부분의 미국 원주민 부족은 그들만의 언어를 가지고 있다. 28%가 집에서 영어 이외의 언어를 사용한다. 가장 규모가 큰 원주민 부족은 체로키와 나바호(미국 New Mexico, Arizona, Utah 주에 사는 원주민)족으로 각각 25만 명 이상의 구성원을 거느리고 있다(U.S. Bureau of the Census, February 2006). 가장 규모가 큰 알래스카 원주민 부족은 에스키모로 4만 7천 명 이상의 구성원으로 이루어져 있다(U.S. Bureau of the Census, February 2006).

원주민 사무국은 원주민을 정부에 의해서 등록되었다고 파악된 원주민 부족의 수 혹은 원주민 사무국에 혈액 양자 속에 1/4 혹은 그 이상이 있다는 것을 법적으로 증명할 수 있는 원주민이라고 정의한다(Trimble & Thurman, 2002). 그러나 미국 원주민이 되는 것은 혈통뿐만 아니라 문화적 정체성과도 관련되는 것이다(Herring, 1999). 많은 원주민 부족이 주권 국가이기 때문에, 부족 국가와 미국으로부터의 이중 시민권을 가지고 있다(Castro, Proescholdbell, Abeita & Rodriguez, 1999). 정부에 의해 정확하게 파악되지 않았지만, 적어도 100개의 부족의 구성원은 강한 원주민 정체성을 가지고 있다(Trimble & Thurman, 2002).

'미국 원주민(American indian)' 이라는 명칭은 원주민 스스로에 의해서 받아들여졌다. 원주민을 흔히 인디언(indian)이라고 부르기도 한다(LaFromboise & Graff Low, 1998; Trimble et al., 1996). '인디언' 이란 용어는 유럽인이 미국 대륙에 도착했을 때 정작 자신들은 인도에 도착하였다고 생각하여 만들어진 부적절한 단어이다. 토착민 집단 사이의 다양성에도 불구하고, 이 대륙에 살고 있던 토착민은 스페인 탐험가에 의해 '인디오스(Indios)' 라고 언급되었다(Sutton & Broken Nose, 2005). 유럽인이 도착하기 전에 대륙에 있었던 많은 다양한 집단이 스스로를 한 집단의 부분이라고 여기지 않았지만, 원주민은 하나의 집단이라는 유럽인의 인식은 여전하였다(Spickard, 2007). 미국 태생의 미국 원주민이 아닌 많은 사람들이 스스로를 북아메리카 원주민이라고 여기는 것은 애매하다. 캐나다 토착민은 스스로를 캐나다 원주민이라고 언급한다.

미국 원주민 국가들이 생태학적 환경을 공유했던 주요 지리학적 장소가 있다(Hodge & Fredericks, 1999). 북동, 남동, 남서, 북쪽 평원, 북서 해안, 고원, 그레이트 베이슨(분지), 로키 산맥, 오클라호마, 캘리포니아, 그리고 알래스카. 비록 다른 부족이 같은 지리적 환경을 공유하였지만, 그들의 문화와 언어가 모두 공유된 것은 아니었다. 미국 원주민 중 가장 많은 인구가 살고 있는 도시는 로스앤젤레스와 뉴욕이다(Sutton & Broken Nose, 2005).

역사

미국 원주민과 알래스카 원주민의 역사는 유럽인과의 접촉으로 시작된 것은 아니다(Hays, 2006; Page, 2003). 원주민의 문화는 유럽계 탐험가들이 이 대륙에 처음 도착했을 때 고도로 발달해 있었다(Hodge & Frederick, 1999; Spickard, 2007). 많은 부족은 농경과 정부와 다른 부족과의 상업에 관해 세부적인 시스템을 가지고 있었다. 의학, 천문학, 그리고 예술에 대한 지식 또한 발달하고 있었다. 콜럼버스가 도착했을 때에는 유럽인이 도착했을 때보다 더 많은 문화적, 언어적 다양성이 있었다(Duran & Duran, 1999).

원주민은 환경을 경외시하였다. 농경, 수렵, 어업은 주로 물질적인 목적을 위한 것이었다. 땅이 오용되거나 오염되지 않았고 음식을 위한 동물이 아니면 죽이지 않았다. 원주민은 땅 속에 있는 자원의 균형을 유지하고자 하였고 그들이 생존하기 위한 필요량은 자연 내에서의 조화로움이라는 정신적 가치와 상응하였다(Hodge &

Frederick, 1999). 원주민이 아닌 사람들은 물, 공기, 토양을 오염시키고, 많은 원주민의 건강에 대한 위험요소를 만들어서 땅을 훼손하였다(Hodge & Fredericks, 1999). 오염과 산업화는 농사, 사냥, 그리고 어업 기회를 제한하였다. 예를 들면, 원주민은 물소가 정착민에 의해 몰살되어 물소를 사냥하지 못하였다.

유럽인에 의한 이동

원주민의 진보한 문화가 존재했음에도, 유럽인 탐험가들은 원주민을 특히 성적 욕망과 같은 욕정에 지배받는 야만인으로 보았다(Takaki, 1993). 미국 원주민은 영양이나 퓨마와 비슷한 자연 경관의 일부로 취급받았다(Spickard, 2007). 자연 경관이 위협적이게 되면, 제거될 수 있다. 원주민들은 처음 보는 백인 탐험가들을 신으로 보았거나 적어도 그들의 금속 무기 때문에 두려워했을지도 모른다(Spickard, 2007). 그들은 곧 유럽인이 그들과 그들의 땅, 그리고 그들의 소유물을 착취할 것이라는 걸 알게 되었다.

콜럼버스가 이 대륙에 도착한 지 50년도 채 지나지 않은 때에, 유럽계 정착민은 원주민을 남동쪽 지역으로 이동시키기 시작하였다(Hodege & Fredericks, 1999). Spickard(2007)에 따르면, 이 초기 유럽인 정착민은 나라의 첫 번째 불법적 이민자로 여겨졌다. 1600년대 초기 버지니아에 정착한 영국인은 옥수수를 기르던 원주민이 땅을 적절히 사용하지 못하고 있다고 믿었다. 따라서 원주민의 땅을 압수하는 것은 강도 행위로 여겨지지 않았다(Takaki, 1993) 비록 원주민이 처음에는 영국인 정착민을 도왔을지라도, 영국인은 1608년에 원주민을 공격하고 음식을 얻기 위해 마을을 파괴하였다. 유럽인 정착민은 영국으로 담배를 수출하기 시작한 때인 1613년부터 좀 더 많은 땅을 필요로 하였다. 1622년 원주민은 물리력을 동원하여 정착민을 쫓아내려 하였다. 동쪽에서 평원으로의 이주가 1650년 유럽 정착민이 원주민을 서쪽으로 몰아냈을 때 시작하였다(Hodge & Fredericks, 1999).

원주민의 인구는 1610~1675년 사이에 천연두와 같이 원주민이 면역력이 없었던 유럽의 질병 때문에 급격하게 줄어들었다(Spickard, 2007; Takaki, 1993). 현재 미국 내의 원주민의 인구는 1600년대의 500만 명에서 1800년대에 60만 명으로 줄어든 것으로 추정된다(Spickard, 2007). 많은 개척자들은 원주민의 죽음을 신의 간섭과 그들이 땅을 다시 가져와야 한다는 확인으로 해석하였다. 전쟁은 원주민 죽음의 또 다른 원인이었다(Takaki, 1993).

1637년, 700명의 피쿼트(미국 코네티컷 주 남동부에 사는 원주민)족 사람이 개척자들에 의해 죽임을 당했고 1675~1676년까지 필립왕의 전쟁에서 전투와 질병으로 6천 명의 원주민이 죽었다(Takaki, 1993). 원주민에 대한 폭력은 악마를 몰아낸다는 유럽인들에 의해 정당화되었다. 슬프게도, 한때 대륙에서 가장 규모가 큰 민족적 집단이 지금은 가장 작은 집단이다(McMonald & Gonzalez, 2006).

유럽인에 의해서 원주민에게 발생한 건강 문제 중 또 하나의 근원은 알코올 음용이었다. 대부분의 원주민은 유럽인과 접촉하기 전까지 술을 마셔본 적이 없었다(Beauvais, 1998). 유럽의 개척자들은 그 효능이 강하고 증류된 알코올 음료를 생산하였고, 대량 음주를 모델화하였다. 유럽인 개척자에게 술을 마시는 것은 오염된 물을 마시는 것을 피하는 것과 동시에 질병과 싸우는 수단이었다(Spillane & Smith, 2007). 모피 무역인과 정치 관료 또한 원주민의 자원과 바꾸기 위한 거래 화폐로 술을 사용하였다.

초기 미국의 역사

미국인 정치가이자 미국 헌법 제정자 중 1명인 Thomas Jefferson의 원주민 문화에 대한 관점은 초기 유럽 정착민의 관점을 반영하였다. 1776년에, Jefferson은 원주민이 유럽인의 농경 방식을 채택하는 것같이 문명화되거나 혹은 몰살되어야 한다고 믿었다(Takaki, 1993). 원주민을 '문명화' 하는 것은 사냥을 위한 땅에 대한 필요성을 제한할 것이다. Jefferson은 땅이 공평하고 법적으로 원주민으로부터 구매되어야 한다고 주장하였다. 그는 원주민의 수가 줄어들고 있다는 것에 대해 원주민 문화적 관행을 비난하였다. 아이러니하게도 그는 원주민과 개척자는 한 땅에서 태어난 미국인이고 그들이 친구가 되기를 희망한다고 공식적으로 말하였다. 이러한 이중성은 공적으로 노예제를 반대하였지만 개인적으로 수많은 노예를 소유한 Jefferson에게도 보였다.

미국 정부가 세워진 이후로 오래 지나지 않아 미국 정부는 원주민들을 그들 땅으로부터 몰아내는 듯한 반복적 패턴과 미국 사회에서 하찮은 존재로 느끼도록 하기 시작하였다. 심지어 원주민에게 주어진 남은 땅조차도 빼앗았다. 1783년 북서부 조례와 1790년 무역과 교류법령은 그들의 땅에 대한 대가로 자주권과 보호를 보장받았다(Carson & Hand, 1999). 비록 자주권과 보호는 적어도 다소 이로운 것처럼 보이지만, 1790년 귀화에 관한 법령은 백인이 아닌 이민자나 원주민에 미국 시민권을 받는 것을 배제하였다(Takaki, 1993). 서부 원주민들의 땅은 목화 생산에 쓰이게 되었고, 정부는 1814년부터 1824년 사이에 원주민이 알래스카와 미시시피, 그리고 루이지애나에 있는 그들의 땅을 팔도록 강요하였다. 원주민 사무국은 부족 간의 관계에 대해 감독하기 위해 1824년 미육군성 내에 조직되었다.

Andrew Jackson은 원주민과의 전쟁에서 영웅으로 불렸기 때문에 1828년 미국 대통령으로 선출되었다(Takaki, 1993). Jackson은 원주민을 문명화하기 위한 노력이 수포로 돌아갔고, 원주민들은 제거되어야만 한다고 믿었다. 1830년, 원주민 제거법이 7만 명의 원주민을 미시시피 서부로 옮겼다(Carson & Hand, 1999). 오클라호마에 있던 원주민 중 대부분은 다른 지역, 특히 서쪽에서 쫓겨났기 때문에 거기에 정착하였다(Hodge & Fredericks, 1999). 1829년부터, 1만 명 이상의 체로키, 촉토, 치카소, 크리크, 그리고 세미놀족 원주민이 종종 겨울에 개인 물품 없이 그들의 신성한 고국과 서쪽에 있는 매장지를 떠나도록 강요받았다. 4천 명에서 8천 명 사이의 원주민이 수송 과정에서 죽었다(Takaki, 1993). 이 강요받은 이론은 눈물의 자취로 알려져 있다.

미국 역사를 통틀어서 600개 이상의 조약이 원주민과 맺어졌고, 종종 강요적이었거나 부족의 희망사항을 대변하지 못했던 원주민의 하위 집단과 이루어졌다(Duran et al., 1998; Takaki, 1993). 조상의 부족 땅은 원주민에 의해 신성하게 여겨진다(Trujillo, 2000). 따라서 정부가 원주민을 조상의 부족 땅으로부터 제거하려고 한 것은 교회가 정부에 의해 장악당하고 교회 사람들이 그곳에서 숭배하는 것을 방해한 것과 유사하다. 19세기 중반까지, 유럽계 미국인은 북아메리카에 있는 백인이 아닌 사람의 땅을 장악하는 것은 신에게 받은 권리라는 이상주의, 명백한 사명설을 발달시켰다(Spickard, 2007).

캘리포니아에 있는 원주민 또한 19세기 스페인 식민지 시기 때 착취당하였다. 스페인 정착민은 이 원주민을 노동자로 돌리거나 그들을 기독교로 개종시키고자 하였다. 유럽인에 의해 도입된 질병과 비원주민 정착민과 미국 군대에 의한 폭력성은 몇몇 부족을 완전히 몰살시켰다.

정부의 개입

원주민을 미국 내 비거주 지역으로 내모는 것은 미국 정부 간섭의 끝이 아니었다. 교역을 위해 국가와 연락하기 위해서, 원주민들의 영토를 통한 철도가 필요하였다(Takaki, 1993). 1871년 원주민 책정법령은 "미국 내 영토에 있는 어느 원주민 국가 혹은 부족도 독립적인 국가, 부족 혹은 미국이 조약을 맺을만한 힘을 가진 것으로 인정받거나 인식되지 않는다"고 말하였다. 이 법령은 철도길이 평원을 통해 지어지도록 하였으며, 또한 원주민의 자양물이었던 물소들이 원주민이 아닌 사람에 의해 사냥될 수 있도록 허용하였다.

원주민 책정법령에 있어서 주요 개정 부분은 원주민 보호구역의 설립이다. 이 보호구역의 목적은 원주민이 미국 사회로 동화하는 데 있어서 적응하는 것을 돕기 위한 일시적인 지원이었다(Takaki, 1993). 보호구역에 관한 미국 정책은 독단적이었고 때때로 적 부족이 오리건 주 남쪽의 모도크(미국 오리건 주 남부에서 캘리포니아 주 북부), 클래머스(미국 오리건 주 서남부에서부터 캘리포니아 주 서북부), 그리고 파이우트족(북아메리카 원주민의 한 부족)과 같이 같은 보호구역에 있도록 강요하였다(Spickard, 2007). 보호구역의 상태는 다양하지만 종종 부적절한 음식, 더러운 물, 연료 부족, 질병, 군인에 의한 남용, 그리고 다른 부족에 의한 습격 등과 관련이 있었다. 원주민이 정부에 의해서 보호구역에 살도록 명령받았기 때문에, 보호구역으로 이동하는 것을 거부한 사람은 다른 사람에 의해 못마땅하다고 여겨져 공격받을 수도 있었다. 예를 들면, 족장 조세핀이 이끄는 네즈퍼스족(미국 원주민의 한 부족)은 유럽계 미국인이 오리건 북동쪽에 있는 그들의 보호구역에서 금을 발견한 이후로 캐나다로 달아나려 했고 네즈퍼스 사람들은 1877년 아이다 호에 있는 작은 보호구역으로 옮겨졌다(Spickard, 2007). 부족장이 죽은 많은 전투들 이후로, 추장 조세핀은 미국 정부에 항복을 했고 이를 통해 네즈퍼스(nezperce)인은 캔자스 주에 감금되었다(Wilkinson, 2005).

원주민 아동은 가족으로부터 떨어지게 되었고 기숙 학교에 생활하도록 강요되었다. 종종 가족으로부터 수백 마일이 떨어진 곳이었고 이것은 1879년 펜실베이니아에 있는 칼라일 원주민 실업 학교에서 시작되었다(Brucker & Petty, 1998). 예배 참석은 기숙 학교에서 의무였고, 원주민 전통과 종교는 이교도나 비문명적인 것으로 여겨졌다(LaFromboise, Berman & Sohi, 1994). 이 기숙 학교의 선생님은 아동이 원주민 전통 문화와 관련한 행동을 하였을 경우 종종 신체적으로 체벌을 내렸다(Thompson, Hare, Sempier & Grace, 2008). 카일라 학교의 설립자인 Richard Henry Pratt의 모토는 '원주민을 죽이고 사람을 살리자' 라는 것이었다(Spicakrd, 2007; Wilkinson, 2005). 기숙 학교는 훗날 알래스카 원주민 아동을 위해 알래스카에도 설립되었다(Hays, 2006).

1800년대 후반의 연방 정책은 원주민의 전통적 종교와 정신성을 불법화하였다(Trujillo, 2000). 이러한 대응 기제를 제거하는 것은 알코올 사용과 같은 적응성이 없는 대응 기제를 추구하는 원주민에 기여했을 수도 있다(Spillane & Smith, 2007). 기독교 교회는 그들을 기독교로 개종시킴으로서 원주민을 문명화하기 위해 미국 정부와 협력하였다(Garrett & Pichette, 2000). 1882년, 장로교 선교자 Sheldon Jackson과 다른 신교도 리더들은 특정 신교도 교파들이 다른 집단으로부터의 방해 없이 일할 수 있던 알래스카를 종교적인 영토로 나눴다(Hays, 2006). 가톨릭 교도들은 이미 알래스카에 영향력을 행사하고 있었다. 그러나 신교도들이나 가톨릭 교도들 모두 알래스카에 그들의 기독교를 퍼뜨릴 계획에 대해 알래스카 원주민과 상의하지 않았다.

보호구역이 설립된 이후로 16년이 되었을 때, 의회는 1887년에 보호구역시스템을 중단시키고 원주민이 재산 소유자가 되고 미국 시민이 되도록 돕는 것을 추구한 도스법을 통과시켰다(Takaki, 1993). 원주민이 재산 소유자가 되도록 만든 이유는 그들을 사냥꾼이나 채집자가 아닌 농부로 전환시키기 위함이었다(McDonald & Gonzalez, 2006). 농업은 사냥이나 채집보다 더 문명화된 것으로 여겨졌고 형식적으로 원주민이 살고 있는 땅에 대한 제한된 접근과 관련이 있었다. 미국 정부에 의해 '5개 문명 부족' 이라고 여겨진 체로키, 치카소, 촉토, 크리크, 세미놀족(미국의 원주민 부족)은 유럽계 미국인의 농경 시스템, 정부, 교회, 그리고 학교를 채택하였다(McDonald & Gonzalez, 2006). 그러나 이러한 부족들은 유럽계 미국인이 원주민의 미국 사회로의 동화보다는 원주민의 땅에 더 관심이 많았다는 사실을 알게 되었다.

도스법(Dawes Act)은 개인적 토지 소유를 장려하였고 각각의 원주민 가족은 25년 동안 160에이크(약 64만 $2m^2$)의 땅을 받았다. 아이러니하게도 도스법이 통과된 지 19년 후에, 버크법이 도스법이 약속한 25년 개정안을 무효화하였다. 보호구역의 땅 중 큰 부분이 원주민으로부터 얻어졌고 비원주민에게 팔렸다. 미국인 시민권으로의 이행을 표시한 '마지막 화살' 이라는 야외극이 설립되었다(Takaki, 1993). 이 야외극에서 원주민은 전통적인 의상을 입고 화살을 쐈다. 그러고 나서 그들은 원뿔형 천막으로 들어갔고 문명화된 옷으로 갈아입은 채 천막 밖으로 나왔고 쟁기와 성조기가 주어졌다.

비원주민이 원주민의 땅을 차지하기 시작했을 때 원주민이 겪었던 억압에도 불구하고, 많은 이들이 의연하였고 그들 조상의 전통을 유지하였다. 1890년, 파이우트족(북아메리카 원주민의 한 부족)의 Wovoka는 구세주가 되길 주장하였고 원주민 풍습과 땅, 그리고 물소가 회복되어야 한다고 믿었다. 백인이 떠났을 때, 원주민의 땅은 원주민의 영적 교감을 얻기 위한 춤을 통해 축복되었다(Takaki, 1993). 영적 교감을 얻기 위해 춤을 추는 춤꾼들은 그들을 적으로부터 보호해줄 것이라고 그들이 믿었던 신성한 상징으로 장식된 모슬린 셔츠를 입었다. 이 원주민의 국수주의를 평정시키기 위해 영적 교감을 얻고자 하는 춤의 지도자가 체포된 후에 미국 정부를 위해 일했던 원주민 경찰에 의해 살해되었다. 수족 원주민 또한 체포되었고 사람이 탈출하려고 시도하였을 때 대학살이 이루어졌던 운디드 니(미국 사우스다코타 주 남서부의 마을 이름 1890년, 백인에 의한 원주민 대학살이 일어난 곳) 마을로 보내졌다.

원주민의 고국에서 유럽인의 존재는 미국에서 원주민을 주변인으로 만들었다. 북아메리카에는 유럽인이 도착하기 전까지 약 6백만 명의 원주민이 있었던 것으로 추정되는 반면에, 이 수는 1800년대 130만 명으로 줄어들었고 1900년대에는 오직 25만 명만이 있었다(Spickard, 2007). 보호구역에서의 질병, 살인, 그리고 열악한 상태는 인구 감소의 주요 원인이었다.

시민 권리

미국 원주민과 알래스카 원주민은 20세기 초 동안 약간의 시민 권리를 얻었다. 비록 이 법령을 통해 미국 정부가 다른 미국인과는 분리된 원주민의 정체성을 없애려는 노력의 일환이었지만, 1924년 원주민은 공식적인 미국 시민이 되었다(Spickard, 2007). 1934년 원주민 재조직법(Indian Reorganization Act)은 부족 땅의 획득과 자치가 허락되었다. 그럼에도 불구하고, 이러한 권리는 권리를 제공한 사람보다 먼저 대륙에 온 사람에게는 적용되지 않았다. 또한, 다른 정부 조약과 원주민에 관한 법과 마찬가지로, 이 법령이 제공하는 분명한 자유는 일시적인 것으로 증명되었다. 1933년부터 1945년까지, 연방 정부는 원주민을 서양의 구조를 채택한 의회에 재편성하였다(Hodge & Fredericks, 1999). 2차 세계 대전 이후로, 자발적 재배치 프로그램의 일환으로, 전쟁기간 동안 군복무를 마친 군인이나 공장에서 일을 끝낸 원주민에게 도시 지역으로 이사하는 데에 대한 장려 차원에서 버스 티켓과 낮은 가격의 집, 그리고 새 옷이 주어졌다(Garrett & Pichette, 2000). 1946년 초반에, 정부는 원주민의 땅과 지위, 서비스를 빼앗고 그들을 보호구역에서 도시로 재배치시킴으로써 원주민을 소멸시키려 하였다(Hodge & Fredericks, 1999; Norton & Manson, 1996).

1960년대 동안, 원주민으로서의 초 부족적 인식이 발달하기 시작하였다(Nagel, 1995). 1968년도에는 미국 원주민 운동(AIM : American Indian Movement)이 미니애폴리스(Minneapolis)란 도시에 거주하고 있는 원주민에 의해 만들어졌다(Spickard, 2007). 같은 해 동안에 원주민 자치를 허용한 원주민 시민 권리법이 통과되었고 자기 결정(민족 자결)이 원주민에 대한 정부의 정책이 되었다(Hodge & Fredericks, 1999). 1969년에는 미국 원주민 운동과 관련이 있는 샌프란시스코주립대학교의 학생들이 샌프란시스코에 있는 과거 교도소였던 알카트라즈 섬(알 카포네가 투옥되어 있던 것으로 유명한 곳)을 인수하였다(Nagel, 1995). 미국과 수족 간의 1868년 라라미(Laramie) 요새 조약에 따르면, 원주민은 버려진 연방 시설을 요구할 수 있었다(Spikcard, 2007). 이 섬은 원주민의 이름으로 되찾아졌다. 이 섬을 되찾고자 했던 목적은 섬에 문화적, 그리고 훈련을 위한 센터를 설립하는 것이었다. 시위자들은 지역, 그리고 연방 당국에 의해 섬 밖으로 쫓겨났다. 비록 문화적, 그리고 훈련을 위한 센터들이 설립되지는 않았지만, 알카트라즈는 다른 원주민 시위자들을 양산하였고 1970년대 '붉은 힘' 운동을 위하여 사람을 결집시키는 계기가 되었다.

1970년대 알래스카 원주민 요청 처리법(Alaska Native Claims, 1971), 원주민 민족 자결법(Indian Self-Determination Act, 1975), 원주민 아동 복지법(Indian Child Welfare, 1978), 그리고 종교적 자유법(Religious Freedom Act, 1978)이 생겨났다. 이 법은 원주민 부족에게 좀 더 많은 권한과 자치권을 부여하였다. 원주민 아동 복지법은 원주민 아동을 입양과 위탁을 목적으로 부족으로부터 데려오는 것을 제한하였다. 반면에, 이렇게 아동을 부족으로부터 제거하는 것은 이 법이 설립되기 이전에 빈번히 일어났다. 1976년, 알래스카 원주민 학생에 의한 소송을 통해 학생이 기숙 학교가 아닌 그들의 가정에서 교육받을 수 있는 학생 권리를 알래스카가 지지하도록 요구하였다(Hays, 2006). 1970년대 원유 유입은 주(state)가 15명 이상의 고등학생 나이 정도의 청소년이 있는 마을 내에 학교를 지을 수 있도록 하였다(Haycox, 2002). 원주민 부족을 위한 연방 기금은 1980년대에 줄어들었지만, 원주민은 보호구역에 대한 통치와 산업을 통제하기 위해 계속 일하였다.

원주민의 어업 권리는 비원주민 어부와 태평양 북서쪽에서 마찰을 빚었다. 1940년대와 1950년대 동안, 태평양 북서쪽 콜롬비아와 스네이크 강에 지어진 댐이 오리건 주의 셀릴로 폭포와 같은 원주민의 어업 지역을 침수시켰고 원주민이 그물을 이용해 어업하는 것을 불가능하게 하였다(Wilkinson, 2005). 비록 원주민이 워싱턴 주의 푸켓 사운드 지역의 전체 어획량 중 단지 6%를 가져갔지만, 1960년대 주 공무원은 비원주민의 광고와 스포츠 피싱용의 대형 모터보트 때문에 원주민의 어업을 제한하기 시작하였다. 이는 1974년 보수적인 볼트 판사가 원주민 어업 권리를 지지하며 판결을 내린 미국과 워싱턴 주 간의 법정 싸움으로 번졌다.

미국 원주민 운동과 FBI 간의 갈등은 1973년 남부 다코타 주에 있는 파인리지(Pine Ridge) 보호구역에서 심화되었다. 부족장 Richard Wilson은 미국 원주민 운동을 보호구역에서 없애달라고 FBI에 요청하였다(Spickard, 2007). 기관총, 헬리콥터, 무장 차량으로 무장한 FBI는 미국 원주민 운동 단체 주변을 둘러쌌고 총격전으로 인해 2명의 원주민이 사망하였다. 미국 원주민 운동은 두 달 반 동안 보호구역 지역에서 일어나지 않았지만, 여전히 FBI와 미국 원주민 운동 단체 간의 갈등이 있었고 몇몇 원주민이 사망하였다. 1975년 2명의 무장한 FBI 요원이 미국 원주민 운동 야영지 안으로 들어갔고, 전투로 인해 요원과 1명의 원주민이 사망하였다. 비록 사망 사건 관련하여 책임이 있다는 증거가 불충분하였지만 요원의 죽음으로 인해 미국 원주민 운동 지도자인 Peltier는 투옥되었고 지금도 여전히 감옥에 있다. 인권 단체들은 Peltier를 정치범이라고 여겼다(Spickard, 2007).

문화적 가치와 정체성

각각의 미국 원주민과 알래스카 원주민 지역사회는 독특한 문화적 특성을 지니고 있다. 미국 원주민과 알래스카 원주민은 대부분의 외부 세력이 제한된 접촉만을 해온 작은 집단이기 때문에, 많은 사람이 범 미국 원주민 문화를 믿거나 모든 원주민은 똑같다는 생각을 가지고 있다(McDonald & Gonzalez, 2006). 이것은 고정관념이다. 그럼에도 불구하고, 일반적 민족 정체성은 미국 원주민과 알래스카 원주민에 대한 사회적이고 정치적인 힘을 형성하도록 도왔다(Trimble & Thurman, 2002).

원주민과 원주민 집단 사이에 많은 다양성이 있지만, 이들 집단이 공통적으로 가지고 있는 몇몇 문화적 특성이 있다. 나바호의 문화적 정체성은 가족, 정신성, 그리고 환경이란 요소를 포함한다(Rieckmann, Wadsworth & Deyhle, 2004). 가족 요소는 가족을 돌봐야 한다는 책임감뿐만 아니라 가족 구성원으로서의 정체성과 관련이 있다. 정신성은 전통과 의식, 그리고 원주민 신들과 정신과의 연결을 포함한다. 대부분의 원주민의 믿음은 살아 있고 죽어 있는 모든 것은 영혼을 가지고 있고 영혼 사회와의 의사소통은 가능하다는 물활론적(모든 물질은 생명이나 혼, 마음을 가지고 있다고 믿는 자연관) 특성을 띤다(McDonald & Gonzalez, 2006). 개인은 마음, 육체, 그리고 정신의 측면을 가지고 있는 것으로 보이고 이 세 가지 측면의 조화는 건강의 정의이다. 환경적 요소는 환경에 대한 존경과 우주의 자연적 과정에 대한 감사함을 포함한다. 전통적으로, 원주민과 원주민 집단은 자신이 살아가기에 필요한 만큼만 자연으로부터 얻어왔고 이는 생존을 위한 필요 이상의 자원(나무, 동물)과 땅을 사용하지 않았음과 관련이 있다.

미국 원주민 집단은 현재 문화 정체성을 가지고 있는가, 혹은 주류 미국 문화로 동화되었는가? 노스캐롤라이나에 거주하는 럼비 부족(Lumbee tribe)은 정부에 의해 파악되지도, 보호 구역에 위치하지도 않았다(Bryant & LaFromboise, 2005). 더욱이, 이 부족은 자신의 모국어를 모르고 역사는 문서화되지 않았다. 그럼에도 불구하고, 럼비 고등학교 학생에 대한 설문조사를 통해 강한 미국 원주민과 유럽계 미국인 정체성이란 두 문화의 정체성을 가지고 있는 것으로 나타났다(Bryant & LaFromboise, 2005). 따라서 다른 미국 원주민 집단보다 원주민 문화와의 접촉이 적었음에도 럼비 청년은 강한 원주민 정체성을 지니고 있었다. 이 책에 있는 다른 집단과 마찬가지로, 문화적 동일시는 미국 원주민에게 긍정적인 영향을 미친다. 럼비 청소년 사이에서, 원주민 문화에 대한 관심은 낮은 수준의 사회적 문제와 공격성, 그리고 높은 수준의 사회적 지지와 관련이 있었다(Newman, 2005).

보호구역에서 미국 원주민의 문화 정체성은 무엇일까? 북부 평원, 푸에블로(아메리카 원주민의 하나), 그리고 남서부의 보호구역에서 살고 있는 원주민 청소년은 원주민 언어를 말하는 것, 원주민 전통과 생활 방식, 정신적, 종교적 관습, 그리고 성인으로서 지역사회에 참여하려는 계획에 관하여 강한 원주민 정체성을 가지고 있다고 발견되었다(Whitesell, Mitchell, Kaufman & Spicer, 2006). 백인 혹은 앵글로의 삶의 방식과 전통에 대한 개입을 통해 측정해봤을 때, 원주민의 정체성은 유럽계 미국인의 정체성보다 더 강하지만, 유럽계 미국인의 정체성은 청소년 사이에서는 상대적으로 강하였다. 원주민과 유럽계 미국인의 동이리 성향은 3년 이상의 참여성 사이에서 증가하였다. 원주민의 정체성은 지역사회 의무와 기대를 충족시킨다는 점에서 지역사회 정신과 긍정적으로 상호 연관되어 있었지만, 반면에 유럽계 미국인의 정체성은 그렇지 않았다. 이 결과는 원주민 문화의 상호 의존성과 일치한다. 더욱이, 연구 초기에 가장 지역사회에 관심이 많았던 사람이 3년 이상 유럽계 미국인 정체성에 덜 동일시되었다. 보호구역 생활의 단점에도 불구하고, 원주민 청소년은 높은 자긍심을 가지고 있다고 나왔다. 아마도 대부분의 청소년이 강한 자긍심을 표현하거나 혹은 이러한 청소년이 민족적으로 비슷한 동료, 또래와 살기 때문일지도 모른다. 원주민으로서의 그들 자신을 동일시함에도 불구하고, 많은 미국 원주민은 비원주민 집단에 대한 소유물로 다른 사람에 의해 오해받을 수 있다. 원주민은 신체 사이즈, 피부, 그리고 머리 색깔, 얼굴 특징에 따라 일정 범위의 표현 특징을 보인다(Pewewardy, 1999). 적어도 원주민 청년 중 반절이 원주민 혈통은 아니다(Herring, 1999). 미국 원주민은 공통적으로 유럽계 미국인이나 아시아계 미국인도 잘못 분류된다(Campbell & Troyer, 2007). 이러한 잘못된 분류는 문화적 정체성에 대한 부정과 연관이 있는 아주 작은 공격성으로 여겨질 수 있다(5장 참조). 이러한 잘못된 분류에 따른 심리적인 영향은 자신을 원주민으로 생각하는 미국 원주민이 다른 인종으로 잘못 분류되었을 때 그렇지 않은 사람보다 자살을 더 고려하거나 시도할 만큼 사소하지 않다.

원주민 문화 동화와 문화적 동일시의 5단계가 논의되었다(Garrett & Pichette, 2000). **전통** 원주민은 원주민 문화를 준수하고 그들의 모국어를 사용하고 영어를 사용할 수도 있고 그렇지 않을지도 모른다. **주변인적인** 원주민은 그들 고유 문화의 측면을 유지하고 유럽계 미국인 문화 측면을 배워왔지만 두 문화 중 어느 하나에도 강한 정체성을 보이지는 않는다. **두 문화의** 원주민은 유럽계 미국인과 미국 원주민 문화 모두에서 능숙하고 동일시한다. 문화에 **동화된** 원주민은 유럽계 미국인의 문화를 시도하거나 채택하도록 강요되었고 원주민 문화를 실천하거나 원주민 언어를 사용하지 않는다. 동화는 자신과 자신의 가족을 원주민이 되는 것에 대한 고정관념과 숨겨진 부정적인 측면으로부터 보호하기 위한 시도임을 나타내는 것일 수도 있다(Trimble & Thurman, 2002). **범문화적인** 원주민은 동화돼 왔지만 원주민 문화로 다시 돌아가는 의식적 선택을 했고 영어와 원주민 언어 둘 다 사용한다(Garrett & Pichette, 2000).

원주민 혈통인 몇몇 사람은 기회주의적일 수 있고 원주민이라는 신분이 무언가를 얻을 때 이익이 되기 전까지는 자신의 정체성을 주장하지 않을 수도 있다(Trimble & Thurman, 2002). 예를 들면, 한 사람은 원주민 도박 산업의 이윤으로부터 이익을 얻고자 할 수도 있다. 그 외의 원주민 문화에 동일시하지 않는 사람은 대학에 진학하거나 일자리를 얻는 것과 같이 직업적 이익을 얻을 수 있다면 원주민 정체성을 주장할 것이다.

알래스카 원주민 문화는 두 가지 주요한 언어 집단을 포함한다. (1) 이누피아트(Inupiat)와 몇몇 사람에 의해 경멸적이라고 여겨지는 에스키모인으로 알려진 여피족 사람이 사용하는 에스카 알류산 언어, (2) 애서배스카(캐나다, 알래스카 등 북아메리카 북서부), 이약, 틀링기트, 하이다, 그리고 침샨(캐나다 브리티시컬럼비아 주의 해안 지대)족 사람이 사용하는 나데네(북아메리카 원주민 언어의 모태로 추정됨) 언어(Hays, 2006). 북쪽의 이누피아트(Inupiat)인과 남서쪽 알래스카에 있는 여피인이 알래스카 원주민 인구의 절반 이상을 구성한다. 그들은 적응성, 환경에 대한 지식, 그리고 생존 기술로 잘 알려져 있다(Hays, 2006). 알루이트 사람은 협업과 공유, 그리고 인간, 자연, 그리고 영적 영역 사이에 균형을 이루는 걸 돕는 존중으로 잘 알려져 있다. 나데네 언어를 사용하는 사람은 유럽계 미국인과의 잦은 접촉과 결혼 때문에 에스카 알류산 집단보다 유럽계 미국 문화에 더 동화되었다(Hays, 2006). 틀링기트, 하이다, 그리고 침샨족 집단은 남동쪽 알래스카에 거주하고 부계 사회에서 아버지가 결정을 내리는 것과 유사하게 가족의 관계가 어머니에 의해 결정되는 전통적으로 모계 사회이다. 그러나 알래스카 원주민 문화에서 전통적인 역할과 활동은 남성은 사냥과 덫을 치고 여성은 옷을 꿰매는 것과 같이 성에 따라 특정화되었다(Hays, 2006).

요약하면, 미국 원주민과 알래스카 원주민은 그들 문화를 없애려던 수 세기 동안의 시도에도 불구하고 문화적 전통을 유지한다. 이러한 전통은 원주민이나 원주민이 보호구역이나 원주민 마을에 살고 있지 않을 때도 유지되었다. 비록 가족, 정신성, 그리고 환경이 문화적 측면에서 공통적으로 강조되지만 집단 간에 많은 다양성이 있다. 많은 원주민과 원주민은 2개의 문화를 지니게 되었고 이를 통해 사회적 이익을 취할 수 있다. 그럼에도 원주민은 그들의 전통 문화에 많은 접촉과 동일시를 해왔다.

가족 문제

누가 친척이고 어디에서 왔는지는 원주민의 정체성에서 가장 중요한 요소이다. 많은 미국 원주민 가족에서, 주요한 관계는 조부모들과 있다(Sutton & Broken Nose, 2005). 미국 원주민 10명 중 약 1명 정도가 손자와 함께 산다(Mutchler, Baker &

Lee, 2007). 이는 아프리카계 미국인과 라틴계 미국인 사이에서 손자와 사는 성인의 비율과 비슷하지만, 유럽계 미국인의 비율보다는 더 높다. 원주민 노인은 존중받고 종종 신성하게 여겨진다(Bucko, 2007). 이러한 상호 관련성에 대한 문화적 이유 외에도, 경제적인 고난이 부족이 그들의 자녀 양육 자원을 공유하고 생물학적 부모와 함께 사는 아동에 대한 대안적인 가족 집단을 형성하게끔 하였다(Fitzgerald, 2007).

많은 미국 원주민 가족 내에서, 사촌과 인척은 형제로 일컬어진다(Sutton & Broken Nose, 2005). 몇몇 원주민 언어는 '사촌'이란 용어를 사용하지 않는다(Fitzgerald, 2007). 다른 유색인종 미국 원주민과 비슷하게도, 사람은 그들이 같은 혈족이 아니어도 가족 구성원으로 여겨진다.

가족 풍습에는 많은 부족적 변동성이 있는데, 이는 부분적으로 각각의 부족이 역사적으로 다른 부족으로부터 상대적으로 고립된 지역에 살았기 때문이다. 나바호족 남성들은 결혼을 하면 아내의 가족들과 이사를 하였다. 반면에, Havasupai 여성들은 남편의 가족과 이사를 하였다(Sutton & Broken Nose, 2005). 나바호족의 전통과 비슷하게 이로쿼이족(뉴욕 주에 살았던 미국 원주민)의 구성원으로서의 자격은 어머니를 통해 물려받는다. 따라서 만약 이로쿼이족 여성이 부족 밖의 사람과 결혼을 하면, 자녀는 여전히 이로쿼이족 사람으로 여겨진다. 몇몇 부족은 유효한 결혼일 때 동거를 허용하기도 한다(Bucko, 2007).

부족이 가지고 있는 공통의 문화적 전통은 그들 구성원의 감정적, 정신적, 그리고 경제적 필요에 의해서 가족이 돌본다는 것이다(Fitzgerald, 2007). 예를 들면, 몇몇 부족은 '나(我)'라는 용어가 그들 언어에 없다(McDonald & Gonzalez, 2006). 비록 이러한 상호 의존이 외부 사람에 의해 곤란함이나 지나치게 의존한다고 보일 수 있지만, 원주민은 가족에게 이러한 지원을 하지 않는 사람을 가족을 돌보지 않는 사람이라고 인식할지도 모른다(Bucko, 2007).

원주민 가족의 가치 중 오해의 소지가 있는 또 하나의 가치는 간섭하지 않는 것이다(Bucko, 2007). 가족 구성원의 일에 대해 간섭하지 않는 것은 우주의 자연 순리와 조화를 유지하는 방식에 대한 존중으로 인식될 수도 있다. 아동은 그들의 문제가 그들의 연장자들이 겪은 트라우마와 관련 있는 사소한 것으로 인식할 수 있기 때문에,

그들의 문제를 가지고 연장자에게 부담을 지우기를 원치 않을지 모른다(Evans-Campbell, 2008).

부족의 성인 구성원으로 인정받기 위해 필요한 몇 가지 일반적 요구사항은 (1) 문화적 유산, (2) 정신적 · 종교적 실천, (3) 생존 기술에 대한 지식을 포함한다(Tafoya & Del Vecchio, 2005). 자녀를 돌보는 사람은 이러한 지식을 원주민 아동에게 전달하도록 기대된다. 이 지식은 이야기나 손짓을 통해 전달된다. 불행히도, 미국으로 이주해온 많은 유럽인은 원주민 문화를 이해하지 못했고 원주민의 자녀와 문화적 지식을 공유하려는 원주민 가족의 능력을 위태롭게 하려는 행위를 하였다. 예를 들면, 기숙 학교는 원주민 가족 사이의 신체적, 문화적 유대를 망쳐놓았다(Tafoya & Del Vecchio, 2005). 원주민을 문명화하려는 시도를 통해 할 수 있는 추측은 유럽인이 미국에 도착하기 이전에 오랫동안 지속되었던 원주민의 문화와 가족의 유대가 사라지고 원주민들이 '미국인' 으로 완전히 바뀔 것이라는 것이다(Bucko, 2007). 원주민이 자녀를 양육할 만큼 능숙하지 않다고 추측되기도 하였다.

원주민 가족은 그들의 문화를 형식적인 방법과 비형식적인 방법을 통해 유지하였다. (북아메리카 원주민의) 집회는 의식, 음식, 그리고 원주민 가족 사이의 상호 작용과 관련 있는 문화적 행사이다(Fitzgerald, 2007). 이러한 행사는 문화적 전달과 확대 가족 간의 연결을 위한 기회였다. 비록 주요 목적이 확대 가족의 유대를 강화하려는 것이었지만, 그들은 종종 대중들이 집회에 참석할 수 있도록 개방하고, 많은 대학 캠퍼스 원주민 기관이 해마다 집회를 연다. 그러나 몇몇 부족은 그들의 문화적 전통에 대해 보수, 방어적이고, 그들 스스로를 다른 외부 세력과 영향으로부터 격리하려고 한다. 도시에 사는 원주민에 대한 문화를 유지하려는 덜 형식적 방법은 보호구역과 연락하거나 다시 보호구역으로 돌아가는 것이다(Bucko, 2007).

요약하면, 많은 미국 원주민과 알래스카 원주민은 확대 가족 구성원과 강한 유대를 지니고 있다. 비록 부족과 마을 사이에 많은 변동성이 있지만, 가족 구성원의 감정적, 정신적, 그리고 경제적 필요에 대해 신경 써야 한다는 책임감은 집단에 걸쳐 공통적으로 나타난다. 원주민의 또 다른 책임은 문화적 가치와 전통을 그의 자녀에게 전달하는 것이다.

정신 건강

정신 건강은 마음, 몸, 그리고 정신이 조화롭거나 균형을 유지하며 미국 원주민이나 알래스카 원주민의 문화 속에 존재한다. 만약 어느 누군가가 이런 조화를 유지하거나 부족의 신성한 법을 지키는 방식을 따른다면, 그 사람의 정신은 부정적인 일을 견딜 만큼 충분히 강해질 것이다(Trimble & Thurman, 2002). 심리적 문제는 마음, 몸, 그리고 정신의 불균형 때문이다(McDonald & Gonzalez, 2006). 예를 들어 만약 몸이 아프면, 정신과 마음은 불균형한 부분을 채워야 한다. 원주민과 원주민 사람 사이에서 심리적 문제를 가지고 고심하는 것은 정신적, 신체적, 정신적 문제에 대한 주의를 요한다.

알코올과 약물 남용율은 원주민과 원주민 지역사회에 걸쳐서 다양하게 나타나지만(Hawkins, Cummins & Marlatt, 2004), 이것은 미국 원주민과 알래스카 원주민 사이에서 주요한 정신 건강 문제로 고려된다. 흡입제 사용은 종종 미국 원주민 청년들 사이에서 약물 남용에 앞서 일어난다(Wallace et al., 2002). 미국 원주민 10대들은 다른 10대들보다 술을 더 자주, 많이 마신다(Hawkins et al., 2004). 그러나 미국 원주민과 알래스카 원주민의 많은 약물 남용은 실험과 관련이 있고, 중독자는 거의 없다(Hawkins et al., 2004).

술을 마시는 사람의 비율에 관하여 미국 원주민이 유럽인의 비율보다 높은 것은 아닐지 모른다. 하지만 미국 원주민이 술을 마친 이후의 결과는 더 심각하다(Spillane & Smith, 2007). 이러한 결과는 법적 문제(중독된 상태에서 운전하여 체포), 숙취, 일시적인 의식 상실, 간 질환, 치명적인 알코올 증후군, 그리고 죽음과 관련이 있고 유럽인보다는 미국 원주민에게서 더 빈번히 찾아볼 수 있다. 이렇게 서로 다른 건강과 관련한 결과들은 미국 원주민이 술을 마실 때 유럽인보다 더 많은 양의 술을 마시기 때문에 원주민은 폭음의 가능성과 관련이 있을 것이다.

미국 원주민과 알래스카 원주민의 약물 남용에 대한 위험 요소는 반복된 식민지배와 문화적 파괴와 관련한 역사적인 트라우마이다(Hawkins et al., 2004). 의사소통의 간접적 형태와 결합된 트라우마의 감각을 마비시키는 효과는 미국 원주민과 알래스카 원주민이 역사적인 트라우마에 말을 하면서 그것을 다루는 것을 어렵게

할 것이다(Evans-Campbell, 2008). 더욱이 원주민의 트라우마에 대처하는 전통 문화적 방법은 수 세기 간의 지배 동안 파괴되고 사라졌다(Trimble & Thurman, 2002). 비록 많은 경우에 있어서 부작용이 나타날 수 있지만, 역사적 트라우마에 대처하는 방법 중 하나로 약물 사용이 있다. 현재에도 유효한 역사적 트라우마의 영향인 차별과 가난 또한 약물 남용에 대한 위험 요소이다(Hawkins et al., 2004).

낮은 자긍심을 가진 원주민 청년은 특히나 동료의 영향에 민감하다(Radin et al., 2006). 만약 동료가 술을 마시면 원주민 청년 또한 마실 가능성이 높다. 낮은 자긍심을 지닌 청년에 대한 동료의 영향은 동료의 영향에 덜 민감하고 알코올을 얻기 위해 동료에게 덜 의존하는, 좀 더 나이가 많은 원주민 청소년보다 어린 사람에게 더 강하다.

부모의 약물 남용이 어린 원주민 청년의 약물 남용 빈도에 대하여 동료의 영향보다 더 많은 영향을 끼친다고 나타났다(Kulis, Okamoto, Rayle & Sen, 2006). 이는 부모가 그들의 자녀와 공유할 수 있는 다양한 약물에 대해 동료보다 더 많은 접근 권한을 갖고 있기 때문이다. 따라서 조정과 예방 프로그램으로 미국 원주민의 약물 남용의 맥락을 고려할 필요가 있고, 이러한 프로그램은 미국 원주민과 알래스카 원주민 지역사회 내의 역사적 트라우마뿐만 아니라 청년, 그들의 동료, 그리고 그들의 부모들 주의 또한 필요로 할 것이다.

사람의 알코올의 효과에 대한 기대 또한 그들의 알코올 사용 여부에 영향을 끼친다. 알코올에 대한 긍정적 기대(사람을 더 친근하게 만들고, 좀 더 나은 분위기에 취하게 하고, 즐기도록 하며, 10대들이 숙제를 하는 것을 돕는)를 가지고 있는 사람은 알코올을 더 소비할 것 같다(B. T. Jones, Corbin & Fromme, 2001). 아이오와에 있는 청소년에 대한 큰 규모의 연구에서 보면, 미국 원주민은 아프리카계 미국인, 아시아계 미국인, 유럽계 미국인, 혹은 라틴계 미국인보다 알코올에 대한 기대가 더 많았다(Meier, Slutske, Arndt & Cadoret, 2007). 미국 원주민은 또한 다른 민족 집단보다 지난달에 알코올을 빨리 접하였고 폭음과도 관련이 있었다. 민족 집단에 걸쳐서 알코올에 대해 긍정적 기대를 지니고 있는 사람은 비행 행위에 더 관여할 것 같았다. 비록 미국 원주민의 알코올 기대가 다른 사람의 기대보다 더 긍정적인 이유는 조사되지 않았지만, 알코올 사용에 대한 부정적 효과를 강조하는 것이 청소년 사이의 음주와 비행 행위를 예방하는 데 있어서 중요할 것이다. 그러나 폭음에 대한 부정적 결과가 없을 것 같은 보호구역 같은 맥락에서 볼 때(Spillance & Smith, 2007), 알코올의 부정적 효과를 설득력 있게 강조하는 것은 어려울 것 같다.

보호구역에 살고 있는 원주민은 부정적 결과의 부족과 교육이나 취업과 같은 다른 보상 체계가 거의 없기 때문에 알코올 남용에 위험할지도 모른다(Spillance & Smith, 2007). 비록 보호구역 거주민에 대한 주거와 건강 서비스가 가변적이라고는 하지만, 둘 다 미국 정부에 의해 제공된다. 따라서 약물을 남용한다고 해서 주거와 건강 서비스에 대한 접근권을 포기해야 하는 것은 아니다. 교육적 기회는 몇몇 보호 구역 원주민에게 그리 매력적이지는 않을 것이다. 왜냐하면 그들은 신체적, 문화적으로 원주민이라는 맥락에서 벗어나고자 했기 때문이다. 일자리를 구할 수 있더라도 주로 낮은 임금을 받았다. 따라서 알코올 소비의 즉각적 효과는 교육과 취업이라는 매력 없는 측면보다 더 가치 있게 인식될 수도 있다. 그러나 보호구역에 사는 원주민이 모든 미국 원주민 인구의 1/3을 구성한다는 점을 명심해야 한다. 더욱이 미국 원주민은 다양한 민족으로 이루어졌고, 각각의 환경은 전 보호구역에 걸쳐 다양하다(Beals et al., 2009). 이 책의 다른 집단의 결과와 비슷하게, 두 문화에서의 능숙함은 미국 원주민 청년 사이의 낮은 약물 남용의 위험성과 관련이 있다(Hawkins et al., 2004). 두 문화에서의 능숙함은 청년이 상황에 긍정적으로 대처하는 능력, 자기 옹호, 그리고 사회적 지원을 통해서 위험 상황과 협상할 수 있도록 한다. 반대로 원주민이나 주류 문화 혹은 둘 다에 관여하지 않는 것은 약물 남용에 대한 위험 요소이다. 두 문화에 대해서 능숙하다는 것은 유럽계 미국인이 거의 없는 보호구역 지역이 아닌 도시 지역에서 더 중요하다(Spillane & Smith, 2007).

3장에서 논의되었던 아시아계 미국인과 비슷하게, 몇몇 미국 원주민은 알코올 남용에 대항하는 유전자 보호 체계를 가지고 있을 수도 있다. 한 연구에서 ALDH1A1*2 유전자를 가지고 있는 원주민은 그렇지 않은 원주민보다 알코올에 덜 의존한다(Ehlers, Spence, Wall, Gilder & Carr, 2004). 이 유전자는 또한 낮은 흡연 가능성과 관련이 있었다. 3장에서 논의됐듯이, ALDH 유전자의 존재는 약물이 사용되었을 때의 생리적인 불편함과 관련이 있다.

알코올 남용의 또 다른 영향과 미국 원주민 사이의 의존은 자살과 관련한 위험성이다(Beals et al., 2005). 미국 원주민 청년 사이의 자살률이 다른 민족 집단보다 높다(Goldston et al., 2008). 원주민과 유럽계 미국인 문화에서의 모순되는 요구(LaFromboise & Bigfoot, 1988), 민족 정체성의 상실(Olson & Wahab, 2006), 그리고 차별(Walls, Chapple & Johnson, 2007; Whitbeck, Adams, Hoyt & Chen, 2004)은 자살에 대한 위험성과 관련 있는 스트레스를 만들어낸다. 그러나 원주민의 문화의 정신적 성향은 역사적으로 감소한 자살 시도와 관련이 있다는 증거가 있다(Garroutte et al., 2003).

요약하면, 미국 원주민과 알래스카 원주민의 정신 건강은 마음, 몸, 그리고 정신 사이의 균형과 관련이 있다. 정신적인 문제는 이 세 가지 요소 사이가 불균형할 때 발생한다. 역사적인 트라우마는 원주민과 원주민 지역사회에서 알코올과 다른 약물 남용의 위험적 요소일 수 있다. 보호구역에서의 삶은 약물 남용에 대한 많은 위험 요소로 가득하다. 알코올 남용 역시 자살에 대한 위험 요소를 만들어낸다. 다행히도, 원주민과 원주민 지역사회 내에는 정신 건강 문제에 대한 문화적, 정신적 방어 요소가 모두 존재한다.

학업성취와 경력 개발

미국 원주민과 알래스카 원주민 아동을 위한 최적의 교육은 원주민 문화와 언어를 포함하는 것이고 이는 과거 이러한 문화와 언어를 파괴하려고 한 역사적 노력에 극명하게 반대되는 것이다(Tompson et al., 2008). 이러한 교육 교과과정의 발달은 족장의 조언을 요한다. 이러한 교육적 노력은 보호구역에 살고 있는 상대적으로 큰 규모의 원주민 집단에게 가장 실현 가능하다. 그럼에도, 보호구역은 한 부족 이상을 포함하고 이는 다수의 문화와 언어를 가르치는 것에 대한 도전이 될 것이다. 더욱이, 원주민 문화와 언어에 대한 능력을 가지고 있는 교육자는 드물다.

전국 아동의 대표 표본을 가지고 실행한 크고 수직적인 연구에서, 유치원에 들어간 미국 원주민과 알래스카 원주민은 라틴계 미국인과 아프리카계 미국인과 비교했을 때 비교할만한 읽기와 수학능력을 보였다(Marks & Coll, 2007; 그림 9.1, 그림

9.2 참조). 비록 미국 원주민과 알래스카 원주민의 읽기와 수학능력이 유럽계 미국인 유치원생의 것보다 더 낮았지만, 미국 원주민, 알래스카 원주민과 유럽계 미국인 사이의 격차는 3학년생에서 가장 컸다. 불행히도 원주민 중학생 또한 그들이 나이가 들면서 학업적으로 덜 관여돼 있다는 증거가 있다(LaFromoise, Hoyt, Oliver & Whitbeck, 2006).

Mark와 Coll(2006)은 모든 민족 집단에서 선생님이 인식한 학습에 대한 긍정적인 태도는 읽기와 수학에 대한 기준점이 더 높았고 3학년 과정을 통해서 이러한 분야에서 더 큰 성장세를 보였다. 따라서 교육자와 부모가 아동이 학습에 긍정적인 태

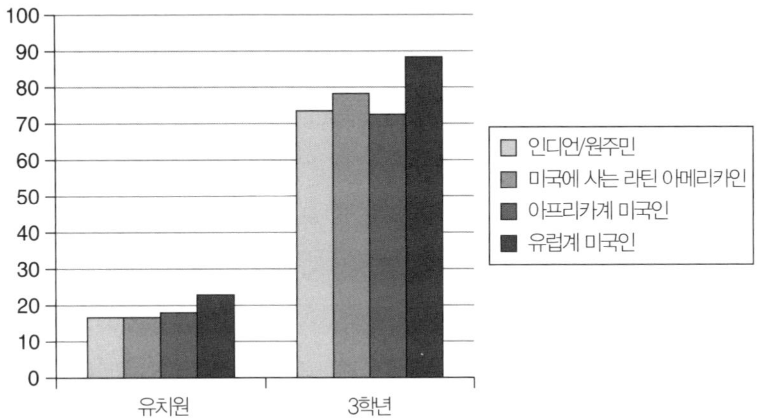

그림 9.1 인종별 수학능력

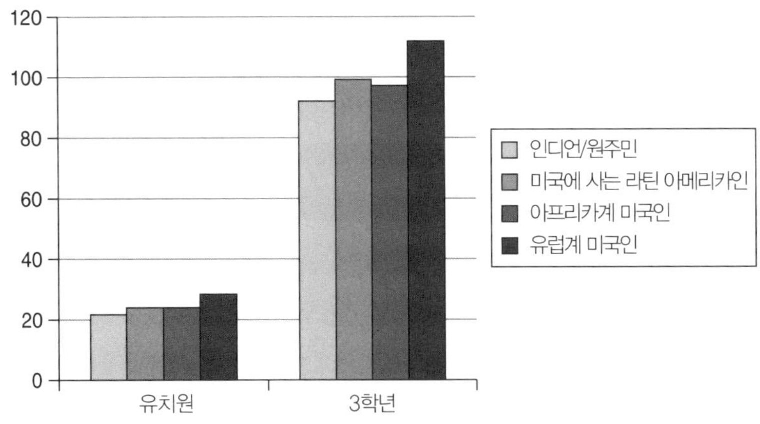

그림 9.2 인종별 읽기능력

도를 취하도록 고취시키는 것이 굉장히 중요하다. 학습에 대한 긍정적인 태도를 고취시키는 것은 미국 원주민과 알래스카 원주민이 일단 학교에 들어가면 학습을 두려워하지 않게 하기 위해 특히나 필요하다. 학교에 대한 긍정적인 태도는 학교 밖에서도 유익하다. 예를 들면, 학교에 대한 긍정적 태도는 미국 원주민 청년 사이의 흡연의 위험성을 낮춘다(LeMaster, Connell, Mitchell & Manson, 2002).

학습에 대한 긍정적 태도를 선생님이 인식하는 것이 학업성공과 연관되어 있다면(Marks & Coll, 2007), 선생님이 미국 원주민과 알래스카 원주민의 학습에 부정적 태도를 지니고 있는 유색인종 아동에게 고정관념을 가지지 않는 것이 중요하다. 유럽계 미국인과 아시아계 미국인 초등학생에 대한 기대에 관하여 선생님의 라틴계 미국인과 아프리카계 미국인 초등학생에 대한 더 낮은 기대는 라틴계 미국인과 아프리카계 미국인의 더 낮은 학업수행을 초래한다(McKown & Weinstein, 2008). 따라서 선생님의 아동의 학업태도에 대한 오해는 학교에서의 아동의 발전을 저해할 수도 있다.

이 책의 다른 곳에서 논의했던 긍정적인 교육의 영향과 비슷하게, 문화적 정체성은 미국 원주민 청년의 학업수행에 긍정적인 영향을 미치는 것으로 보인다. 원주민 10~15세에 해당하고 중서부 위쪽에 사는 아동에 대한 조사에서, 문화 적응(전통적인 활동에 참가), 미국 원주민 문화에 동일시, 그리고 전통적인 정신적 관여는 학교에 대한 긍정적 태도뿐만 아니라 높은 점수, 그리고 미래에 대한 학업계획과 관련이 있었다(LaFromboise et al., 2006). 어머니의 따뜻함(문제해결에 대한 어머니의 도움)은 긍정적 학업결과와 관련이 있었다. 차별은 긍정적 학업결과와 부정적으로 관련되어 있었다. 가난과 부모의 약물 남용에 의해 정의되었을 때, 연구에 포함된 청년 중 60% 이상이 부정적인 환경에 살고 있었다는 사실에도 불구하고, 긍정적인 학업결과와 제한된 문제 행동들(약물 남용, 생각을 표면화하는 행위)로 볼 때 이 60%는 또한 친 사회적이라고 보인다. 따라서 많은 원주민 청년은 부정적 상황에서도 학업적인 면에서는 어느 정도 정상 측면을 유지한다.

미국 원주민과 알래스카 원주민 사이의 고등학교 졸업률은 전체 미국 인구의 졸업율과 비교할만하다(U.S. Bureau of the Census, February 2006). 미국 원주민과 알래스카 원주민이 직면하였던 성공을 방해하고 스트레스 받게 했던 요소를 가정해보면 이는 주목할만한 성취이다. 그러나 오직 11%만이 학사 혹은 그 이상의 학위를 가지고 있고, 이는 대략 미국 전체 인구 비율의 1/5이다(U.S. Bureau of the Census, February 2006). 상호 의존적인 문화적 가치와 비슷하게, 미국 원주민 대학생은 그들이 직장보다는 가족에 감정적으로 더 애착이 있고 직장에서보다 가족과 함께 시간을 더 많이 보낸다고 하였다(C. Brown & Lavish, 2006). 따라서 높은 교육 수준은 이 학생이 대학에 계속 머무르고 그들의 교육을 마치기 위해 가족과 원주민과 원주민 학생의 문화적 맥락 모두에 신경 써야 할 것이다.

요약하면, 미국 원주민, 알래스카 원주민과 유럽계 미국인 학생 간의 계속 벌어지는 학업적 차이가 있을 것이다. 그러나 선생님의 긍정적 기대와 문화적 정체성은 원주민과 원주민 학생이 학업수행을 하는 데 있어서 용이하게 할 것이다. 원주민과 원주민 사이의 고등학교 졸업률은 다른 집단의 졸업률과 비슷하였지만, 대학 졸업에 있어서는 그 비율이 다른 집단보다 낮았다.

결론

비록 미국 원주민과 알래스카 원주민에 대한 심리학적 조사가 충분하지 않았지만, 문화적으로 파악되지 않은 연구들이 더 이루어질 수 있다는 점이 중요하다. 원주민 지역사회에의 참여는 그들의 개념화, 디자인, 실행, 자료 수집, 해석, 보고서 작성, 그리고 보급에 있어서 연구과제에 통합적이어야만 한다(Cochran et al, 2008). 조사를 통하여 원주민과 원주민 지역사회에 유형의 이익이 있어야만 한다. 그러나 조사 과제를 하는 도중 원주민 지역사회의 협조를 구하는 부분이 어려울 수 있다. 많은 원주민 지역사회에 그들을 억압해왔던 정부의 세력으로 여겨질 수 있는 조사자들을 신뢰하지 않는다. 미국 원주민과 알래스카 원주민의 문화적인 힘 또한 강조되어 마땅하다. 많은 문제에 대해 강조해왔는데 특히 알코올 중독과 자살을 다뤄왔다. 그러나 외부의 미국 원주민과 알래스카 원주민 지역사회에 의해 제안된 해결책은 이들에게는 계속된 억압으로 인식될 수 있다(Whitbeck, 2006). 더욱이, 문제에 대해 강조하다 보면 이는 모든 미국 원주민과 알래스카 원주민이 이러한 문제를 겪고 집단은 문화적 자산을 가지고 있지 않다고 추정하기 쉽게 만든다. 따라서 미국 원주민과 알래스카 원주민 문화의 보호적 측면이 더욱 연구되어야 한다.

토론 문제

1. 미국 원주민과 알래스카 원주민은 적절하게 역사적 트라우마의 맥락에서 벗어나서 이해될 수 있을까? 역사적 트라우마가 미국 원주민과 알래스카 원주민의 현재 사는 방식에 영향을 줄까?
2. 북아메리카에서 미국 원주민과 알래스카 원주민 사람, 언어, 그리고 문화를 제거하기 위한 수 세기 동안의 노력이 있었지만 이들은 아직까지 존재한다. 비록 미국 원주민과 알래스카 원주민이 약물 남용과 같은 문제를 가지고 있다고 보이지만, 그들은 분명하게 극복할 수 있는 회복력이 있다. 왜 이 사람과 언어, 그리고 문화는 이렇게 회복력이 있는 것인가?
3. 처음으로 2000년 인구통계는 응답자들이 1개의 민족 범주 이상을 지정할 수 있도록 허가하였다. 가장 일반적이고 추가된 민족 범주가 미국 원주민이나 알래스카 원주민이라면, 원주민이나 원주민의 정체성은 더 인기 있어진 것 같다. 원주민 혈통에 관련이 조금 있거나 거의 없는 사람이 그들 스스로를 이러한 방식으로 동일시한다는 것은 무엇을 의미하는가?

제 10 장

다인종 미국인

나는 확고한 기독교적인 신앙, 그리고 미국인에 대한 믿음을 갖고 있다.
우리 모두는 인종 간의 갈등으로 생긴 상처를 극복할 수 있다고 확신한다.
그리고 우리는 완벽한 공동체를 만드는 것 외에는 아무런 선택이 없다고 믿는다.

-Barack Obama

다인종(Multiracial persons)으로 미국 대통령이 된 첫 번째 사람은 Barack Obama이다. 그가 다인종이기 때문에 미국과 전 세계의 수백만 명의 사람은 다양한 분야의 사람을 통합시킬 수 있는 사람으로 보았다. 그는 일반적으로 첫 번째 흑인 혹은 아프리카계 미국인 대통령으로 일컬어진다. 그러나 Obama의 어머니는 유럽계 미국인인데 왜 그는 백인으로 언급되지 않는 걸까? 2008년 3월 18일 필라델피아에서 열린 '더 완벽한 통합' 이라는 그의 연설에서, 그는 "선거 당시 다양한 무대에서, 몇몇 해설자들은 나를 너무 검거나 혹은 충분히 검지 않다고 여겼다."라고 말하였다. 비슷하게, 노예 해방론자 Frederick Douglass, 유색인의 진보를 위한 국제협회 설립자인 Dubois, 시인 Langston Hughes, 시민권 운동가 Martin Luther King, Jr은 모두 다인종 혈통이지만 흑인으로 언급되었다. 아마도 이러한 하나의 인종으로 범주화화는 것은 단일 소수 집단의 멤버로 분류된 다인종 사람의 문화의 부분일 것이다. 우리는 이 장에서 다인종 미국인의 이러한 인종 · 민족 정체성 문제를 고려할 것이다.

다인종 사람은 인종에 대한 전통적인 정의를 받아들이지 않는다. 1장에서 논의했듯이, 이러한 정의는 하나의 지리학적 지역이나 표현의 유사성을 가진 혈통과 관련이 있다. 다인종 사람은 종종 이러한 정의 기준에 부합하지 않고 존재하는 인종에 대한 기준에도 맞지 않는다. 다인종 사람이 2개 혹은 그 이상의 인종적 혈통을 가질 수 있을 때, 인종을 위한 다인종에 대한 범주는 다른 단일인종 범주만큼 여러 다른 종류로 이루어져 있다. 모든 다인종 개인을 결합시키는 것은 책에서 이전에 논의된 집단만큼 여러 다른 종류로 이루어진 집단을 만들어낸다. 다인종 사람은 인종적이고 민족적으로 다양하다. 예를 들면, 부모가 유럽계 미국인이나 아프리카계 사람은 부모가 라틴계 미국인이나 아시아계 미국인인 사람과 인종 · 민족적으로 다르다. 더욱이 2개의 다인종적 특성을 지닌 개인은 같은 인종적 · 민족적 유산을 가지고 있고 그들은 단일인종 개인이 인종과 민족 정체성에 따라 다른 집단과 다른 것처럼 그들이 속해 있는 민족 혹은 인종 집단에 대한 동일시의 수준에 따라 다를 것이다.

같은 인종적 배경을 가진 다인종 사람 사이의 표현적으로 나타나는 것은 다양할 수 있고 꼭 인종적 혈통에 좋은 증거는 아니다. 유럽계 미국인을 포함하여 다인종 개인은 표현형적으로 이 책에서 언급된 하나 혹은 그 이상의 인종 · 민족적 집단에 속하는 것처럼 보인다. 몇 해 전에, 연구 지원금 신청서를 평가하기 위해 만났던 검토 집단의 새 멤버였다. 저자의 인종적 배경을 아무도 알지 못하였다. 한 신청서에서, 조사자들은 인종 차이에 대해서 연구할 생각이었고 외부에 근거하여 그들의 참가자들의 인종을 식별할 계획을 하였다. 이 신청안에 대해서 논의할 때가 되었을 때, 저자는 검토 집단에 저자의 인종을 식별해보라고 하였다. 저자가 인종에 대한 질문을 제기하였기 때문에, 대부분의 사람들은 아마도 저자가 유럽계 미국인이 아니라고 추측하였을 것이다. 답변을 한 사람들은 저자를 라틴계나 유대인이라고 생각하였다. 아무도 아시아계 미국인, 유럽계 미국인이라고 추측하지 못하였다. 이는 특히 사람이 다인종일 때 외모에 의해 그 사람의 인종을 결정하는 판단력이 부족하다는 것을 집단에 입증하였다.

미국의 역사에서 기본적인 추측은 사람이 하나의 인종 집단에 속한다는 것이다. 2000년까지, 다인종 개인은 미국 인구통계에서 하나의 인종 집단을 선택하도록 강요되었다. 1970년에 대략 50만 명의 사람이 2개의 인종적 특징을 가지고 있다고 식별된 반면에, 2000년 인구통계에서 680만 명 혹은 40명 중의 1명이 그들 스스로를 다인종계열이라고 하였다(Shih & Sanchez, 2005; Spickard, 2007). 많은 다인종 미국인의 하나의 인종 집단을 고르는 데 익숙해져서 그런지, 680만이라는 숫자는 실제 다인종 미국인의 수에 비해 너무 적은 수이다. 더욱이, 많은 인종 · 민족적 소수 기관은 소수 집단에 대한 자원을 잃는다는 두려움과(유럽계 미국인 혈통을 지닌 사람이 유럽계 미국인으로 계산되거나 소수로 계산되지 않는 것) 반대로 소수 집단에 영향을 줄 정책 때문에 다인종 사람이 하나 이상의 인종을 지정하지 않도록 장려하였다(Daniel & Castaneda-Liles, 2006; Suyemoto, 2004). 인구통계에서 하나 이상의 인종을 가리킨 사람 중에서 93%가 두 인종을 가리켰고 6%가 3개, 그리고 1%가 4개 혹은 그 이상 인종을 가리켰다. 자신이 다인종이라고 한 사람 중 가장 높은 비율을 차지하고 있는 민족 집단은 하와이 원주민, 태평양 도민(45%)이고 미국 원주민, 알래스카 원주민(36%)이다. 12%의 아시아계 미국인이 자신이 다인종이라고 한 반면에 오직 2%의 유럽계 미국인만 자신이 다인종이라고 하였다(J. Lee & Bean, 2004). 그러나 유럽계 미국인이 미국 인구에서 높은 비율을 차지하고 있기 때문에, 유럽계 미국인 혈통을 지닌 사람이 5백만 명이 넘는다.

비록 인구통계국이 적어도 75%의 아프리카계 미국인이 다인종 혈통을 가지고 있다고 추정하였지만, 오직 4%만이 그러하였다. 아프리카계 미국인에 반하는 인종주의가 아프리카계 미국인이 다인종 혈통으로 인정되는 것을 막았을 수 있다(J. Lee & Bean, 2004). 더욱이, 노예제가 존재했을 때 유럽계 미국인 남성들과 아프리카계 미국인 여성들 사이의 많은 성적 결합은 합의하에 이루어지지 않았고, 이는 유럽계 미국인의 혈통을 부정하는 또 하나의 이유이다.

미국 인구통계는 다인종 개인의 사회 내에서의 역사적 지위를 비유적으로 나타낸다. 지난 40년 전까지 다인종으로 식별된 개인이 상대적으로 거의 없었기 때문에, 다인종 사람은 종종 그들의 인종 중 한 가지에만 동일시하게 강요되었다. 다른 다인종 사람은 하나의 특정 인종 혹은 민족 집단에만 동일시하지 않기를 택하고 그들 스스로를 두 인종 혹은 다인종으로 여긴다(Shih, Sanchez, 2005). 하지만 다른 사람은 유라시안 혹은 '흑/백'과 같은 그들 유산의 특정한 요소에 동일시한다. 골프선수 Tiger Woods는 그 스스로를 캐블리네시안(Cablinasian : 백인, 흑인, 미국 원주민, 그리고 아시아의 혼합)이라고 묘사하였다. 비록 "너는 뭐니?"라는 다인종 사람에게 일반적으로 제기되는 질문으로 그들 스스로를 인종과 민족성이라는 관점에서 식별하게 하려는 시도에도, 그들은 그렇지 아니한다.

"너는 뭐니?"라는 질문은 지각의 경향에 뿌리를 두고 있을지도 모른다. 유럽계 미국인의 즉각적인 지각 반응(자극이 발생한 때부터 200ms)은 아시아인이나 흑인보다는 백인으로서 인종적으로 애매모호한 얼굴(생생하게 컴퓨터를 통해 이미지가 변한 아시아계 백인 혹은 아프리카계 백인 얼굴)을 구분하려는 것이다(Willadsen-Jensen & Ito, 2006). 지각의 과정(500ms) 후에 유럽계 미국인은 인종적으로 애매모호한 얼굴을 백인 얼굴과 구분 짓는다. 인종적으로 애매모호한 얼굴을 백인으로 인식하는 이 초기 경향과 나중에 백인이 아닐 것이라는 결정은 유럽계 미국인이 어떤 인종 범주가 당신에게 맞느냐고 다인종 사람에게 물음으로서 그들을 분류하려는 시도를 하게끔 하는 자극제가 될 수 있다.

이전에 논의되었던 다른 유색인종 집단과 비슷하게, 다인종 사람은 차별의 대상이었다. 그러나 이러한 차별을 한 사람이 주로 외부 사람이었던 유색인종 집단과는 다르게, 다인종 사람은 종종 그들 자신의 민족 집단과 심지어 그들의 가족으로부터의 차별과 직면한다(Shih & Sanchez, 2005). 비록 몇몇 단일인종 유색인종 사람은 다인종 사람이 차별을 적게 받는 집단(유럽계 미국인)에 들어갈 수 있다고 인식하지만, 다인종 사람이 더 많은 차별을 경험한다는 증거가 있다(Brackett et al., 2006; M. Herman, 2004). 아마도 이 차별의 더 큰 수준 차이는 다인종 사람이 대부분의 환경에서 소수라는 사실 때문이고, 이는 단일인종 유색인종 사람보다 차별의 대상이 될 더 많은 기회가 있다는 것을 의미한다.

다인종 사람이 겪는 차별의 양에 대한 또 다른 설명은 더 낮은 사회 계층에 있는 사람(다인종 사람)이 높은 계층에 있는 사람(단일인종 사람)보다 사회적 평가에 더 민감할 것이다. 좀 더 높은 지위에 있는 사람이 더 낮은 지위에 있는 사람보다 사건에 대한 덜 정확한 지식을 가지고 있다는 개념은 입장 논(論)으로 알려져 있다(Wood, 1997). 예를 들면, 너는 너보다 높은 사회적 지위에 있는 사람을 동료들과 사회적 상호 작용에 대해서 너보다 덜 인식하고 있다고 생각할 수 있을지도 모른다. 입장 논(論)과 상응하게, 아프리카계 미국인 혈통을 갖고 있는 두 인종적 특징을 가지고 있는 사람은 아프리카계 미국인 혈통을 갖고 있지 않는 두 인종적 특징을 가지고 있는 사람(아시아 · 라틴계 미국인, 아시아 · 유럽계 미국인, 라틴 · 유럽계 미국인)보다 더 큰 차별을 인식하는데, 짐작하건대 아프리카계 미국인이 다른 집단보다 사회 내에서 더 낮은 사회적 지위를 가지고 있기 때문일 것이다(M. Herman, 2004).

단일인종 사람은 다인종 사람을 그들 집단의 구성원으로 받아들이는 것이 어렵다고 생각할 수 있다. 위에서 논의된 Willadsen-Jensen과 Ito(2006)에 비슷한 방법론을 지닌 연구에서 나타난 아시아계 백인의 인종적으로 애매모호한 얼굴에 대한 즉각적인 인식에 대한 연구에서 아시아계 미국인은 그 얼굴을 백인으로 인식하였다(Willadsen-Jensen & Ito, 2008). 아시아인으로서라기보다는 백인으로서 인종적으로 애매모호한 얼굴에 대한 인식은 기본값 형태가 백인이라는 유럽계 미국인의 주된 사회적 맥락에서 진행된 연구에서의 아시아계 미국인의 결과일 것이다. 따라서 아시아계 미국인의 초기 경향은 다인종 아시아계 미국인을 외집단의 부분으로써 분류하려는 것이다.

다른 단일인종 집단은 다인종 사람을 외집단의 구성원으로 인식하였을지도 모른다. 아프리카계 미국인과 유럽계 미국인 대학생은 2개의 인종적 특징(아프리카계 미국인/유럽계 미국인)을 지닌 아동에 대한 동료로서의 수용을 평가하도록 지시받았다(Chesley & Wagner, 2003). 아프리카계 미국인 학생은 2개의 인종적 특징을 가진 아동이 그들의 친구가 아프리카계 미국인보다는 유럽계 미국인일 때 더 동료로 수용한다는 점을 발견하였다. 유럽계 미국인 학생은 그 정반대 결과를 보였다. 그들은 2개의 인종적 특징을 지닌 아동이 유럽계 미국인보다는 아프리카계 미국인 친구를 뒀을 때 동료로서의 수용 경향을 좀 더 크게 보인다고 인식하였다. 따라서 학생은 2개의 인종적 특징을 지닌 아동이 인종적 외집단에 더 부합하다고 인식하였다.

단일인종 유색인 집단을 포함하여 단일인종 집단으로부터 다인종 사람을 배제하는 것은 단일인종 집단에게 이익이 될 수 있다(Suyemoto & Dimas, 2003). 집단에 제한된 지원이 있을 때(원주민 사무국), 단일인종 집단은 다인종 사람을 포함하기 위해 그들의 경계선을 넓히는 것을 거부할 것이다. 몇몇 단일인종 사람은 그들의 집단으로 다인종 사람을 포함시키는 것은 그들의 정체성을 희석시키고, 그들이 어렵게 얻은 정치적 힘을 약화시킨다고 믿는다. 몇몇 집단에 대하여, 인종적 '순수성'은 가치 있게 여겨지고, 집단 내에서 다른 이들과 다른 외모를 가진 사람은 제외된다. 단일인종 집단과 관련 있지만, 표현형적으로는 비슷하지 않은 모든 다인종 개인은 "여기서 뭐하세요?"라는 질문을 자주 받는다. 유럽계 미국인 혈통을 지닌 다인종 사람은 백인의 억압과 소수의 지배를 몇몇 단일인종 유색인에게 상징화할지도 모른다. 심지어 사람의 혈통이 2개의 유색 집단(한국 · 일본)과 관련이 있을 때, 그 사람의 혈통 집단 간의 갈등 역사 때문에 단일인종 집단에 의해 멸시당할지도 모른다(C. C. I. Hall, 2003).

단일인종 사람은 그들의 인종적 정체성 선택에 대하여 전형적으로 인정받는다. 반면에 다인종 사람은 만약 집단이 자신을 받아주지 않아서 단일인종 집단에 동일시하려 한다면 차별에 직면할 것이다. 수용은 다른 다인종 사람 사이에서 더 클지도 모르지만, 다인종으로 식별된 집단은 종종 규모가 작거나 유효하지 않다. 따라서 많은 다인종 사람들은 그들 스스로가 인종적, 혹은 민족적으로 언급할 집단이 없다고 생각한다.

요약하면, 다인종 미국인은 전통적인 인종적, 그리고 민족적 범주와 경계를 부정한다. 2000년 미국 인구통계에서 비록 680만 명의 미국인이 스스로를 다인종이라고 식별하였지만, 이는 2000년까지 인구통계 선택 사항으로 오직 하나의 인종만이 있어서 다인종 사람이 자신을 다인종이 아닌 하나의 인종이라고 인식했기 때문에 실제보다 적은 수치이다. 대부분의 다인종 미국인은 2개의 인종적 특징을 가지고 있고 유럽계 미국인, 하와이 원주민 · 태평양 도민, 혹은 미국 원주민 · 알래스카 원주민 혈통을 가지고 있을 가능성이 높다. 다인종 사람은 단일인종 유색인보다 더 많은 차별과 다른 단일인종 집단에 의해 받아들여지는 데에 어려움을 겪을 수 있다.

역사

다인종 사람은 다른 인종 집단과 처음으로 연락을 한 이후로 계속 북아메리카에 있어왔다. 유럽계 미국인의 아프리카계 미국인에 대한 수 세기 동안의 지배와 아프리카계 미국인의 다른 유색인종 집단보다 상대적으로 더 많은 인구수 때문에, 미국에서의 초점은 주로 아프리카계 미국인이나 유럽계 미국인에게 맞춰져왔다. 분명한 인종의 경계가 백인 우월주의를 유지하기 위해 필요하였다(Suyemoto & Dimas, 2003). 인종 간의 통합을 방해하기 위한 노력이 1600년대 미국에서 이루어지기 시작하였다. 1661년, 메릴랜드(미국 동부 대서양 연안의 주)는 노예와 결혼한 유럽계 미국인 여성들(대부분이 하인)이 노예의 주인을 섬기라고 강요하였던 법을 만들었다(Teo, 2004). 1662년, 버지니아는 유럽계 미국인 여성과 아프리카계 미국인 남성 간의 성관계에 대해 벌금을 부과하였다. 유럽계 미국인 노예 소유주의 부분 백인 아동과 아프리카계 미국인 노예 여성을 노예로 계속 유지하기 위해, 단일 혈통으로 알려진 피 한 방울의 법칙은 아프리카인 혈통을 가진 누구든지 흑인으로 간주된다는 것을 확립하였다(Spickard, 2007). 따라서 두 인종적 특징을 가진 아동은 유럽계 미국인 노예 소유주에 의해 가족 구성원이라기보다는 재산으로 여겨질 수 있었다.

1600년대 초기 루이지애나와 남부 캐롤라이나에서 노예가 아니었던 아프리카계 미국인과 유럽계 미국인은 다인종 노예와는 다른 지위를 부여받았다(Davis, 2006). 노예가 아닌 다인종 사람은 흑인보다는 백인으로 고려되었고 백인 집안으로 시집(장가)을 갈 수 있었다. 그러나 이러한 백인 사회로 다인종 사람이 받아들여지는 것은 다른 종족끼리의 결혼을 반대하는 법이 제정되었을 때 1808년 루이지애나에서, 그리고 1840년대 남부 캐롤라이나에서 끝이 났다.

물라토(mulato : 각각 백인과 흑인인 부모 사이에서 태어난 사람)라는 용어는 1850년 인구통계에서 유럽계와 아프리카계 혈통을 가지고 있는 사람을 언급하기 위해 생겨났다(Suyemoto & Dimas, 2003). 물라토는 당나귀와 말 사이에서 태어나는 불임 동물인 '노새' 라는 단어에서 생겨 난 경멸적인 용어이다(C. C. I. Hall, 2003). 이 범주는 다인종 사람이 단일인종 사람보다 생식능력이 부족하다는 것을 암시한다. 1800년대 심리학자들은 또한 다인종 개인에 대해 부정적 견해를 지녔다. 뇌 연구가 Paul Broca는 1864년에 밀접하게 관련이 있는 인종 간의 혼합(북부 유럽계 혈통을 지닌 집단)은 이롭고, 반면에 거리가 먼 인종의 혼합(유럽계 혈통을 지닌 집단과 아프리카계 혈통을 지닌 집단)은 생식력에 있어서 떨어지는 아기를 낳는다고 하였다(Teo, 2004). 1883년 미주리 주와 1869년 조지아 주의 최고법원은 다른 종족 간의 아기는 그렇지 않은 아기보다 열등하다는 검증되지 않은 추측에 기반을 두고 이종혼법(다른 종족과의 결혼에 관한 법)을 인정하였다(Tucker, 2004). 심리측정 학의 선구자인 Francis Galton경은 종족의 혼합은 지적능력에 이로울 수 있지만 오직 순수한 종속 사이에서 혼합이 이루어질 때에만 한정된다고 주장하였다(Teo, 2004). 미국 심리협회의 초대 회장인 G. Stanley Hall은 먼 인종 간의 혼합의 부정적인 결과에 대해 Broca에 동의하였다.

20세기 초에, 단일인종 개인과 관련이 있는 아프리카계 미국인 · 유럽계 미국인의 지적수행에 관한 연구들은 Strong과 Ferguson에 의해 실행되었다(Teo, 2004). 1913년, Strong은 피부가 더 검은 아동의 수행이 '일반' 에 가장 가깝고(유럽계 미국인의 수행), 좀 더 밝은 피부를 가진 아동의 수행은 일반 이상, 이하로 다양하다고 보고하였다. 1916년 Ferguson은 지적수행이 아프리카계 혈통과 부정적으로 연관이 있었다고 결론지었다. 비슷하게, 1922년 Hunter와 Sommermier, 1923년 Garth, 그리고 1928년 Jamieson과 Sandiford는 다인종 아동 속의 미국 원주민의 피는 지적수행과 부정적으로 관련이 있었다고 결론지었다(Teo, 2004).

물라토라는 용어는 1930년 인구통계부터 없어졌고 다인종 아프리카계 미국인은 '니그로' 로 분류되었고 이는 다시 단일인종 규칙으로 돌아가는 것임을 보여주었다(Suyemoto & Dimas, 2003). 그러나 다인종 사람에 대해서 교수들 사이에서 지속적인 관심이 있었다. 다인종 사람이 사회 내에서 문화적으로 주변인이 된다는 개념은 1928년 시카고대학교 사회학 교수인 Robert E. Park에 의해 제기되었다(Teo, 2004). 또한 변화와 위기 속에 사는 단일인종 사람 또한 Park의 '주변인 인간' 개념에 포함되었다. Park은 Stonequist의 1937년 책인 『주변적 인간』의 도입 부분을 저술하였고 이를 통해 많은 사람에게 이 개념을 알릴 수 있었다. 문화적으로 소외되는 것은 동시대의 문화 적응 모델로 계속되어왔다(Berry, 1974).

7장에서 묘사된 것과 같이 미국 서부 연안에 살고 있으며 일본계 혈통을 지닌 다인종 미국인은 다른 일본계 미국인과 함께 2차 세계 대전 동안 매장지 캠프에 수용되었다. 1/16 혹은 더 많은 일본계 혈통을 지닌 사람은 이 캠프에 수용되었다(Nakashima, 2005). 일본 사람이 1885년에 미국에 처음 왔기 때문에, 이 1/16 규칙은 미국 내에서 일본계 혈통을 가진 사람을 포함하였다. 1/16 일본인이 되는 것이 어떻게 안전을 위협하는 것은 불분명하고, 이는 일본인을 매장지 캠프에 수용한 것은 국가적 안전에 대한 실질적 위험 요소를 줄인다기보다는 인종적, 정치적 이유로 그랬다는 것을 분명히 보여준다.

한국과 베트남 전쟁 동안 아시아에서 미국 군인과 여성의 두 인종적 특징을 가지고 있는 아동은 아시아와 미국에서 모두 거부되었다(Davis, 2006). 한국과 베트남에서는 시민권이 부계이기 때문에, 아동은 이 나라에서 시민이 될 수 없었고 다인종 사람에 대한 편견 때문에 더 심하게 거부되었다. 미국 밖에서 결혼하지 않은 남녀 사이에서 태어난 미국 남성의 자녀 또한 미국 시민권을 받지 못하였다(Davis, 2006). 미국은 1982년 이 아동이 다른 나라로 이주하는 것을 허가하였지만, 아시아에서의 그들의 지위와 비슷하게, 2개의 인종적 특징을 지닌 사람은 종종 미국 내에서 버림받은 사람으로 취급되었다.

미국의 38개 주는 이종 간의 출산을 반대하는 법을 가지고 있었다. 유럽계 미국인이었던 저자의 아버지와 일본계 미국인이었던 어머니는 1949년 이종혼 금지법이 없었던 워싱턴 주에서 결혼을 하였지만, 그들은 인근의 서부 해안 혹은 산악 서부 주에서 법적으로 결혼을 할 수 없었을 수도 있었다. 1954년 최고법원 브라운 대 토피카 교육위원회[4]에 관한 판결로 생긴 통합된 학교에 대한 주요 반대 이유는 통합된 학교

4) 브라운 대 토피카 교육위원회 : 1951년에 토피카에서 살던 8살의 흑인 소녀 린다 브라운은 흑인이라는 이유로 집에서 가까운 백인들이 다니는 학교에 가지 못하고, 집에서 1마일이나 떨어진 흑인들이 다니는 학교를 매일 걸어서 가야 했다. 이에 린다의 아버지 올리브 브라운은 집에서 가까운 백인들만 다니는 초등학교로 전학을 신청했으나, 피부색이 다르다는 이유로 거절당하게 되어 결국 소송까지 하게 된다. 이 재판이 바로 '브라운 대 토피카 교육위원회' 재판이다. 이 사건은 결국 연방 대법원까지 올라가게 되어, 1954년 5월 17일 대법원은 '공립학교의 인종 차별은 위헌' 이라는 판결을 내려 브라운의 손을 들어주었고, 3년 만에 긴 소송은 끝이 났다.

들이 인종 간의 관계와 자손을 이끌 것이라는 것이었다(Tucker, 2004). 1967년 최고법원의 러빙 대 버지니아 사건(Loving v. Virginia)[5]에 대한 판결은 남부의 16개 주에 있었던 이종 간 혼인을 반대하는 법을 무효화하였다. 아프리카계 미국인인 Mildred Jeter와 유럽계 미국인인 Richard Loving은 버지니아에서 법적으로 결혼할 수 없었고, 1958년에 결혼하기 위해 워싱턴 D.C로 가야만 하였다. 그들의 믿음에 대한 이후의 소송이 미국 최고법원 전에 받아들여졌다.

비록 이종 간의 혼인을 반대하는 법이 폐지되었더라도, 다인종 사람은 많은 지역사회 내에서 계속해서 단일인종으로 여겨졌다. 1972년, 전미 흑인 사회 노동자 협회는 '두 인종(혼혈)' 과 '인종적으로 섞인' 이란 용어를 거부하였고 다인종 아프리카계 미국인 아동을 포함하여 아프리카계 미국인 아동이 유럽계 미국인 부모에 의해 입양되어서는 안 된다는 결의안을 통과시켰다(Davis, 2006). 이는 아프리카계 미국인 혈통을 지닌 아동이 그들의 아프리카계 미국인 정체성을 확인, 단언하도록 돕기 위한 노력의 일환이었다. 이 결의안은 유럽계 미국인 부모의 아프리카계 미국인 혈통을 가지고 있는 다인종 아동의 입양 수를 크게 줄였다. 비록 인종에 걸친 입양은 계속해서 증가하였지만, 많은 입양 관련한 법정 절차는 입양하려는 부모에게 입양할 아동의 문화를 어떻게 보존할지에 대한 계획을 제시하라고 요구하였다.

1970년대 동안, 이종 간 혼인을 금지한 법이 폐지된 후에, 다인종 사람은 조사자들에 의해서 단일인종 사람과 평등하게 보이기 시작하였다(Shih & Sanchez, 2005). 그러나 Scarr와 Weinberg는 Rushton이 1990년대에 한 것과 같이 두 인종적 특징을 지닌 아동(아프리카계 미국인, 유럽계 미국인)의 지적기능을 단일인종 아동의 지적기능과 비교하는 1920년대의 조사를 부활시켰다(Teo, 2004). 더욱이 16가지 성격 요소 시험을 개발한 성격 심리학자 Raymond B. Cattell은 1970~1990년대까지 인종적 혼합은 위험하게 인종적 분리가 유지되어야 한다는 1930년대 처음 표현된 그의 믿음을 견지하였다(Tucker, 2004). 이 반 다인종 조사의 배경에 반하여, 다인종 운동이 발달하기 시작하였다. 인종 간 · 문화 간 자존심(I-Pride)은

5) 러빙 대 버지니아 사건 : 미국 연방대법원의 유명한 판례이다. 버지니아 주는 흑인과 백인 간 결혼하는 것을 금지하는 법이 있었는데 연방대법원은 이 법을 위헌판결을 내렸다. 인종에 따른 차별은 위헌의 의심이 가는 차별(supect classification)로 엄격심사가 적용된다고 확립하였다.

1970년 후반 캘리포니아 주의 버클리에서 형성된 다인종 집단이고 지역 학교 위원회에 학교 인구학 형식에 대한 명칭으로 '인종 간(interracical)'를 추가하라고 청원하는 데 성공하였다(Daniel & Castaneda-Liles, 2006).

1970년대 조사자들은 단일인종 사람에 대한 인종 정체성 발달 모형이 다인종 사람에게 적용할 수 있다고 가정하였다. 그러나 단일인종 모델은 다수의 인종 집단과의 동일시의 가능성을 설명하지 못하였다(Poston, 1990). 이에 대하여, 인종·민족 정체성에 대한 대안적 모델이 1장에서 검토된 Poston(1990)의 두 인종 정체성 발달 모형과 같은 다인종 사람을 위해 개발되었다. Poston 모델에서의 단계는 개인적 정체성, 집단 범주화에 있어서 선택, 얽힘·부정, 평가, 그리고 통합이다. 다인종 미국인의 계속해서 증가하는 영향은 모든 이들의 혈통을 인정하기 위한 자유를 강조한 법적 청원 운동 기관으로서 1988년 다인종 미국인 협회의 발견에 반영되어 있었다.

1990년대 동안, 다인종 사람을 일탈적이라고 보았던 시각에서 다인종 정체성의 긍정적인 면에 대한 고려의 변화는 2권의 영향력 있는 책인 『미국에서 인종적으로 섞인 사람들(1992)』과 『다인종적 경험(1996)』에서 Maria Root에 의해 시작되었다. 그녀와 다른 다인종 동료들은 다인종 사람과 정체성과 개념적, 심리학적, 그리고 방법론적 문제를 언급하였고 실증적인 연구들이 포함되었다. 이는 다인종 심리학자들이 다인종 문제에 대해서 언급한 첫 번째 예이다. Root는 미국 인구통계국에서 자문위원으로 일하였고 인구통계국이 하나 이상의 인종 명칭을 가리키는 선택사항을 2000년 인구통계에서 허용하도록 설득하는 것을 도왔다.

2003년에 캘리포니아의 보수적인 정치인은 인종의 사생활 법안으로 알려진 것과는 다르게, 법률 54조를 통과시키기 위해 다수 인종 운동을 활용하고자 하였다(K. M. Williams, 2006). 법률 54조는 주가 인종적, 민족적 자료를 모으는 것을 하지 못하게 하였을 것이다. 왜냐하면 이 정보들이 사적인 것으로 여겨졌고 인종과 민족성은 인위적인 생각으로 여겨졌으며, 이러한 자료를 모으는 것은 차별에도 책임이 있기 때문이다. 이 법안은 법률 209조 이후에 바로 제시되었고 이는 차별의 형식으로써 차별 철폐 조치를 묘사하여 캘리포니아 유권자들에 의해 승인되었다. 다인종 사람에게 법률 54조로 알려진 이 항소는 그들이 더 이상 스스로를 인종으로 범주화하지 않아도 된다는 것이었다. 반대론자들은 인종과 민족성 자료들은 몇몇 인종과 민족 집단이 부적절하게 질병으로부터 영향을 받고 몇몇 집단이 건강관리에 대한 적절한 조치를 취할 수 없을 것이라는 점에서 건강 관리에 중요하다고 하였다. 법률 54조는 64% 대 36%로 부결되었고 이는 캘리포니아 사람의 대다수가 인종과 민족성을 약간의 유용성을 가지는 것으로 인식하였다는 것을 보여준다.

문화적 가치와 정체성

다인종 사람은 초기 일터에서 인종의 정체성으로 볼 때 하찮은 존재라고 여겨졌다. 그들의 원래 문화 혹은 주류 문화와 동일시하지 않는 단일인종 사람과 비슷하게(Berry, 1974; 1장 참조), 자신을 하찮은 존재라고 생각하는 다인종 사람은 그 유산의 어느 인종 혹은 민족성에 동일시되지 않는다. 이러한 사람은 소수 지역사회 내의 소수 집단뿐만 아니라 주류 문화 사회 내의 소수 집단이라는 점에서 2개의 소수 집단을 가지고 있다(Shih & Sanchez, 2005).

대부분의 다인종 개인은 하찮은 존재라고 여겨지는가? 혹은 그들이 스스로를 하나 혹은 그 이상의 집단에 동일시하는가? 그들을 가장 잘 묘사하는 하나의 단일인종 집단을 고르라고 했을 때, 2개의 인종적 특징과 민족적 소수 혈통을 지닌 고등학교 학생 사이의 가장 일반적인 반응은 특히 아프리카계 미국인 혈통을 가진 학생 사이에서, 민족적 소수 집단을 선택하는 것이었다(M. Herman, 2004). 다인종의 정체성을 고르는 것은 최근에 되어서야 일반적으로 가능하게 되었다.

Rockquemore(1999)는 아프리카계 미국인, 유럽계 미국인의 두 인종적 특징을 지닌 사람이 4개의 인종 정체성 선택 사항을 갖고 있다고 주장하였다. 첫 번째는 독점적으로 아프리카계 미국인 혹은 유럽계 미국인에 해당하는 단수형의 정체성이다. 두 번째는 독점적으로 2개의 인종적 특징을 가진 경계 정체성이다. 세 번째는 때때로 아프리카계 미국인과 관련이 있고 또 유럽계 미국인과 관련이 있고 그리고 2개의 인종적 특징을 가지고 있는 것과 관련이 있는 변화무쌍한 정체성이다. 네 번째는 한 개인이 인종적 정체성을 갖고 있지 않는 초월적인 정체성이다.

2개의 인종적 특징에 대한 동일시가 선택사항이었던 아프리카와 유럽계 혈통을 지닌 성인에 대한 연구에서, 표본 중 대다수(62%)는 스스로를 2개의 인종적 특징을 가지고 있다고 보았다(Rockquemore & Brunsma, 2001). 오직 15%만이 스스로를 아프리카계 미국인으로 보았고 3% 미만이 유럽계 미국인으로 보았다. 약 5%는 그들 사회적 네트워크의 기능으로 융통성 있는 정체성을 가지고 있었다. 12%는 존재하는 인종적 범주를 가지고 스스로를 정의하지 않았다.

Rockquemore와 Brunsma(2001)의 연구결과와 상응하여 46%의 아프리카계 미국인, 유럽계 미국인 성인과 64%의 아시아계 미국인, 유럽계 미국인 성인은 스스로를 2개의 인종적 특징을 가지고 있다고 묘사하였고, 반면에 33%의 아프리카계 미국인과 유럽계 미국인은 스스로를 아시아계 미국인으로, 19%의 아시아계 미국인과 유럽계 미국인은 아시아계 미국인으로 식별하였다(Suzuki-Crumly & Hyers, 2004). 2개의 인종적 특징을 지니고 인종적 범주로 그들 스스로를 정의하지 않은 사람의 비율은 상대적으로 높았다(아프리카계 미국인과 유럽계 미국인 성인의 21%, 아시아계 미국인과 유럽계 미국인 성인의 14%). 따라서 2개의 인종 정체성은 2개의 인종적 특징을 가진 사람의 양상이고 소수 집단의 정체성은 두 번째로 가장 일반적인 정체성이다.

유색인종 청소년은 유럽계 미국인 청소년보다 더 강한 민족 정체성을 가지고 있는 것으로 나타났다. 2개의 인종적 특징을 가진 청소년은 유럽계 미국인 청소년보다 더 강한 민족 정체성 내에 있지만 단일인종 유색 청소년보다는 약한 민족 정체성을 띠고 있다(Bracey, Bamaca & Umana-Taylor, 2004; M. Herman, 2004). 2개의 인종적 특징을 지닌 사람이 집단에 제한된 접근을 할 수 있다거나 2개의 인종적 특징을 지닌 집단의 풍습이 잘 정의되거나 알려지지 않았고 이것이 2개의 인종적 정체성을 가질 능력을 제한하는 것일 수 있다. 그럼에도 불구하고 2개의 인종적 특징을 지닌 사람은 대부분 스스로를 민족성이라는 관점에서 식별한다.

문화적인 변수 또한 다인종 사람의 인종 · 민족적 동일시에 영향을 미친다. 집에서 영어 이외의 언어를 사용하는 것은 다인종 사람이 비영어권과 관련이 있는 문화집단에 동일시할 가능성을 높인다(Khanna, 2004; J. Lee & Bean, 2004). 미국의 유색인종 지역사회에 참여하고 그 사람 혈통의 나라를 방문하는 것 또한 다인종 사람이 그 지역사회나 나라와 관련이 있는 문화에 동일시할 가능성을 높인다.

다인종 사람 사이에서 단일인종 혹은 다인종으로서 동일시하는 것은 단일인종과 다인종 지역사회에서의 수용과 거부에 대한 인식에 영향을 받을 수 있다. 일본과 유럽계 미국인 혈통을 지닌 성인 사이에서 일본계 미국인, 유럽계 미국인, 혹은 다인종 지역사회에 대한 소속감은 이러한 지역사회와의 동일시와 관련이 있었다(AhnAllen, Suyemoto & Carter, 2006). 반대로, 이러한 지역사회로부터 인식된 배제는 반대로 이러한 지역사회와의 동일시와 관련이 있었다. 게다가 다인종 지역사회에서 인식된 배제는 일본계 미국인 지역사회와의 동일시와 덜 관계가 있었지만, 유럽계 미국인의 동일시와 크게 관련이 있지도 않았다. 한 소수 집단(다인종적 지역사회)으로부터의 배제는 또 다른 소수 집단(일본계 미국인)으로 동일시하는 것과 연관되지 않는 것으로 보인다.

단일인종 지역사회로부터 인식된 소속 혹은 배제는 또한 다인종 사람의 신체적 외모의 영향을 받았다(AhnAllen et al., 2006). 일본인의 신체적 외모를 가진 사람은 일본계 미국인 지역사회에 좀 더 동일시되었고, 반면에, 유럽인의 신체적 외모를 가진 사람은 유럽계 미국인 지역사회에 좀 더 동일시되었다. 이는 아시아계 미국인과 유럽계 미국인 성인에 대하여 신체적 외모가 아시아계 미국인 혹은 유럽계 미국인으로서 한 사람의 동일시를 결정하는 데에 다른 영향 요인(성별, 사회경제적 지위)보다 더 영향력이 강하다는 또 다른 연구의 결과와 일치한다(Khanna, 2004).

다인종 사람이 하나 이상의 집단에 속한다는 것을 가정해볼 때, 그들의 인종적 정체성은 시간이 지나면서 바뀌는가? 청소년의 인종적 동일시가 평가되었고 다시 6년 후에 평가된 한 연구에서, 아프리카계 미국인과 유럽계 미국인의 41%, 아시아계 미국인과 유럽계 미국인의 45%, 미국 원주민과 유럽계 미국인의 81%가 인종적 동일시를 바꾸었다(Doyle & Kao, 2007a; Hitlin, Brown & Elder, 2006). 아프리카계 미국인과 아시아계 미국인 혈통을 가진 사람 사이의 변화는 그들의 소수 인종을 향해 있었던 반면에, 미국 원주민 혈통을 가진 사람 사이의 변화는 유럽계 미국인 정체성에 향해 있었다. 라틴계 혹은 히스패닉으로 동일시된 사람에 대한 자료는 라틴계와 히스패닉이 인종적 범주가 아니고 모든 인종 집단의 사람을 포함하기 때문에 분석되지 않았다.

한 연구에서, 자긍심과 사회경제적 지위가 높을수록 인종적 동일시를 바꿀 더 낮은 가능성과 관련이 있었다(Hitlin et al., 2006). 높은 자긍심은 아마도 그 사람의 인종적 정체성에 대한 만족과 관련이 있을 것이다. 이 연구에서 높은 사회경제적 지위는 대개 현저하게 인종적 차이가 가장 두드러지고 상대적으로 바뀌지 않을 것처럼 인식될 수 있는 유럽계 미국인 이웃지역에 사는 것을 의미하였다. 반면에, 좀 더 높은 지능은 또한 인종적 동일시를 바꾸는 것과 관련 있었고 이는 인종적 동일시를 바꾸는 사람은 인식적으로 융통성이 있다는 것을 말한다.

단일인종 청소년 사이에서, 단일인종 유럽계 미국인 중 오직 3%, 단일인종 아프리카계 미국인 중 3%, 그리고 단일인종 아시아계 미국인 중 7%가 그들의 인종적 동일시를 바꾸었다(Doyle & Kao, 2007a). 단일인종 미국 원주민 사이에서, 30%가 그들의 인종적 동일시를 바꾸었고 이러한 변화는 일관성이 없었고 유럽계 미국인, 아프리카계 미국인, 그리고 아시아계 미국인으로서의 동일시를 포함하였다. 미국 원주민 사이의 비일관성은 라틴계 사람이나 히스패닉 사람같이 아마도 미국 원주민이 인종 범주에 들지 않기 때문일 것이다.

다인종 사람은 아마도 단일인종 사람보다 인종에 대한 다른 관점을 가지고 있을 것이다(Shih, Bonam, Sanchez & Peck, 2007). 다인종 사람은 다른 인종적 배경을 지닌 아동을 입양하거나 다른 인종적 배경을 지닌 사람과 결혼하는 것에 대해서 단일인종 사람보다 더 편안하게 느낄 것이다. 다인종 사람의 양적 업무에 대한 수행은 일을 하기 전 그들의 인종에 대한 강조에 의해 단일인종 사람보다 영향을 덜 받는다. 이러한 발견이 말하는 바는 다인종 사람은 인종의 의미를 사회적으로 만들어진 것으로 인식하기 때문에 인종적 경계에 대해 덜 걱정하고 인종에 대한 고정관념으로부터 덜 영향을 받을 것이다(Shih et al., 2007).

2개의 인종적 정체성은 하나의 인종 집단보다 더 많은 사회적 이점을 만들어내는가? 사람이 다른 인종 얼굴보다 같은 인종의 얼굴을 더 잘 인식한다는 3장의 내용을 되새겨보자(Golby et al., 2001). 다인종 사람에 대해서, 이는 그들이 단일인종 집단보다 얼굴을 인식하는 데에 더 실력이 있다는 것을 의미하는가? 2개의 인종적 특징(아프리카계 미국인, 유럽계 미국인)을 지닌 성인은 일반적으로 유럽계 미국인 얼굴보다 아프리카계 미국인의 얼굴을 더 잘 인식하였다(Chiao, Heck, Nakayama & Ambady, 2006). 그러나 그의 유럽계 미국인 부모의 민족 정체성에 대한 에세이를 쓴 후에, 2개의 인종적 특징을 지닌 성인은 유럽계 미국인 얼굴을 더 잘 인식하게 되었다. 비슷하게 그들은 아프리카계 미국인 부모의 민족 정체성에 대한 에세이를 쓴 후에 아프리카계 미국인의 얼굴을 더 잘 인식하게 되었다. 이 결과는 2개의 인종적 특징을 지닌 개인이 1개 이상의 인종 집단과 동일시할 수 있다는 것과 그들이 다른 인종적 집단의 문맥에 대한 요구를 조정할 수 있도록 하는 인지적 유연함을 발달시킬 수 있다는 것을 보여준다. 다인종 사람 사이의 이러한 적응성은 카멜레온 경험으로 특징화되었다(Miville, Constantine, Baysden & So-Lyoyd, 2005).

다인종 사람의 가장 친한 친구들은 누구인가? 단일인종 사람의 가장 친한 친구는 주로 자신의 인종 집단의 구성원이다(Doyle & Kao, 2007b). 다인종 사람의 가장 친한 친구들이 다른 다인종 사람일 수 있을까? 청소년의 표본에서, 대답은 '아니오' 라고 나타났다(Doyle & Kao, 2007b). 아프리카계 미국인과 유럽계 미국인, 아시아계 미국인과 유럽계 미국인, 미국 원주민과 유럽계 미국인, 미국 원주민과 아프리카계 미국인, 혹은 아시아계 미국인과 아프리카계 미국인 중 11% 이하가 자신의 가장 친한 친구들은 다인종 사람이라고 보고하였다. 일반적으로 유럽계 미국인 혈통을 가지는 것은 2개의 인종적 특징을 지닌 사람이 단일인종 유럽계 미국인과 가장 친한 친구가 되는 것을 더 쉽게 하고, 아프리카계 미국인 혈통을 지니는 것은 단일인종 아프리카계 미국인과 가장 친한 친구가 되는 것을 더 용이하게 한다. 아프리카계 미국인과 유럽계 미국인의 가장 친한 친구는 단일인종 아프리카계 미국인과 단일인종 유럽계 미국인 사이에서 대략 동등하게 나눠졌다. 이는 유효성의 부족 때문에 다인종인 가장 친한 친구가 거의 없었을 것이라고 주장될 수 있다. 그러나 2개의 인종적 특징을 지닌 사람은 유효성을 통제한 후에도 단일인종의 가장 친한 친구가 다인종의 가장 친한 친구보다 많았다. 이러한 자료는 다인종 청소년이 스스로를 단일인종 지역사회의 부분으로 인식한다는 것을 말한다. 그러나 이 연구의 대부분의 단일인종 아프리카계 미국인과 유럽계 미국인은 가장 친한 친구가 다인종이라고 보고하지 않았다. 따라서 누가 나의 가장 친한 친구인가에 대한 인식은 상호적이지 않을 수도 있다. 다인종의 동일시는 신체적 외모, 문화적 접근, 그리고 지역사회의 수용에 의해 영향을 받는다. 인종적, 민족적 동일시는 단일인종 사람과 비교해서 다인종 사람 사이에서, 특히 미국 원주민 혈통을 가진 사람 사이에서 더 유연하게 나타나는 경향이 있다. 다인종 사람은 단일인종 · 민족 지역사회보다 얼굴을 인식하는 데 있어서 더 숙련되었을 것이다. 비록 다인종 사람이 단일인종 사람의 가장 친한 친구로 인식되는지가 분명치는 않더라도, 그들의 가장 친한 친구는 단일인종인 경향이 있다.

가족 문제

다른 인종 간의 결혼의 패턴은 사회적 고정관념과 일치한다. 아시아계 미국인은 아프리카계 미국인보다 다른 인종적 배경을 지닌 배우자와 결혼한다(Cheng & Powell, 2007). 이러한 차이는 아시아계 미국인과 연관된 긍정적인 고정관념과 관련이 있고 아프리카계 미국인과 관련된 부정적인 고정관념과 연관이 있다. 따라서 흑/백색 장벽은 결혼에서 여전히 남아 있다. 유럽계 미국인의 다른 종족과의 결혼에 관하여, 남성은 라틴계 미국인 혹은 아프리카계 미국인 여성보다 아시아계 미국인 여성과 더 결혼할 것 같으며, 여성은 아시아계 미국인 혹은 아프리카계 미국인 남성보다 라틴계 미국인 남성과 더 결혼할 것 같다. 성에 대한 고정관념은 아시아계 미국인 여성이 아시아계 미국 남성보다 더 바람직하다고 묘사한다. 반대로, 아프리카계 미국인 여성이 유럽계 미국인 남성과 결혼하는 것보다 아프리카계 남성이 유럽계 미국인 여성과 더 결혼할 것 같기 때문에 아프리카계 미국인 남성은 아프리카계 미국인 여성보다 더 바람직하다고 고정관념에 사로잡힐 수 있다.

부모가 자녀의 인종을 지정하는 것은 부모의 인종에 달려 있다. 부모가 유럽계 미국인인 다른 인종 간의 커플은 부모가 유럽계 미국인이 아닌 다른 인종 간 커플보다 그들의 자녀를 다인종이라고 더 지정할 것 같다(Brunsma, 2005). 부모가 유럽계 미국인이 아닌 다른 인종 간 커플은 그들의 자녀를 단일인종이라고 더 지정할 것 같다. 부모 중 1명이 유럽계 미국인이고 둘 다 아프리카계 미국인이 아닌 다른 인종 간 커플은 유럽계 미국인과 아프리카계 미국인 커플보다 그들의 자녀를 유럽계 미국인이라고 지정할 것 같았다. 반대로 부모가 라틴계 미국인인 다른 인종 간 커플은 그들의 자녀를 다인종이라고 하지 않고, 일반적으로 히스패닉계라고 하였다. 히스패닉계 사람은 아무런 인종 집단 출신일 수 있고, 이는 라틴계 미국인 부모들이 그들의 다인종 자녀를 히스패닉이라고 하는 이유일 것이다. 다른 인종 간 부모(유럽계 미국인 부모를 포함하는)의 그들의 자녀에 대한 인종적 지정을 나타내는 〈그림 10.1〉과 다른 인종 간 부모(유럽계 미국인 부모를 포함하지 않는)의 그들의 자녀에 대한 인종적 지정에 대한 〈그림 10.2〉를 참조하라.

Brunsma(2005)의 연구결과와 상응하게, 아프리카 미국인과 유럽계 미국인, 아시아계 미국인과 유럽계 미국인 커플의 부모 중 절반 이상이 그들의 자녀를 2개의 인종적 특징을 지니고 있다고 지정하였고, 미국 원주민과 유럽계 미국인 부모 중 절반 가까이가 자녀를 미국 원주민이라고 지정하였다(Roth, 2005). Roth는 모든 연령대의 아동을 연구하였고 부모가 유럽계 미국인인 아동 중 나이가 많을수록 그들의 부모에 의해 유럽계 미국인이라고 더 잘 지정될 것 같았다. 왜냐하면 유럽계 미국인의 정체성은 청소년의 부모에게 소수 집단의 정체성보다 더 바람직하기 때문이다. 더 높은 교육 수준을 가지고 있는 부모는 자녀가 2개의 인종적 특징을 지니고 있다고 더 지정할 것 같은데, 이는 더 교육받은 사람이 자녀의 인종적 선택사항에 대해

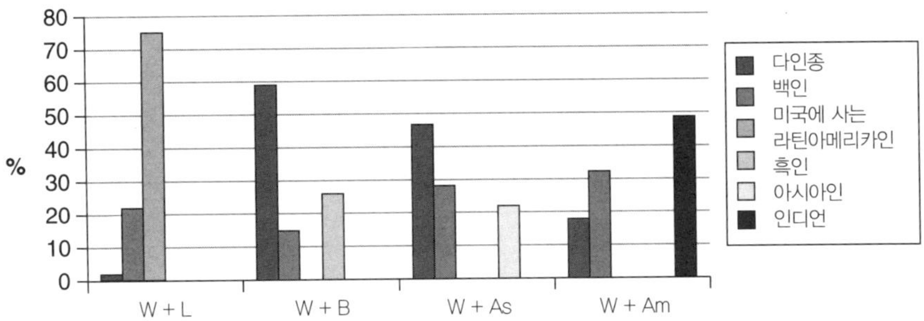

그림 10.1 다른 이종 간 부모의 자녀에 대한 인종적 지정(유럽계 미국인 포함)

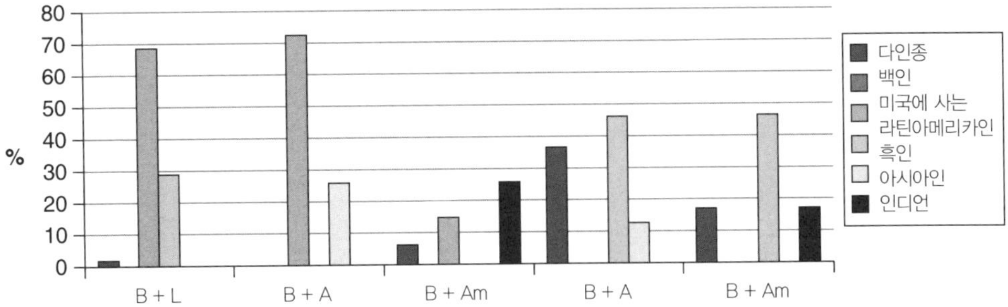

그림 10.2 다른 이종 간 부모의 자녀에 대한 인종적 지정(유럽계 미국인 불포함)

더 인식하고 있다는 것을 말해준다. 더욱이, 상대적으로 큰 2개의 인종 지역사회 내에 거주하고 있던 부모는 자녀를 2개의 인종적 특징을 지닌 것으로 지정하려는 경향이 더 강하였다.

다인종 아동의 부모와 단일인종 아동의 부모 중 누가 더 인종 · 민족적 사회화에 관여할 것인가에 대한 자료들이 상충하고 있다. 다인종 대학생은 단일인종의 유색인종 대학생 혹은 단일인종 유럽계 미국인 대학생과 비교해서 인종을 매우 덜 강조하였다고 보고하였다(Shih et al., 2007). 단일인종 유색인종 대학생과 단일인종 유럽계 미국인 대학생 사이의 인종에 대한 부모의 강조를 살펴본 이 연구에서의 차이점은 적었고, 이는 유색인종 대학생의 부모가 유럽계 미국인 대학생의 부모보다 인종을 더 강조하였다는 다른 연구와는 말하는 바가 다르다(Schwartz et al., 2007). Shih와 동료들(2007)은 부모의 실질적 행동과 관계없이, 부모가 인종을 덜 강조한다는 것을 가리키는 것이 사회적으로 바람직하다는 것을 인정하였다. Shih와 동료(2007)의 결과와는 반대로, 다인종 유치원생의 단일인종 부모는 그들이 다른 단일인종 유색인종 유치원생의 부모만큼, 그리고 유럽계 미국인 유치원생의 부모보다는 더 많이 그들의 자녀의 인종 · 민족적 유산(전통)에 대해 논의한다고 말하였다(T. N. Brown, Tanner-Smith, Lesane-Brown & Ezell, 2007).

요약하면, 다른 인종 간의 결혼의 패턴은 민족과 성에 대한 고정관념을 반영한다. 다른 인종 간의 커플 사이에서, 유럽계 미국인 구성원이 있는 사람은 그들의 자녀를 다인종 혹은 유럽계 미국인으로 더 지정할 것 같았으며, 반면에 유럽계 미국인 구성원이 없는 사람은 그들의 자녀를 단일인종으로 지정하려는 경향이 있었다. 라틴계 미국인 구성원이 있는 다른 인종 간의 커플은 그들의 자녀를 히스패닉계로 지정하려고 했고, 미국 원주민 구성원이 있는 사람은 그들의 자녀를 미국 원주민이라고 지정하려는 경향이 있었다. 아마도 이는 라틴계 미국인과 미국 원주민이 인종 집단으로 고려되지 않았고 다수의 인종적 집단을 포함하기 때문일 것이다. 또한 부모의 다인종 자녀에 대한 인종 · 민족적 지정은 아동의 나이, 부모의 교육, 그리고 다인종 지역사회에 대한 접근의 기능이다. 단일인종 아동의 부모와는 상대적으로, 다인종 아동의 부모가 관여하는 인종 · 민족적 사회화가 어느 정도인지에 대한 증거가 엇갈린다.

정신 건강

다인종 사람이 1개 이상의 인종적, 혹은 민족적 집단이기 때문에, 그들이 정체성 혼란을 경험하고 혼란이 정신 건강 문제를 야기한다고 추측되어왔다. 그러나 다인종 사람은 그들의 단일인종 동료만큼이나 대부분의 정신적 결과에 잘 적응해왔다(Shih & Sanchez, 2005). 임상 인구 내에서, 다인종 개인은 다른 이의 거부, 친밀한 관계에 대한 혼란과 같은 인종적 정체성 발달의 어려움을 경험한다. 임상 인구 내의 다인종 사람은 또한 임상 인구 내의 유럽계 미국인보다 더 큰 우울증과 낮은 자긍심, 행동 문제(비행, 알코올 사용)를, 그리고 낮은 학업수행을 보인다. 다인종 사람이 몇몇 차원(학업수행)에서 더 잘하는 한편, 임상 인구 내의 이러한 문제의 차이점은 다인종 사람과 단일인종 유색인종 사이에서 덜 표명되었다.

이 책에서 논의된 단일인종 유색인종 집단과 마찬가지로, 소수의 지위는 다인종 사람의 정신 건강에 영향을 미칠 수도 있다. 거주자 중 95%가 단일인종 아프리카계 미국인인 저소득 지역에서, 단일인종 아프리카계 미국인 혹은 유럽계 미국인 청소년보다 혼혈 청소년이 더 높은 수준의 절망, 마리화나 흡입, 그리고 폭력적 행동을 보였다(Bolland et al., 2007). 비록 이러한 문제들이 소수 지위의 직접적인 결과인지 아닌지는 분명치 않지만, 다인종 청소년은 단일인종 청소년보다 더 낮은 공동체 의식을 가지고 있었다.

차별은 단일인종 사람보다 다인종 사람에게 더 큰 영향을 줄 수 있다. 위에서 논의했듯이, 입장 논(論)은 다인종 사람이 단일인종 민족적 소수 사람보다 차별에 더 민감할 것이라고 예상한다. 청소년에 관한 연구에서, 인식된 차별은 단일인종 민족적 소수 청년 사이에서보다 다인종 청소년 사이에서 약물 남용과 더 강하게 관련이 있었다(Choi, Harachi, Gillmore & Catalano, 2006). Choi와 동료들은 다인종 청년이 단일인종 민족적 소수 청년보다 차별을 더 많이 경험하는지에 대해 보고하지 않았다. 그러나 다인종 사람이 더 큰 수준의 차별을 경험한다는 다른 증거에 기반을 두어보면(Brackett et al., 2006; M. Herman), 다인종 청년 사이에서 약물 남용에 대한 차별의 더 큰 영향이 있었을 것이다. 왜냐하면 그들이 차별을 더 자주 겪기 때문이다.

요약하면, 비임상적 인구 내의 다인종 사람은 그들의 단일인종 동료보다 더 큰 수준의 정신적 문제를 겪지 않는다. 그러나 임상 인구 내에서는, 다인종 사람이 유럽계 미국인보다 더 큰 수준의 정신적 문제를 겪는 것으로 보이고, 단일인종 유색인보다 약간 더 큰 수준의 정신적 문제를 겪는 것으로 보인다. 소수 지위와 인식된 차별 또한 다인종 사람 사이의 정신적 문제와 관련이 있다.

학업성취와 경력 개발

다인종 미국인 사이에서 학업성취와 직업 개발에 대한 정신적인 연구, 조사들이 극히 제한적이었다. 하나 이상의 인종적, 혹은 민족적 집단을 가리키는 것은 대부분의 연구에서 고려되지 않았다. 정신 건강에 대한 자료와 비슷하게, 임상 인구 내에 없는 다인종 학생은 학교에서 학업수행을 잘 한다(Shih & Sanchez, 2005). 그러나 임상 인구 내의 다인종 학생은 형편없는 학업수행으로 특징화되었다. 대학생 사이에서는, 다인종 학생의 평점이 소수 유색인종 학생의 평점과 크게 다르지 않았지만, 유럽계 미국인 학생의 평점보다는 낮았다(Ying et al., 2001).

결론

이 책에서 검토된 단일인종 집단에 상대적으로, 다인종 사람에 대해서는 매우 제한적인 연구만 있다. 비록 다인종의 정체성에 대한 개념적 모델이 제기되어왔지만, 다인종 정체성 발달에 대한 제한적인 실증적 연구만 있다. 다인종 사람의 적응 문제에 대해서 전통적으로 강조되어왔다. 그러나 비임상적 표본으로부터의 증거는 다인종 사람의 적응이 단일인종 사람과 다르지 않다고 말해준다. 다인종 사람이 겪는 어려움 중 많은 것이 다인종이 되는 것 자체보다 민족적 소수 집단의 구성원이 된다는 것의 결과일 것이다. 다인종 사람 사이의 변동성에 대한 연구가 필요하다. 예를 들면, 유럽계 미국인 혈통을 가진 사람(아시아계 · 유럽계 미국인, 아프리카계 · 유럽계 미국인, 라틴계 · 유럽계 미국인) 사이의 유사점과 차이점에 대한 연구와 유럽계 미국인 혈통과 오직 소수 혈통을 지닌 사람(라틴계 · 아시아계 미국인, 아프리카계 · 아시아계 미국인, 라틴계 · 아프리카계 미국인) 사이의 차이점이 조사될 수 있었다.

이 책에서 논의된 다른 집단과 마찬가지로, 다인종 사람의 장점과 자원에 대한 연구가 필요하다. 다인종 미국인에 대한 모든 연구 소재를 통틀어서, 대부분의 연구는 청소년에 초점을 맞추었다. 사람의 연령별 내의 변화와 발전을 추적하기 위한 수직적인 연구뿐만 아니라 청소년기 이외의 모든 나이대에 걸친 연구가 필요하다(Shih & Sanchez, 2005).

저자는 이 장을 Barack Obama 대통령의 인용문을 가지고 시작하였다. 다인종, 다문화 사람은 지금 미국의 리더이자 얼굴이다. 유색인종과 다문화 문제는 더 이상 사회의 주변적인 사람, 사건으로 여겨질 수 없다. 비록 유럽계 미국인 중 55%가 대통령 선거에서 Obama를 지지하지 않았지만, 유색인종 대부분은 Obama를 지지하였고 이는 유럽계 미국인 다수를 상쇄한다(CNN, 2008). 이러한 자료는 유색인종의 투표 없이 Obama를 지지한 유럽계 미국인 소수가 그를 당선시킬 수 없었고 유색인종이 소수의 유럽계 미국인 없이 Obama를 당선시킬 수 없었던 것처럼, 집단이 성공하기 위해 협력해야만 한다고 말해준다.

Barack Obama의 당선은 인종주의를 끝내거나 모든 미국인이 다문화주의를 포용하도록 하지는 못할 것이다. 하지만 그의 당선은 인종에 대해 그가 연설 당시 언급한 더 완벽한 통합으로의 길에 내디딘 첫 발자국이다. 이 책에서 논의된 연구 중 상당수가 우리가 이 길을 가도록 이끌어줄 수 있다. 심리학이 다문화 문제를 폄하하는 것이 아닌 그 문제를 수용할 것이라고 기대한다. 또 변화에 반응하기보다는, 사회 내에서 예방적인 영향이 될 것이라고 기대한다.

토론 문제

1. 무엇이 사람이 완전히 낯선 다인종 사람에게 "너는 뭐니?"라고 묻게 만드는가? 다인종 사람이 이러한 질문을 상냥하거나 심지어 긍정적으로 해석하는 상황이 있는가? 이러한 질문에 언제 작은 공격성을 띄는가?
2. 2개의 인종적 특징을 지닌 자녀의 단일인종 부모는 2개의 인종 방식으로 그들의 자녀를 사회화시키는 방법을 아는 데 어려움이 있을 수 있다. 비록 아동이 각각의 단일인종 부모에게서 사회화되었다 하더라도, 사회화의 각각의 형태는 단일

인종적일 수 있다. 무엇이 단일인종 부모로 하여금 자녀를 두 인종적으로 사회화시키고, 이것은 어떻게 성립될 수 있는가?

3. 어머니가 유럽계 미국인인 Barack Obama의 어머니가 아프리카계 혈통이었을 경우보다 그를 더 호소력 있게 하는가? 그가 모든 다인종 미국인 혹은 2개의 인종적 특징을 지닌 아프리카계 미국인과 유럽계 미국인에 의해 본보기로 보일 것 같은가?

참고문헌

Abe-Kim, J., Okazaki, S., & Goto, S. G. (2001). Unidimensional versus multidimensional approaches to the assessment of acculturation for Asian American populations. *Cultural Diversity and Ethnic Minority Psychology, 7,* 232–246.

Abe-Kim, J., Takeuchi, D. T., Hong, S., Zane, N., Sue, S., Spencer, M. S., Appel, H., Nicdao, E., & Alegria, M. (2007). Use of mental health-related services among immigrant and US-born Asian Americans: Results from the National Latino and Asian American study. *American Journal of Public Health, 97,* 91–98.

Abed, R. T. (1998). The sexual competition hypothesis for eating disorders. *British Journal of Medical Psychology, 71,* 525–547.

Aboud, F. E. (1988). *Children and prejudice.* Oxford, England: Blackwell.

Aboud, F. E., Mendelson, M. J., & Purdy, K. T. (2003). Cross-race peer relations and friendship quality. *International Journal of Behavioral Development, 27,* 165–173.

Abraído-Lanza, A. F., Armbrister, A. N., Flórez, K. R.., & Aguirre, A. N. (2006). Toward a theory-driven model of acculturation in public health research. *American Journal of Public Health, 96,* 1342–1346.

Agbayani-Siewert, P., & Revilla, L. (1995). Filipino Americans. In P. G. Min (Ed.), *Asian Americans: Contemporary trends and issues* (pp. 134–168). Thousand Oaks, CA: Sage.

AhnAllen, J. M., Suyemoto, K. L., & Carter, A. S. (2006). Relationship between physical appearance, sense of belonging and exclusion, and racial/ethnic self-identification among multiracial Japanese European Americans. *Cultural Diversity and Ethnic Minority Psychology, 12,* 673–686.

Alegria, M., Mulvaney-Day, N., Woo, M., Torres, M., Gao, S., & Oddo, V. (2007). Correlates of past-year mental health service use among Latinos: Results from the National Latino and Asian American Study. *American Journal of Public Health, 97,* 76–83.

Alexander, M. G., Brewer, M. B., & Livingston, R. W. (2005). Putting stereotype content in context: Image theory and interethnic stereotypes. *Personality and Social Psychology Bulletin, 31,* 781–794.

Allport, G. W. (1954). *The nature of prejudice.* Reading, MA: Addison-Wesley.

Altschul, I., Oyserman, D., & Bybee, D. (2006). Racial-ethnic identity in mid-adolescence: Content and change as predictors of academic achievement. *Child Development, 77,* 1155–1169.

Alvarez, A. N., Juang, L., & Liang, C. T. H. (2006). Asian Americans and racism: When bad things happen to "model minorities." *Cultural Diversity and Ethnic Minority Psychology, 12,* 477–492.

Alvarez, L. (2007). Derecho u obligación?: Parents' and youths' understanding of parental legitimacy in a Mexican origin familial context. *Hispanic Journal of Behavioral Sciences, 29,* 192–208.

American Psychiatric Association. (2000). *Diagnostic and statistical manual of mental disorders* (4th ed., text revision). Arlington, VA: American Psychiatric Association.

Anglin, D. M., & Wade, J. C. (2007). Racial socialization, racial identity, and Black students' adjustment to college. *Cultural Diversity and Ethnic Minority Psychology, 13,* 207–215.

Antonio, A., Chang, M., Hakuta, K., Kenny, D., Levin, S., & Milem, J. (2004). Effects of racial diversity on complex thinking in college students. *Psychological Science, 15,* 507–510.

Arias, E., MacDorman, M. F., Strobino, D. M., & Guyer, B. (2003). Annual summary of vital statistics—2002. *Pediatrics, 112,* 1215–1230.

Arnett, J. J. (2008). The neglected 95%: Why American psychology needs to become less American. *American Psychologist, 63,* 602–614.

Aronson, J., Quinn, D. M., & Spencer, S. J. (1998). Stereotype threat and the academic underperformance of minorities and women. In J. K. Swim & C. Stangor (Eds.), *Prejudice: The target's perspective* (pp. 83–103). San Diego, CA: Academic Press.

Asante, M. K. (1987). *The Afrocentric idea.* Philadelphia: Temple University Press.

Baer, J. C., & Schmitz, M. F. (2007). Ethnic differences in trajectories of family cohesion for Mexican American and Non-Hispanic White adolescents. *Journal of Youth and Adolescence, 36*, 583–592

Banks, K. H., & Kohn-Wood, L. P. (2007). The influence of racial identity profiles on the relationship between racial discrimination and depressive symptoms. *Journal of Black Psychology, 33*, 331–354.

Bar-Haim, Y., Ziv, T., Lamy, D., & Hodes, R. M. (2006). Nature and nurture in own-race face processing. *Psychological Science, 17*, 159–163.

Baron, R. M., & Kenny, D. A. (1986). The moderator–mediator variable distinction in social psychological research: Conceptual, strategic, and statistical considerations. *Journal of Personality and Social Psychology, 52*, 1173–1182.

Baumrind, D. (1991). Parenting styles and adolescent development. In R. Lerner, A. C. Peterson, & J. Brooks-Gunn (Eds.), *The encyclopedia on adolescence* (pp. 746–758). New York: Garland Press.

Bay-Cheng, L. Y., Zucker, A. N., Stewart, A. J., & Pomerleau, C. S. (2002). Linking femininity, weight concern, and mental health among Latina, Black, and White women. *Psychology of Women Quarterly, 26*, 36–45.

Bazargan, S., Sherkat, D. E., & Bazargan, M. (2004). Religion and alcohol use among African American and Hispanic inner-city emergency care patients. *Journal for the Scientific Study of Religion, 43*, 419–428.

Beach, S. R. H., Kogan, S. M., Brody, G. H., Chen, Y., Lei, M., & Murry, V. M. (2008). Change in caregiver depression as a function of the Strong African American Families Program. *Journal of Family Psychology, 22*, 241–252.

Beals, J., Belcourt-Dittloff, A., Freedenthal, S., Kaufman, C., Mitchell, C., Whitesell, N., Albright, K., Beauvais, F., Belcourt, G., Duran, B., Fleming, C., Floersch, N., Foley, K., Jervis, L., Kipp, B. J., Mail, P., Manson, S., May, P., Mohatt, G., Morse, B., Novins, D., O'Connell, J., Parker, T., Quintero, G., Spicer, P., Stiffman, A., Stone, J., Trimble, J., Venner, K., & Walters, K. (2009). Reflections on a proposed theory of reservation-dwelling American Indian alcohol use: Comment on Spillane and Smith (2007). *Psychological Bulletin, 135*, 339–343.

Beals, J., Novins, D., Whitesell, N., Spicer, P., Mitchell, C., & Manson, S. (2005). Prevalence of mental disorders and utilization of mental health services in two American Indian reservation populations: Mental health disparities in a national context. *American Journal of Psychiatry, 162*, 1723–1732.

Beauvais, F. (1998). American Indians and alcohol. *Alcohol Health & Research World, 22*, 253–259.

Benet-Martinez, V., & John, O.P. (1998). Los Cincos Grandes across cultures and ethnic groups: Multitrait-multimethod analyses of the Big Five in Spanish and English. *Journal of Personality and Social Psychology, 75*, 729–750.

Bernal, G., & Enchautegui-de-Jesús, N. (1994). Latinos and Latinas in community psychology: A review of the literature. *American Journal of Community Psychology, 22*, 531–557.

Bernal, G., & Shapiro, E. (1996). Cuban families. In M. McGoldrick, J. Giordano, & J. K. Pearce (Eds.), *Ethnicity and family therapy* (2nd ed., pp. 155–168). New York: Guilford.

Bernstein, M. (2005). Identity politics. *Annual Review of Sociology, 31*, 47–74.

Berry, J., Phinney, J., Sam, D., & Vedder, P. (2006). *Immigrant youth in cultural transition: Acculturation, identity, and adaptation across national contexts.* Mahwah, NJ: Erlbaum.

Berry, J. W. (1974). Psychological aspects of cultural pluralism: Unity and identity reconsidered. *Topics in Cultural Learning, 2*, 17–22.

Berry, J. W. (2003). Conceptual approaches to acculturation. In K. M. Chun, P. B. Organista, & G. Marin (Eds.), *Acculturation: Advances in theory, measurement, and applied research* (pp. 17–37). Washington, DC: American Psychological Association.

Berry, J. W., Poortinga, Y. H., Segall, M. H., & Dasen, P. R. (2002). *Cross-cultural psychology: Research and applications* (2nd ed.). New York: Cambridge University Press.

Bierman, A. (2006). Does religion buffer the effects of discrimination on mental health? Differing effects by race. *Journal for the Scientific Study of Religion, 45*, 551–565.

Bigler, R. S., & Averhart, C. J., Liben, L. S. (2003). Race and the workforce: Occupational status, aspirations, and stereotyping among African American children. *Developmental Psychology, 39,* 572–580.

Bobo, L. D. (1999). Prejudice as group position: Microfoundations of a sociological approach to racism and race relations. *Journal of Social Issues, 55,* 445–472.

Bodas, J., & Ollendick T. H. (2005). Test anxiety: A cross-cultural perspective. *Clinical Child and Family Psychology Review, 8,* 65–88.

Bolland, J. M., Bryant, C. M., Lian, B. E., McCallum, D. M., Vazsonyi, A. T., & Barth, J. M. (2007). Development and risk behavior among African American, Caucasian, and mixed-race adolescents living in high poverty inner-city neighborhoods. *American Journal of Community Psychology, 40,* 230–249.

Bonham, V. L., Warshauer-Baker, E., & Collins, F. S. (2005). Race and ethnicity in the genome era: The complexity of the constructs. *American Psychologist, 60,* 9–15.

Bornstein, M. H., & Cote, L. R. (2004). Mothers' parenting cognitions in cultures of origin, acculturating cultures, and cultures of destination. *Child Development, 75,* 221–235.

Bowen, W., & Bok, D. (1998). *The shape of the river: Long-term consequences of considering race in college and university admissions.* Princeton, NJ: Princeton University Press.

Boykin, A. W. (1994). Harvesting culture and talent: African American children and school reform. In R. Rossi (Ed.), *Schools and students at risk: Context and framework for positive change* (pp. 116–138). New York: Teachers College Press.

Boykin, A. W., Albury, A., Tyler, K. M., Hurley, E. A., Bailey, C. T., & Miller, O. A. (2005). Culture-based perceptions of academic achievement among low-income elementary students. *Cultural Diversity and Ethnic Minority Psychology, 11,* 339–350.

Bracey, J. R., Bámaca, M. Y., & Umaña-Taylor, A. J. (2004). Examining ethnic identity and self-esteem among biracial and monoracial adolescents. *Journal of Youth and Adolescence, 33,* 123–132.

Brackett, K. P., Marcus, A., McKenzie, N. J., Mullins, L. C., Tang, Z., & Allen, A. M. (2006). The effects of multiracial identification on students' perceptions of racism. *Social Science Journal, 43,* 437–444.

Brave Heart, M. Y., & DeBruyn, L. M. (1998). The American Indian holocaust: Healing historical unresolved grief. *American Indian and Alaska Native Mental Health Research, 8,* 56–78.

Bravo, M. (2003). Instrument development: Cultural adaptations for ethnic minority research. In G. Bernal, J. E. Trimble, A. K. Burlew, & F. T. L. Leong (Eds.), *Handbook of racial and ethnic minority psychology* (pp. 220–236). Thousand Oaks, CA: Sage.

Brega, A. G., & Coleman, L. M. (1999). Effects of religiosity and racial socialization on subjective stigmatization in African-American adolescents. *Journal of Adolescence, 22,* 223–242.

Brody, G. H., Chen, Y., Murry, V. M., Ge, X., Simons, R. L., Gibbons, F. X., Gerrard, M., & Cutrona, C. E. (2006a). Perceived discrimination and the adjustment of African American youths: A five-year longitudinal analysis with contextual moderation effects. *Child Development, 77,* 1170–1189.

Brody, G. H., Murry, V. M., Gerrard, M., Gibbons, F. X., Molgaard, V., McNair, L., Brown, A. C., Wills, T. A., Spoth, R. L., Luo, Z., Chen, Y., & Neubaum-Carlan, E. (2004). The Strong African American Families Program: Translating research into prevention programming. *Child Development, 75,* 900–917.

Brody, G. H., Murry, V. M., Kogan, S. M., Gerrard, M., Gibbons, F. X., Molgaard, V., Brown, A. C., Anderson, T., Chen, Y., Luo, Z., Wills, T. A. (2006b). The Strong African American Families Program: A cluster-randomized prevention trial of long-term effects and a mediational model. *Journal of Consulting and Clinical Psychology, 74,* 356–366.

Brody, G. H., Murry, V. M., McNair, L., Chen, Y., Gibbons, F. X., Gerrard, M., & Wills, T. A. (2005). Linking changes in parenting to parent-child relationship quality and youth self-control: The Strong African American Families Program. *Journal of Research on Adolescence, 15,* 47–69.

Brondolo, E., Brady, N., Thompson, S., Tobin, J. N., Cassells, A., Sweeney, M., Mcfarlane, D., & Contrada, R. J. (2008). Perceived racism and negative affect: Analyses of trait and state measures of affect in a community sample. *Journal of Social and Clinical Psychology, 27,* 150–173.

Brown, C., & Lavish, L. A. (2006). Career assessment with Native Americans: Role salience and career decision-making self-efficacy. *Journal of Career Assessment, 14,* 116–129.

Brown, C. S., & Bigler, R. S. (2005). Children's perceptions of discrimination: A developmental model. *Child Development, 76,* 533–553.

Brown, C. S., Mistry, R. S., & Bigler, R. S. (2007). Hurricane Katrina: African American children's perceptions of race, class, and government involvement amid a national crisis. *Analyses of Social Issues and Public Policy, 7*, 191–208.

Brown, T. L., & Krishnakumar, A. (2007). Development and validation of the Adolescent Racial and Ethnic Socialization Scale in African American families. *Journal of Youth and Adolescence, 36*, 1072–1085.

Brown, T. N., Tanner-Smith, E. E., Lesane-Brown, C. L., & Ezell, M. E. (2007). Child, parent, and situational correlates of familial ethnic/race socialization. *Journal of Marriage and Family, 69*, 14–25.

Brucker, P. S., & Perry, B. J. (1998). American Indians: Presenting concerns and considerations for family therapists. *American Journal of Family Therapy, 26*, 307–319.

Bucko, R. A. (2007). Native American families and religion. In D. S. Browning & D. A. Clairmont (Eds.), *American religions and the family: How faith traditions cope with modernization and democracy* (pp. 70–86). New York: Columbia University Press.

Buki, L. P., Ma, T., Strom, R. D., & Strom, S. K. (2003). Chinese immigrant mothers of adolescents: Self-perceptions of acculturation effects on parenting. *Cultural Diversity and Ethnic Minority Psychology, 9*, 127–140.

Brunsma, D. L. (2005). Interracial families and the racial identification of mixed-race children: Evidence from the Early Childhood Longitudinal Study. *Social Forces, 84*, 1131–1157.

Bryant, A., & LaFromboise, T. D. (2005). The racial identity and cultural orientation of Lumbee American Indian High school students. *Cultural Diversity and Ethnic Minority Psychology, 11*, 82–89.

Bureau of Indian Affairs. (2002, July 12). Indian entities recognized and eligible to receive services from the United States Bureau of Indian Affairs. *Federal Register, 67.*

Burlew, A. K. (2003). Research with ethnic minorities: Conceptual, methodological, and analytical issues. In G. Bernal, J. E. Trimble, A. K. Burlew, & F. T. L. Leong (Eds.), *Handbook of racial and ethnic minority psychology* (pp. 179–197). Thousand Oaks, CA: Sage.

Cachelin, F. M., Phinney, J. S., Schug, R. A., & Striegel-Moore, R. H. (2006). Acculturation and eating disorders in a Mexican American community sample. *Psychology of Women Quarterly, 30*, 340–347.

Caetano, R., Ramisetty-Mikler, S., Vaeth, P. A. C., & Harris, T. R. (2007). Acculturation stress, drinking, and intimate partner violence among Hispanic couples in the U.S. *Journal of Interpersonal Violence, 22*, 1431–1447

Caldwell, C. H., Kohn-Wood, L. P., Schmeelk-Cone, K. H., Chavous, T. M., & Zimmerman, M. A. (2004a). Racial discrimination and racial identity as risk or protective factors for violent behaviors in African American young adults. *American Journal of Community Psychology, 33*, 91–105.

Caldwell, C. H., Sellers, R. M., Bernat, D. H., & Zimmerman, M. A. (2004b). Racial identity, parental support, and alcohol use in a sample of academically at-risk African American high school students. *American Journal of Community Psychology, 34*, 71–82.

Caldwell, C. H., Zimmerman, M. A., Bernat, D. H., Sellers, R. M., & Notaro, P. C. (2002). Racial identity, maternal support, and psychological distress among African American adolescents. *Child Development, 73*, 1322–1336.

Cameron, L., Rutland, A., Brown, R., & Douch, R. (2006). Changing children's intergroup attitudes toward refugees: Testing different models of extended contact. *Child Development, 77*, 1208–1219.

Campbell, M. E., & Troyer, L. (2007). The implications of racial misclassification by observers. *American Sociological Review, 72*, 750–765.

Carlson, S. M., & Moses,L. J. (2001). Individual differences in inhibitory control and children's theory of mind. *Child Development, 72*, 1032–1053.

Carpenter, S., Zarate, M. A., & Garza, A. A. (2007). Cultural pluralism and prejudice reduction. *Cultural Diversity and Ethnic Minority Psychology, 13*, 83–93.

Carson, D. K., & Hand, C. (1999). Dilemmas surrounding elder abuse and neglect in Native American communities. In T. Tatara (Ed.), *Understanding elder abuse in minority populations* (pp. 161–184). Philadelphia: Brunner/Mazel.

Casas, J. M., Turner, J. A., & Esparza, C. A. R. (2005). Machismo revisited in a time of crisis: Implications for understanding and counseling Hispanic men. In G. Good, & G. R. Brooks (Eds), *The new handbook of psychotherapy and counseling with men: A comprehensive guide to settings, problems, and treatment approaches* (pp. 337–356). San Francisco: Jossey-Bass.

Castillo, L. G., Conoley, C. W., & Brossart, D. F. (2004). Acculturation, White marginalization, and family support as predictors of perceived distress in Mexican American female college students. *Journal of Counseling Psychology, 51,* 151–157.

Castillo, L. G., Conoley, C. W., Choi-Pearson, C., Archuleta, D. J., Phoummarath, M. J., & Van Landingham, A. (2006). University environment as a mediator of Latino ethnic identity and persistence attitudes. *Journal of Counseling Psychology, 53,* 267–271.

Castro, F. G., Proescholdbell, R. J., Abeita, L., & Rodriguez, D. (1999). Ethnic and cultural minority groups. In B. S. McCrady & E. E. Epstein (Eds.), *Addictions: A comprehensive guide* (pp. 499–526). New York: Oxford University Press.

Caughy, M. O., Nettles, S. M., O'Campo, P. J., & Lohrfink, K. F. (2006). Neighborhood matters: Racial socialization of African American children. *Child Development, 77,* 1220–1236.

Caughy, M. O., O'Campo, P. J., Randolph, S. M., & Nickerson, K. (2002). The influence of racial socialization practices on the cognitive and behavioral competence of African American preschoolers. *Child Development, 73,* 1611–1625.

Cavalli-Sforza, L. L., Menozzi, P., & Piazza, A. (1994). *The history and geography of human genes.* Princeton, NJ: Princeton University Press.

Chao, R. K. (1994). Beyond parental control and authoritarian parenting style: Understanding Chinese parenting through the cultural notion of training. *Child Development, 65,* 1111–1119.

Chao, R. K. (2001). Extending research on the consequences of parenting style for Chinese Americans and European Americans. *Child Development, 72,* 1832–1843.

Charmaz, K. (2000). Grounded theory: Objectivist and constructivist methods. In N. K. Denzin & Y. S. Lincoln (Eds.), *Handbook of qualitative research* (pp. 509–534). Thousand Oaks, CA: Sage.

Chavez, N. R., & French, S. E. (2007). Ethnicity-related stressors and mental health in Latino Americans: The moderating role of racial socialization. *Journal of Applied Social Psychology, 37,* 1974–1998.

Chavous, T. M., Bernat, D. H., Schmeelk-Cone, K., Caldwell, C. H., Kohn-Wood, L., & Zimmerman, M. A. (2003). Racial identity and academic attainment among African American adolescents. *Child Development, 74,* 1076–1090.

Cheng, S., & Powell, B. (2007). Under and beyond constraints: Resource allocation to young children from biracial families. *American Journal of Sociology, 112,* 1044–1094.

Cheryan, S., & Bodenhausen, G. V. (2000). When positive stereotypes threaten intellectual performance: The psychological hazards of "model minority" status. *Psychological Science, 11,* 399–402.

Cheryan, S., & Monin, B. (2005). Where are you really from? Asian Americans and identity denial. *Journal of Personality and Social Psychology, 89,* 717–730.

Chesley, G. L., & Wagner, W. G. (2003). Adults' attitudes toward multiracial children. *Journal of Black Psychology, 29,* 463–480.

Chiao, J. Y., Heck, H. E., Nakayama, K., & Ambady, N. (2006). Priming race in biracial observers affects visual search for Black and White faces. *Psychological Science, 17,* 387–392.

Choi, Y., Harachi, T. W., Gillmore, M. R., & Catalano, R. F. (2006). Are multiracial adolescents at greater risk? Comparisons of rates, patterns, and correlates of substance use and violence between monoracial and multiracial adolescents. *American Journal of Orthopsychiatry, 76,* 86–97.

Choi, Y., He, M., & Harachi, T. W. (2008). Intergenerational cultural dissonance, parent-child conflict and bonding, and youth problem behaviors among Vietnamese and Cambodian immigrant families. *Journal of Youth and Adolescence, 37,* 85–96.

Chun, K. M., Morera, O. F., Andal, J. D., & Skewes, M. C. (2007). Conducting research with diverse Asian American groups. In F. T. L. Leong, A. Ebreo, L. Kinoshita, A. G. Inman, & L. H. Yang (Eds.), *Handbook of Asian American psychology* (2nd ed., pp. 47–65). Thousand Oaks, CA: Sage.

Chun, S. (2007). The "other Hispanics"—What are their national origins?: Estimating the Latino-origin populations in the United States. *Hispanic Journal of Behavioral Sciences, 29,* 133–155.

Chung, R. H. G. (2001). Gender, ethnicity, and acculturation in intergenerational conflict of Asian American college students. *Cultural Diversity and Ethnic Minority Psychology, 7,* 376–386.

Clark, R. (2006a) Interactive but not direct effects of perceived racism and trait anger predict resting systolic and diastolic blood pressure in Black adolescents. *Health Psychology, 25*, 580–585.

Clark, R. (2006b). Perceived racism and vascular reactivity in Black college women: Moderating effects of seeking social support. *Health Psychology, 25*, 20–25.

Clark, R., Anderson, N. B., Clark, V. R., & Williams, D. R. (1999). Racism as a stressor for African Americans: A biosocial model. *American Psychologist, 54*, 805–816.

CNN (2008). *Exit polls.* Retrieved November 5, 2008 from http://www.cnn.com/ELECTION/2008/results/polls/#USP00p1

Coatsworth, J. D., Maldonado-Molina, M., Pantin, H., & Szapocznik, J. (2005). A person-centered and ecological investigation of acculturation strategies in Hispanic immigrant youth. *Journal of Community Psychology, 33*, 157–174.

Cochran, P. A. L., Marshall, C. A., Garcia-Downing, C., Kendall, E., Cook, D., McCubbin, L., & Gover, R. M. S. (2008). Indigenous ways of knowing: Implications for participatory research and community. *American Journal of Public Health, 98*, 22–27.

Cohen, G. L., & Garcia, J. (2005). "I am us": Negative stereotypes as collective threats. *Journal of Personality and Social Psychology, 89*, 566–582.

Cole, E. R., & Yip, T. (2008). Using outgroup comfort to predict Black students' college experiences. *Cultural Diversity and Ethnic Minority Psychology, 14*, 57–66.

Cole, M. (1996). *Cultural psychology: A once and future discipline.* Cambridge, MA: Belknap Press.

Comas-Díaz, L. (2001). Hispanics, Latinos, or Americanos: The evolution of identity. *Cultural Diversity and Ethnic Minority Psychology, 7*, 115–120.

Commission on Wartime Relocation and Internment of Civilians (1982). *Personal justice denied.* Washington, DC: Government Printing Office.

Comas-Díaz, L., Lykes, M. B., & Alarcón, R. D. (1998). Ethnic conflict and the psychology of liberation in Guatemala, Peru, and Puerto Rico. *American Psychologist, 53*, 778–792.

Constantine, M. G., & Blackmon, S. K. (2002). Black adolescents' racial socialization experiences: Their relations to home, school, and peer self-esteem. *Journal of Black Studies, 32*, 322–335.

Cooper, R. S. (2005). Race and IQ: Molecular genetics as deus ex machina. *American Psychologist, 60*, 71–76.

Cosmides, L., Tooby, J., & Kurzban, R. (2003). Perceptions of race. *Trends in Cognitive Sciences, 7*, 173–179.

Costello, D. M., Swendsen, J., Rose, J. S., & Dierker, L. C. (2008). Risk and protective factors associated with trajectories of depressed mood from adolescence to early adulthood. *Journal of Consulting and Clinical Psychology, 76*, 173–183.

Costigan, C. L., & Dokis, D. P. (2006). Relations between parent-child acculturation differences and adjustment within immigrant Chinese families. *Child Development, 77*, 1252–1267.

Crago, M., & Shisslak, C. M. (2003). Ethnic differences in dieting, binge eating, and purging behaviors among American females: A review. *Eating Disorders: The Journal of Treatment and Prevention, 11*, 289–304.

Crockett, L. J., Iturbide, M. I., Stone, R. A. T., McGinley, M., Raffaelli, M., & Carlo, G. (2007). Acculturative stress, social support, and coping: Relations to psychological adjustment among Mexican American college students. *Cultural Diversity and Ethnic Minority Psychology, 13*, 347–355.

Crosby, F. (1984). The denial of personal discrimination. *American Behavioral Scientist, 27*, 371–386.

Crosby, F. J., & Cordova, D. I. (1996). Words worth of wisdom: Toward an understanding of affirmative action. *Journal of Social Issues, 52*, 33–49.

Crosby, F. J., Iyer, A., Clayton, S., & Downing, R. A. (2003). Affirmative action: Psychological data and the policy debates. *American Psychologist, 58*, 93–115.

Crosby, F. J., Iyer, A., & Sincharoen, S. (2006). Understanding affirmative action. *Annual Review of Psychology, 57*, 585–611.

Crosnoe, R. (2005). The diverse experiences of Hispanic students in the American educational system. *Sociological Forum, 20*, 561–588.

Cross, W. E. (1971). Negro-to-Black conversion experience. *Black World, 20*, 13–27.

Cross, W. E. (1991) *Shades of black: Diversity in African American identity.* Philadelphia: Temple University Press.

Cross, W. E., & Fhagen-Smith, P. (2001). Patterns of African American identity development: A life span perspective. In C. L. Wijeyesinghe & B. W. Jackson (Eds.), *New perspectives on racial identity development* (pp. 243–270). New York: New York University Press.

Cross, W. E., & Vandiver, B. J. (2001). Nigrescence theory and measurement: Introducing the Cross Racial Identity Scale (CRIS). In J. G. Ponterotto, J. M. Casas, L. A. Suzuki, & C. M. Alexander (Eds.), *Handbook of multicultural counseling* (2nd ed., pp. 371–393). Thousand Oaks, CA: Sage.

Cuellar, I., Arnold, B., & Maldonado, R. (1995). Acculturation Rating Scale for Mexican Americans-II: A revision of the original ARSMA scale. *Hispanic Journal of Behavioral Sciences, 17,* 275–304.

Cummins, L. H., Simmons, A. M., & Zane, N. W. S. (2005). Eating disorders in Asian populations: A critique of current approaches to the study of culture, ethnicity, and eating disorders. *American Journal of Orthopsychiatry, 75,* 553–574.

Cutrona, C. E., Russell, D. W., Hessling, R. M., Brown, P. A., & Murry, V. (2000). Direct and moderating effects of community context on the psychological well-being of African American women. *Journal of Personality and Social Psychology, 79,* 1088–1101.

Dana, R. H. (1993). *Multicultural assessment perspectives for professional psychology.* Needham Heights, MA: Allyn & Bacon.

D'Andrea, M., Daniels, J., & Heck, R. (1991). Evaluating the impact of multicultural counseling training. *Journal of Counseling and Development, 70,* 143–150.

Daniel, G. R., & Castaneda-Liles, J. M. (2006). Race, multiraciality, and the neoconservative agenda. In D. L. Brunsma (Ed.), *Mixed messages: Multiracial identities in the "color-blind" era* (pp. 117–145). Boulder, CO: Lynne Rienner.

David, E. J. R. (2008). A colonial mentality model of depression for Filipino Americans. *Cultural Diversity and Ethnic Minority Psychology, 14,* 118–127.

David, E. J. R., & Okazaki, S. (2006). Colonial mentality: A review and recommendation for Filipino American psychology. *Cultural Diversity and Ethnic Minority Psychology, 12,* 1–16.

Davis, F. J. (2006). Defining race: Comparative perspectives. In D. L. Brunsma (Ed.), *Mixed messages: Multiracial identities in the "color-blind" era* (pp. 15–31). Boulder, CO: Lynne Rienner.

Davis-Kean, P. E. (2005). The influence of parent education and family income on child achievement: The indirect role of parental expectations and the home environment. *Journal of Family Psychology, 19,* 294–304.

Devos, T., & Banaji, M. R. (2005). American = White. *Journal* of *Personality and Social Psychology, 88,* 447–466.

Dick, D. M., Rose, R. J., Viken, R. J., Kaprio, J., & Koskenvuo, M. (2001). Exploring gene-environment interactions: Socioregional moderation of alcohol use. *Journal of Abnormal Psychology, 110, 625–632.*

Dickens, W. T., & Flynn, J. R. (2006). Black Americans reduce the racial IQ gap: Evidence from standardization samples. *Psychological Science, 17,* 913–920.

Dixon, S. V., Graber, J. A., & Brooks-Gunn, J. (2008). The roles of respect for parental authority and parenting practices in parent-child conflict among African American, Latino, and European American families. *Journal of Family Psychology, 22,* 1–10.

Dodge, K. A., McLoyd, V. C., & Lansford, J. E. (2005). The cultural context of physically disciplining children. In N. E. Hill & K. A. Dodge (Eds), *African American family life: Ecological and cultural diversity* (pp. 245–263). New York: Guilford.

Dovidio, J. F., & Gaertner, S. L. (1996). Affirmative action, unintentional racial biases, and intergroup relations. *Journal of Social Issues, 52,* 51–75.

Dovidio, J. F., & Gaertner, S. L. (2000). Aversive racism and selective decisions: 1989–1999. *Psychological Science, 11,* 315–319.

Dovidio, J. F., Gaertner, S. L., Kawakami, K., & Hodson, G. (2002). Why can't we all just get along? Interpersonal biases and interracial distrust. *Cultural Diversity and Ethnic Minority Psychology, 8,* 88–102.

Doyle, J. M., & Kao, G. (2007a). Are racial identities of multiracials stable? Changing self-identification among single and multiple race individuals. *Social Psychology Quarterly, 70,* 405–423.

Doyle, J. M., & Kao, G. (2007b). Friendship choices of multiracial adolescents: Racial homophily, blending, or amalgamation? *Social Science Research, 36,* 633–653.

Duarte, C. S., Bird, H. R., Shrout, P. E., Wu, P., Lewis-Fernandéz, R., Shen, S., & Canino, G. (2008). Culture and psychiatric symptoms in Puerto Rican children: Longitudinal results from one ethnic group in two contexts. *Journal of Child Psychology and Psychiatry, 49,* 563–572.

DuBois, D. L., Burk-Braxton, C., Swenson, L. P., Tevendale, H. D., & Hardesty, J. L. (2002). Race and gender influences' on adjustment in early adolescence: Investigation of an integrative model. *Child Development, 73,* 1573–1592.

Dudley, N. M., McFarland, L. A., Goodman, S. A., Hunt, S. T., & Sydell, E. J. (2005). Racial differences in socially desirable responding in selection contexts: Magnitude and consequences. *Journal of Personality Assessment, 85,* 50–64.

Dunifon, R., & Kowaleski-Jones, L. (2002). Who's in the house? Race differences in cohabitation, single parenthood, and child development. *Child Development, 73,* 1249–1264.

Duran, B. M., & Duran, E. F. (1999). Assessment, program planning, and evaluation in Indian country: Toward a postcolonial practice. In R. M. Huff & M. V. Kline (Eds.), *Promoting health in multiculutral populations: A handbook for practitioners* (pp. 291–311). Thousand Oaks, CA: Sage.

Duran, E., Duran, B., Brave Heart, M. Y. H., & Yellow Horse-Davis, S. (1998). Healing the American Indian soul wound. In Y. Danieli (Ed.), *International handbook of multigenerational legacies of trauma* (pp. 341–354). New York: Plenum.

Durik, A. M., Hyde, J. S., Marks, A. C., Roy, A. L., Anaya, D., & Schultz, G. (2006). Ethnicity and gender stereotypes of emotion. *Sex Roles, 54,* 429–445.

Eap, S., DeGarmo, D. S., Kawakami, A., Hara, S. N., Hall, G. C. N., & Teten, A. L. (2008). Culture and personality among European American and Asian American men. *Journal of Cross-Cultural Psychology, 39,* 640–643.

Edman, J. L., & Johnson, R. C. (1990). Filipino American and Caucasian American beliefs about the causes and treatment of mental problems. *Cultural Diversity and Ethnic Minority Psychology, 5,* 380–386.

Edwards, L. M., & Lopez, S. J. (2006). Perceived family support, acculturation, and life satisfaction in Mexican American youth: A mixed-methods exploration. *Journal of Counseling Psychology, 53,* 279–287.

Ehlers, C. L., Spence, J. P., Wall, T. L., Gilder, D. A., & Carr, L. G. (2004). Association of ALDH1 promoter polymorphisms with alcohol-related phenotypes in Southwest California Indians. *Alcoholism: Clinical and Experimental Research, 28,* 1481–1486.

Eibach, R. P., & Keegan, T. (2006). Free at last? Social dominance, loss aversion, and White and Black Americans' differing assessments of racial progress. *Journal of Personality and Social Psychology, 90,* 453–467.

Elizondo, E., & Crosby, F. (2004). Attitudes toward affirmative action as a function of the strength of ethnic identity among Latino college students. *Journal of Applied Social Psychology, 34,* 1773–1796.

Enchautegui-de-Jesús, N., Hughes, D., Johnston, K. E., & Oh, H. J. (2006). Well-being in the context of workplace ethnic diversity. *Journal of Community Psychology, 34,* 211–223.

Evans-Campbell, T. (2008). Historical trauma in American Indian/Native Alaska communities: A multilevel framework for exploring impacts on individuals, families, and communities. *Journal of Interpersonal Violence, 23,* 316–338.

Faer, L. M., Hendriks, A., Abed, R. T., & Figueredo, A. J. (2005). The evolutionary psychology of eating disorders: Female competition for mates or for status? *Psychology and Psychotherapy: Theory, Research and Practice, 78,* 397–417.

Fairburn, C. G., & Cooper, Z. (1993). The Eating Disorder Examination (12th ed.). In C. G. Fairburn & G. T. Wilson (Eds.), *Binge eating: Nature, assessment and treatment* (pp. 317–360). New York: Guilford.

Falicov, C. J. (1998). *Latino families in therapy: A guide to multicultural practice.* New York: Guilford.

Farmer, M. M., & Ferraro, K. F. (2005). Are racial disparities in health conditional on socioeconomic status? *Social Science and Medicine, 60,* 191–204.

Farver, J. A. M., Narang, S. K., & Bhadha, B. R. (2002). East meets West: Ethnic identity, acculturation, and conflict in Asian Indian families. *Journal of Family Psychology, 16,* 338–350.

First, M. B., Spitzer, R. L., Gibbon, M., &Williams, J. B. W. (2001). *Structured clinical interview for DSM-IV-TR axis disorders (Research version).* New York: Biometrics Research Department, New York State Psychiatric Institute.

Fishbein, H. D. (1996). *Peer prejudice and discrimination: Evolutionary, cultural, and developmental dynamics.* Boulder, CO: Westview.

Fisher, C. B., Hoagwood, K., Boyce, C., Duster, T., Frank, D. A., Grisso, T., Levine, R. J., Macklin, R., Spencer, M. B., Takanishi, R., Trimble, J. E.., & Zayas, L. H. (2002). Research ethics for mental health science involving ethnic minority children and youths. *American Psychologist, 57,* 1024–1040.

Fisher, P. A., & Ball, T. J. (2003). Tribal participatory research: Mechanisms of a collaborative model. *American Journal of Community Psychology, 32,* 207–216.

Fitzgerald, K. J. (2007). *Beyond White ethnicity: Developing a sociological understanding of Native American identity reclamation.* Lanham, MD: Lexington Books.

Flores, E., Tschann, J. M., Marin, B. V., & Pantoja, P. (2004). Marital conflict and acculturation among Mexican American husbands and wives. *Cultural Diversity and Ethnic Minority Psychology, 10,* 39–52.

Flores, L. Y., Carrubba, M. D., & Good, G. E. (2006a). Feminism and Mexican American adolescent women: Examining the psychometric properties of two measures. *Hispanic Journal of Behavioral Sciences, 28,* 48–64.

Flores, L. Y., Ojeda, L., Huang, Y., Gee, D., & Lee, S. (2006b). The relation of acculturation, problem-solving appraisal, and career decision-making self-efficacy to Mexican American high school students' educational goals. *Journal of Counseling Psychology, 53,* 260–266.

Fong, T. P. (1998). *The contemporary Asian American experience: Beyond the model minority.* Upper Saddle River, NJ: Prentice-Hall.

Forman, T. A., Williams, D. R., & Jackson, J. S. (1997). Race, place, and discrimination. *Perspectives on Social Problems, 9,* 231–261.

Foster, E. M., & Kalil, A. (2007). Living arrangements and children's development in low-income White, Black, and Latino families. *Child Development, 78,* 1657–1674.

Frabutt, J. M., Walker, A. M., & MacKinnon-Lewis, C. (2002). Racial socialization messages and the quality of mother/child interactions in African American families. *Journal of Early Adolescence, 22,* 200–217.

Franklin, A. J. (1999). Invisibility syndrome and racial identity development in psychotherapy and counseling African American men. *The Counseling Psychologist, 27,* 761–793.

Franko, D. L., & Striegel-Moore, R. H. (2002). The role of body dissatisfaction as a risk factor for depression in adolescent girls: Are the differences Black and White? *Journal of Psychosomatic Research, 53,* 975–983.

French, S. E., Seidman, E., Allen, L., & Aber, J. L. (2006). The development of ethnic identity during adolescence. *Developmental Psychology, 42,* 1–10.

Fuligni, A. J., & Pedersen, S. (2002). Family obligation and the transition to young adulthood. *Developmental Psychology, 38,* 856–868.

Fuligni, A. J., Witkow, M., & Garcia, C. (2005). Ethnic identity and the academic adjustment of adolescents from Mexican, Chinese, and European backgrounds. *Developmental Psychology, 41,* 799–811.

Fuligni, A. J., Yip, T., & Tseng, V. (2002). The impact of family obligation on the daily activities and psychological well-being of Chinese American adolescents. *Child Development, 73,* 302–314.

Gaertner, S. L., & Dovidio, J. F. (2000). *Reducing intergroup bias: The common ingroup identity model.* Philadelphia: Psychology Press.

Garcia-Preto, N. (1996a). Latino families: An overview. In McGoldrick, J. Giordano, & J. K. Pearce (Eds.), *Ethnicity and family therapy* (2nd ed., pp. 141–154). New York: Guilford.

Garcia-Preto, N. (1996b). Puerto Rican families. In McGoldrick, J. Giordano, & J. K. Pearce (Eds.), *Ethnicity and family therapy* (2nd ed., pp. 183–199). New York: Guilford.

Garrett, M. T., & Pichette, E. F. (2000). Red as an apple: Native American acculturation and counseling with or without reservation. *Journal of Counseling and Development, 78,* 3–13.

Garroutte, E. M., Goldberg, J., Beals, J., Herrell, R., Manson, S.M., & the AI-SUPERPFP Team. (2003). Spirituality and attempted suicide among American Indians. *Social Science and Medicine, 56,* 1571–1579.

Gee, C. B., & Rhodes, J. E. (2003). Adolescent mothers' relationship with their children's biological fathers: Social support, social strain and relationship continuity. *Journal of Family Psychology, 17,* 370–383.

Gee, G. C., Ryan, A., Laflamme, D. J., & Holt, J. (2006). Self-reported discrimination and mental health status among African descendants, Mexican Americans, and other Latinos in the New Hampshire

REACH 2010 Initiative: The added dimension of immigration. *American Journal of Public Health, 96*, 1821–1828.

Gee, G. C., Spencer, M. S., Chen, J., & Takeuchi, D. (2007). A nationwide study of discrimination and chronic health conditions among Asian Americans. *American Journal of Public Health, 97*, 1275–1282.

Gee, G. C., Spencer, M., Chen, J., Yip, T., & Takeuchi, D. T. (2007). The association between self-reported racial discrimination and 12-month DSM-IV mental disorders among Asian Americans nationwide. *Social Science and Medicine, 64*, 1984–1996.

Geisinger, K. F. (1994). Cross-cultural normative assessment: Translation and adaptation issues influencing the normative interpretation of assessment instruments. *Psychological Assessment, 6*, 304–312.

Gerrard, M., Gibbons, F. X., Brody, G. H., Murry, V. M., Cleveland, M. J., & Wills, T. A. (2006). A theory-based dual-focus alcohol intervention for preadolescents: The Strong African American Families Program. *Psychology of Addictive Behaviors, 20*, 185–195.

Giang, M. T., & Wittig, M. A. (2006). Implications of adolescents' acculturation strategies for personal and collective self-esteem. *Cultural Diversity and Ethnic Minority Psychology, 12*, 725–739.

Gibbons, F. X., Gerrard, M., Cleveland, M. J., Wills, T. A., & Brody, G. (2004). Perceived discrimination and substance use in African American parents and their children: A panel study. *Journal of Personality and Social Psychology, 86*, 517–529.

Gil, A. G., Wagner, E. F., & Vega, W. A. (2000). Acculturation, familism, and alcohol use among Latino adolescent males: Longitudinal relations. *Journal of Community Psychology, 28*, 443–458.

Gilbert, S. C. (2003). Eating disorders in women of color. *Clinical Psychology: Science and Practice, 10*, 444–455.

Giscombé, C. L., & Lobel, M. (2005). Explaining disproportionately high rates of adverse birth outcomes among African Americans: The impact of stress, racism, and related factors in pregnancy. *Psychological Bulletin, 131*, 662–683.

Go, C. G., & Le, T. N. Gender differences in Cambodian delinquency: The role of ethnic identity, parental discipline, and peer delinquency. *Crime and Delinquency, 51*, 220–237.

Goedde, H. W., Agarwal, D. P., Fritze, G., Meier-Tackmann, D., Singh, S., & Beckmann, G., Bhatia, K., Chen, L. Z., Fang , B., Lisker , R., Paik , Y. K., Rothhammer, F., Saha , N., Segal, B., Srivastava, L. M., & Czeizel, A. (1992). Distribution of ADH2 and ALDH2 genotypes in different populations. *Human Genetics, 88*, 344–346.

Golby, A. J., Gabrieli, J. D. E., Chiao, J. Y., & Eberhardt, J. L. (2001). Differential responses in the fusiform region to same-race and other-race faces. *Nature Neuroscience, 4*, 845–850.

Goldston, D. B., Molock, S. D., Whitbeck, L. B., Murakami, J. L., Zayas, L. H., & Hall, G. C. N. (2008). Cultural considerations in adolescent suicide prevention and psychosocial treatment. *American Psychologist, 63*, 14-31.

Gone, J. P. (2006). Research reservations: Response and responsibility in an American Indian community. *American Journal of Community Psychology, 37*, 333–340.

Gonzalez, J. (2000). *Harvest of empire: A history of Latinos in America.* New York: Viking.

Good, C., Aronson, J., & Inzlicht, M. (2003). Improving adolescents' standardized test performance: An intervention to reduce the effects of stereotype threat. *Journal of Applied Developmental Psychology, 24*, 645–662.

Gosling, S. D., Vazire, S., Srivastava, S., & John, O. P. (2004). Should we trust Web-based studies? A comparative analysis of six preconceptions about Internet questionnaires. *American Psychologist, 59*, 93–104.

Greene, M. L., Way, N., & Pahl, K. (2006). Trajectories of perceived adult and peer discrimination among Black, Latino, and Asian American adolescents: Patterns and psychological correlates. *Developmental Psychology, 42*, 218–238.

Grills, C., & Longshore, D. (1996). Africentrism: Psychometric analyses of a self-report measure. *Journal of Black Psychology, 22*, 86–106.

Griner, D., & Smith, T. B. (2006). Culturally adapted mental health intervention: A meta-analytic review. *Psychotherapy: Theory, Research, Practice, Training, 43*, 531–548.

Guarnaccia, P. J., Pincay, I. M., Alegría, M., Shrout, P. E., Lewis-Fernández, R., & Canino, G. J. (2007). Assessing diversity among Latinos: Results from the NLAAS. *Hispanic Journal of Behavioral Sciences, 29*, 510–534.

Gurin, P., Nagda, B.A., & Lopez, G.E. (2004). The benefits of diversity in education for democratic citizenship. *Journal of Social Issues, 60*, 17–34.
Gushue, G. V., & Whitson, M. L. (2006). The relationship of ethnic identity and gender role attitudes to the development of career choice goals among Black and Latina girls. *Journal of Counseling Psychology, 53*, 379–385.
Gutman, L. M., & Eccles, J. S. (2007). Stage-environment fit during adolescence: trajectories of family relations and adolescent outcomes. *Developmental Psychology, 43*, 522–537.
Guzman, M. R., Santiago-Rivera, A. L., & Hasse, R. F. (2005). Understanding academic attitudes and achievement in Mexican-origin youths: Ethnic identity, other-group orientation, and fatalism. *Cultural Diversity and Ethnic Minority Psychology, 11*, 3–15.
Halgunseth, L. C., Ispa, J. M., & Rudy, D. (2006). Parental control in Latino families: An integrated review of the literature. *Child Development, 77*, 1282–1297.
Hall, C. C. I. (1997). Cultural malpractice: The growing obsolescence of psychology with the changing U.S. population. *American Psychologist, 52*, 642–651.
Hall, C. C. I. (2003). Not just Black and White: Interracial relationships and multicultural individuals. In J. S. Mio & G. Y. Iwamasa (Eds.), *Culturally diverse mental health: The challenges of research and resistance* (pp. 231–248). New York; Brunner-Routledge.
Hall, G. C. N. (1996). *Theory-based assessment, treatment, and prevention of sexual aggression.* New York: Oxford University Press.
Hall, G. C. N. (2001). Psychotherapy research with ethnic minorities: Empirical, ethical, and conceptual issues. *Journal of Consulting and Clinical Psychology, 69*, 502–510.
Hall, G. C. N. (2004). Editorial. *Cultural Diversity and Ethnic Minority Psychology, 10*, 3–4.
Hall, G. C. N. (2006). Diversity in clinical psychology. *Clinical Psychology: Science and Practice, 13*, 258–262.
Hall, G. C. N., & Allard, C. B. (in press). Application to graduate psychology programs by undergraduate students of color: The impact of a research training program. *Cultural Diversity and Ethnic Minority Psychology.*
Hall, G. C. N., Bansal, A., & Lopez, I. R. (1999). Ethnicity and psychopathology: A meta-analytic review of 31 years of comparative MMPI/MMPI-2 research. *Psychological Assessment, 11*, 186–197.
Hall, G. C. N., & Barongan, C. (2002). *Multicultural psychology.* Upper Saddle River, NJ: Prentice-Hall.
Hall, G. C. N., & Eap, S. (2007). Empirically-supported therapies for Asian Americans. In F.T.L. Leong, A. Inman, A. Ebreo, L. Yang, L. Kinoshita, & M. Fu (Eds.), *Handbook of Asian American psychology* (2nd ed., pp. 449–467). Thousand Oaks, CA: Sage.
Hall, G. C. N., Iwamasa, G. Y., & Smith, J. N. (2003). Ethical principles of the psychology profession and ethnic minority issues. In W. O'Donohue & K. E. Ferguson (Eds.), *Handbook of professional ethics for psychologists: Issues, questions, and controversies* (pp. 301–318). Thousand Oaks, CA: Sage.
Hall, G. C. N., Lopez, I. R., & Bansal, A. (2001). Academic acculturation: Race, gender, and class issues. In D. Pope-Davis & H. Coleman (Eds.), *The intersection of race, gender, and class: implications for counselor training* (pp. 171–188). Thousand Oaks, CA: Sage.
Hall, G. C. N., & Maramba, G. G. (2001). In search of cultural diversity: Recent literature in cross-cultural and ethnic minority psychology. *Cultural Diversity and Ethnic Minority Psychology, 7*, 12–26.
Hall, G. C. N., Teten, A. L., DeGarmo, D. S., Sue, S., & Stephens, K. A. (2005). Ethnicity, culture, and sexual aggression: Risk and protective factors. *Journal of Consulting and Clinical Psychology, 73*, 830–840.
Hamid, P. N., Lai, J. C. L., & Cheng, S. T. (2001). Response bias and public and private self-consciousness in Chinese. *Social Behavior and Personality, 29*, 733–742.
Hardway, C., & Fuligni, A. J. (2006). Dimensions of family connectedness among adolescents with Mexican, Chinese, and European backgrounds. *Developmental Psychology, 42*, 1246–1258.
Harrell, S. P., & Bond, M. A. (2006). Listening to diversity stories: Principles for practice in community research and action. *American Journal of Community Psychology, 37*, 365–376.
Harrison, D. A., Kravitz, D. A., Mayer, D. M., Leslie, L. M., & Lev-Arey, D. (2006). Understanding attitudes toward affirmative action programs in employment: Summary and meta-analysis of 35 years of research. *Journal of Applied Psychology, 91*, 1013–1036.

Hawkins, E. H., Cummins, L. H., & Marlatt, G. A. (2004). Preventing substance abuse in American Indian and Alaska Native youth: Promising strategies for healthier communities. *Psychological Bulletin, 130,* 304–323.

Haycox, S. (2002). *Alaska: An American colony.* Seattle: University of Washington Press.

Hays, P. A. (2006). Cognitive-behavioral therapy with Alaska Native people. In P. A. Hays & G. Y. Iwamasa (Eds.), *Culturally responsive cognitive-behavioral therapy: Assessment, practice, and supervision* (pp. 47–71). Washington, DC: American Psychological Association.

Heine, S. J., & Norenzayan, A. (2006). Toward a psychological science for a cultural species. *Perspectives on Psychological Science, 1,* 251–269.

Helms, J. E. (1990). *Black and White racial identity: Theory, research, and practice.* New York: Greenwood Press.

Helms, J. E. (2007). Some better practices for measuring racial and ethnic identity constructs. *Journal of Counseling Psychology, 54,* 235–246.

Helms, J. E., & Carter, R. T. (1990). Development of the White Racial Identity Inventory. In J. E. Helms (Ed.), *Black and White racial identity: Theory, research and practice* (pp. 67–80). Westport, CT: Greenwood Press.

Helms, J. E., Jernigan, M., & Mascher, J. (2005). The meaning of race in psychology and how to change it: A methodological perspective. *American Psychologist, 60,* 27–36.

Herman, K. C., Ostrander, R., & Tucker, C. M. (2007). Do family environments and negative cognitions of adolescents with depressive symptoms vary by ethnic group? *Journal of Family Psychology, 21,* 325–330.

Herman, M. (2004). Forced to choose: Some determinants of racial identification in multiracial adolescents. *Child Development, 75,* 730–748.

Hernandez, M. (1996). Central American families. In McGoldrick, J. Giordano, & J. K. Pearce (Eds.), *Ethnicity and family therapy* (2nd ed., pp. 214–224). New York: Guilford.

Herring, R. (1999). Helping Native American Indian and Alsaka Native male youth. In A. M. Horne & M. S. Kiselica (Eds.), *Handbook of counseling boys and adolescent males* (pp. 117–136). Thousand Oaks, CA: Sage.

Herrmann, R. K., & Fischerkeller, M. (1995). Beyond the enemy image and spiral model: Cognitive-strategic research after the Cold War. *International Organization, 49,* 415–450.

Hines, P. M., & Boyd-Franklin, N. (1996). African American families. In M. McGoldrick, J. Giordano, & J. K. Pearce (Eds.), *Ethnicity and family therapy* (2nd ed., pp. 66–84). New York: Guilford.

Hitlin, S., Brown, J. S., & Elder, G. H. (2006). Racial self-categorization in adolescence: Multiracial development and social pathways. *Child Development, 77,* 1298–1308.

Hodge, F. S., & Fredericks, L. (1999). American Indian and Alaska Native populations in the United States: An overview. In R. M. Huff & M. V. Kline (Eds.), *Promoting health in multiculutral populations: A handbook for practitioners* (pp. 269–289). Thousand Oaks, CA: Sage.

Holliday, B. G. (in press). The history and visions of African American psychology: Multiple pathways to place, space, and authority. *Cultural Diversity and Ethnic Minority Psychology.*

Hong, J. J., & Woody, S. R. (2007). Cultural mediators of self-reported social anxiety. *Behaviour Research and Therapy, 45,* 1779–1789.

Hough, R. L., Canino, G. J., Abueg, F. R., & Gusman, F. D. (1996). PTSD and related stress disorders among Hispanics. In A J. Marsella, M. J. Friedman, E. T. Gerrity, & R. M. Scurfield (Eds.), *Ethnocultural aspects of posttraumatic stress disorder: Issues, research, and clinical applications* (pp. 301–338). Washington, DC: American Psychological Association.

Huddy, L., & Virtanen, S. (1995). Subgroup differentiation and subgroup bias among Latinos as a function of familiarity and positive distinctiveness. *Journal of Personality and Social Psychology, 68,* 97–108.

Hughes, D. (2003). Correlates of African American and Latino parents' messages to children about ethnicity and race: A comparative study of racial socialization. *American Journal of Community Psychology, 31,* 15–33.

Hughes, D., & Dodge, M. A. (1997). African American women in the workplace: Relationships between job conditions, racial bias at work, and perceived job quality. *American Journal of Community Psychology, 25,* 581–599.

Hughes, D., Rodriguez, J., Smith, E. P., Johnson, D. J., Stevenson, H. C., & Spicer, P. (2006). Parents' ethnic-racial socialization practices: A review of research and directions for future study. *Developmental Psychology, 42*, 747–770.

Huntsinger, C. S., & Jose, P. E. (2006). A longitudinal investigation of personality and social adjustment among Chinese American and European American adolescents. *Child Development, 77*, 1309–1324.

Huo, Y. J. (2003). Procedural justice and social regulation across group boundaries: Does subgroup identity undermine relationship-based governance. *Personality and Social Psychology Bulletin, 29*, 336–348.

Hurtado, S. (2005). The next generation of diversity and intergroup relations research. *Journal of Social Issues, 61*, 595–610.

Hwang, W. (2006). Acculturative Family Distancing: Theory, research, and clinical practice. *Psychotherapy: Theory, Research, Practice, Training, 43*, 397–409.

Hwang, W., Chun, C., Takeuchi, D. T., Myers, H. F., & Siddarth, P. (2005). Age of first onset major depression in Chinese Americans. *Cultural Diversity and Ethnic Minority Psychology, 11*, 16–27.

Hwang, W., Myers, H. F., Abe-Kim, J., & Ting, J. Y. (2008). A conceptual paradigm for understanding culture's impact on mental health: The cultural influences on mental health (CIMH) model. *Clinical Psychology Review, 28*, 211–227.

Hwang, W., & Ting, J. Y. (2008). Disaggregating the effects of acculturation and acculturative stress on the mental health of Asian Americans. *Cultural Diversity and Ethnic Minority Psychology, 14*, 147–154.

Inclán, J. E., & Herron, D. G. (1998). Puerto Rican adolescents. . In J. T. Gibbs & L. N. Huang (Eds.), *Children of color: Psychological interventions with culturally diverse youth* (2nd ed., pp. 240–263). San Francisco: Jossey Bass.

Iwamasa, G. Y., & Sorocco, K. H. (2002). Aging and Asian Americans: Developing culturally appropriate research methodology. In G. C. N. Hall & S. Okazaki (Eds.), *Asian American psychology: The science of lives in context* (pp. 105–130). Washington, DC: American Psychological Association.

Jackson, M. F., Barth, J. M., Powell, N., & Lochman, J. E. (2006). Classroom contextual effects of race on children's peer nominations. *Child Development, 77*, 1325–1337.

Jackson, Y. (2003). Research in ethnic minority communities: Cultural diversity issues in clinical psychology. In M. C. Roberts & S. S. Ilardi (Eds.), *Handbook of research methods in clinical psychology* (pp. 376–395). Malden, MA: Blackwell.

Jaffee, S. R., Caspi, A., Moffitt, T. E., & Taylor, Alan. (2004). Physical maltreatment victim to antisocial child: Evidence of an environmentally mediated process. *Journal of Abnormal Psychology, 113*, 44–55.

Jagers, R. J., Sydnor, K., Mouttapa, M., & Flay, B. R. (2007). Protective factors associated with preadolescent violence: Preliminary work on a cultural model. *American Journal of Community Psychology, 40*, 138–145.

Jensen, J. M. (1988). *Passage from India: Asian Indian immigrants in North America.* New Haven, CT: Yale University Press.

Jones, B. T., Corbin, W., & Fromme, K. (2001). A review of expectancy theory and alcohol consumption. *Addiction, 96*, 57–72.

Jones, D. J., Zalot, A. A., Foster, S. E., Sterrett, E., & Chester, C. (2007). A review of childrearing in African American single mother families: The relevance of a coparenting framework. *Journal of Child and Family Studies, 16*, 671–683.

Jones, J. M. (1986). Racism: A cultural analysis of the problem. In J. F. Dovidio & S. L. Gaertner (Eds.), *Prejudice, discrimination, and racism* (pp. 279–314). Orlando, FL: Academic Press.

Jones, J. M. (1997). *Prejudice and racism* (2nd ed.). New York: McGraw-Hill.

Jorde, L. B., & Wooding, S. P. (2004). Genetic variation, classification and 'race'. *Nature Genetics, 36*, 28–33.

Juvonen, J., Nishina, A., & Graham, S. (2006). Ethnic diversity and perceptions of safety in urban middle schools. *Psychological Science, 17*, 393–400.

Kaiser, C. R., Dyrenforth, P. S., & Hagiwara, N. (2006). Why are attributions to discrimination interpersonally costly? A test of system- and group-justifying motivations. *Personality and Social Psychology Bulletin, 32*, 1523–1536.

Kane, T. J. (2003). The long road to race-blindness. *Science, 302*, 571–73.

Kao, G., & Vaquera, E. (2006). The salience of racial and ethnic identification in friendship choices among Hispanic adolescents. *Hispanic Journal of Behavioral Sciences, 28*, 23–47.

Kaslow, N. J., Webb Price, A., Wyckoff, S., Bender Grall, M., Sherry, A., Young, S., Scholl, L., Millington Upshaw, V., Rashid, A., Jackson, E. B., & Bethea, K. (2004). Person factors associated with suicidal behavior among African American women and men. *Cultural Diversity and Ethnic Minority Psychology, 10*, 5–22.

Katigbak, M. S., Church, A. T., Guanzon-Lapena, M. A., Carlota, A. J., & del Pilar, G. H. (2002). Are indigenous personality dimensions culture specific? Philippine inventories and the five-factor model. *Journal of Personality and Social Psychology, 82*, 89–101.

Keel, P. K., & Klump, K. L. (2003). Are eating disorders culture-bound syndromes? Implications for conceptualizing their etiology. *Psychological Bulletin, 129*, 747–769.

Kendler, K. S. (2005). "A gene for . . .": The nature of gene action in psychiatric disorders. *American Journal of Psychiatry, 162*, 1243–1252.

Khanna, N. (2004). The role of reflected appraisals in racial identity: The case of multiracial Asians. *Social Psychology Quarterly, 67*, 115–131.

Kiang, L., Yip, T., Gonzales-Backen, M., Witkow, M., & Fuligni, A. J. (2006). Ethnic identity and the daily psychological well-being of adolescents from Mexican and Chinese backgrounds. *Child Development, 77*, 1338–1350.

Kim, B. S. K., Atkinson, D. R., & Yang, P. H. (1999). The Asian Values Scale: Development, factor analysis, validation, and reliability. *Journal of Counseling Psychology, 46*, 342–352.

Kim, B. S. K., & Omizo, M. M. (2005). Asian and European American cultural values, collective self-esteem, acculturative stress, cognitive flexibility, and general self-efficacy among Asian American college students. *Journal of Counseling Psychology, 52*, 412–419.

Kim, B. S. K., & Omizo, M. M. (2006). Behavioral acculturation and enculturation and psychological functioning among Asian American college students. *Cultural Diversity and Ethnic Minority Psychology, 12*, 245–258.

Kim, B. S. K., Yang, P. H., Atkinson, D. R., Wolfe, M. M., & Hong, S. (2001). Cultural value similarities and differences among Asian American ethnic groups. *Cultural Diversity and Ethnic Minority Psychology, 7*, 343–361.

Kim, H. S. (2002). We talk, therefore we think? A cultural analysis of the effect of talking on thinking. *Journal of Personality and Social Psychology, 83*, 828–842.

Kim, H. S., & Sherman, D. K. (2007). "Express yourself": Culture and the effect of self-expression on choice. *Journal of Personality and Social Psychology, 92*, 1–11.

Kim-Ju, G. M., & Liem, R. (2003). Ethnic self-awareness as a function of ethnic group status, group composition, and ethnic identity orientation. *Cultural Diversity and Ethnic Minority Psychology, 9*, 289–302.

King, E. B., Madera, J. M., Hebl, M. R., Knight, J. L., & Mendoza, S. A. (2006). What's in a name? A multiracial investigation of the role of occupational stereotypes in selection decisions. *Journal of Applied Social Psychology, 36*, 1145–1159.

Kistner, J. A., David-Ferdon, C. F., Lopez, C. M., & Dunkel, S. B. (2007). Ethnic and sex difference in children's depressive symptoms. *Journal of Clinical Child and Adolescent Psychology, 36*, 171–181.

Kitano, H. H. L., & Daniels, R. (1995). *Asian Americans: Emerging minorities.* Englewood Cliffs, NJ: Prentice Hall.

Klonoff, E. A., & Landrine, H. (1999). Cross-validation of the Schedule of Racist Events. *Journal of Black Psychology, 25*, 231–254.

Klonoff, E. A., Landrine, H., & Ullman, J. B. (1999). Racial discrimination and psychiatric symptoms among Blacks. *Cultural Diversity and Ethnic Minority Psychology, 5*, 329–339.

Knight, G. P., Bernal, M. E., Cota, M. K., Garza, C. A., & Ocampo, K. A. (1993). Family socialization and Mexican American identity and behavior. In M. E. Bernal & G. P. Knight (Eds.), *Ethnic identity: Formation and transmission among Hispanics and other minorities* (pp. 105–129). Albany: State University of New York Press.

Knight, G. P., Bernal, M. E., Garza, C. A., Cota, M. K., & Ocampo, K. A. (1993). Family socialization and the ethnic identity of Mexican-American children. *Journal of Cross-Cultural Psychology, 24*, 99–114.

Koopmans, J. R., Slutske, W. S., van Baal, G. C. M., & Boomsma, D. I. (1999). The influence of religion on alcohol use initiation: Evidence for genotype X environment interaction. *Behavior Genetics, 29*, 445–453.

Kressin, N. R., Chang, B., Hendricks, A., & Kazis, L. E. (2003). Agreement between administrative data and patients' self-reports of race/ethnicity. *American Journal of Public Health, 93*, 1734–1739.

Kulis, S., Okamoto, S. K., Rayle, A. D., & Sen, S. (2006). Social contexts of drug offers among American Indian youth and their relationship to substance use: An exploratory study. *Cultural Diversity and Ethnic Minority Psychology, 12*, 30–44.

Ladd, G. W., & Burgess, K. B. (2001). Do relational risks and protective factors moderate the linkages between childhood aggression and early psychological and school adjustment? *Child Development, 72*, 1579–1601.

LaFromboise, T. D., Berman, J. S., & Sohi, B. K. (1994). American Indian women. In L. Comas-Diaz & B. Greene (Eds.), *Women of color: Integrating ethnic and gender identities in psychotherapy* (pp. 30–71). New York: Guilford.

LaFromboise, T., & Bigfoot, D. (1988). Cultural and cognitive considerations in the prevention of American Indian adolescent suicide. *Journal of Adolescence, 11*, 139–153.

LaFromboise, T. D., Coleman, H. L. K., & Gerton, J. (1993). Psychological impact of biculturalism: Evidence and theory. *Psychological Bulletin, 114*, 395–412.

LaFromboise, T. D., & Graff Low, K. (1998). American Indian children and adolescents. In J. T. Gibbs & L. N. Huang (Eds.), *Children of color: Psychological interventions with minority youth* (pp. 112–142). San Francisco: Jossey-Bass.

LaFromboise, T. D., Hoyt, D. R., Oliver, L., & Whitbeck, L. B. (2006). Family, community, and school influences on resilience among American Indian adolescents in the upper Midwest. *Journal of Community Psychology, 34*, 193–209.

Landrine, H., & Klonoff, E. A. (1996a). *African American acculturation: Deconstructing race and reviving culture.* Thousand Oaks, CA: Sage.

Landrine, H., & Klonoff, E. A. (1996b). The Schedule of Racist Events: A measure of racial discrimination and a study of its negative physical and mental health consequences. *Journal of Black Psychology, 22*, 144–168.

Lau, A. S., McCabe, K. M., Yeh, M., Garland, A. F., Wood, P. A., & Hough, R. L. (2005). The acculturation gap-distress hypothesis among high-risk Mexican American families. *Journal of Family Psychology, 19*, 367–375.

Lazur, R. F., & Majors, R. (1995). Men of color: Ethnocultural variations of male gender role strain. In R. F. Levant & W. S. Pollack (Eds.), *A new psychology of men* (pp. 337–358). New York: Basic Books.

Le, H., Berenbaum, H., & Raghavan, C. (2002). Culture and alexithymia: Mean levels, correlates and the role of parental socialization of emotions. *Emotion, 2*, 341–360.

Lee, D., & Tracey, T. J. G. (2005). Incorporating idiographic approaches into multicultural counseling research and practice. *Journal of Multicultural Counseling and Development, 33*, 66–80.

Lee, D. C., & Quintana, S. M. (2005). Benefits of cultural exposure and development of Korean perspective-taking ability for transracially adopted Korean children. *Cultural Diversity and Ethnic Minority Psychology, 11*, 130–143.

Lee, E. (1997). Overview: The assessment and treatment of Asian American families. In E. Lee (Ed.), *Working with Asian Americans: A guide for clinicians* (pp. 3–36). New York: Guilford.

Lee, J., & Bean, F. D. (2004). America's changing color lines: Immigration, race/ethnicity, and multiracial identification. *Annual Review of Sociology, 30*, 221–242.

Lee, L. C. (1998). An overview. In L. C. Lee & N. W. S. Zane (Eds.), *Handbook of Asian American psychology* (pp. 1–20). Thousand Oaks, CA: Sage.

Lee, R. M. (2003). Do ethnic identity and other-group orientation protect against discrimination for Asian Americans? *Journal of Counseling Psychology, 50*, 133–141.

Lee, R. M. (2005). Resilience against discrimination: Ethnic identity and other-group orientation as protective factors for Korean Americans. *Journal of Counseling Psychology, 52*, 36–44.

LeMaster, P. L., Connell, C. M., Mitchell, C. M., & Manson, S. M. (2002). Tobacco use among American Indian adolescents: Protective and risk factors. *Journal of Adolescent Health, 30*, 426–432.

Leong, F. T. L. (2001). The role of acculturation in the career adjustment of Asian American workers: A test of Leong and Chou's (1994) formulations. *Cultural Diversity and Ethnic Minority Psychology, 7,* 262–273.

Leong, F. T. L., & Okazaki, S. (in press). History of Asian American psychology. *Cultural Diversity and Ethnic Minority Psychology.*

Leong, F. T. L., Okazaki, S., & Tak, J. (2003). Assessment of depression and anxiety in East Asia. *Psychological Assessment, 15,* 290–305.

Levin, S., Sinclair, S., Veniegas, R. C., & Taylor, P. L. (2002). Perceived discrimination in the context of multiple group memberships. *Psychological Science, 13,* 557–560.

Liang, C. T. H., Alvarez, A. N., Juang, L. P., & Liang, M. X. (2007). The role of coping in the relationship between perceived racism and racism-related stress for Asian Americans: Gender differences. *Journal of Counseling Psychology, 54,* 132–141.

Lickliter, R., & Honeycutt, H. (2003). Developmental dynamics: Toward a biologically plausible evolutionary psychology. *Psychological Bulletin, 129,* 819–835.

Lin, M. H., Kwan, V. S. Y., Cheung, A., & Fiske, S. T. (2005). Stereotype content model explains prejudice for an envied outgroup: Scale of Anti-Asian American stereotypes. *Personality and Social Psychology Bulletin, 31,* 34–47.

Lonner, W., & Ibrahim, F. (2002). Appraisal and assessment in cross-cultural counseling. In P. Pedersen, J. G. Draguns, W. J. Lonner, & J. E. Trimble (Eds.), *Counseling across cultures* (5th ed., pp. 355–379). Thousand Oaks, CA: Sage.

Lopez, E. M., Gallimore, R., Garnier, H., & Reese, L. (2007). Preschool antecedents of mathematics achievement of Latinos: The influence of family resources, early literacy experiences, and preschool attendance. *Hispanic Journal of Behavioral Sciences, 29,* 456–471.

López, S. R., & Guarnaccia, P. J. J. (2000). Cultural psychopathology: Uncovering the social world of mental illness. *Annual Review of Psychology, 51,* 571–598.

López, S. R., Nelson Hipke, K., Polo, A. J., Jenkins, J. H., Karno, M., Vaughn, C., & Snyder, K. S. (2004). Ethnicity, expressed emotion, attributions, and course of schizophrenia: Family warmth matters. *Journal of Abnormal Psychology, 113,* 428–439.

Love, J. A., & Buriel, R. (2007). Language brokering, autonomy, parent-child bonding, biculturalism, and depression: A study of Mexican American adolescents from immigrant families. *Hispanic Journal of Behavioral Sciences, 29,* 472–491.

Luczak, S. E., Glatt, S. J., & Wall, T. L. (2006). Meta-analyses of *ALDH2* and *ADH1B* with alcohol dependence in Asians. *Psychological Bulletin, 132,* 607–621.

Maddux, W. W., Galinsky, A. D., Cuddy, A. J. C., & Polifroni, M. (2008). When being a model minority is good . . . and bad: Realistic threat explains negativity toward Asian Americans. *Personality and Social Psychology Bulletin, 34,* 74–89.

Major, B., Gramzow, R., McCoy, S. K., Levin, S., Schmader, T., & Sidanius, J. (2002). Perceiving personal discrimination: The role of group status and status legitimizing ideology. *Journal of Personality and Social Psychology, 80,* 782–796.

Major, B., Kaiser, C. R., O'Brien, L. T., & McCoy, S. K. (2007). Perceived discrimination as worldview threat or worldview confirmation: Implications for self-esteem. *Journal of Personality and Social Psychology, 92,* 1068–1086.

Malcarne, V. L., Chavira, D. A., Fernandez, S., & Liu, P. (2006). The scale of ethnic experience: Development and psychometric properties. *Journal of Personality Assessment, 86,* 150–161.

Mandara, J., & Murray, C. B. (2002). Development of an empirical typology of African American family functioning. *Journal of Family Psychology, 16,* 318–337.

Marcia, J. (1980). Identity in adolescence. In J. Adelson (Ed.), *Handbook of adolescent psychology* (pp. 159–187). New York: Wiley.

Marks, A. K., & Coll, C. G. (2007). Psychological and demographic correlates of early academic skill development among American Indian and Alaska Native youth: A growth modeling study. *Developmental Psychology, 43,* 663–674.

Marsella, A. J., & Leong, F. T. L. (1995). Cross-cultural issues in personality and career assessment. *Journal of Career Assessment, 3*, 202–218.

Martin, J. K., & Hall, G. C. N. (1992). Thinking Black, thinking internal, thinking feminist. *Journal of Counseling Psychology, 39*, 509–514.

Martinez, C. R., DeGarmo, D. S., & Eddy, J. M. (2004). Promoting academic success among Latino youths. *Hispanic Journal of Behavioral Sciences, 26*, 128–151.

Martinez, C. R., & Eddy, J. M. (2005). Effects of culturally adapted parent management training on Latino youth behavioral health outcomes. *Journal of Consulting and Clinical Psychology, 73*, 841–851.

Masuoka, N. (2006). Together they become one: Examining the predictors of panethnic group consciousness among Asian Americans and Latinos. *Social Science Quarterly, 87*, 993–1011.

Maton, K. I., Kohout, J. L., Wicherski, M., Leary, G. E., & Vinokurov, A. (2006). Minority students of color and the psychology graduate pipeline: Disquieting and encouraging trends, 1989–2003. *American Psychologist, 61*, 117–131.

Mattison, E., & Aber, M. S. (2007). Closing the achievement gap: The association of racial climate with achievement and behavioral outcomes. *American Journal of Community Psychology, 40*, 1–12.

Mays, V. M., Cochran, S. D., & Barnes, N. W. (2007). Race, race-based discrimination, and health outcomes among African Americans. *Annual Review of Psychology, 58*, 201–225.

McConahay, J. B. (1986). Modern racism, ambivalence, and the Modern Racism Scale. In J. F. Dovidio & S. L. Gaertner (Eds.), *Prejudice, discrimination and racism* (pp. 91–126). Orlando, FL: Academic Press.

McDonald, J. D., & Gonzalez, J. (2006). Cognitive-behavioral therapy with American Indians. In P. A. Hays & G. Y. Iwamasa (Eds.), *Culturally responsive cognitive-behavioral therapy: Assessment, practice, and supervision* (pp. 23–45). Washington, DC: American Psychological Association.

McHale, S. M., Crouter, A. C., Kim, J., Burton, L. M., Davis, K. D., Dotterer, A. M., & Swanson, D. P. (2006). Mothers' and fathers' racial socialization in African American families: Implications for youth. *Child Development, 77*, 1387–1402.

McKown, C., & Weinstein, R. S. (2008). Teacher expectations, classroom context, and the achievement gap. *Journal of School Psychology, 46*, 235–261.

Meier, M. H., Slutske, W. S., Arndt, S., & Cadoret, R. J. (2007). Positive alcohol expectancies partially mediate the relation between delinquent behavior and alcohol use: Generalizability across age, sex, and race in a cohort of 85,000 Iowa schoolchildren. *Psychology of Addictive Behaviors, 21*, 25–34.

Mejia-Arauz, R., Rogoff, B., Dexter, A., & Najafi, B. (2007). Cultural variation in children's social organization. *Child Development, 78*, 1001–1014.

Mendes, W. B., Major, B., McCoy, S., & Blascovich, J. (2008). How attributional ambiguity shapes physiological and emotional responses to social rejection and acceptance. *Journal of Personality and Social Psychology, 94*, 278–291.

Mendoza-Denton, R., Downey, G., Purdie, V. J., Davis, A., & Pietrzak, J. (2002). Sensitivity to status-based rejection: Implications for African American students' college experience. *Journal of Personality and Social Psychology, 83*, 896–918.

Merritt, M. M., Bennett, G. G., Williams, R. B., Edwards, C. L., & Sollers, J. J. (2006). Perceived racism and cardiovascular reactivity and recovery to personally relevant stress. *Health Psychology, 25*, 364–369.

Miller, M. J. (2007). A bilinear multidimensional measurement model of Asian American acculturation and enculturation: Implications for counseling interventions. *Journal of Counseling Psychology, 54*, 118–131.

Miville, M. L., Constantine, M. G., Baysden, M. F., & So-Lloyd, G. (2005). Chameleon changes: An exploration of racial identity themes of multiracial people. *Journal of Counseling Psychology, 52*, 507–516.

Moradi, B., & Risco, C. (2006). Perceived discrimination experiences and mental health of Latina/o American persons. *Journal of Counseling Psychology, 53*, 411–421.

Morales, A., & Hanson, W. E. (2005). Language brokering: An integrative review of the literature. *Hispanic Journal of Behavioral Sciences, 27*, 471–503.

Moreno, C. L. (2007). The relationship between culture, gender, structural factors, abuse, trauma, and HIV/AIDS for Latinas. *Qualitative Health Research, 17*, 340–352.

Murry, V. M., Berkel, C., Brody, G. H., Gibbons, M., & Gibbons, F. X. (2007). The Strong African American Families Program: Longitudinal pathways to sexual risk reduction. *Journal of Adolescent Health, 41*, 333–342.

Mutchler, J. E., Baker, L. A., & Lee, S. (2007). Grandparents responsible for grandchildren in Native-American families. *Social Science Quarterly, 88*, 990–1009.

Nagata, D. K. (1998). The assessment and treatment of Japanese American children and adolescents. In J. T. Gibbs & L. N. Huang (Eds.), *Children of color: Psychological interventions with culturally diverse youth* (2nd ed., pp. 68–111). San Francisco: Jossey Bass.

Nagata, D. K., & Cheng, W. J. Y. (2003). Intergenerational communication of race-related trauma by Japanese American former internees. *American Journal of Orthopsychiatry, 73*, 266–278.

Nagel, J. (1995). American Indian ethnic renewal: Politics and the resurgence of identity. *American Sociological Review, 60*, 947–965.

Naglieri, J. A., Rojahn, J., & Matto, H. C. (2007). Hispanic and non-Hispanic children's performance on PASS cognitive processes and achievement. *Intelligence, 35*, 568–579.

Nakanishi, D. T. (1988). Seeking convergence in race relations research: Japanese–Americans and the resurrection of the internment. In P. A. Katz & D. A. Taylor (Eds.), *Eliminating racism: Profiles in controversy* (pp. 159–180). New York: Plenum.

Nakashima, C. L. (2005). Asian American studies through (somewhat) Asian eyes: Integrating "mixed race" into the Asian American discourse. In K. A. Ono (Ed.), *Asian American studies after critical mass* (pp. 111–210). Malden, MA: Blackwell.

National Survey of Latinos (2002). *National survey of Latinos: Summary of findings.* Washington, DC: Pew Hispanic Center.

Nazroo, J. Y. (2003). The structuring of ethnic inequalities in health: Economic position, racial discrimination, and racism. *American Journal of Public Health, 93*, 277–284.

Newman, D. L. (2005). Ego development and ethnic identity formation in rural American Indian adolescents. *Child Development, 76*, 734–746.

Niemann, Y. F., & Dovidio, J. F. (2005). Affirmative action and job satisfaction: Understanding underlying processes. *Journal of Social Issues, 61*, 507–523.

Nisbett, R. E. (2005). Heredity, environment, and race differences in IQ: A commentary on Rushton and Jensen (2005). *Psychology, Public Policy, and Law, 11*, 302–310.

Nishi, S. M. (1995). Japanese Americans. In P. G. Min (Ed.), *Asian Americans: Contemporary trends and issues* (pp. 95–133). Thousand Oaks, CA: Sage.

Nishio, K., & Bilmes, M. Psychotherapy with Southeast Asian American clients. *Professional Psychology: Research and Practice, 18*, 342–346.

Nobles, W. W. (1973). Psychological research and the black self-concept: A critical review. *Journal of Social Issues, 29*, 11–31.

Noh, S., Kaspar, V., & Wickrama, K. A. S. (2007). Overt and subtle racial discrimination and mental health: Preliminary findings for Korean immigrants. *American Journal of Public Health, 97*, 1269–1274.

Norenzayan, A., & Heine, S. J. (2005). Psychological universals: What are they and how can we know? *Psychological Bulletin, 131*, 763–784.

Norton, I. M., & Manson, S. M. (1996). Research in American Indian and Alaska Native communities: Navigating the cultural universe of values and process. *Journal of Consulting and Clinical Psychology, 64*, 856–860.

Nowak, M. A., & Sigmund, K. (2005). Evolution of indirect reciprocity. *Nature, 437*, 1291–1298.

O'Connor, L. A., Brooks-Gunn, J., & Graber, J. (2000). Black and White girls' racial preference in media and peer choices and the role of socialization for Black girls. *Journal of Family Psychology, 14*, 510–521.

O'Neill, S. K. (2003). African American women and eating disturbances: A meta-analysis. *Journal of Black Psychology, 29*, 3–16.

Oberlander, S. E., Black, M. M., & Starr, R. H. (2007). African American adolescent mothers and grandmothers: A multigenerational approach to parenting. *American Journal of Community Psychology, 39*, 37–46.

Ogbu, J. U. (1986). The consequences of the American caste system. In U. Neisser (Ed.), *The school achievement of minority children: New perspectives* (pp. 19–56). Hillsdale, NJ: Erlbaum.

Okazaki, S. (2002). Beyond questionnaires: Conceptual and methodological innovations for Asian American psychology. In G. C. N. Hall & S. Okazaki (Eds.), *Asian American psychology: The science of lives in context* (pp. 13–39). Washington, DC: American Psychological Association.

Okazaki, S., & Sue, S. (1995). Methodological issues in assessment research with ethnic minorities. *Psychological Assessment, 7,* 367–375.

Olson, L. M., & Wahab, S. (2006). American Indians and suicide: A neglected area of research. *Trauma, Violence, and Abuse, 7,* 19–33.

Ong, A. D., Phinney, J. S., & Dennis, J. (2006). Competence under challenge: Exploring the protective influence of parental support and ethnic identity in Latino college students. *Journal of Adolescence, 29,* 961–979.

Orellana, M. F., Dorner, L., & Pulido, L. (2003). Accessing assets: Immigrant youth's work as family translators or "para-phrasers." *Social Problems, 50,* 505–524.

Ota Wang, V., & Sue, S. (2005). In the eye of the storm: Race and genomics in research and practice. *American Psychologist, 60,* 37–45.

Oyserman, D., Coon, H. M., & Kemmelmeier, M. (2002). Rethinking individualism and collectivism: Evaluation of theoretical assumptions and meta-analyses. *Psychological Bulletin, 128,* 3–72.

Oyserman, D., Kemmelmeier, M., Fryberg, S., Brosh, H., & Hart-Johnson, T. (2003). Racial-ethnic self-schemas. *Social Psychology Quarterly, 66,* 333–347.

Padilla, A. (in press). A history of Latino psychology. *Cultural Diversity and Ethnic Minority Psychology.*

Page, J. (2003). *In the hands of the Great Spirit: The 20,000-year history of American Indians.* New York: Free Press.

Pahl, K., & Way, N. (2006). Longitudinal trajectories of ethnic identity among urban Black and Latino adolescents. *Child Development, 77,* 1403–1415.

Parham, T. A. (1989). Cycles of psychological Nigresence. *The Counseling Psychologist, 17,* 187–226.

Parke, R. D., Coltrane, S., Duffy, S., Buriel, R., Dennis, J., Powers, J., French, S., & Widaman, K. F. (2004). Economic stress, parenting, and child adjustment in Mexican American and European American families. *Child Development, 75,* 1632–1656.

Patterson, M. M., & Bigler, R. S. (2006). Preschool children's attention to environmental messages about groups: Social categorization and the origins of intergroup bias. *Child Development, 77,* 847–860.

Peregrine, P. N., Ember, C. R., & Ember, M. (2003). Cross-cultural evaluation of predicted associations between race and behavior. *Evolution and Human Behavior, 24,* 357–364.

Perez, D. J., Fortuna, L., & Alegria, M. (2008). Prevalence and correlates of everyday discrimination among U. S. Latinos. *Journal of Community Psychology, 36,* 421–433.

Perl, P., Greely, J. Z., & Gray, M. M. (2006). What proportion of adult Hispanics are Catholic? A review of survey data and methodology. *Journal for the Scientific Study of Religion, 45,* 419–436.

Pettigrew, T. F. (1998). Intergroup contact theory. *Annual Review of Psychology, 49,* 65–85.

Pettigrew, T. F. (2004). Justice deferred a half century after *Brown v. Board of Education. American Psychologist, 59,* 521–529.

Pew Internet and American Life Project (2007). *Demographics of Internet users.* Retrieved October 2, 2007 from http://www.pewinternet.org/trends/User_Demo_6.15.07.htm.

Pewewardy, C. (1999). Culturally responsive teaching for American Indian students. In E. R. Hollins & E. I. Oliver (Eds.), *Pathways to success in school* (pp. 85–100). Mahwah, NJ: Erlbaum.

Pfeifer, J. H., Rubble, D. N., Bachman, M. A., Alvarez, J. M., Cameron, J. A., & Fuligni, A. J. (2007). Social identities and intergroup bias in immigrant and nonimmigrant children. *Developmental Psychology, 43,* 496–507.

Phinney, J. S. (1989). Stages of ethnic identity development in minority group adolescents. *The Journal of Early Adolescence, 9,* 34–49.

Phinney, J. (1992). The Multigroup Ethnic Identity Measure: A new scale for use with diverse groups. *Journal of Adolescent Research, 7,* 156–176.

Phinney, J. S. (1996). When we talk about American ethnic groups, what do we mean? *American Psychologist, 51*, 918–927.

Phinney, J. S., Dennis, J., & Osorio, S. (2006). Reasons to attend college among ethnically diverse college students. *Cultural Diversity and Ethnic Minority Psychology, 12*, 347–366.

Phinney, J. S., & Ong, A. D. (2007). Conceptualization and measurement of ethnic identity: Current status and future directions. *Journal of Counseling Psychology, 54*, 271–281.

Piaget, J. (1952). *The origins of intelligence in the child.* New York: Norton.

Pianka, E. R. (1970). On r- and K- selection. *American Naturalist, 104*, 592–597.

Ponterotto, J. G., & Mallinckrodt, B. (2007). Introduction to the special section on racial and ethnic identity in counseling psychology: Conceptual and methodological challenges and proposed solutions. *Journal of Counseling Psychology, 54*, 219–223.

Ponterotto, J. G., & Park-Taylor, J. (2007). Racial and ethnic identity theory, measurement, and research in counseling psychology: Present status and future directions. *Journal of Counseling Psychology, 54*, 282–294.

Ponterotto, J. G., Utsey, S. O., & Pedersen, P. B. (2006). *Preventing prejudice: A guide for counselors, educators, and parents* (2nd ed.). Thousand Oaks, CA: Sage.

Portes, A., & Rumbaut, R. G. (2001). *Legacies: The story of the immigrant second generation.* Berkeley: University of California Press.

Postmes, T., & Branscombe, N. R. (2002). Influence of long-term racial environmental composition on subjective well-being in African Americans. *Journal of Personality and Social Psychology, 83*, 735–751.

Poston, W. S. C. (1990). The biracial identity development model: A needed addition. *Journal of Counseling and Development, 69*, 152–155.

Prentice, D., & Miller, D. (1996). Pluralistic ignorance and the perpetuation of social norms by unwitting actors. *Advances in Experimental Social Psychology, 28*, 161–209.

Purdie-Vaughns, V., Steele, C. M., Davies, P. G., Ditlmann, R., & Crosby, J. R. (2008). Social identity contingencies: How diversity cues signal threat or safety for African Americans in mainstream institutions. *Journal of Personality and Social Psychology, 94*, 615–630.

Pugh, L. A., & Bry, B. H. (2007). The protective effects of ethnic identity for alcohol and marijuana use among Black young adults. *Cultural Diversity and Ethnic Minority Psychology, 13*, 187–193.

Quillian, L., & Campbell, M. E. (2003). Beyond black and white: The present and future of multiracial friendship segregation. *American Sociological Review, 68*, 540–566.

Quinn, K. A., Roese, N. J., Pennington, G. L., & Olson, J. M. (1999). The personal/group discrimination discrepancy: The role of informational complexity. *Personality and Social Psychology Bulletin, 23*, 1430–1440.

Radin, S. M., Neighbors, C., Walker, P. S., Walker, R. D., Marlatt, G. A., & Larimer, M. (2006). The changing influences of self-worth and peer deviance on drinking problems in urban American Indian adolescents. *Psychology of Addictive Behaviors, 20*, 161–170.

Raine, A. (2002). Biosocial studies of antisocial and violent behavior in children and adults: A review. *Journal of Abnormal Child Psychology, 30*, 311–326.

Ramos, B., Jaccard, J., & Guilamo-Ramos, V. (2003). Dual ethnicity and depressive symptoms: Implications of being Black and Latino in the United States. *Hispanic Journal of Behavioral Sciences, 25*, 147–173.

Rees, R. W. (2007). *Shades of difference: A history of ethnicity in America.* New York: Rowman and Littlefield.

Regents of the University of California v. Bakke 438 U.S. 265 (1978).

Ricciardelli, L. A., & McCabe, M. P. (2004). A biopsychosocial model of disordered eating and the pursuit of muscularity in adolescent boys. *Psychological Bulletin, 130*, 179–205.

Ricciardelli, L. A., Mccabe, M. P., Williams, R. J., & Thompson, J. K. (2007). The role of ethnicity and culture in body image and disordered eating among males. *Clinical Psychology Review, 27*, 582–606.

Richardson, K. (1998). *The origins of human potential: Evolution, development, and psychology.* London: Routledge.

Ridley, C. R. (1984). Clinical treatment of the nondisclosing Black client: A therapeutic paradox. *American Psychologist, 39*, 1234–1244.

Rieckmann, T. R., Wadsworth, M. E., & Deyhle, D. (2004). Cultural identity, explanatory style, and depression in Navajo adolescents. *Cultural Diversity and Ethnic Minority Psychology, 10,* 365–382.

Roberts, R. K., Swanson, N. G., & Murphy, L. R. (2004). Discrimination and occupational mental health. *Journal of Mental Health, 13,* 129–142.

Roberts, S. A. (1999). Socioeconomic position and health: The independent contribution of community socioeconomic context. *Annual Review of Sociology, 25,* 489–516.

Rockquemore, K. A. (1999). Being Black and White: Exploring the biracial experience. *Race and Society, 1,* 197–212.

Rockquemore, K. A., & Brunsma, D. L. (2001). *Beyond Black: Biracial identity in America.* Thousand Oaks, CA: Sage.

Rodríguez, M. D., Davis, M. R., Rodríguez, J., & Bates, S. C. (2006). Observed parenting practices of first-generation Latino families. *Journal of Community Psychology, 34,* 133–148.

Rodriguez, N., Mira, C. B., Paez, N. D., & Myers, H. F. (2007). Exploring the complexities of familism and acculturation: Central constructs for people of Mexican origin. *American Journal of Community Psychology, 39,* 61–77.

Romero, A. J., Cuellar, I., & Roberts, R. E. (2000). Ethnocultural variables and attitudes toward cultural socialization of children. *Journal of Community Psychology, 28,* 79–89.

Romero, A. J., & Roberts, R. E. (2003). Stress within a bicultural context for adolescents of Mexican descent. *Cultural Diversity and Ethnic Minority Psychology, 9,* 171–184.

Root, M. P. P. (1992). *Racially mixed people in America.* Newbury Park, CA: Sage.

Root, M. P. P. (1996). *The multiracial experience.* Thousand Oaks, CA: Sage.

Rose, R. J., Dick, D. M., Viken, R. J., & Kaprio, J. (2001). Gene-environment interaction in patterns of adolescent drinking: Regional residency moderates longitudinal influences on alcohol use. *Alcoholism: Clinical and Experimental Research, 25,* 637–643.

Rosenfarb, I. S., Bellack, A. S., & Aziz, N. (2006a). Family interactions and the course of schizophrenia in African American and White patients. *Journal of Abnormal Psychology, 115,* 112–120.

Rosenfarb, I. S., Bellack, A. S., & Aziz, N. (2006b). A sociocultural stress, appraisal, and coping model of subjective burden and family attitudes toward patients with schizophrenia. *Journal of Abnormal Psychology, 115,* 157–165.

Roth, W. D. (2005). The end of the one-drop rule? Labeling of multiracial children in Black intermarriages. *Sociological Forum, 20,* 35–67.

Rumbaut, R. G. (1995). Vietnamese, Laotian, and Cambodian Americans. In P. G. Min (Ed.), *Asian Americans: Contemporary trends and issues* (pp. 232–270). Thousand Oaks, CA: Sage.

Rushton, J. P. (1995a). *Race, evolution & behavior.* New Brunswick, NJ: Transaction.

Rushton, J. P. (1995b). *Race, evolution, and man.* Princeton, NJ: Princeton University Press.

Sack, W. H., & Clarke, G. N. (1996). Multiple forms of stress in Cambodian adolescent refugees. *Child Development, 67,* 107–116.

Sangrigoli, S., Pallier, C., Argenti, A. M., Ventureyra, V. A. G., & de Schonen, S. (2005). Reversibility of the other-race effect in face recognition during childhood. *Psychological Science, 16,* 440–444.

Santiago-Rivera, A., Arredondo, P., & Gallardo-Cooper, M. (2002). *Counseling Latinos and la familia.* Thousand Oaks, CA: Sage.

Schmader, T., & Johns, M. (2003). Converging evidence that stereotype threat reduces working memory capacity. *Journal of Personality and Social Psychology, 85,* 440–452.

Schmerund, A., Sellers, R., Mueller, B., & Crosby, F. (2001). Attitudes toward affirmative action as a function of racial identity among African American college students. *Political Psychology, 22,* 759–774.

Schmitt, D. P. & Pilcher, J. J. (2004). Evaluating evidence of psychological adaptation: How do we know one when we see one? *Psychological Science, 15,* 643–649.

Schwartz, S. J., Zamboanga, B. L., & Jarvis, L. H. (2007). Ethnic identity and acculturation in Hispanic early adolescents: Mediated relationships to academic grades, prosocial behaviors, and externalizing symptoms. *Cultural Diversity and Ethnic Minority Psychology, 13,* 364–373.

Scollon, C. N., Diener, E., Oishi, S., & Biswas-Diener, R. (2004). Emotions across cultures and methods. *Journal of Cross-Cultural Psychology, 35,* 304–326.

Scott, L. D. (2003). The relation of racial identity and racial socialization to coping with discrimination among African Americans. *Journal of Black Studies, 33,* 520–538.

Scribner, R., Hohn, A., & Dwyer, J. (1995). Blood pressure and self-concept among African-American adolescents. *Journal of the National Medical Association, 87,* 417–422.

Sears, D. O. (1988). Symbolic racism. In P. A. Katz & D. A. Taylor (Eds.), *Eliminating racism: Profiles in controversy* (pp. 53–84). New York: Plenum.

Sears, D. O., Citrin, J., Cheleden, S. V., & van Laar, C. (1999). Cultural diversity and multicultural politics: Is ethnic balkanization psychologically inevitable? In D. A. Prentice & D. T. Miller (Eds.), *Cultural divides: Understanding and overcoming group conflict* (pp. 35–79). New York: Russell Sage Foundation.

Seaton, E. K., Scottham, K. M., & Sellers, R. M. (2006). The status model of racial identity development in African American Adolescents: Evidence of structure, trajectories, and well-being. *Child Development, 77,* 1416–1426.

Segall, M. H., Lonner, W. J., & Berry, J. W. (1998). Cross-cultural psychology as a scholarly discipline: On the flowering of culture in behavioral research. *American Psychologist, 53,* 1101–1110.

Sekaquaptewa, D., Waldman, A., & Thompson, M. (2007). Solo status and self-construal: Being distinctive influences racial self-construal and performance apprehension in African American women. *Cultural Diversity and Ethnic Minority Psychology, 13,* 321–327.

Sellers, R. M., Rowley, S. A. J., Chavous, T. M., Shelton, J. N., & Smith, M. A. (1997). Multidimensional inventory of black identity: A preliminary investigation of reliability and construct validity. *Journal of Personality and Social Psychology, 73,* 805–815.

Sellers, R. M., & Shelton, J. N. (2003). The role of racial identity in perceived racial discrimination. *Journal of Personality and Social Psychology, 84,* 1079–1092.

Sellers, R. M., Smith, M. A., Shelton, J. N., Rowley, S. A. J., & Chavous, T. M. (1998). Multidimensional model of racial identity: A reconceptualization of African American racial identity. *Personality and Social Psychology Review, 2,* 18–39.

Shanahan, M. J., & Hofer, S. M. (2005). Social context in gene-environment interactions: retrospect and prospect. *Journals of Gerontology: Series B: Psychological Sciences and Social Sciences, 60B,* 65–76.

Shelton, J. N., & Richeson, J. A. (2005). Intergroup contact and pluralistic ignorance. *Journal of Personality and Social Psychology, 88,* 91–107.

Shelton, J. N., & Sellers, R. M. (2000). Situational stability and variability in African American identity. *Journal of Black Psychology, 26,* 27–50.

Sheth, M. (1995). Asian Indian Americans. In P. G. Min (Ed.), *Asian Americans: Contemporary trends and issues* (pp. 169–198). Thousand Oaks, CA: Sage.

Shih, M., Ambady, N., Richeson, J. A., Fujita, K., & Gray, H. M. (2002). Stereotype performance boosts: The impact of self-relevance and the manner of stereotype activation. *Journal of Personality and Social Psychology, 83,* 638–647.

Shih, M., Bonam, C., Sanchez, D., & Peck, C. (2007). The social construction of race: Biracial identity and vulnerability to stereotypes. *Cultural Diversity and Ethnic Minority Psychology, 13,* 125–133.

Shih, M., Pittinsky, T. L., & Ambady, N. (1999). Stereotype susceptibility: Identity salience and shifts in quantitative performance. *Psychological Science, 10,* 80–83.

Shih, M., Pittinsky, T. L., & Trahan, A. (2006). Domain-specific effects of stereotypes on performance. *Self and Identity, 5,* 1–14.

Shih, M., & Sanchez, D. T. (2005). Perspectives and research on the positive and negative implications of having multiple racial identities. *Psychological Bulletin, 131,* 569–591.

Shweder, R. A. (2000). The psychology of practice and the practice of the three psychologies. *Asian Journal of Social Psychology, 3,* 207–222.

Sidanius, J., & Pratto, F. (1999). *Social dominance: An intergroup theory of social hierarchy and oppression.* Cambridge, UK: Cambridge University Press.

Sidanius, J., Van Laar, C., Levin, S., & Sinclair, S. (2004). Ethnic enclaves and the dynamics of social identity on the college campus: The good, the bad, and the ugly. *Journal of Personality and Social Psychology, 87,* 96–110.

Simon, C. E., Crowther, M., & Higgerson, H. (2007). The stage-specific role of spirituality among African American Christian women throughout the breast cancer experience. *Cultural Diversity and Ethnic Minority Psychology, 13,* 26–34.

Simons, R. L., Murry, V., McLoyd, V., Lin, K., Cutrona, C., & Conger, R. D. (2002). Discrimination, crime, ethnic identity, and parenting as correlates of depressive symptoms among African American children: A multi-level analysis. *Development and Psychopathology, 14,* 371–393.

Smalls, C., White, R., Chavous, T., & Sellers, R. (2007). Racial ideological beliefs and racial discrimination experiences as predictors of academic engagement among African American adolescents. *Journal of Black Psychology, 33,* 299–330.

Smetana, J. G., Campione-Barr, N., & Daddis, C. (2004). Longitudinal development of family decision making: Defining healthy behavioral autonomy for middle-class African American adolescents. *Child Development, 75,* 1418–1434.

Smith, E. P., Atkins, J., & Connell, C. M. (2003). Family, school, and community factors and relationships to racial-ethnic attitudes and academic achievement. *American Journal of Community Psychology, 32,* 159–173.

Smokowski, P. R., & Bacallao, M. L. (2006). Acculturation and aggression in Latino adolescents: A structural model focusing on cultural risk factors and assets. *Journal of Abnormal Child Psychology, 34,* 659–673.

Sommers, S. R. (2006). On racial diversity and group decision making: Identifying multiple effects of racial composition on jury deliberations. *Journal of Personality and Social Psychology, 90,* 597–612.

Spickard, P. (2007). *Almost all aliens.* New York: Routledge.

Spillane, N. S., & Smith, G. T. (2007). A theory of reservation-dwelling American Indian alcohol use risk. *Psychological Bulletin, 133,* 395–418.

Steele, C. M. (1997). A threat in the air: How stereotypes shape the intellectual identities and performance of women and African Americans. *American Psychologist, 52,* 613–629.

Sternberg, R. J., Grigorenko, E. L., & Kidd, K. K. (2005). Intelligence, race, and genetics. *American Psychologist, 60,* 46–59.

Sternberg, R. J., & Williams, W. M. (1997). Does the Graduate Record Examination predict meaningful success in the graduate training of psychologists? A case study. *American Psychologist, 52,* 630–641.

Stevenson, H. C., Herrero-Taylor, T., Cameron, R., & Davis, G. Y. (2002). "Mitigating instigation": Cultural phenomenological influences of anger and fighting among "big-boned" and "baby-faced" African American youth. *Journal of Youth and Adolescence, 31,* 473–485.

Stevenson, H. C., McNeil, J. D., Herrero-Taylor, T., & Davis, G. Y. (2005). Influence of perceived neighborhood diversity and racism experience on the racial socialization of Black youth. *Journal of Black Psychology, 31,* 273–290.

Stone, R. A. T., Whitbeck, L. B., Chen, X., Johnson, K., & Olson, D. M. (2006). Traditional practices, traditional spirituality, and alcohol cessation among American Indians. *Journal of Studies on Alcohol, 67,* 236–244.

Striegel-Moore, R. H., Dohm, F. A., Kraemer, H. C., Taylor, C. B., Daniels, S., Crawford, P. B., & Schreiber, G. B. (2003). Eating disorders in White and Black women. *American Journal of Psychiatry, 160,* 1326–1331.

Sue, D. W. (2001). Multidimensional facets of cultural competence. *The Counseling Psychologist, 29,* 790–821.

Sue, D. W. (2004). Whiteness and ethnocentric monoculturalism: Making the "invisible" visible. *American Psychologist, 59,* 761–769.

Sue, D. W., Bingham, R. P., Porche-Burke, L., & Vasquez, M. (1999). The diversification of psychology: A multicultural revolution. *American Psychologist, 54,* 1061–1069.

Sue, D. W., Capodilupo, C. M., Torino, G. C., Bucceri, J. M., Holder, A. M. B., Nadal, K. L., & Esquilin, M. (2007). Racial microaggressions in everyday life: Implications for clinical practice. *American Psychologist, 62,* 271–286.

Sue, S. (1991). Ethnicity and culture in psychological research and practice. In J. D. Goodchilds (Ed.), *Psychological perspectives on human diversity in America* (pp. 51–85). Washington, DC: American Psychological Association.

Sue, S. (1999). Science, ethnicity, and bias—Where have we gone wrong? *American Psychologist, 54,* 1070–1077.

Sue, S., Fujino, D. C., Hu, L., Takeuchi, D. T., & Zane, N. W. S. (1991). Community mental health services for ethnic minority groups: A test of the cultural responsiveness hypothesis. *Journal of Consulting and Clinical Psychology, 59,* 533–540.

Sue, S., & Okazaki, S. (1990). Asian-American educational achievements: A phenomenon in search of an explanation. *American Psychologist, 45,* 913–920.

Sue, S., & Sue, L. (2003). Ethnic research is good science. In G. Bernal, J. E. Trimble, A. K. Burlew, & F. T. L. Leong (Eds.), *Handbook of racial and ethnic minority psychology* (pp. 198–207). Thousand Oaks, CA: Sage.

Suizzo, M., & Stapleton, L. M. (2007). Home-based parental involvement in young children's education: Examining the effects of maternal education across U.S. ethnic groups. *Educational Psychology, 27,* 533–556.

Supple, A. J., Ghazarian, S. R., Frabutt, J. M., Plunkett, S. W., & Sands, T. (2006). Contextual influences on Latino adolescent ethnic identity and academic outcomes. *Child Development, 77,* 1427–1433.

Sutton, C. T., & Broken Nose, M. A. (2005). American Indian families: An overview. In M. McGoldrick, J. Giordano, & N. Garcia-Preto (Eds.), *Ethnicity and family therapy* (3rd ed., pp. 43–54). New York: Guilford.

Suyemoto, K. L. (2004). Racial/ethnic identities and related attributed experiences of multiracial Japanese European Americans. *Journal of Multicultural Counseling and Development, 32,* 206–221.

Suyemoto, K. L., & Dimas, J. M. (2003). To be included in the multicultural discussion: Check one box only. In J. S. Mio & G. Y. Iwamasa (Eds.), *Culturally diverse mental health: The challenges of research and resistance* (pp. 55–81). New York; Brunner-Routledge.

Suzuki-Crumly, J., & Hyers, L. L. (2004). The relationship among ethnic identity, psychological well-being, and intergroup competence: An investigation of two biracial groups. *Cultural Diversity and Ethnic Minority Psychology, 10,* 137–150.

Sy, S. R. (2006). Family and work influences on the transition to college among Latina adolescents. *Hispanic Journal of Behavioral Sciences, 28,* 368–386.

Tafoya, N., & Del Vecchio, A. (2005). Back to the future: An examination of the Native American holocaust experience. In M. McGoldrick, J. Giordano, & N. Garcia-Preto (Eds.), *Ethnicity and family therapy* (3rd ed., pp. 55–63). New York: Guilford.

Tajfel, H., & Turner, J. C. (1986). The social identity theory of intergroup behaviour. In S. Worchel & W. G. Austin (Eds.), *Psychology of intergroup relations* (pp. 7–24). Chicago: Nelson.

Takaki, R. (1993). *A different mirror: A history of multicultural America.* New York: Little, Brown.

Taylor, G. J. (1984). Alexithymia: Concept, measurement, and implications for treatment. *American Journal of Psychiatry, 141,* 725–732.

Taylor, S. E., Sherman, D. K., Kim, H. S., Jarcho, J., Takagi, K., & Dunagan, M. S. (2004). Culture and social support: Who seeks it and why? *Journal of Personality and Social Psychology, 87,* 354–362.

Teo, T. (2004). The historical problematization of "mixed race" in psychological and human-scientific discourses. In A. S. Winston (Ed.), *Defining difference: Race and racism in the history of psychology* (pp. 79–108). Washington, DC: American Psychological Association.

Thomas, A. J., & Speight, S. L. (1999). Racial identity and racial socialization attitudes of African American parents. *Journal of Black Psychology, 25,* 152–170.

Thomas, D. E., Townsend, T. G., & Belgrave, F. Z. (2003). The influence of cultural and racial identification on the psychosocial adjustment of inner-city African American children in school. *American Journal of Community Psychology, 32,* 217–228.

Thompson, N. L., Hare, D., Sempier, T. T., & Grace, C. (2008). The development of a curriculum toolkit with American Indian and Alaska Native communities. *Early Childhood Education Journal, 35,* 397–404.

Torres, L., & Rollock, D. (2007). Acculturation and depression among Hispanics: The moderating effect of intercultural competence. *Cultural Diversity and Ethnic Minority Psychology, 13*, 10–17.

Triandis, H. C. (1996). The psychological measurement of cultural syndromes. *American Psychologist, 51*, 407–415.

Trickett, E. J., & Jones, C. J. (2007). Adolescent culture brokering and family functioning: A study of families from Vietnam. *Cultural Diversity and Ethnic Minority Psychology, 13*, 143–150.

Trimble, J. E. (2007). Prolegomena for the connotation of construct use in the measurement of ethnic and racial identity. *Journal of Counseling Psychology, 54*, 247–258.

Trimble, J. E., & Dickson, R. (2005). Ethnic identity. In C. B. Fisher & R. M. Lerner (Eds.), *Encyclopedia of applied developmental science* (Vol. 1, pp. 415–420). Thousand Oaks, CA: Sage.

Trimble, J. E., Fleming, C. M., Beauvais, F., & Jumper-Thurman, P. (1996). Essential cultural and social strategies for counseling Native American Indians. In P. B. Pedersen, J. G. Draguns, W. J. Lonner, & J. E. Trimble (Eds.), *Counseling across cultures*, (4th ed., pp. 177–209). Thousand Oaks, CA: Sage.

Trimble, J. E., Helms, J. E., & Root, M. P. P. (2003). Social and psychological perspectives on ethnic and racial identity. In G. Bernal, J. E. Trimble, A. K. Burlew, & F. T. L. Leong (Eds.), *Handbook of racial and ethnic minority psychology* (pp. 239–275.). Thousand Oaks, CA: Sage.

Trimble, J. E., & Thurman, P. J. (2002). Ethnocultural considerations and strategies for providing counseling services to Native American Indians. In P. B. Pedersen, J. G. Draguns, W. J. Lonner, & J. E. Trimble (Eds.), *Counseling across cultures* (5th ed., pp. 53–91). Thousand Oaks, CA: Sage.

Tropp, L. R., & Pettigrew, T. F. (2005). Relationships between intergroup contact and prejudice among minority and majority status groups. *Psychological Science, 16*, 951–957.

Trujillo, A. (2000). Psychotherapy with Native Americans: A view into the role of religion and spirituality. In P. S. Richards & A. E. Bergin (Eds.), *Handbook of psychotherapy and religious diversity* (pp. 445–466). Washington, DC: American Psychological Association.

Tsai, J. L., Chentsova-Dutton, Y., & Wong, Y. (2002). Why and how we should study ethnic identity, acculturation, and cultural orientation. In G. C. N. Hall & S. Okazaki (Eds.), *Asian American psychology: The science of lives in context* (pp. 41–65). Washington, DC: American Psychological Association.

Tsai, J. L., Simeonova, D. I., & Watanabe, J. T. (2004). Somatic and social: Chinese Americans talk about emotion. *Personality and Social Psychology Bulletin, 30*, 1226–1238.

Tsai, J. L., Ying, Y., & Lee, P. A. (2000). The meaning of "being Chinese" and "being American: Variation among Chinese American young adults." *Journal of Cross-Cultural Psychology, 31*, 302–332.

Tsai, J. L., Ying, Y., & Lee, P. A. (2001). Cultural predictors of self-esteem: A study of Chinese American female and male young adults. *Cultural Diversity and Ethnic Minority Psychology, 7*, 284–297.

Tseng, V. (2006). Unpacking immigration in youths' academic and occupational pathways. *Child Development, 77*, 1434–1445.

Tucker, W. H. (2004). "Inharmoniously adapted to each other": Science and racial crosses. In A. S. Winston (Ed.), *Defining difference: Race and racism in the history of psychology* (pp. 109–133). Washington, DC: American Psychological Association.

Tuvblad, C., Grann, M., & Lichtenstein, P. (2006). Heritability for adolescent antisocial behavior differs with socioeconomic status: Gene–environment interaction. *Journal of Child Psychology and Psychiatry, 47*, 734–743.

U.S. Bureau of the Census (2000). Scholars of all ages: School enrollment 2000. Retrieved September 25, 2007 from http://www.census.gov/population/pop-profile/2000/chap08.pdf

U.S. Bureau of the Census (June 2004). *Hispanic and Asian Americans increasing faster than overall population.* Retrieved May 24, 2008, from http://www.census.gov/PressRelease/www/releases/archives/race/001839.html

U.S. Bureau of the Census (December 2004a). *We the people: Asians in the United States: Census 2000 special reports.* Retrieved May 24, 2008 from http://www.census.gov/population/www/cen2000/briefs.html#sr

U.S. Bureau of the Census (December 2004b). *We the people: Hispanics in the United States: Census 2000 special reports.* Retrieved May 24, 2008 from http://www.census.gov/population/www/cen2000/briefs.html#sr

U.S. Bureau of the Census (August 2005). *We the people: Pacific Islanders in the United States: Census 2000 special reports.* Retrieved May 24, 2008 from http://www.census.gov/population/wwwcen2000/briefs.html#sr

U.S. Bureau of the Census (January 2006). *African-American History Month: February 2006.* Retrieved September 19, 2007 from: http://www.census.gov/Press-Release/www/2006/cb06ff01-2.pdf

U.S. Bureau of the Census (February 2006). *We the people: American Indians and Alaska Native in the United States.* Retrieved September 16, 2008 from: http://www.census.gov/population/www/socdemo/race/censr-28.pdf

U.S. Bureau of the Census (October 2006). *School enrollment—Social and economic characteristics of students: October 2006.* Retrieved November 20, 2008 from http://www.census.gov/population/www/socdemo/school/cps2006.html

U.S. Bureau of the Census (2007). *Current population survey: Annual social and economic (ASEC) supplement.* Retrieved September 19, 2007 from http://pubdb3.census.gov/macro/032007/pov/new01_100_03.htm

U.S. Bureau of the Census (March 2007). *Asian/Pacific American Heritage Month: May 2007.* Retrieved September 19, 2007 from http://www.census.gov/Press-Release/www/2007/cb07ff-05.pdf

U.S. Bureau of the Census (July 2007). *Hispanic Heritage Month 2007: September 15 to October 15.* Retrieved September 19, 2007 from http://www.census.gov/Press-Release/www/2007/cb07ff-14.pdf

U.S. Bureau of the Census (August 2007). *More Than 300 Counties Now "Majority-Minority" Press release August 9, 2007.* Retrieved September 10, 2007 from http://www.census.gov/Press-Release/www/releases/archives/population/010482.html

U.S. Bureau of the Census (November 2007). *American Indian and Alaska Native Meritage Month: November 2007.* Retrieved September 16, 2008 from: http://www.census.gov/Press-Release/www/releases/archives/facts_for_features_special_editions/010849.html

U.S. Department of Education (2004). *National study of postsecondary faculty.* Retrieved July 28, 2008 from http://nces.ed.gov/pubs2005/2005172.pdf

U.S. Department of Health and Human Services. (2006). *Promoting responsible fatherhood: Federal resource site.* Retrieved May 5, 2008, from http://fatherhood.hhs.gov/

Umaña-Taylor, A. J., & Fine, M. A. (2004). Examining ethnic identity among Mexican-origin adolescents living in the United States. *Hispanic Journal of Behavioral Sciences, 26,* 36–59.

Umaña-Taylor, A. J., & Shin, N. (2007). An examination of ethnic identity and self-esteem with diverse populations: Exploring variation by ethnicity and geography. *Cultural Diversity and Ethnic Minority Psychology, 13,* 178–186.

Umaña-Taylor, A. J., & Updegraff, K. A. (2007). Latino adolescents' mental health: Exploring the interrelations among discrimination, ethnic identity, cultural orientation, self-esteem, and depressive symptoms. *Journal of Adolescence, 30,* 549–567.

Updegraff, K. A., McHale, S. M., Whiteman, S. D., Thayer, Shawna M., & Crouter, A. C. (2006). The nature and correlates of Mexican-American adolescents' time with parents and peers. *Child Development, 77,* 1470–1486.

Utsey, S. O., Giesbrecht, N., Hook, J., & Stanard, P. M. (2008). Cultural, sociofamilial, and psychological resources that inhibit psychological distress in African Americans exposed to stressful life events and race-related stress. *Journal of Counseling Psychology, 55,* 49–62.

Van de Vijver, F. J. R., & Leung, K. (2000). Methodological issues in research on culture. *Journal of Cross-Cultural Psychology, 31,* 33–51.

Van Widenfelt, B. M., Treffers, P. D. A., de Beurs, E., Siebelink, B. M., & Koudijs, E. (2005). Translation and cross-cultural adaptation of assessment instruments used in psychological research with children and families. *Clinical Child and Family Psychology Review, 8,* 135–147.

Varela, E. R., Vernberg, E. M., Sanchez-Sosa, J. J., Riveros, A., Mitchell, M., & Mashunkashey, J. (2004). Anxiety reporting and culturally associated interpretation biases and cognitive schemas: A comparison of Mexican, Mexican American, and European families. *Journal of Clinical Child and Adolescent Psychology, 33,* 237–247.

Vasquez, M. J. T., & Jones, J. M. (2006). Increasing the number of psychologists of color: Public policy issues for affirmative diversity. *American Psychologist, 61,* 132–142.

Verkuyten, M., Kinket, B., & van der Weilen, C. (1997). Preadolescents' understanding of ethnic discrimination. *Journal of Genetic Psychology, 158*, 97–112.

Vygotsky, L. S. (1978). *Mind in society: The development of higher psychological processes.* Cambridge, MA: Harvard University Press.

Walker, R. L., Wingate, L. R., Obasi, E. M., & Joiner, T. E. (2008). An empirical investigation of acculturative stress and ethnic identity as moderators for depression and suicidal ideation in college students. *Cultural Diversity and Ethnic Minority Psychology, 14*, 75–82.

Wallace, J. M., Bachman, J. G., O'Malley, P. M., Johnston, J. D., Schulenberg, J. E., & Cooper, S. M. (2002). Tobacco, alcohol, and illicit drug use: Racial and ethnic differences among U.S. high school seniors, 1976-2000. *Public Health Reports, 117*(Suppl. 1), S67–S75.

Walls, M. L., Chapple, C. L., & Johnson, K. D. (2007). Strain, emotion, and suicide among American Indian youth. *Deviant Behavior, 28*, 219–246.

Walton, G. M., & Cohen, G. L. (2007). A question of belonging: Race, social fit, and achievement. *Journal of Personality and Social Psychology, 92*, 82–96.

Waters, M. C. (1990). *Ethnic options: Choosing identities in America.* Berkeley: University of California Press.

Whitbeck, L. B. (2006). Some guiding assumptions and a theoretical model for developing culturally specific preventions with Native American people. *Journal of Community Psychology, 34*, 183–192.

Whitbeck, L., Adams, G., Hoyt, D., & Chen, X. (2004). Conceptualizing and measuring historical trauma among American Indian people. *American Journal of Community Psychology, 33*, 119–130.

Whitesell, N. R., Mitchell, C. M., Kaufman, C. E., & Spicer, P. (2006). Developmental trajectories of personal and collective self-concept among American Indian adolescents. *Child Development, 77*, 1487–1503.

Whitfield, K. E., & McClearn, G. (2005). Genes, environment, and race: Quantitative genetic approaches. *American Psychologist, 60*, 104–114.

Wilkinson, C. (2005). *Blood struggle: The rise of modern Indian nations.* New York: Norton.

Willadsen-Jensen, E. C., & Ito, T. A. (2006). Ambiguity and the timecourse of racial perception. *Social Cognition, 24*, 580–606.

Willadsen-Jensen, E. C., & Ito, T. A. (2008). A foot in both worlds: Asian Americans' perceptions of Asian, White, and racially ambiguous faces. *Group Processes and Intergroup Relations, 11*, 182–200.

Williams, C. L., & Berry, J. W. (1991). Primary prevention of acculturative stress among refugees: Application of psychological theory and practice. *American Psychologist, 46*, 632–641.

Williams, D. R. (1999). Race, socioeconomic status, and health: The added effects of racism and discrimination. In N. Adler & M. Marmot (Eds.), *Socioeconomic status and health in industrial nations: Social, psychological, and biological pathways: Annals of the New York Academy of Sciences* (Vol. 896, pp. 173–188). New York: New York Academy of Sciences.

Williams, D. R., Neighbors, H. W., & Jackson, J. S. (2003). Racial/ethnic discrimination and health: Findings from community studies. *American Journal of Public Health, 93*, 200–208.

Williams, K. M. (2006). *Mark one or more: Civil rights in multiracial America.* Ann Arbor: University of Michigan Press.

Wills, T. A., Murry, V. M., Brody, G. H., Gibbons, F. X., Gerrard, M., Walker, C., & Ainette, M. G. (2007). Ethnic pride and self-control related to protective and risk factors: Test of the theoretical model for the Strong African American Families Program. *Health Psychology, 26*, 50–59.

Wittig, M. A. (1996). Taking affirmative action in education and employment. *Journal of Social Issues, 52*, 145–160.

Wong, S. K. (1999). Acculturation, peer relations, and delinquent behavior of Chinese-Canadian youth. *Adolescence, 34*, 108–119.

Wood, J. T. (1997). *Communication theories in action.* Belmont, CA: Wadsworth.

Xie, H., Li, Y., Boucher, S. M., Hutchins, B. C., & Cairns, B. D. (2006). What makes a girl (or a boy) popular (or unpopular)? African American children's perceptions and developmental differences. *Developmental Psychology, 42*, 599–612.

Yali, A. M., & Revenson, T. A. (2004). How changes in population demographics will impact health psychology: Incorporating a broader notion of cultural competence into the field. *Health Psychology, 23*, 147–155.

Yen, S., Robins, C. J., & Lin, N. (2000). A cross-cultural comparison of depressive symptom manifestation: China and the United States. *Journal of Consulting and Clinical Psychology, 68*, 993–999.

Ying, Y., Lee, P. A., Tsai, J. L., Hung, Y., Lin, M., & Wan, C. T. (2001). Asian American college students as model minorities: An examination of their overall competence. *Cultural Diversity and Ethnic Minority Psychology, 7*, 59–74.

Yip, T., & Cross, W. E. (2004). A daily diary study of mental health and community involvement outcomes for three Chinese American social identities. *Cultural Diversity and Ethnic Minority Psychology, 10*, 394–408.

Yip, T., Gee, G. C., & Takeuchi, D. T. (2008). Racial discrimination and psychological distress: The impact of ethnic identity and age among immigrant and United States–born Asian adults. *Developmental Psychology, 44*, 787–800.

Yip, T., Seaton, E. K., & Sellers, R. M. (2006). African American racial identity across the lifespan: Identity status, identity content, and depressive symptoms. *Child Development, 77*, 1504–1517.

Yoo, H. C., & Lee, R. M. (2005). Ethnic identity and approach-type coping as moderators of the racial discrimination/well-being relation in Asian Americans. *Journal of Counseling Psychology, 52*, 497–506.

Yoon, D. P. (2001). Causal modeling predicting psychological adjustment of Korean-born adolescent adoptees. *Journal of Human Behavior in the Social Environment, 3*, 65–82.

Yoon, D. P. (2004). Intercountry adoption: The importance of ethnic socialization and subjective well-being for Korean-born adopted children. *Journal of Ethnic and Cultural Diversity in Social Work, 13*, 71–89.

Zane, N., Hall, G. C. N., Sue, S., Young, K., & Nunez, J. (2004). Research on psychotherapy with culturally diverse populations. In M. J. Lambert (Ed.), *Handbook of psychotherapy and behavior change*, 5th edition (pp. 767–804). New York: Wiley.

Zane, N., & Mak, W. (2003). Major approaches to the measurement of acculturation among ethnic minority populations: A content analysis and an alternative empirical strategy. In K. M. Chun, P. B. Organista, & G. Marin (Eds.), *Acculturation: Advances in theory, measurement, and applied research* (pp. 39–60). Washington, DC: American Psychological Association.

Zárate, M. A., & Garza, A. A. (2002). In-group distinctiveness and self-affirmation as dual components of prejudice reduction. *Self and Identity, 1*, 235–249.

Zheng, Y., Lin, K., Takeuchi, D., Kurasaki, K. S.,Wang, Y., & Cheung, F. (1997). An epidemiological study of neurasthenia in Chinese-Americans in Los Angeles, *Comprehensive Psychiatry, 38*, 240–259.

찾아보기

ㄱ

ㄴ

ㄷ

ㅁ

ㅂ

ㅅ

ㅇ

ㅈ

ㅊ

ㅌ

ㅍ

ㅎ

기타